GERAÇÃO
ALPHA

CB037874

Ciências 7

André Catani

Bacharel e Licenciado em Ciências Biológicas pela Universidade Estadual de Campinas (Unicamp).
Professor de Ciências e Biologia.

Gustavo Isaac Killner

Bacharel e Licenciado em Física pela Universidade de São Paulo (USP).
Mestre em Ensino de Física pela USP.
Doutor em Educação pela USP.
Licenciado em Pedagogia pela USP.
Especialista em Ensino Mediado por Computadores pela Universidade de Tsukuba, Japão.
Professor de Ciências, Física e Teorias de currículo e de ensino e aprendizagem.

João Batista Aguilar

Bacharel e Licenciado em Ciências Biológicas pela USP.
Mestre em Ecologia pela USP.
Doutor em Ciências pela USP.
Professor de Ciências e Biologia.

São Paulo, 3ª edição, 2019

sm

Geração Alpha Ciências 7
© Edições SM Ltda.
Todos os direitos reservados

Direção editorial M. Esther Nejm
Gerência editorial Cláudia Carvalho Neves
Gerência de *design* e produção André Monteiro

Edição executiva Lia Monguilhott Bezerra

Edição: Marcelo Viktor Gilge, André Henrique Zamboni, Carolina Mancini Vall Bastos, Sylene Del Carlo, Tomas Masatsugui Hirayama, Marcelo Augusto Barbosa Medeiros, Tatiana Novaes Vetillo, Bárbara Onishi, Andréia Szcypula, Sabrina Outeda Jorge

Assistência de edição: Jennifer Zsurger e Filipe Faria Bercot

Suporte editorial: Fernanda Fortunato

Coordenação de preparação e revisão Cláudia Rodrigues do Espírito Santo
Preparação e revisão: Fátima Valentina Cezare Pasculli, Fernanda Oliveira Souza, Flávia Schiavo

Apoio de equipe: Lívia Taioque e Marco Aurélio Feltran

Coordenação de *design* Gilciane Munhoz
***Design*:** Thatiana Kalaes, Tiago Stéfano, Victor Malta (Interação)

Coordenação de arte Ulisses Pires
Edição de arte: Vivian Dumelle
Assistência de arte: Janaina Beltrame

Coordenação de iconografia Josiane Laurentino
Pesquisa iconográfica: Fabio Yoshihito Matsuura e Susan Eiko
Tratamento de imagem: Marcelo Casaro

Capa João Brito
Ilustração da capa: Denis Freitas

Projeto gráfico Rafael Vianna Leal
Editoração eletrônica Essencial design
Infografia William H. Taciro, Mauro César Brosso, Diego Rezende, Alan Dainovskas Dourado, Wagner Nogueira
Cartografia João Miguel A. Moreira

Pré-impressão Américo Jesus
Fabricação Alexander Maeda
Impressão A.R.Fernandez

Dados Internacionais de Catalogação na Publicação (CIP)
(Câmara Brasileira do Livro, SP, Brasil)

Catani, André
    Geração alpha ciências : ensino fundamental :
anos finais : 7ª ano / André Catani, Gustavo Isaac
Killner, João Batista Aguilar ; organizadora SM
Educação ; obra coletiva, desenvolvida e produzida
por SM Educação ; editora responsável Lia Monguilhott
Bezerra. — 3. ed. — São Paulo : Edições SM, 2019.

    Componente curricular: Ciências.
    ISBN 978-85-418-2323-4 (aluno)
    ISBN 978-85-418-2327-2 (professor)

    1. Ciências (Ensino fundamental) I. Killner, Gustavo Isaac.
II. Aguilar, João Batista. III. Bezerra, Lia Monguilhott.
IV. Título.

19-26437   CDD-372.35

Índices para catálogo sistemático:
1. Ciências : Ensino fundamental 372.35

Maria Alice Ferreira - Bibliotecária - CRB-8/7964

3ª edição, 2019
3 Impressão, dezembro 2022

SM Educação
Rua Tenente Lycurgo Lopes da Cruz, 55
Água Branca 05036-120 São Paulo SP Brasil
Tel. 11 2111-7400
edicoessm@grupo-sm.com
www.edicoessm.com.br

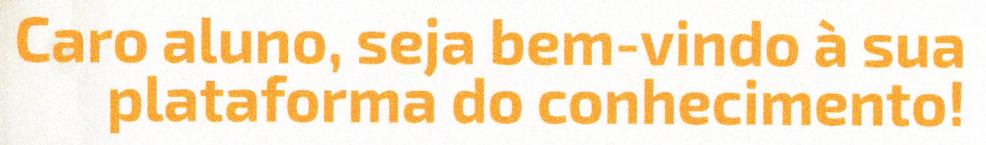

Caro aluno, seja bem-vindo à sua plataforma do conhecimento!

A partir de agora, está à sua disposição uma plataforma que reúne, em um só lugar, recursos educacionais digitais que complementam os livros impressos e foram desenvolvidos especialmente para auxiliar você em seus estudos. Veja como é fácil e rápido acessar os recursos deste projeto.

① Faça a ativação dos códigos dos seus livros.

Se você NÃO tem cadastro na plataforma:

- acesse o endereço <login.smaprendizagem.com>;
- na parte inferior da tela, clique em "Registre-se" e depois no botão "Alunos";
- escolha o país;
- preencha o formulário com os dados do tutor, do aluno e de acesso.

O seu tutor receberá um *e-mail* para validação da conta. Atenção: sem essa validação, não é possível acessar a plataforma.

Se você JÁ tem cadastro na plataforma:

- em seu computador, acesse a plataforma pelo endereço <login.smaprendizagem.com>;
- em seguida, você visualizará os livros que já estão ativados em seu perfil. Clique no botão "Códigos ou licenças", insira o código abaixo e clique no botão "Validar".

Este é o seu código de ativação! →

DF89Q-AJBBR-A79GP

② Acesse os recursos

usando um computador.

No seu navegador de internet, digite o endereço <login.smaprendizagem.com> e acesse sua conta. Você visualizará todos os livros que tem cadastrados. Para escolher um livro, basta clicar na sua capa.

usando um dispositivo móvel.

Instale o aplicativo **SM Aprendizagem**, que está disponível gratuitamente na loja de aplicativos do dispositivo. Utilize o mesmo *login* e a mesma senha que você cadastrou na plataforma.

Importante! Não se esqueça de sempre cadastrar seus livros da SM em seu perfil. Assim, você garante a visualização dos seus conteúdos, seja no computador, seja no dispositivo móvel. Em caso de dúvida, entre em contato com nosso canal de atendimento pelo **telefone 0800 72 54876** ou pelo *e-mail* atendimento@grupo-sm.com.

Geração Alpha Ciências 7° Ano - BNCC - Fundamental 2 - Livro Digital do Aluno. 3ª Edição 2019

BRA190954_590

Apresentação

Cara aluna, caro aluno,

Ser jovem no século XXI significa estar em contato constante com múltiplas formas de linguagem, uma imensa quantidade de informações e inúmeras ferramentas tecnológicas. Isso ocorre em um cenário mundial que apresenta grandes desafios sociais, econômicos e ambientais.

Diante dessa realidade, esta coleção foi cuidadosamente pensada tendo como principal objetivo ajudar você a enfrentar esses desafios com autonomia e espírito crítico.

Atendendo a esse propósito, os textos, as imagens e as atividades nela propostos oferecem oportunidades para que você reflita sobre o que aprende, expresse suas ideias e desenvolva habilidades de comunicação para as mais diversas situações de interação em sociedade.

Vinculados aos conhecimentos próprios de cada disciplina, são apresentados, em situações e atividades reflexivas, aspectos sobre valores universais como justiça, respeito, solidariedade, responsabilidade, honestidade e criatividade. Esperamos, assim, contribuir para que você compartilhe dos conhecimentos construídos pelas **Ciências da Natureza** e os utilize para fazer escolhas responsáveis e transformadoras em sua vida.

Desejamos, também, que esta coleção contribua para que você se torne um jovem atuante na sociedade do século XXI, que seja capaz de questionar a realidade em que vive e de buscar respostas e soluções para os desafios presentes e para os que estão por vir.

Equipe editorial

Conheça seu livro

ABERTURA DE UNIDADE

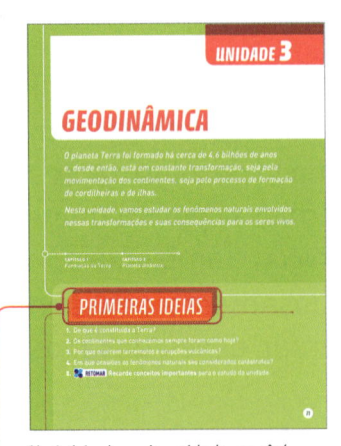

Uma imagem vai instigar sua curiosidade.

Leitura da imagem
As questões orientam a leitura da imagem e permitem estabelecer relações entre o que é mostrado e o que você conhece do assunto.

No início de cada unidade, você é apresentado ao tema que vai estudar.

Primeiras ideias
Algumas questões vão estimular você a contar o que sabe sobre o assunto e a levantar algumas hipóteses sobre ele.

Geração Alpha Digital
O livro digital oferece diversos recursos e atividades interativas para desenvolver habilidades e aprofundar os conteúdos.

Questão de valor
Aqui, você vai refletir sobre valores como respeito, solidariedade, justiça, entre outros.

CAPÍTULOS

Indica o tamanho médio aproximado do ser vivo.

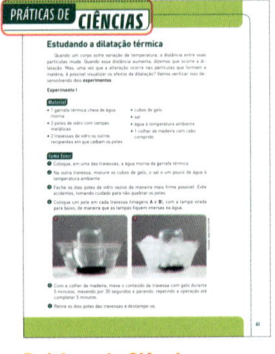

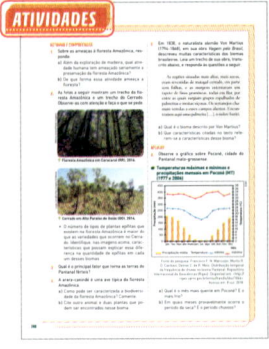

Abertura de capítulo
Logo abaixo do título, na lateral, um pequeno texto apresenta o tema do capítulo e propõe questões para você refletir sobre o que vai estudar. Textos, imagens, mapas e esquemas podem apresentar o conteúdo a ser estudado.

Práticas de Ciências
Nessa seção, você vai realizar pesquisas, atividades práticas, levantar hipóteses, elaborar conclusões, entre outras atividades.

Atividades
As atividades vão ajudá-lo a desenvolver habilidades e competências com base no que você viu no capítulo.

Ampliando horizontes
Essa seção consta no final de alguns capítulos e, com base em temas relacionados à unidade, convida você a refletir sobre como nossos valores influenciam nossa vida.

Ciência dinâmica
Também ao final de alguns capítulos, essa seção explora controvérsias e mudanças conceituais, próprias da natureza da ciência, bem como a contribuição de diversos estudiosos.

NEM VILÕES, NEM HERÓIS

Há uma gigantesca diversidade de formas de vida na Terra. Cada ser vivo interage com diversos indivíduos ao mesmo tempo, estabelecendo relações

O OZÔNIO POLUENTE

O excesso de gás ozônio também pode ser prejudicial. Quando esse gás se acumula próximo à superfície da Terra, é considerado um poluente. Sua presença em concentrações

LIVRO ABERTO

Vocabulário ambiental infantojuvenil, de Otávio Borges Maia. Brasília: Ibict, 2013.

Utilizando conceitos e ilustrações, o livro explica termos usados em discussões sobre o ambiente, como

aerossol: tipo de embalagem que permite a dispersão de partículas sólidas ou líquidas em meio gasoso.

Valor
Apresenta informações e questões relacionadas a valores universais para você refletir, dialogar com a turma e se posicionar.

Ampliação
Traz informações complementares sobre os assuntos explorados na página.

Indicação
Livro aberto, Passaporte digital, Fora da escola e **Sétima arte** oferecem sugestões de livros, *sites* e filmes relacionados ao assunto em estudo.

Glossário
Expressões e palavras que talvez você não conheça são explicadas nesse quadro.

FECHAMENTO DE UNIDADE

INVESTIGAR

ATIVIDADES INTEGRADAS

Investigar
Em dois momentos do livro, você e os colegas vão experimentar diferentes metodologias de pesquisa, como entrevistas, coleta de dados, etc. Também vão desenvolver diferentes formas de comunicação para compartilhar os resultados de suas investigações.

Atividades integradas
Essas atividades integram os assuntos da unidade e também auxiliam no desenvolvimento de habilidades e competências. Para finalizar, é proposta uma **questão de valor** para que você e os colegas reflitam, conversem e se posicionem.

FINAL DO LIVRO

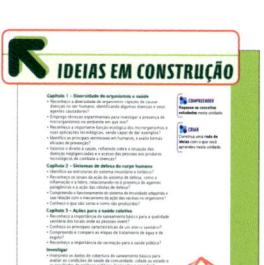

IDEIAS EM CONSTRUÇÃO

Ideias em construção
Apresenta questões que ajudam você a fazer uma autoavaliação do seu aprendizado. Com base nessas questões, você vai verificar o que aprendeu e identificar o que precisa ser revisto ou reforçado.

INTERAÇÃO

TODOS PELA REDUÇÃO DE EMISSÕES DE **GÁS CARBÔNICO**

Interação
Essa seção propõe um projeto coletivo que resultará em um produto que pode ser usufruído pela comunidade escolar.

DE OLHO **NO ENEM**

De olho no Enem
Dois blocos de questões com formato semelhante ao do Enem para você testar seus conhecimentos.

GERAÇÃO ALPHA DIGITAL

O livro digital oferece uma série de recursos para interação e aprendizagem. São imagens, atividades interativas, áudios, animações, vídeos, entre outros. Eles estão classificados de acordo com a habilidade que você vai desenvolver. Sempre que aparecer uma chamada como estas, acesse o recurso e faça a atividade que se pede.

 **RETOMAR**    **COMPREENDER**    **APLICAR**    **ANALISAR**    **VERIFICAR**    **CRIAR**

Sumário

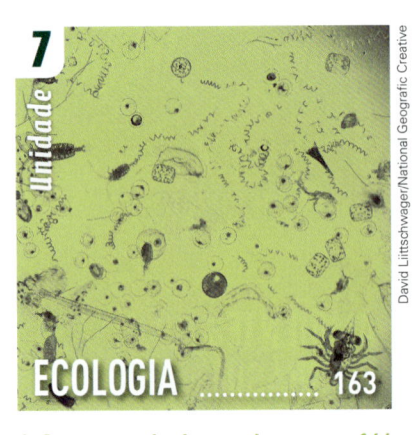

MOVIMENTOS, FORÇAS E MÁQUINAS

Conseguimos perceber, de forma intuitiva, quando os corpos estão em repouso ou em movimento. A escolha de uma máquina para executar uma tarefa também é feita, muitas vezes, de modo intuitivo.

Nesta unidade, serão estudados os conceitos científicos relacionados a esses temas.

CAPÍTULO 1
Movimentos

CAPÍTULO 2
Forças

CAPÍTULO 3
Máquinas

PRIMEIRAS IDEIAS

1. Uma pessoa sentada no banco de trás de um automóvel está em repouso ou em movimento? Explique.

2. É possível manter uma bicicleta em movimento sem a ação de uma força? O que é preciso fazer para aumentar a velocidade da bicicleta? E para freá-la?

3. Como você faria para deslocar um objeto pesado sem precisar fazer muita força?

4. **RETOMAR** **Recorde conceitos importantes** para o estudo da unidade.

LEITURA DA IMAGEM

1. O que você acha que está acontecendo nessa imagem?

2. Em que década essa cena deve ter ocorrido? Em sua opinião, o processo retratado ocorre da mesma forma atualmente?

3. Você consegue identificar máquinas na cena? Caso consiga, cite algumas delas.

4. Para muitas pessoas, ter um emprego remunerado é fundamental para que possam suprir suas necessidades básicas. Em sua opinião, ter um emprego deve ser um direito de todo cidadão? Explique.

5. **ANALISAR** Assista a **linha de produção** e identifique as semelhanças e diferenças entre a cena do documentário e a imagem de abertura da unidade. Elas representam o mesmo tipo de processo de produção?

Essa cena ocorreu em uma fábrica na região de Yvelines, na França.

Dominique BERRETTY/
Gamma-Rapho via Getty Images

Os movimentos dos animais, das águas de um rio, das nuvens e dos corpos celestes sempre chamaram a atenção do ser humano. Como podemos descrever o movimento de um corpo?

REFERENCIAL

Para medir uma distância, é necessário definir um **referencial**, que pode ser um objeto, um lugar ou uma pessoa, por exemplo. Com base na escolha do referencial, podemos determinar a que distância um corpo se encontra.

O referencial também permite definir se um corpo está em movimento ou em repouso. Dizemos que um objeto está em **movimento** em relação a determinado referencial quando a posição desse objeto varia em relação ao referencial durante um intervalo de tempo. Entretanto, um objeto está em **repouso** em relação a um dado referencial quando sua posição, em relação a esse referencial, não varia durante um intervalo de tempo.

↓ Para a pessoa que está em pé observando, as pessoas no brinquedo estão em movimento. Mas para as pessoas que estão no brinquedo, elas estão paradas no assento.

Henri Silberman/Photolibrary/Getty Images

TRAJETÓRIA E DESLOCAMENTO

Enquanto você vai de casa até a escola, sua posição em relação a algum referencial (sua casa, por exemplo) muda à medida que o tempo passa. O caminho, ou o conjunto de todas as posições que você descreve durante seu movimento, é sua **trajetória** no espaço. Como o movimento depende do referencial, a trajetória percorrida também dependerá da escolha desse referencial.

Agora, imagine que um carro está no quilômetro 10 de uma rodovia e precisa ir até o quilômetro 25 da mesma rodovia. Para isso, ele tem que percorrer 15 quilômetros – diferença entre a posição final (km 25) e a inicial (km 10). Essa diferença é denominada **deslocamento** ou variação de posição.

↑ A trajetória da garota de casa até a escola é determinada pelas posições que ela ocupa durante o movimento. (Representação sem proporção de tamanho e distância.)

↑ O deslocamento de um corpo pode ser determinado calculando a diferença entre a posição final e a posição inicial dele. (Representação sem proporção de tamanho e distância.)

Podemos representar essa ideia por meio da seguinte equação:

$$\Delta S = S_f - S_i$$

Nessa equação:
- ΔS é a variação de posição;
- S_f é a posição final, ou seja, a posição em que o corpo se encontra no momento que queremos estudar;
- S_i é a posição inicial, ou seja, a posição de referência de onde medimos o deslocamento alcançado até a posição final.

Se o carro percorresse o caminho inverso, o deslocamento seria calculado da seguinte forma:

$$\Delta S = 10 \text{ km} - 25 \text{ km} = -15 \text{ km}$$

Perceba que o valor do deslocamento é o mesmo (15 km). Mas, como o sentido em que o carro se deslocou é oposto ao das posições crescentes (10, 11, 12...), o sinal é negativo.

Se o carro for do quilômetro 10 ao quilômetro 25 e, depois, voltar ao quilômetro 10, o deslocamento e a variação de posição serão nulos:

$$\Delta S = 10 \text{ km} - 10 \text{ km} = 0$$

O SÍMBOLO Δ

Em física, o símbolo Δ aparece frequentemente. Trata-se da letra grega denominada delta.

Ela é bastante utilizada em conjunto com outra letra, que representa alguma grandeza física. Essa associação indica que a grandeza em questão está variando, ou seja, que há uma diferença entre dois valores. Por exemplo, se a letra S é utilizada para representar a posição, então utiliza-se ΔS para indicar a diferença entre duas posições, isto é, o deslocamento.

↑ **O velocímetro dos automóveis indica a velocidade instantânea, ou seja, a velocidade do automóvel em determinado momento.**

Para converter, de modo rápido, velocidades em km/h para m/s, e vice-versa, devemos lembrar que 1 km = 1 000 m e que 1 hora tem 3 600 s. Assim, podemos escrever:

$$1\,\frac{km}{h} = \frac{1\,000\,m}{3\,600\,s}$$

Simplificando:

$$1\,\frac{km}{h} = \frac{1\,m}{3,6\,s} \Rightarrow 1\,\frac{m}{s} = 3,6\,\frac{km}{h}$$

Ou seja, 1 m/s equivale a 3,6 km/h. Portanto, para passarmos de m/s para km/h, multiplicamos o valor da velocidade por 3,6, e, para passarmos de km/h para m/s, dividimos o valor da velocidade por 3,6.

VELOCIDADE

Quando estamos atrasados para um compromisso, é comum nos deslocarmos mais rapidamente para diminuir o intervalo de tempo até o destino. Entretanto, quando temos tempo suficiente para percorrer certa distância, muitas vezes nos movimentamos mais lentamente, sem pressa.

A grandeza física que relaciona o deslocamento de um corpo com o intervalo de tempo gasto para realizar esse deslocamento chama-se **velocidade**. Ela estabelece a rapidez com que um movimento é realizado.

Quando a velocidade é determinada em um momento específico, ela é chamada de **velocidade instantânea**. Quando consideramos um intervalo de tempo, a velocidade pode ser representada por um valor médio, chamado de **velocidade média**.

A velocidade média de um corpo em movimento em um percurso é definida como a diferença entre a variação de posição do corpo (ΔS) e o intervalo de tempo gasto nesse movimento (Δt). Matematicamente, podemos escrever que:

$$v_m = \frac{\Delta S}{\Delta t} = \frac{(S_f - S_i)}{t_f - t_i}$$

No Sistema Internacional de Unidades (SI), a velocidade de um corpo é medida em metro por segundo (m/s). Entretanto, no Brasil é muito utilizada a unidade quilômetro por hora (km/h).

Veja o exemplo a seguir.

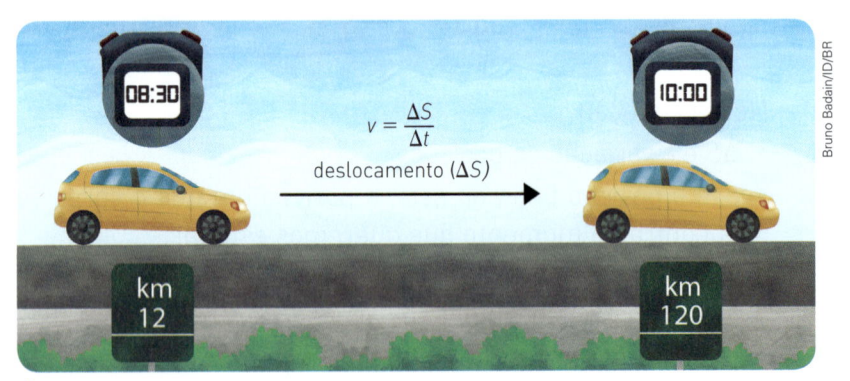

↑ **(Representação sem proporção de tamanho e distância.)**

O deslocamento do automóvel foi ΔS = 120 km − 12 km = = 108 km. O tempo que ele levou para se deslocar nesse trecho foi Δt = 10 h − 8,5 h = 1,5 h.

Assim, a velocidade média do automóvel da figura acima, nesse trecho de deslocamento, é calculada da seguinte forma:

$$v_m = \frac{\Delta S}{\Delta t} = \frac{120 - 12}{10 - 8,5} = \frac{108}{1,5} \Rightarrow v_m = 72 \text{ km/h}$$

MOVIMENTO UNIFORME (MU)

Imagine que uma pessoa esteja dirigindo um automóvel em uma estrada e mantenha o ponteiro do velocímetro sempre indicando 80 km/h. Isso quer dizer que, se o automóvel permanecer sempre nessa velocidade, ele vai percorrer 80 km a cada intervalo de tempo de 1 hora, independentemente de estar subindo ou descendo, andando em linha reta ou realizando curvas.

Nesse caso, dizemos que o automóvel se desloca num tipo particular de movimento no qual o valor da velocidade permanece constante, e não nulo, em qualquer instante ou intervalo de tempo. Esse movimento é denominado **movimento uniforme (MU)**.

Como no movimento uniforme o valor da velocidade é constante, a velocidade média coincide com a velocidade instantânea em qualquer instante ou intervalo de tempo.

Sendo a velocidade média definida como $v = \dfrac{\Delta S}{\Delta t}$, podemos escrever que:

$$\Delta S = v \cdot \Delta t$$

Assim, sabendo a velocidade e o tempo de deslocamento, podemos calcular a distância que esse corpo percorreu. Veja o quadro ao lado.

> ### CÁLCULOS SOBRE MOVIMENTO UNIFORME
>
> Imagine que um trem se desloque, ao longo de duas horas, a uma velocidade constante de 60 km/h. Que distância ele percorreu nesse período?
>
> $\Delta S = v \cdot \Delta t$
>
> $\Delta S = 60 \cdot 2$
>
> $\Delta S = 120$ km
>
> Portanto, o trem percorreu, no período dado, 120 km.

MOVIMENTO UNIFORMEMENTE VARIADO (MUV)

Além dos movimentos com valor de velocidade constante, existem outros tipos de movimento nos quais a rapidez muda no decorrer do tempo. A partida e a parada de um automóvel, por exemplo, envolvem mudanças no valor da velocidade.

Quando o valor da velocidade de um corpo em movimento varia de modo constante, aumentando ou diminuindo sempre na mesma proporção, o movimento é chamado de **movimento uniformemente variado (MUV)**. No MUV, a variação da velocidade do movimento é constante e não nula.

Imagine um atleta em uma corrida de 100 metros rasos. Inicialmente ele está parado; portanto, sua velocidade inicial (v_i) é nula (0). Quando o árbitro dispara o sinal de partida, o atleta começa a se movimentar cada vez mais rápido, tentando vencer os 100 metros no menor tempo possível. Sua velocidade vai aumentando, ou seja, à medida que o tempo passa, ele percorre distâncias cada vez maiores no mesmo intervalo de tempo.

Observe a figura ao lado.

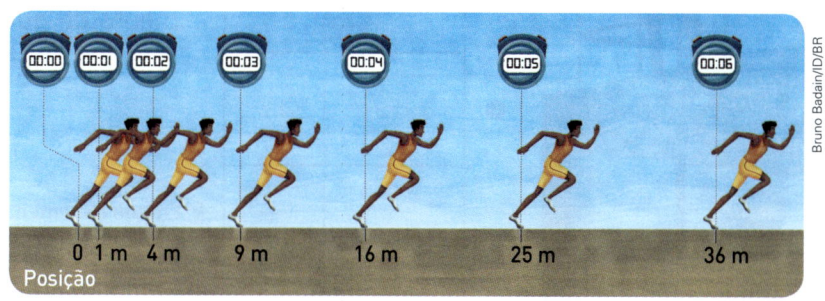

Posição

↑ **(Representação sem proporção de tamanho e distância; cores-fantasia.)**

Bruno Badain/ID/BR

APLICAR

Veja **cuidado com a velocidade** e explique o que acontece com a velocidade quando freamos o carro. Nessa situação, a aceleração é positiva ou negativa?

ACELERAÇÃO

A velocidade de um corpo nem sempre permanece constante. Reveja o exemplo do atleta da página anterior: inicialmente ele está parado (portanto, com velocidade nula) e, então, começa a se movimentar. Em casos como esse, a velocidade do corpo aumenta. No entanto, se ele está em movimento e freia até parar, sua velocidade diminui.

A **aceleração** é a grandeza física que indica a variação da velocidade em um intervalo de tempo. Ela corresponde à razão entre a variação da velocidade e o intervalo de tempo em que essa variação ocorre. Para um movimento qualquer, definimos **aceleração média** do corpo como sendo o quociente entre a variação da velocidade do corpo (Δv) e o intervalo de tempo gasto nessa variação (Δt). Na linguagem matemática, escrevemos:

$$a_m = \frac{\Delta v}{\Delta t} = \frac{v_f - v_i}{t_f - t_i}$$

No SI, a unidade de aceleração é metro por segundo para cada segundo, ou m/s^2.

CÁLCULOS SOBRE ACELERAÇÃO

Um automóvel se deslocou, por 10 segundos, a uma velocidade média de 20 m/s. Qual foi a aceleração média desse automóvel ao longo desse período?

$$a_m = \frac{\Delta v}{\Delta t}$$

$$a_m = \frac{20}{10}$$

$$a_m = 2 \ m/s^2$$

ACELERAÇÃO DA GRAVIDADE

Quando soltamos um objeto de um ponto qualquer acima do solo, ele é atraído para baixo pela força da gravidade e começa a se movimentar, e sua velocidade aumenta uniformemente.

A aceleração dos corpos que são atraídos para o centro de um corpo celeste qualquer, como um planeta ou uma estrela, é chamada de **aceleração da gravidade**. A aceleração da gravidade na superfície terrestre vale aproximadamente $10 \ m/s^2$, ou seja, a cada segundo a velocidade de um objeto em queda aumenta cerca de 10 m/s.

QUEDA LIVRE

Quando o movimento vertical de um corpo, para baixo, ocorre próximo à superfície da Terra e desprezamos a ação de resistência do ar, dizemos que o corpo está realizando um movimento de **queda livre**. O movimento de queda livre é um exemplo de MUV.

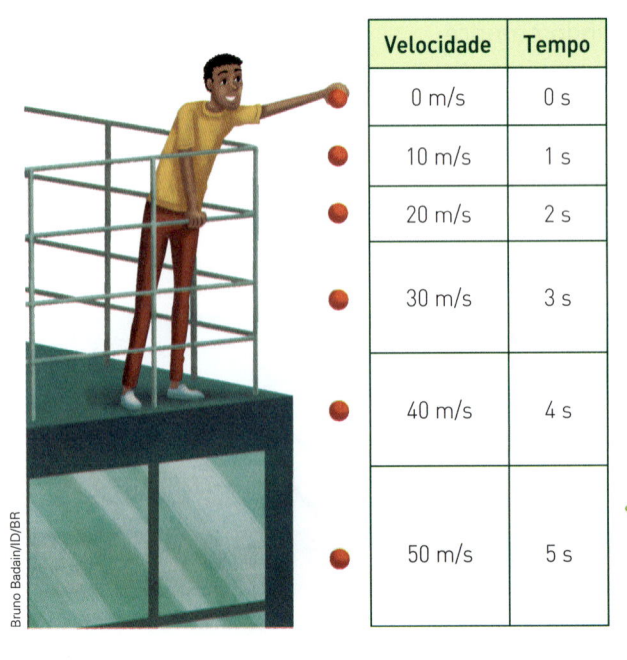

Velocidade	Tempo
0 m/s	0 s
10 m/s	1 s
20 m/s	2 s
30 m/s	3 s
40 m/s	4 s
50 m/s	5 s

← Em um movimento de queda livre, a velocidade do corpo aumenta aproximadamente 10 m/s a cada segundo. A distância percorrida, portanto, é cada vez maior para o mesmo intervalo de tempo. (Representação sem proporção de distância.)

Bruno Badain/ID/BR

RETOMAR E COMPREENDER

1. A imagem abaixo mostra o físico alemão Albert Einstein (1879-1955) em sua bicicleta. Observe-a e, depois, responda às questões.

Arquivo/Instituto de Tecnologia da Califórnia, Pasadena, EUA

a) Einstein estava parado ou em movimento no momento em que a foto foi tirada? Explique sua hipótese.

b) A bicicleta estava parada ou em movimento?

c) Imagine que, a partir do ponto que se vê na foto, Einstein pedalou por dez minutos. Sabendo a que velocidade ele pedalou, é possível saber onde chegou após esse tempo?

2. O gráfico abaixo mostra como a velocidade de um rio variou em um trecho entre duas cachoeiras consecutivas.

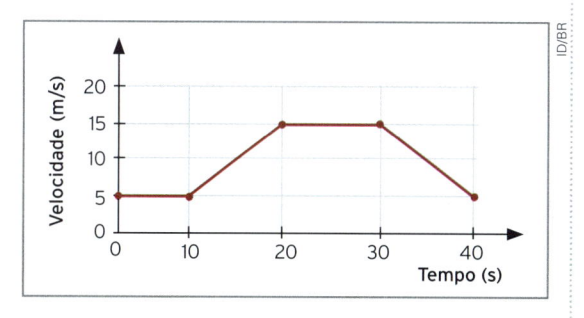

ID/BR

a) Em quais intervalos de tempo a velocidade é constante?

b) Em quais intervalos de tempo o movimento é acelerado?

APLICAR

3. Um turista decide fazer um passeio pela cidade que está visitando. Ao sair do hotel, ele anda dois quarteirões na direção norte; depois, dobra à esquerda e caminha mais três quarteirões na direção oeste; vira novamente à esquerda e anda mais dois quarteirões na direção sul. Finalmente, vira à esquerda e retorna ao local de onde partiu.

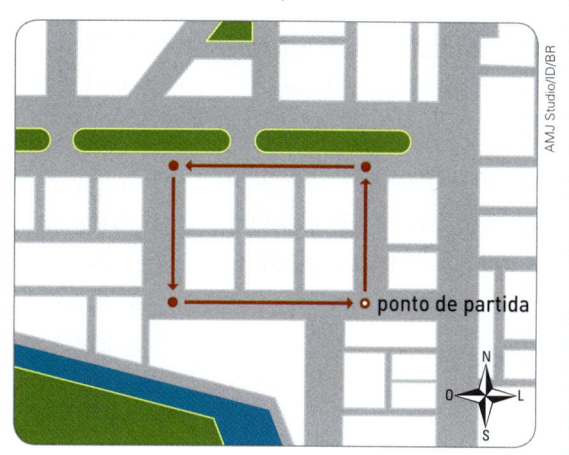

AMJ Studio/ID/BR

Sabendo que cada quarteirão mede 100 m, determine:

a) a variação de posição do turista;

b) a distância percorrida pelo turista.

4. Ao descrever a posição da carteira indicada na figura a seguir, um aluno disse que ela estava na segunda fileira e na terceira coluna. Outra aluna, no entanto, afirmou que a carteira estava na quarta fileira e na quarta coluna.

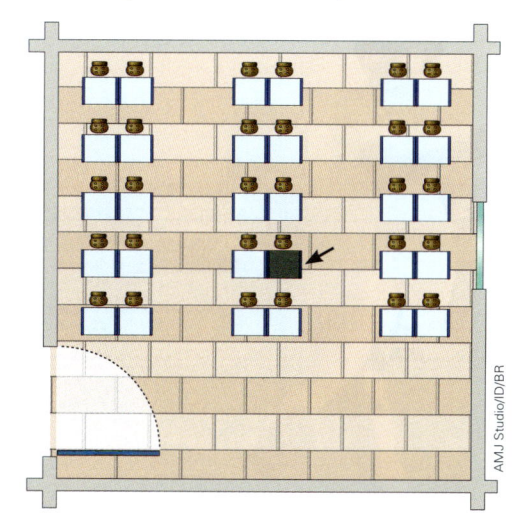

AMJ Studio/ID/BR

a) Eles poderiam estar descrevendo a posição da mesma carteira? Justifique sua resposta.

b) Que informação a mais os alunos poderiam fornecer para uma pessoa que tentasse identificar a qual carteira eles estavam se referindo?

O conceito físico de força foi proposto por Isaac Newton no século XVII, com base nas ideias de outros estudiosos da época. Em que situações do dia a dia você costuma usar o termo força?

A RELAÇÃO ENTRE CORPO E FORÇA

Imagine que você esteja jogando futebol na posição de goleiro. Em alguns momentos, você vai precisar parar a bola. Em outros, vai ter de arremessá-la com as mãos ou chutá-la.

Pense também em outras situações cotidianas, como amassar uma folha de papel ou carregar uma sacola de compras.

Em todos esses casos, precisamos aplicar uma **força** sobre o corpo em questão, que pode ser a bola, a folha de papel ou a sacola de compras.

Percebemos a necessidade da ação de forças em outras situações, como:

- aumentar ou diminuir a velocidade de um corpo;
- modificar a direção do movimento de um corpo;
- sustentar um corpo.

Com base nesses exemplos, podemos dizer que força pode ser definida como uma interação – entre pelo menos dois corpos – capaz de modificar a forma e/ou a velocidade de ambos ou, ainda, sustentá-los. Sendo assim, é possível identificar forças a partir de seus efeitos.

▼ Para chutar a bola de futebol, o menino da foto precisou aplicar uma força sobre ela. Esse é um exemplo de força de contato.

TIPOS DE FORÇA

Podemos classificar as forças em dois grandes grupos: forças de contato e forças de campo.

As **forças de contato**, como o próprio nome diz, são aquelas em que é necessário haver contato físico entre os corpos para que elas atuem, como ao chutar uma bola de futebol.

As **forças de campo** são aquelas que atuam a distância, sem que seja necessário haver contato entre os corpos, como a força da gravidade e também as forças elétrica e magnética.

MEDIDAS DE FORÇA

A intensidade de uma força pode ser medida com um instrumento chamado **dinamômetro**. Esse aparelho é constituído de uma mola que se deforma de modo proporcional à intensidade da força aplicada em sua extremidade.

No SI, a unidade de medida de força é o $kg \cdot m/s^2$. Algumas unidades receberam nomes especiais, como a da força, que é chamada de newton (N). Portanto, $1\ kg \cdot m/s^2$ equivale a 1 N. Na engenharia, também é utilizada a unidade quilograma-força (kgf), sendo 1 kgf equivalente a aproximadamente 10 N.

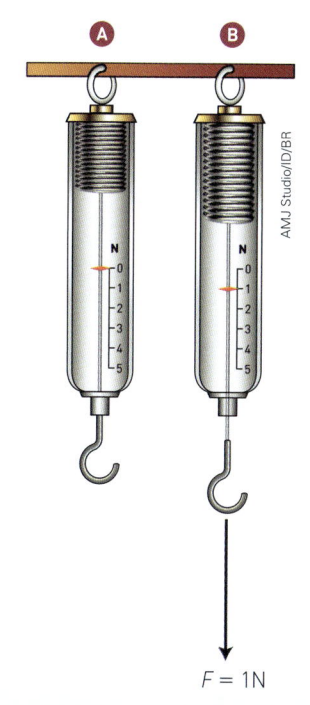

$F = 1N$

Esquema que representa o funcionamento de um dinamômetro. Na situação **(A)** não há uma força agindo sobre ele. Em **(B)**, ele sofre a ação de uma força de 1 N.

GRANDEZAS ESCALARES E GRANDEZAS VETORIAIS

As **grandezas escalares** são aquelas definidas apenas por um valor numérico e sua unidade. São exemplos o tempo, a temperatura e a pressão.

As **grandezas vetoriais** são aquelas definidas por um valor numérico, sua unidade, sua direção e seu sentido. Força, velocidade e aceleração são exemplos de grandezas vetoriais.

Suponha que agora sejam 10 horas da manhã e alguém lhe pergunta: "Que horas o relógio marcará daqui a 30 minutos?". Sua resposta, claro, será 10 horas e 30 minutos. Você usou valores numéricos e unidades em sua resposta porque o tempo é uma grandeza escalar.

Agora, imagine que uma pessoa esteja se movimentando com velocidade de 1 passo por segundo. Apenas essa informação não é suficiente para sabermos onde essa pessoa estará depois de dez minutos, pois ela não nos informa a direção da caminhada.

Assim, conhecer apenas o valor numérico da velocidade é insuficiente para prever ou descrever o futuro do movimento. Isso acontece porque a velocidade é uma grandeza vetorial.

As grandezas vetoriais podem ser representadas por segmentos orientados de reta, que indicam seu módulo (valor numérico), sua direção e seu sentido. Esse segmento orientado de reta é denominado **vetor**.

↓ Para determinar, após um certo intervalo de tempo, a posição de uma pessoa que está se deslocando, precisamos saber – além de sua velocidade e de sua posição inicial – em qual direção ela se movimenta e em que sentido ela está se deslocando.

Veja o esquema **A**. A pessoa representada na figura pode se movimentar na direção norte-sul ou leste-oeste. Na direção norte-sul, ela pode se deslocar de norte para sul ou de sul para norte. Na direção leste-oeste, ela pode se deslocar de leste para oeste ou de oeste para leste.

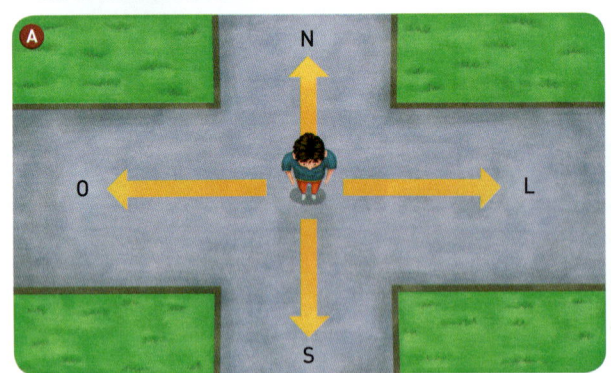

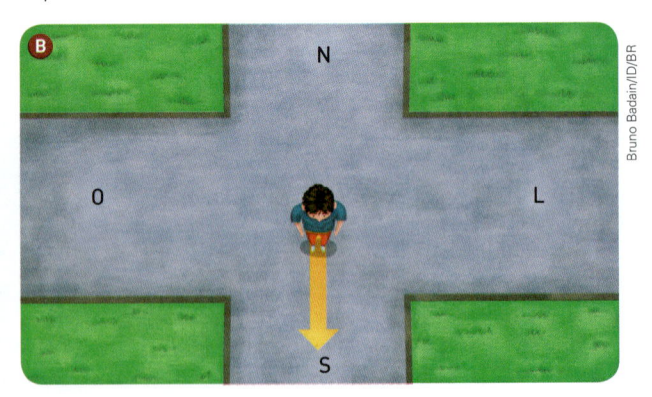

O esquema **B** mostra que a pessoa se desloca para o sul. Assim, a descrição do vetor que representa a velocidade dessa pessoa é feita por meio das seguintes características:

- **Intensidade** (ou **módulo**): 1 passo por segundo.
- **Direção**: norte-sul.
- **Sentido**: de norte para sul.

A notação do vetor velocidade nesse exemplo é feita com a inserção de uma seta sobre o símbolo da grandeza ($\vec{v}$).

SISTEMA DE FORÇAS

Quando duas ou mais forças atuam sobre um corpo, dizemos que elas constituem um **sistema de forças**. Nessas situações, é importante lembrar que se tratam de grandezas vetoriais.

Um sistema de forças que atuam em um corpo equivale a uma única força, chamada **força resultante** ($\vec{F}$), a qual corresponde à soma das forças que compõem o sistema.

Quando duas forças são aplicadas sobre um corpo na mesma direção e no mesmo sentido, a força resultante tem intensidade igual à soma dos valores das duas forças, mantendo a direção e o sentido.

A equipe verde puxa a corda com força de 1 800 N contra uma força de 2 000 N com que a corda é puxada pela equipe laranja. A força resultante sobre a corda é de 200 N, na direção horizontal e no sentido da esquerda para a direita. Portanto, a equipe laranja está ganhando a competição.

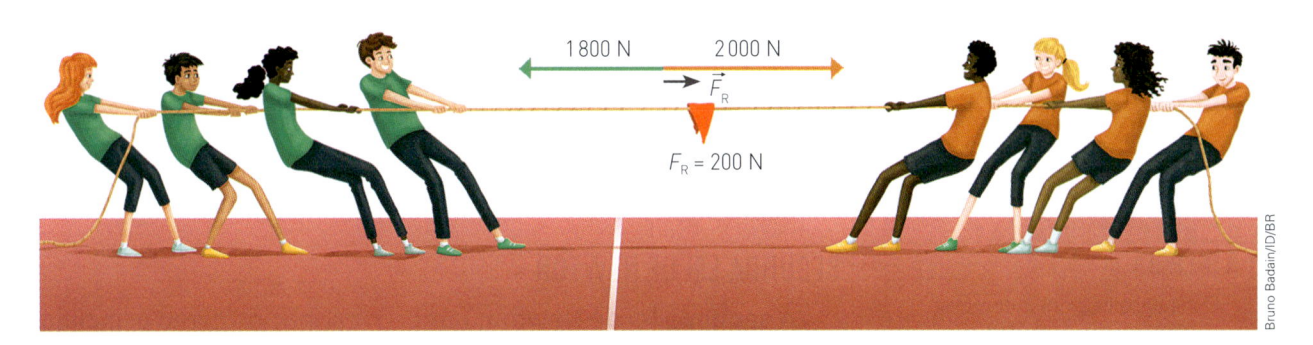

1 800 N · 2 000 N · $\vec{F}_R$ · $F_R = 200$ N

Bruno Badini/ID/BR

Já no sistema de forças ilustrado acima, há duas forças sendo aplicadas na mesma direção, mas em sentidos opostos. Nesse caso, a intensidade da força resultante será a diferença entre o valor das duas forças, e o sentido dela será o mesmo da força de maior valor. Dizemos que a força resultante que atua em um corpo é a soma de todas as forças que atuam nesse corpo.

AS LEIS DE NEWTON

Por que um objeto lançado para a frente, em uma superfície áspera, para depois de percorrer um certo trecho? Por que ele não continua se movendo indefinidamente?

Em seus experimentos com um plano inclinado, Galileu Galilei (1564-1642) percebeu que era necessário haver uma força para interromper o movimento de um objeto colocado no plano. Ele intuiu que, na ausência dessa força (o atrito com o plano, por exemplo), o corpo se moveria indefinidamente. Porém, se o objeto fosse posto em repouso na parte horizontal do plano, o movimento não se iniciaria.

Essa tendência dos corpos de permanecer em seu estado inicial de movimento ou de repouso, a menos que a ação de forças altere sua velocidade, foi denominada **inércia**.

Posteriormente, Isaac Newton (1642-1727) reuniu estudos de diversos cientistas – incluindo os de Galileu e os seus próprios – e apresentou as chamadas **leis de Newton**, que ajudam a explicar os movimentos.

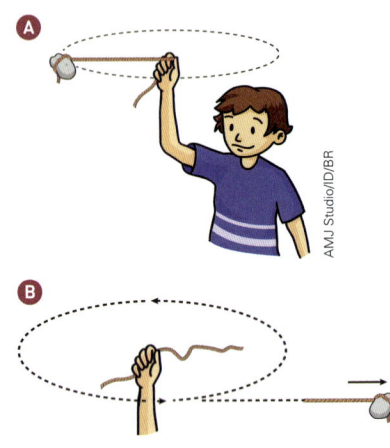

↑ Por causa da inércia, a pedra tende a continuar em movimento retilíneo quando a corda arrebenta.

O CINTO DE SEGURANÇA E A INÉRCIA

Considere que um automóvel com passageiros bata de frente em um poste. No momento da batida, uma força passa a agir imediatamente sobre o automóvel e o faz parar. O corpo dos passageiros, porém, continua em movimento para a frente por inércia. A função do cinto de segurança é justamente fixar os passageiros nos bancos para impedir que seu movimento continue por inércia e eles se choquem contra o painel do automóvel ou contra o para-brisa.

tangente: reta que toca um círculo em apenas um ponto dele.

⬤ **LIVRO ABERTO**

Isaac Newton e sua maçã, de Kjartan Poskitt. São Paulo: Companhia das Letras, 2001.
O livro explica a vida e a obra do físico britânico, com desenhos bem-humorados e linguagem simples e agradável.

PRIMEIRA LEI DE NEWTON

De acordo com o enunciado da **primeira lei de Newton** ou **princípio da inércia**, se a força resultante que atua em um corpo é nula, ele mantém sua velocidade constante em intensidade, direção e sentido. Nessas condições, o corpo está em **equilíbrio**.

Outra maneira de elaborar essa lei é dizer que todo corpo continua em repouso ou em movimento retilíneo e uniforme (MRU), a menos que uma força resultante não nula atue sobre ele.

O princípio da inércia explica, por exemplo, por que quando giramos uma corda com uma pedra amarrada na ponta, a pedra sai pela tangente se a corda arrebenta. Enquanto a pedra está presa, a direção de sua velocidade é alterada constantemente em razão da força que a corda lhe aplica, por isso a pedra faz a curva. Quando a corda se rompe, a força resultante sobre a pedra passa a ser nula (se desconsiderarmos nesse exemplo a força de resistência do ar e a força da gravidade), e a pedra segue em movimento retilíneo uniforme, tangente à curva que descrevia.

SEGUNDA LEI DE NEWTON

A **segunda lei de Newton**, também conhecida como **princípio fundamental da dinâmica**, descreve o que acontece quando a soma das forças que atuam em um corpo não é nula, ou seja, quando ele não está em equilíbrio. Nesse caso, sua velocidade se altera, seja na intensidade, seja na direção ou no sentido.

A segunda lei de Newton estabelece que a alteração na velocidade de um corpo, ou seja, a aceleração, depende de dois fatores:

- da **força resultante** (F) aplicada ao corpo – quanto maior a força resultante aplicada ao corpo, maior a alteração em sua velocidade;
- da **massa** (m) do corpo – quanto maior a massa do corpo, menor a alteração em sua velocidade.

Assim, a aceleração adquirida por um corpo é diretamente proporcional à intensidade da força resultante que atua sobre ele; tem a mesma direção e mesmo sentido dessa força; e é inversamente proporcional à sua massa.

Formalmente, chega-se à seguinte equação:

$$\vec{F} = m \cdot \vec{a}$$

em que:

- $\vec{F}$ representa a força resultante que atua sobre o corpo;
- m representa a massa do corpo, medida em kg;
- $\vec{a}$ representa a aceleração do corpo, medida em m/s^2.

Note, pela equação, que a unidade de medida da força é kg · m/s^2, devido ao fato de ela ser o produto desses dois fatores.

A relação entre massa e inércia

Quando uma força resultante atua em um corpo, ele muda de velocidade na razão inversa de sua massa, ou seja, quanto maior sua massa, menor a alteração em sua velocidade.

Por isso, podemos dizer que a massa de um corpo é a medida de sua inércia, ou seja, a facilidade ou a dificuldade de modificar sua velocidade. Se a massa do corpo for grande, será necessária maior força resultante para alterar sua velocidade e, portanto, a inércia será grande. Veja o esquema a seguir.

1 A força aplicada pela mão acelera a caixa.

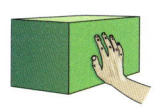

2 O dobro dessa força produz, na caixa, uma aceleração duas vezes maior.

3 O dobro da força sobre uma massa duas vezes maior (2 caixas) produz a mesma aceleração da situação **1**.

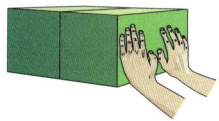

4 A força aplicada pela mão acelera a caixa.

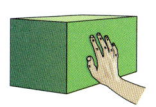

5 A mesma força sobre uma massa duas vezes maior (2 caixas) reduz a aceleração pela metade.

6 Sobre uma massa três vezes maior (3 caixas), a aceleração será um terço da aceleração da situação **4**.

AMJ Studio/ID/BR

TERCEIRA LEI DE NEWTON

A **terceira lei de Newton** estabelece que, na natureza, as forças nunca são encontradas de forma isolada, mas sim aos pares, denominados **ação** e **reação**. Essa lei afirma que a força é o resultado da interação entre dois ou mais corpos, ou seja, um corpo isolado não produz força.

O enunciado da terceira lei de Newton estabelece que, se um corpo **A** exerce uma força sobre um corpo **B**, então o corpo **B** também exerce, sobre o corpo **A**, uma força de mesma intensidade e mesma direção, porém de sentido oposto.

As forças de ação e reação atuam em corpos diferentes. Por isso, elas nunca se anulam. A ilustração a seguir mostra essa situação no movimento de um foguete. Os gases expelidos pelo foguete para trás durante a queima do combustível exercem na atmosfera uma força de ação. A atmosfera exerce uma força de reação e impulsiona o foguete para a frente, ou seja, no sentido oposto. Por isso, essas forças não podem ser somadas e, consequentemente, não se anulam.

Bruno Badain/ID/BR

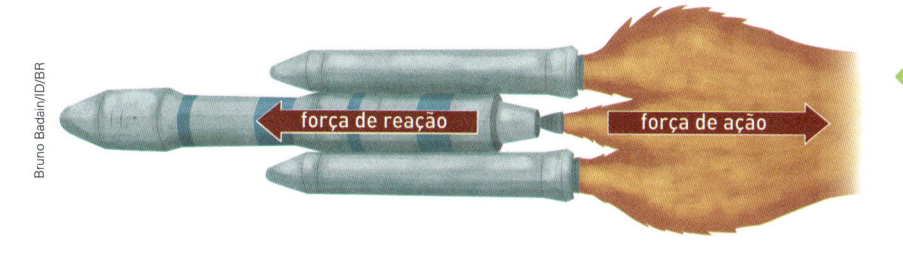

← Para que o foguete se mova para a frente, os gases produzidos na queima do combustível são expelidos para trás, no sentido oposto ao do movimento do foguete. (Representação sem proporção de tamanho; cores-fantasia.)

A força gravitacional impede que sondas e satélites artificiais na órbita da Terra escapem para o Universo. Na foto, duas sondas Van Allen, lançadas em 2012 pelos Estados Unidos.

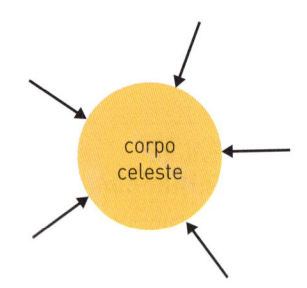

As setas nesse esquema indicam o sentido da força peso.

PESO E GRAVIDADE

Se a Terra atrai um corpo, esse corpo também atrai a Terra com uma força que tem a mesma intensidade, a mesma direção, porém com sentido oposto. Ou seja, você atrai a Terra da mesma forma que a Terra atrai você. Como a massa da Terra é muito maior do que a sua, sua inércia é maior e a aceleração sofrida pela Terra é extremamente pequena comparada com a aceleração de um corpo próximo a ela.

Em um corpo celeste com menos massa que a Terra e, consequentemente, menos força gravitacional, a força peso que atua sobre um corpo será também menor que a da Terra.

FORÇA GRAVITACIONAL ($\vec{F}$)

A **força gravitacional** é uma força exclusivamente de atração que atua entre todos os corpos que têm massa e que constituem o Universo. Essa força depende de dois fatores:

- da **massa** dos corpos envolvidos – quanto maior a massa, maior a força gravitacional;
- da **distância** entre os corpos envolvidos – quanto maior a distância, menor a força de atração gravitacional.

Os corpos com massa suficiente para tornar a intensidade da força gravitacional significativa são, por exemplo, a Lua, os planetas, as estrelas e as galáxias.

A força gravitacional é responsável por vários fenômenos da natureza, como a órbita de planetas e satélites, a queda da chuva ou das águas de uma cachoeira, os deslizamentos de terra e a sedimentação.

FORÇA PESO ($\vec{P}$)

A força gravitacional exercida pela Terra ou outro corpo celeste sobre os corpos e os objetos próximos é denominada **peso** ($\vec{P}$) ou **força peso**. Em outras palavras, o peso pode ser definido como a força com que um corpo celeste atrai um corpo nas suas proximidades. O peso tem direção vertical, em relação à superfície do corpo celeste, e sentido para baixo, isto é, para o centro do corpo celeste.

Para a ciência, portanto, peso é diferente de **massa** (m). A massa de um corpo é sempre a mesma, em qualquer lugar do Universo, mas o peso ($\vec{P}$) do corpo depende da aceleração da gravidade ($\vec{g}$) do local em que ele está.

A segunda lei de Newton afirma que uma força aplicada a um corpo produz uma aceleração inversamente proporcional à sua massa ($\vec{F} = m \cdot \vec{a}$). Assim, podemos calcular a força peso por meio da seguinte fórmula:

$$\vec{F} = m \cdot \vec{a} \longrightarrow \vec{P} = m \cdot \vec{g}$$

em que:

- $\vec{P}$ é o peso do corpo (medido em newtons);
- $\vec{m}$ é a massa do corpo (medida em quilogramas);
- $\vec{g}$ é a aceleração da gravidade (aproximadamente 10 m/s² nas proximidades da superfície terrestre).

Sendo assim, uma pessoa com massa de 60 kg pesa, nas proximidades da superfície terrestre:

$$P = 60 \cdot 10 = 600 \text{ N}$$

FORÇA NORMAL ($\vec{N}$)

Um corpo apoiado sobre uma superfície horizontal, como um livro colocado sobre uma mesa, exerce nela uma força para baixo, pois ele está sendo atraído pela Terra. Por que, então, ele não afunda na mesa?

O livro não se movimenta porque há uma força de mesmas intensidade e direção que o peso desse corpo, mas com sentido oposto, "empurrando-o" para cima ou simplesmente segurando-o, que o impede de cair. De acordo com o princípio da ação e reação, ao empurrar a mesa para baixo, o livro recebe da mesa uma força de reação chamada **força normal** ($\vec{N}$).

A força normal tem sempre direção perpendicular à da superfície de contato, sentido oposto ao da força que comprime a superfície, e mesma intensidade dessa força de compressão.

Se a força de apoio fosse maior que a força normal, então o corpo afundaria na superfície, rompendo-a ou deformando-a. Se a força normal fosse maior que a força de apoio, o objeto seria lançado a partir da superfície.

A força normal é uma força de contato, que só atua quando um corpo está apoiado em outro corpo ou sobre uma superfície sólida. Portanto, a força normal é uma reação à força de apoio, e não à força peso, uma vez que tanto a força peso como a força normal estão aplicadas no mesmo corpo.

FORÇA DE TRAÇÃO ($\vec{T}$)

Quando uma força atua ou é aplicada em corpos por meio de estruturas como fios, cabos, cordas e correntes, ela recebe o nome de **força de tração**. A tração é responsável por esticar esses corpos ou por transferir o ponto de aplicação de uma força.

A força de tração é uma reação do material à sua tendência de ruptura, que poderia ser ocasionada pela força aplicada sobre ele. Portanto, a força de tração é uma força de reação que se manifesta por meio de fios e cabos quando submetidos a alongamentos.

A direção da força de tração é a mesma do fio, e seu sentido é oposto à força que tenta alongá-lo.

Cada material tem uma resistência máxima às forças de tração, por isso, é preciso conhecê-la para determinar o material mais adequado para ser utilizado em determinada aplicação. É o caso, por exemplo, da construção de uma ponte pênsil, que utiliza cabos para promover a sustentação da ponte.

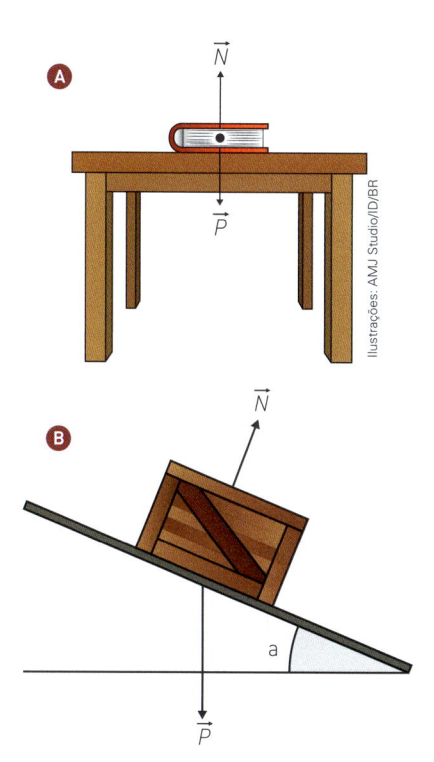

⬆ **(A)** Quando um corpo apoia-se em uma superfície, aplicando-lhe uma força de apoio, a superfície aplica no corpo uma força de reação, chamada força normal ($\vec{N}$). **(B)** Observe que a força normal ($\vec{N}$) tem ângulo diferente do ângulo da força peso ($\vec{P}$) quando o corpo está sobre um plano inclinado. (Representação sem proporção de tamanho.)

⬆ Em uma ponte pênsil, forças de tração atuam nos cabos de aço. Ponte Affonso Penna, sobre o rio Paranaíba. Itumbiara (GO), 2014.

Quando esticamos uma mola, ela reage com a força elástica ($\vec{F}_{el}$), que é tanto maior quanto mais estendida estiver a mola.

FORÇA ELÁSTICA ($\vec{F}_{el}$)

Alguns materiais se deformam de maneira permanente sob a ação de uma força; outros ficam deformados apenas enquanto submetidos a uma força, voltando à forma original quando ela para de atuar no corpo.

Um material é denominado **elástico** quando as deformações provocadas por uma força desaparecem ao se retirar essa força. Um material **plástico** é aquele no qual as deformações provocadas por uma força permanecem, mesmo quando a força é interrompida.

As molas constituem exemplos de objetos elásticos, pois tendem a voltar ao seu formato original quando deixam de ser submetidas a determinada força. Outros exemplos são os elásticos de látex, os solados de tênis e sapatos e a nossa pele.

Enquanto um material elástico é submetido a uma força que o deforma, ele reage e aplica uma força restauradora, chamada **força elástica**. Essa força possibilita que ele retorne à sua forma original.

A força elástica depende de dois fatores:
- do **material** que constitui o objeto;
- da **deformação** sofrida pelo objeto (quanto maior a deformação, maior a força elástica).

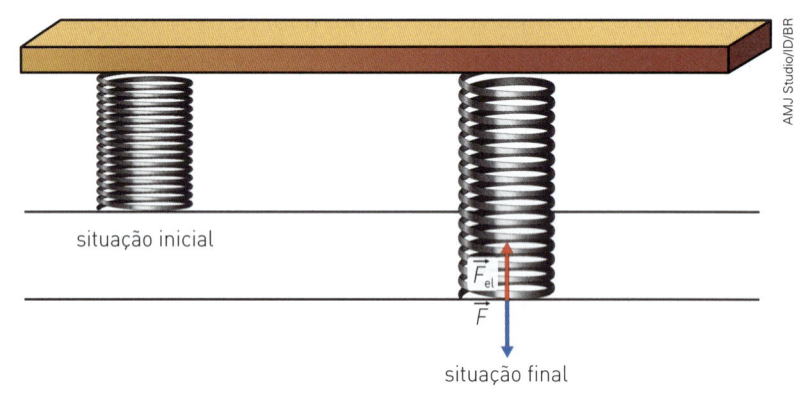

situação inicial

$\vec{F}_{el}$
$\vec{F}$

situação final

FORÇA DE ATRITO ($\vec{F}_{at}$)

Quando lançamos um corpo ao longo de uma superfície horizontal, ele para depois de deslizar por certa distância. Essa redução gradativa na velocidade ocorre devido à ação de uma força de resistência que se opõe ao movimento do corpo, a **força de atrito**.

A força de atrito é paralela às superfícies de contato e manifesta-se no sentido oposto ao movimento relativo entre elas. Essa força depende dos materiais que estão em contato e da força de compressão (ou seja, força de apoio) entre eles.

A força de atrito é classificada como **estática**, quando o corpo está em repouso, e **dinâmica** ou **cinética**, quando o corpo já está em movimento.

↑ Quando uma pessoa caminha, o solo exerce uma força de atrito sobre os pés.

EMPUXO ($\vec{E}$)

O **empuxo** é uma força que os fluidos (líquidos e gases) aplicam em todo corpo que seja parcial ou totalmente mergulhado neles. Essa força tende a expulsar o corpo de dentro do fluido e geralmente apresenta direção vertical e sentido ascendente. O empuxo depende de três fatores, especificados no esquema a seguir.

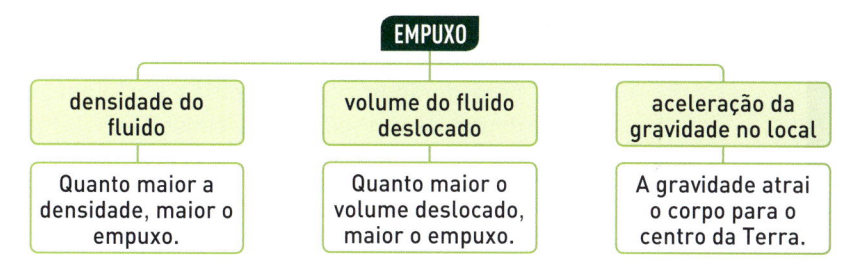

EMPUXO		
densidade do fluido	volume do fluido deslocado	aceleração da gravidade no local
Quanto maior a densidade, maior o empuxo.	Quanto maior o volume deslocado, maior o empuxo.	A gravidade atrai o corpo para o centro da Terra.

A força de empuxo explica diversos fenômenos. Por exemplo, um prego feito de aço maciço costuma afundar na água, mas um navio, que é muito mais pesado, flutua. Qual é a razão disso?

A resposta está principalmente na densidade do corpo. O prego é mais denso que a água; como seu peso é maior que o peso da massa de água por ele deslocada, o prego afunda. Já o navio, que também é de aço, desloca uma massa de água muito maior em virtude dos muitos espaços preenchidos com ar em seu interior. Se o peso do navio for igual ao empuxo, o navio flutua; se o empuxo for maior do que o peso do navio, ele é lançado para cima.

Rubens Chaves/Pulsar Imagens

↑ O navio flutua porque seu peso é menor que o empuxo da água.

FORÇA RESULTANTE CENTRÍPETA

Quando um corpo realiza movimentos curvilíneos, a direção do movimento muda constantemente. Portanto, a direção da velocidade, em cada ponto da curva, sempre se altera, mesmo que o valor numérico da velocidade permaneça o mesmo.

Nesses casos, dizemos que a velocidade tangencial é constante, ou seja, mantém sempre o mesmo valor, mas a velocidade vetorial varia, pois a direção sempre se altera.

Como é necessário uma força para alterar a velocidade de um corpo, podemos concluir que, sobre um corpo que realiza uma curva, age uma força resultante (não nula), a qual produz essa variação de direção. Essa força resultante da soma de todas as forças que atuam em um corpo na direção radial, modificando a direção de sua velocidade e permitindo que ele realize a curva, é a **força resultante centrípeta** ($\vec{F}_c$). Ela tem direção radial e seu sentido é sempre para o centro da curva.

radial: relativo ao raio de uma circunferência.

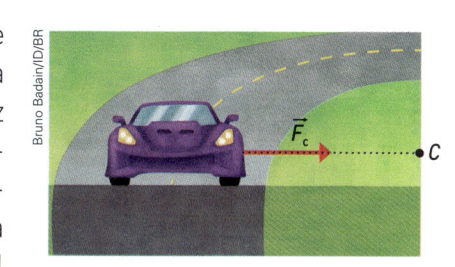

Bruno Badain/ID/BR

↑ A força centrípeta permite que o carro faça uma curva na estrada.

ATIVIDADES

RETOMAR E COMPREENDER

1. Identifique, em cada caso a seguir, se a força que atua no sistema é de campo ou de contato.

← Força entre a mão de um atleta e o arco e a flecha.

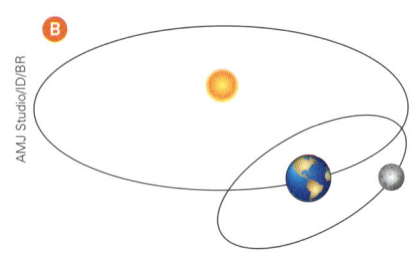

← Forças entre a Terra, a Lua e o Sol.

← Força que o lustre aplica no teto.

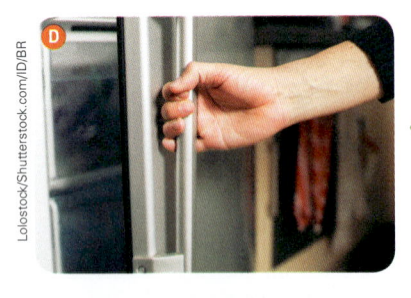

← Força entre a borracha de vedação imantada e a porta da geladeira.

← Força que o motor aplica nas rodas.

2. As leis de Newton explicam os movimentos dos corpos. Assim, os eventos relacionados com um automóvel podem ser explicados por essas leis.

a) Pensando na primeira lei de Newton, explique qual é a função do cinto de segurança em um automóvel.

b) Como o *air bag* e o cinto de segurança atuam para diminuir a força sofrida por alguém dentro de um veículo que colide?

3. Se a soma das forças que atuam em um corpo for nula, ele pode estar em movimento? Dê um exemplo que justifique sua resposta.

4. É possível parar um corpo que está se movimentando sem aplicar uma força sobre ele?

5. Pense nos tipos de força que você estudou neste capítulo. Com que frequência elas aparecem em seu dia a dia?

6. Analise a afirmação a seguir e responda à questão.

Como a massa da Terra é maior que a massa da Lua, então a força que a Terra exerce sobre a Lua é maior que a força que a Lua exerce sobre a Terra.

- Essa afirmação é verdadeira ou falsa? Justifique sua resposta.

7. Como deve ser a força resultante sobre um objeto para que ele fique em repouso? E para que ele permaneça em movimento com velocidade constante?

APLICAR

8. Imagine que uma pessoa coloque um livro de massa 1 kg sobre uma mesa plana e horizontal.

a) Qual é o valor da força normal ($\vec{N}$) que atua sobre o livro?

b) Se pressionarmos o livro contra a mesa com uma força de 20 N, qual será o valor da força normal?

9. Elabore uma pequena narrativa com uma situação do cotidiano que possa ser explicada pela primeira lei de Newton.

10. Uma astronauta, cuja massa é 80 kg, reparou que, ao se pesar na Lua, seu peso foi de apenas 128 N. Com base nisso, concluiu que a gravidade lunar é menor que a terrestre.

- Qual é o valor da aceleração da gravidade na Lua?

11. Leia a tira abaixo.

- Embora a lei da gravidade seja válida para o gato e para o rato, apenas a parte do telhado onde está o gato se rompeu. Como você explica esse fato?

12. Analise os esquemas abaixo e, depois, faça o que se pede.

A
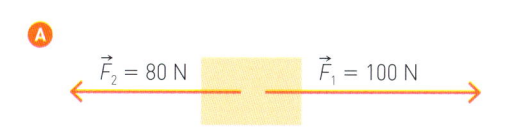
$\vec{F_2} = 80$ N $\vec{F_1} = 100$ N

C
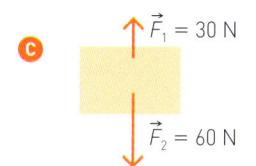
$\vec{F_1} = 30$ N

$\vec{F_2} = 60$ N

B

$\vec{F_2} = 80$ N $\vec{F_1} = 20$ N

$\vec{F_3} = 60$ N

D

$\vec{F_2} = 80$ N $\vec{F_1} = 20$ N

a) Determine, em cada caso, o vetor (valor, direção e sentido) da força resultante que atua em cada corpo.

b) Considerando que em todos os esquemas a massa dos corpos é de 2 kg, determine a aceleração deles em cada caso.

13. Imagine que um caminhão desloca um bloco de madeira de massa 12 kg sobre um piso também de madeira, como mostra a figura abaixo.

← (Representação sem proporção de tamanho.)

a) Faça, no caderno, um esquema das forças que atuam na carga.

b) Determine o peso e a força normal da carga.

14. Um carrinho de brinquedo de massa 1 kg está parado no quarto de uma criança, quando uma menina começa a empurrá-lo com força constante de 5 N.

a) Qual será a aceleração desse carrinho?

b) Qual será sua velocidade após 2 segundos de movimento?

MÁQUINAS

O ser humano desenvolveu tecnologias que lhe permitem controlar e modificar parcialmente o meio em que habita. Entre essas tecnologias estão as máquinas simples, instrumentos capazes de facilitar várias tarefas no dia a dia. Você conhece algumas dessas máquinas?

MÁQUINAS SIMPLES

Atualmente, o termo máquina é comumente associado a equipamentos complexos, como máquinas de lavar roupas, automóveis e computadores.

No entanto, na linguagem científica, o termo máquina pode ser aplicado a qualquer objeto ou instrumento que facilite a execução de diferentes tarefas. Assim, as ferramentas elaboradas pelos primeiros seres humanos são exemplos de máquinas.

As **máquinas simples** são pequenos objetos, constituídos de uma só peça, capazes de facilitar a realização de tarefas do cotidiano, como cortar, triturar e deslocar.

As máquinas transformam energia ou transmitem uma força aplicada em um ponto do espaço para outro, amplificando ou modificando a ação dessa força. Em toda ação de uma máquina existem três elementos: uma **força aplicada**, um **ponto** (ou uma superfície) **de apoio** e uma **força resistente**. A posição relativa desses elementos na máquina é que vai definir a sua finalidade e a sua capacidade de realizar determinada tarefa.

Alguns exemplos de máquinas simples são as alavancas, as rodas, os planos inclinados, as cunhas e os parafusos.

↓ Pilão do terceiro milênio a.C., uma máquina simples utilizada para moer e triturar alimentos, como grãos. O objeto foi encontrado onde atualmente se localiza o Iêmen.

comprimento: 28 cm

Museu Nacional do Iêmen, Sanaa. Fotografia: Philippe Maillard/AKG-Images/Album/Fotoarena

ALAVANCAS

A **alavanca** é uma peça rígida, como uma barra, uma haste ou uma vara, que pode girar em torno de um ponto de apoio e, dessa forma, aumentar o efeito da força aplicada em uma de suas extremidades.

Muitas tarefas corriqueiras se tornariam mais difíceis de realizar sem o auxílio das alavancas. Abrir uma lata, trocar um pneu, levantar objetos e mesmo caminhar são alguns exemplos do uso que fazemos de alavancas.

Com o auxílio de uma alavanca, é possível levantar uma caixa de grande massa, como se observa na imagem a seguir.

A chave de roda é um exemplo de alavanca. A força aplicada na barra transversal é transmitida para o eixo da chave.

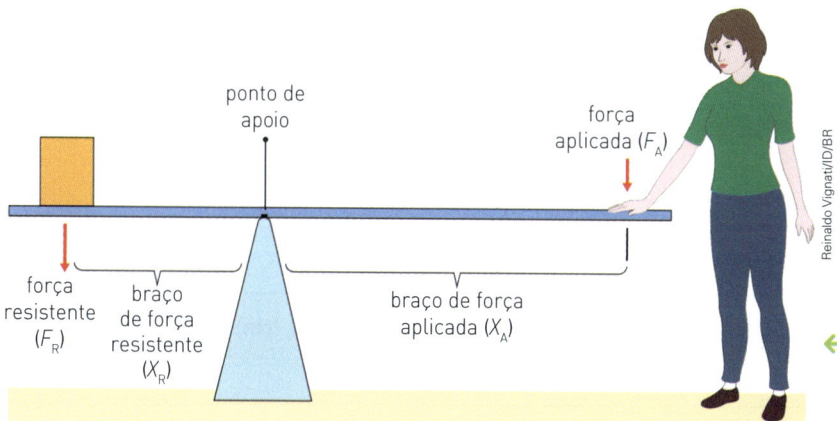

Elementos físicos de uma alavanca utilizada para levantar uma caixa. (Representação sem proporção de tamanho.)

Durante o uso de uma alavanca, podemos identificar a **força aplicada** (F_A) como sendo a força que a pessoa faz; o **braço de força aplicada** (X_A), que constitui a distância entre os pontos de aplicação da força e de apoio; a **força resistente** (F_R), que é o peso da caixa; e o **braço de força resistente** (X_R), que é a distância entre os pontos de aplicação da força resistente e de apoio.

Dizemos que uma alavanca está em equilíbrio quando ela obedece ao princípio geral das alavancas, representado na equação:

$$F_A \cdot X_A = F_R \cdot X_R$$

Essa equação mostra que, quanto maior o braço da força aplicada em relação ao braço da força resistente, menor a força aplicada necessária para movimentar o objeto na outra extremidade da alavanca; ou seja, a força aplicada e o braço dela são grandezas inversamente proporcionais: quando uma aumenta a outra diminui.

Sendo assim, se quisermos levantar uma caixa de 200 kg (ou seja, com peso de 2000 N), podemos utilizar um braço de força resistente igual a 1 m e um braço de força aplicada igual a 10 m, por exemplo, para levantar a caixa como se ela tivesse apenas 20 kg (ou seja, com peso de 200 N).

Estudo das alavancas

É possível verificar a validade do princípio geral das alavancas com materiais simples? Vamos responder a essa questão realizando um **experimento**.

Material

- 3 réguas de plástico, de mesmo tamanho e com um furo em uma de suas extremidades
- 1 parafuso, com porca, do tamanho dos furos das réguas
- 1 rolo de fita-crepe ou de fita adesiva
- 2 clipes
- 12 porcas médias ou grandes, todas do mesmo material e do mesmo tamanho
- 1 lata vazia de leite em pó
- areia suficiente para encher a lata

Como fazer

❶ Forme dupla com um colega e construam, no caderno, uma tabela semelhante à do modelo abaixo.

Nº de porcas	X_E (cm)	Produto E (nº de porcas · X_E)	Nº de porcas	X_D (cm)	Produto D (nº de porcas · X_D)
2	15	30	2		
2	15	30	3		
2	15	30	4		
2	15	30	5		
2	15	30	6		

❷ Com a fita-crepe, o parafuso e a porca, o professor vai unir as três réguas de maneira que seus furos coincidam para que formem um T. Em seguida, coloquem o arranjo na lata com areia.

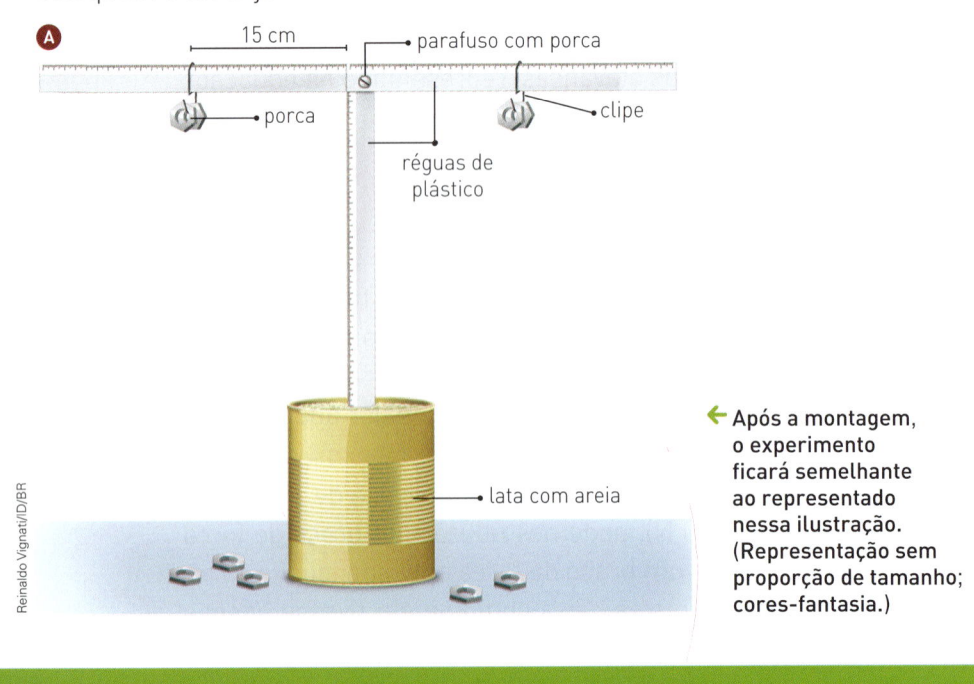

Ⓐ 15 cm — parafuso com porca — porca — clipe — réguas de plástico — lata com areia

Reinaldo Vignati/ID/BR

← Após a montagem, o experimento ficará semelhante ao representado nessa ilustração. (Representação sem proporção de tamanho; cores-fantasia.)

❸ Utilizando um dos clipes, coloquem duas porcas na extremidade esquerda do arranjo à distância de 15 cm do centro. Em seguida, usando o outro clipe, coloquem duas porcas na extremidade da direita, de modo que o conjunto fique em equilíbrio (figura **A**).

❹ Meçam a distância entre o clipe da direita e o centro do arranjo e anotem o resultado na coluna X_D da tabela.

❺ Mantenham as duas porcas na mesma posição do lado esquerdo e acrescentem uma porca de cada vez do lado direito (totalizando 3, 4, 5 e 6 porcas), variando a posição em que o clipe precisa ser colocado para manter o equilíbrio (figura **B**). Anotem as distâncias na coluna X_D da tabela.

❻ Multipliquem X_D pelo número de porcas do lado direito, completando a coluna Produto **D**.

❼ Coloquem uma única porca do lado esquerdo da régua, a 9 cm do centro ($X_E = 9$ cm), e tentem equilibrá-la com duas porcas do lado direito (figura **C**). Anotem o resultado encontrado para X_D.

❽ Repitam esse procedimento para equilibrar três porcas do lado esquerdo com duas do lado direito. Anotem o valor encontrado de X_D.

❾ Comparem os dados da tabela com os dos colegas e anotem as semelhanças e as diferenças entre os resultados obtidos.

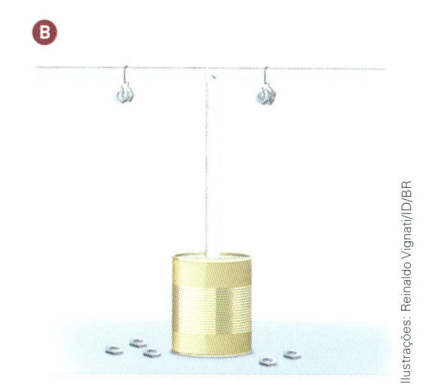

↑ Esquema da montagem com duas porcas do lado esquerdo e quatro porcas do lado direito. (Representação sem proporção de tamanho; cores-fantasia.)

Ilustrações: Reinaldo Vignati/ID/BR

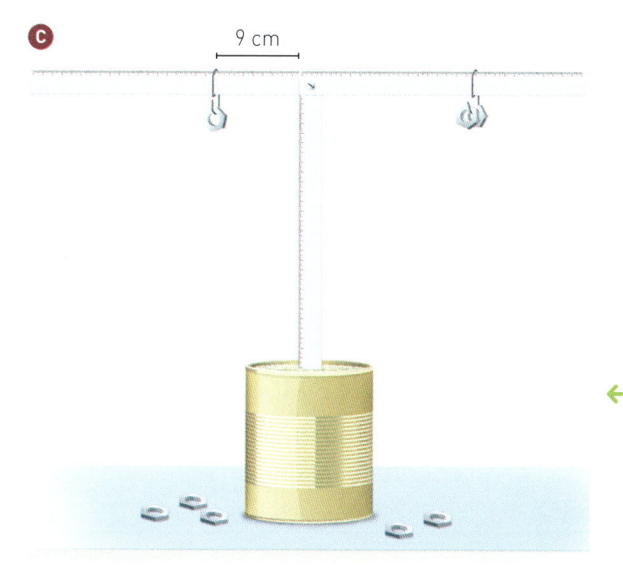

← Esquema da montagem com uma porca do lado esquerdo, a 9 cm do centro, e duas porcas do lado direito. (Representação sem proporção de tamanho; cores-fantasia.)

Para concluir

1. Comparem os valores das colunas dos produtos **E** e **D**. O que vocês percebem?

2. Com base nesses dados, é possível confirmar o princípio geral das alavancas? Justifique.

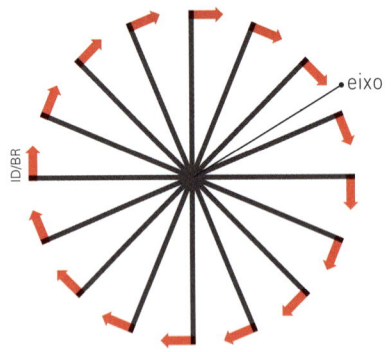

Uma roda ligada a um eixo pode ser entendida como a justaposição de alavancas que transmitem ao eixo a força aplicada em sua borda, fazendo-o girar, e vice-versa. (Representação sem proporção de tamanho; cores-fantasia.)

RODAS, ROLDANAS E ENGRENAGENS

A **roda** é um objeto com formato circular que pode girar em torno de seu centro. Ela é capaz de transmitir, de forma amplificada, forças aplicadas em sua borda a um eixo fixo em seu centro, tal como uma alavanca. De fato, podemos imaginar uma roda como a superposição de infinitas alavancas.

A **roldana** ou **polia** é uma roda que pode girar em torno de um eixo, tendo um canal em sua volta pelo qual passa uma correia ou um cabo. Ela é uma máquina simples que pode ser utilizada para alterar a direção ou amplificar a ação de uma força.

As roldanas são utilizadas principalmente para facilitar a elevação de objetos pesados e realizar a transmissão de movimento quando associadas entre si ou a outros eixos e sistemas.

As **roldanas fixas** apenas alteram a direção da força aplicada. É o que ocorre, por exemplo, quando se puxa um balde de água de um poço ou durante a execução de exercícios em determinados aparelhos de ginástica.

← Roldanas fixas são utilizadas para levantar objetos pesados.

As **roldanas móveis** ajudam a diminuir a força necessária para elevar cargas. Cada roldana móvel divide a força necessária pela metade. Na imagem ao lado, se o bloco pesar 800 N, a pessoa precisará fazer uma força de apenas 100 N, ou seja, oito vezes menor, para puxá-lo.

Uma variante da roldana é a **engrenagem**, uma roda dentada utilizada para transmitir o movimento de um eixo para outro. A vantagem das engrenagens sobre as roldanas é que os dentes dificultam o escorregamento de uma engrenagem em relação à outra ou mesmo da correia dentada ou da corrente, que liga uma engrenagem à outra.

roldana fixa — 100 N | 100 N

100 N

200 N | 200 N

400 N | 400 N

roldanas móveis

800 N

Com três roldanas móveis e uma fixa, o bloco pode ser elevado com uma força oito vezes menor que seu peso, pois cada uma das roldanas móveis reduz o peso do bloco pela metade.
A roldana fixa apenas altera a direção da força aplicada. (Representação sem proporção de tamanho; cores-fantasia.)

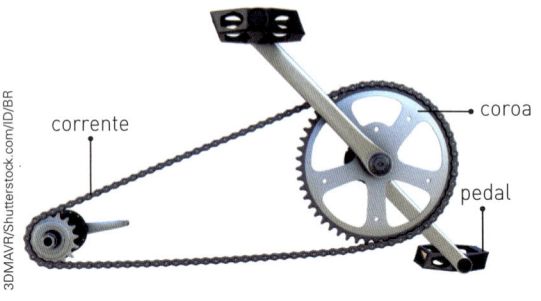

corrente

coroa

pedal

← As engrenagens podem ser de vários tipos e têm muitas aplicações no cotidiano, como nas bicicletas, em que a transmissão de movimento se faz com o auxílio de uma corrente.

PLANOS INCLINADOS

O **plano inclinado** é uma superfície plana e rígida, disposta de modo oblíquo em relação à superfície horizontal. Essas características fazem com que a força aplicada para elevar ou descer um objeto pelo plano seja menor que a força necessária para realizar as mesmas tarefas numa linha vertical. Muitos guinchos utilizam rampas, que são planos inclinados, para elevar um veículo, fazendo-o alcançar a plataforma do caminhão.

Cunhas

A **cunha** é o resultado da associação de dois planos inclinados apoiados um no outro pelas suas bases, tendendo a formar um objeto pontiagudo. Geralmente, as cunhas são utilizadas para perfurar objetos. As agulhas, os pregos e as lâminas dos machados, das enxadas e das facas são exemplos de cunhas. Elas também podem ser utilizadas como calço para portas e para veículos estacionados, mantendo-os em repouso em relação ao solo.

↑ O plano inclinado permite que esse carro seja rebocado para cima do caminhão-guincho.

CRIAR

Interaja com **máquinas de Rube Goldberg**. Invente uma máquina no mesmo estilo que as de Rube Goldberg que apresente ao menos uma máquina simples.

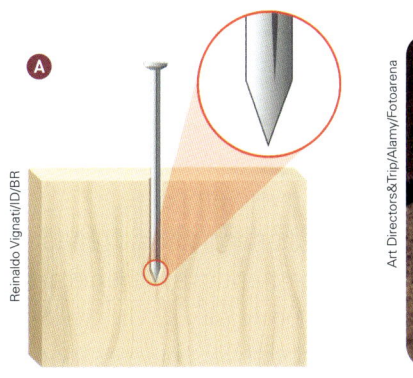

← **(A)** O círculo vermelho mostra a parte pontiaguda de um prego, que tem a forma de cunha. **(B)** Graças ao formato de cunha, os calços conseguem se encaixar na parte de baixo de portas, segurando-as.

Parafusos

Os **parafusos** podem ser entendidos como um plano inclinado enrolado sobre si mesmo.

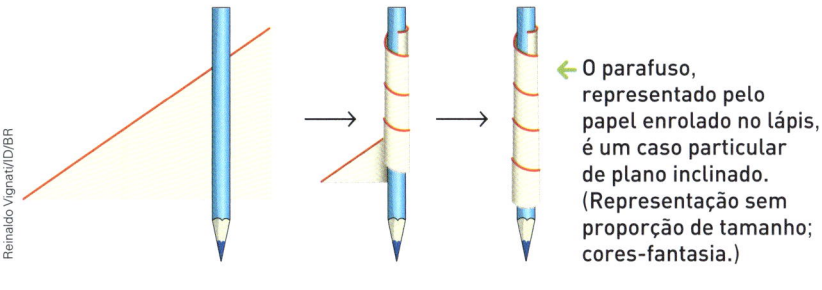

← O parafuso, representado pelo papel enrolado no lápis, é um caso particular de plano inclinado. (Representação sem proporção de tamanho; cores-fantasia.)

Em geral, quando pensamos em um parafuso, imaginamos que serve apenas para prender peças, como se faz, por exemplo, com as portas de um armário de madeira. Porém, se ampliarmos a aplicação dos parafusos para as **roscas**, percebemos que eles também estão presentes em tampas de frascos, em torneiras e em muitos outros objetos.

↑ Os parafusos e suas aplicações estão presentes em diversos objetos, como tampas de frascos.

Fotografias: dnd_project/Shutterstock.com/ID/BR; Liupco Smokovski/Shutterstock.com/ID/BR; FERNANDO BLANCO CALZADA/Shutterstock.com/ID/BR; Dmitry Kalinovsky/Shutterstock.com/ID/BR

FORA DA ESCOLA

Sala de Ciências – Sesc Taguatinga Norte (DF)
A Sala realiza oficinas e dinâmicas sobre mudanças climáticas e fatores correlatos, como o uso excessivo de combustíveis fósseis e a industrialização.
Informações: <http://linkte.me/ina20>. Acesso em: 22 out. 2018.
Localização: CNB 12, AE 2/03 – Taguatinga (DF)

MÁQUINAS COMPOSTAS

As máquinas simples podem ser combinadas para formar **máquinas compostas**, que podem realizar trabalhos mais complexos do que as máquinas simples conseguem individualmente.

As máquinas compostas podem ser básicas, pequenas e constituídas de poucas peças, como as tesouras e os carrinhos de mão; mas também podem ser imensas e complexas, como os navios e os aviões, compostos de vários componentes e muitas associações de máquinas simples. Veja o esquema a seguir.

	tesoura	carrinho de mão	relógio analógico	guincho e guindaste
Máquinas compostas				
Máquinas simples envolvidas	cunha e alavanca	roda e alavanca	engrenagens	polia e alavancas

 **COMPREENDER**

Veja **o surgimento do motor a vapor** e identifique quais alterações no projeto inicial tornaram a máquina térmica mais eficiente na conversão de energia.

Toda máquina precisa de uma fonte de energia para funcionar. Uma tesoura, por exemplo, precisa da energia fornecida pela pessoa que a manipula durante o corte, assim como um carrinho de mão precisa da energia de uma pessoa que o empurre.

Aviões e automóveis em geral utilizam a energia armazenada nos combustíveis para funcionar, transformando essa energia em movimento por meio da queima do combustível. Os navios podem utilizar a energia química dos combustíveis ou mesmo a energia eólica dos ventos para se movimentar.

Eletrodomésticos, como liquidificadores, batedeiras e aspiradores, são máquinas que transformam energia elétrica em energia mecânica, enquanto usinas eólicas e hidrelétricas são máquinas complexas que realizam a transformação inversa, de energia do movimento para energia elétrica.

MÁQUINAS TÉRMICAS

A Revolução Industrial, que teve início em meados do século XVIII, foi movida por máquinas compostas chamadas **máquinas térmicas**, como as máquinas a vapor. As máquinas térmicas são capazes de realizar a transformação de calor em **trabalho**, ou seja, converter a energia térmica gerada pela combustão de algum material, como lenha e carvão, em energia cinética.

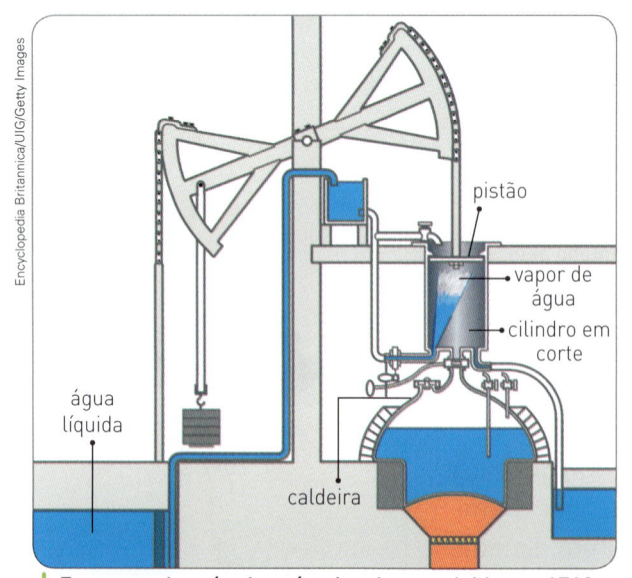

Encyclopedia Britannica/UIG/Getty Images

pistão

vapor de água

cilindro em corte

água líquida

caldeira

↓ Esquema de máquina térmica desenvolvida em 1712 pelo inventor inglês Thomas Newcomen (1664-1729). O mecanismo era usado para retirar água acumulada em minas.

AS MÁQUINAS E O MUNDO MODERNO

Com o desenvolvimento tecnológico decorrente da Revolução Industrial, muitos benefícios foram gerados para a humanidade, como eletrodomésticos mais modernos e meios de transporte mais seguros.

No entanto, o desenvolvimento das máquinas também gerou efeitos negativos para os seres vivos e o ambiente. As primeiras máquinas a vapor dependiam da queima de carvão mineral para seu funcionamento. Com o passar do tempo, os derivados de petróleo, como a gasolina e o óleo *diesel*, passaram a ser usados em larga escala no funcionamento de veículos.

Tanto o carvão mineral quanto o petróleo liberam, em sua queima, grande quantidade de poluentes atmosféricos. Segundo grande parte dos cientistas, essa poluição está relacionada às mudanças climáticas atuais.

As demandas do mundo moderno exigem a produção de produtos e de combustíveis em larga escala. Esses processos produzem resíduos que poluem o ambiente e podem estar relacionados às mudanças climáticas. Usina de cana-de-açúcar em Leme (SP), 2018.

Ao longo do século XX, a ciência da informação se desenvolveu, e máquinas, como os computadores, foram criadas para dar suporte a essa ciência.

O primeiro computador eletrônico foi construído nos anos 1940. Inicialmente, os dados eram inseridos nos computadores manualmente. Até os anos 1970, ainda era comum o uso de cartões perfurados para fornecer ao computador os dados que deveriam ser processados.

Com o desenvolvimento dos *microchips,* a capacidade de processamento dos computadores aumentou muito. Atualmente, essas máquinas são imprescindíveis para grande parte das atividades modernas.

TECNOLOGIA E MERCADO DE TRABALHO

Estudiosos afirmam que, atualmente, vivemos a chamada 4ª Revolução Industrial. Isso se deve à incorporação da internet nas coisas, ou seja, à aplicação da internet em equipamentos diversos, como eletrodomésticos; e ao advento da indústria 4.0, termo que se refere às fábricas inteligentes, que utilizam a tecnologia em sistemas de automação e de controle para aprimorar os processos produtivos.

- Em sua opinião, o aumento do uso da tecnologia em processos industriais pode favorecer ou piorar a oferta de empregos? Justifique sua resposta.

 **ANALISAR**

Interaja com **evolução dos computadores**. Discuta com os colegas como o surgimento dos computadores de uso pessoal mudou a nossa sociedade.

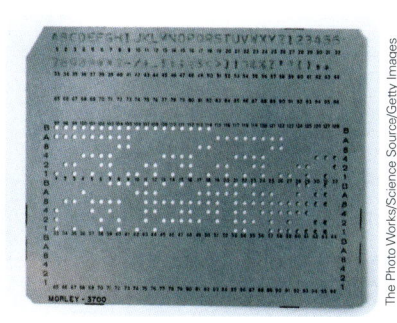

Exemplo de cartão perfurado usado em computadores no final dos anos 1970.

RETOMAR E COMPREENDER

1. Associe cada imagem a seguir a um tipo de máquina simples mencionado neste capítulo.

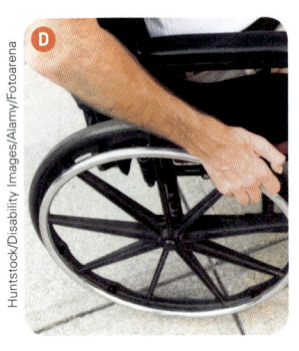

2. Observe a ilustração a seguir. Sabendo que cada roldana móvel, como as apresentadas no dispositivo, reduz pela metade a força necessária para levantar um bloco, responda às questões.

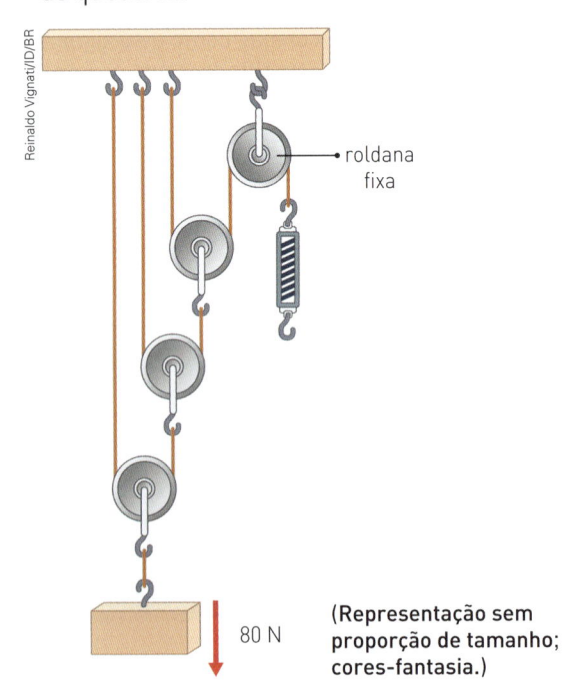

roldana fixa

80 N

(Representação sem proporção de tamanho; cores-fantasia.)

a) Quantas roldanas móveis há no dispositivo?

b) O que seria mais fácil: levantar o bloco com esse dispositivo ou com outro, com menos roldanas móveis? Justifique sua resposta.

3. O que são máquinas compostas? Dê três exemplos desse tipo de máquina.

APLICAR

4. Utilizando a alavanca ilustrada abaixo, uma pessoa pretende levantar uma pedra de 100 kg de massa e que pesa 1 000 N.

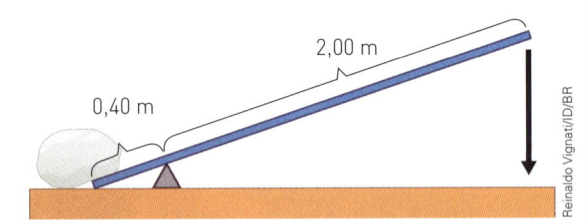

2,00 m

0,40 m

(Representação sem proporção de tamanho; cores-fantasia.)

- Qual deve ser a menor força aplicada para levantar a pedra?

5. Leia o texto abaixo e, depois, faça o que se pede.

As máquinas térmicas, como os motores a vapor, tiveram um papel central na Revolução Industrial. As primeiras máquinas funcionavam pela queima de carvão mineral, usado para aquecer caldeiras.

Depois, as máquinas térmicas foram sendo aprimoradas, e novos combustíveis passaram a ser usados, como o óleo *diesel*, a gasolina e o gás liquefeito de petróleo. Embora os combustíveis mais recentes sejam menos poluentes, seu uso continua sendo a causa de uma série de problemas ambientais.

- Faça uma pesquisa sobre máquinas térmicas utilizadas atualmente, buscando atender aos seguintes aspectos:

  a) Dê um exemplo de máquina térmica usada atualmente e descreva brevemente seu funcionamento, justificando o fato de ela ser considerada uma máquina térmica.

  b) Cite o tipo de combustível ou a fonte de energia utilizada por essa máquina.

  c) Avalie se o uso da máquina que você selecionou provoca algum tipo de impacto ambiental. Justifique sua resposta.

Automação e empregos

Em muitos países, a geração de empregos é um problema de difícil solução. As pessoas desempregadas, muitas vezes, têm dificuldade para conseguir um novo trabalho. Em certos casos, isso tem relação com o uso cada vez maior de máquinas que desempenham funções que, anteriormente, eram realizadas por seres humanos.

Era dos robôs está chegando e vai eliminar milhões de empregos

Rebeliões contra a mecanização ou a automação dos processos produtivos não são inéditas. Quando o arado passou a ser utilizado na agricultura e muitos trabalhadores perderam seus empregos, foi grande a oposição ao novo instrumento. Na Inglaterra do século 19, os ludistas destruíam os teares em sua revolta contra a substituição da mão de obra humana pelas máquinas. Nos Estados Unidos do século 20, Henry Ford foi considerado um grande inimigo dos manobristas de charretes. A tecnologia, contudo, sempre venceu. Por um lado, pois aumentava a produtividade da economia como um todo; por outro, e não se pode ignorar este fator, porque só afetava empregos de baixa qualificação. [...]

[...]

Estudos mostram que pessoas em funções no topo da pirâmide, que em geral demandam criatividade e capacidade de solucionar problemas, não têm o que temer. As máquinas ainda não conseguem desempenhar tais tarefas com a mesma eficácia. Estão nessa categoria certos ramos da engenharia e das ciências, por exemplo.

Algo semelhante se passa na outra ponta. Trabalhadores manuais [...] como faxineiros ou pedreiros, tampouco serão afetados – não porque a tecnologia não os tenha alcançado, mas por não valer a pena economicamente.

Entre os extremos, as funções mais sujeitas a serem eliminadas são as que exigem repetição. Importa pouco que seja uma atividade fabril ou de serviços, que envolva operários ou profissionais liberais. A questão é: quanto mais rotineira for uma profissão, maior a chance de ela desaparecer [...].

Paulo Feldmann. Era dos robôs está chegando e vai eliminar milhões de empregos. *Jornal da USP*, 3 ago. 2018. Disponível em: <https://jornal.usp.br/artigos/era-dos-robos-esta-chegando-e-vai-eliminar-milhoes-de-empregos/>. Acesso em: 10 set. 2018.

 **ANALISAR**

Interaja com **automação e empregos** e discuta com os colegas os impactos positivos e os negativos do processo de automação.

Em discussão

1. Qual é a sua opinião sobre a utilização de robôs no lugar de pessoas em determinados setores do mercado de trabalho?

2. O que você acha que o autor quis dizer com "funções no topo da pirâmide"? Por que você acha que faxineiros e pedreiros são considerados, pelo autor, trabalhadores "na outra ponta" da pirâmide? Qual é a sua opinião sobre essa classificação feita pelo autor do texto?

3. Proponha uma estratégia para minimizar os efeitos negativos do processo de robotização do mercado de trabalho.

RETOMAR E COMPREENDER

1. No caderno, faça um esquema semelhante ao representado abaixo, indicando diferentes tipos de forças que podem estar agindo à nossa volta.

TIPOS DE FORÇAS

2. Em uma prova de 100 metros rasos, o desempenho típico de um corredor-padrão é representado pelo gráfico a seguir.

■ Velocidade de um corredor em função do tempo

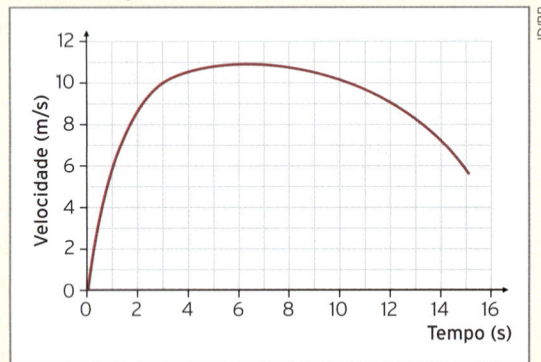

Dados fictícios.

Com base no gráfico, responda às questões.

a) Em qual intervalo de tempo a aceleração é maior?

b) Em qual intervalo de tempo a velocidade do corredor é aproximadamente constante?

3. Identifique, em cada situação, se o corpo possui força resultante não nula.

a) Um carro em movimento variado.

b) Uma bicicleta em movimento uniforme.

c) Um atleta no início de uma corrida de 100 metros.

APLICAR

4. Há 120 milhões de anos, quando a África e a América do Sul começaram a se separar, os locais onde hoje estão a cidade de Buenos Aires e a Cidade do Cabo coincidiam. A distância atual entre as duas cidades é de aproximadamente 6 000 quilômetros.

• Calcule a velocidade média de afastamento entre a África e a América do Sul em centímetros por ano.

5. A imagem abaixo mostra um lustre, de massa 5 kg, suspenso no teto de uma sala.

Taro911 Photographer /Shutterstock/ID/BR

a) Faça, no caderno, um esquema dessa imagem para representar as forças que agem na corrente que prende o lustre ao teto.

b) Calcule o valor da força de tração na corrente.

c) Se o fio se romper, qual será a aceleração do lustre durante a queda?

d) O movimento de queda do lustre pode ser considerado uniforme? Justifique.

6. Observe a figura a seguir e faça o que se pede.

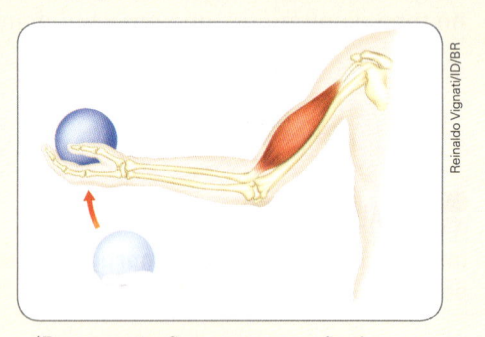

Reinaldo Vignati/ID/BR

(Representação sem proporção de tamanho; cores-fantasia.)

a) Reproduza, de modo esquemático, a figura no caderno e identifique quais partes da figura correspondem aos elementos das alavancas naturais de nosso corpo: força aplicada, braço da força aplicada, força resistente, braço da força resistente.

b) Explique de onde vem a energia para que a força aplicada pela pessoa realize o trabalho de deslocar o peso que ela carrega na mão.

7. A figura abaixo mostra uma série de líquidos e objetos (uma rolha de cortiça, uma bola de borracha maciça e uma porca de ferro) colocados juntos numa proveta.

Sérgio Dotta Jr./ID/BR

Consulte a tabela abaixo para responder às questões.

Material	Densidade (g/cm³)
água	1,0
borracha	1,2
cortiça	0,7
glicerina	1,3
óleo	0,8
ferro	7,8

a) Qual é o líquido incolor?

b) Qual é o líquido azul?

c) Qual é o líquido amarelo?

d) Qual dos materiais sólidos é o mais denso e qual é o menos denso?

8. Leia o texto a seguir e faça o que se pede.

O funcionamento de uma geladeira envolve um circuito de tubos por onde circula uma substância. Nos tubos da parte de trás da geladeira, essa substância está no estado líquido. Ao passar por um pequeno tubo, chamado tubo capilar, esse líquido evapora-se e esfria. Depois, esse gás circula por tubos na parte de dentro da geladeira. Ocorre, então, uma troca de calor entre os alimentos que estão na geladeira e o gás. Os alimentos perdem calor para o gás e, ficando mais frios, são preservados por mais tempo.

Por sua vez, o gás aumenta de temperatura e passa para a parte externa da geladeira, mais especificamente, atrás dela. Nesse local, o gás perde calor para o ambiente externo. É por isso que a parte de trás das geladeiras costuma ser quente.

O gás continua circulando pelos tubos e passa por um dos componentes da geladeira, o compressor. Este exerce uma grande pressão sobre o gás, que passa para o estado líquido. O líquido passa então pelo tubo capilar, fechando o ciclo.

• De acordo com as informações do texto, a geladeira pode ser considerada uma máquina térmica? Justifique.

9. Todos os dias, você e os colegas se deslocam de casa até a escola. É muito provável que vocês percorram, praticamente todos os dias, o mesmo caminho para chegar à escola.

• Construa um mapa do caminho que você percorre de casa até a escola. Identifique nesse mapa a sua trajetória e o seu deslocamento.

10. As máquinas simples foram desenvolvidas pelo ser humano para resolver problemas cotidianos e facilitar a execução de tarefas, como levantar objetos pesados ou transportá-los por longas distâncias.

a) Identifique, em sua rotina diária, um pequeno problema, como uma lâmpada queimada ou a dificuldade que uma pessoa apresenta para subir uma escada.

b) Utilizando máquinas simples, elabore o projeto de um mecanismo que poderia solucionar o problema que você indicou no item **a**.

11. Quando a humanidade desenvolveu as máquinas industriais, muitas pessoas trocaram seus trabalhos como artesãos por empregos nas indústrias.

• Você acha que isso foi bom ou ruim para essas pessoas? Justifique.

Capítulo 1 – Movimentos

- Compreendo a importância da definição de um referencial para dizer se um corpo está em repouso ou em movimento e para estabelecer a trajetória desse corpo?
- Calculo a velocidade de um corpo de acordo com seu deslocamento e com o tempo gasto para esse deslocamento?
- Diferencio movimento uniforme de movimento uniformemente variado?
- Compreendo o conceito de aceleração com base na análise de gráficos de variação de velocidade ao longo do tempo?

Capítulo 2 – Forças

- Diferencio forças de campo de forças de contato?
- Explico o que são grandezas escalares e grandezas vetoriais?
- Compreendo os enunciados das leis de Newton e o modo como essas leis podem ser aplicadas?
- Descrevo diferentes tipos de força e as relaciono a atividades humanas?

Capítulo 3 – Máquinas

- Reconheço a importância das máquinas na história da humanidade e no modo de vida atual?
- Testo o princípio da alavanca, verificando seu funcionamento por meio da coleta e da análise de dados?
- Descrevo a aplicação de máquinas simples no dia a dia?
- Compreendo que uma máquina composta é construída com base em máquinas simples?
- Reconheço a importância da invenção das máquinas térmicas para o desenvolvimento das atuais máquinas compostas e discuto seus impactos em questões econômicas e socioambientais?
- Reflito sobre a influência do desenvolvimento tecnológico na oferta de empregos, reconhecendo o trabalho como um direito que garante a dignidade humana?

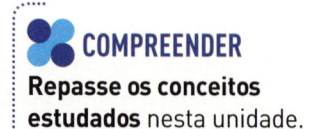

COMPREENDER
Repasse os conceitos estudados nesta unidade.

CRIAR
Construa uma **rede de ideias** com o que você aprendeu nesta unidade.

Nelson Provazi/ID/BR

TEMPERATURA E CALOR

As percepções de quente e frio nos acompanham por toda a vida. Elas interferem na escolha da roupa que vamos usar, do momento ideal para tomar um chá e até nos ajudam a perceber que algo não vai bem com nosso corpo.

Essas percepções estão relacionadas à energia térmica e à forma como ela se propaga no ambiente. Esse é o assunto desta unidade.

CAPÍTULO 1
Energia térmica

CAPÍTULO 2
Propagação e efeitos do calor

PRIMEIRAS IDEIAS

1. Você já teve de medir a temperatura de um corpo? Em caso afirmativo, como fez isso?

2. O que é calor? E o que é o frio? Como a ciência explica esses conceitos?

3. É possível aquecer um objeto? Dê exemplos com situações do seu cotidiano.

4. **RETOMAR** **Recorde conceitos importantes** para o estudo da unidade.

LEITURA DA IMAGEM

1. A imagem mostra uma estrutura presente no piso de concreto (ou de asfalto) de uma ponte. Em sua opinião, qual é a função dessa estrutura metálica?

2. Por que essa estrutura foi colocada em meio ao concreto?

3. Os engenheiros desenvolvem, constantemente, soluções criativas para questões de segurança, como o sistema de molas de aço usado em trilhos de metrô, que absorve a dilatação e a tensão provocadas pelo peso e pela aceleração do trem.

- Em sua opinião, qual é a importância da inovação no dia a dia das pessoas? Justifique.

4. **CRIAR** Veja **ação do aumento da temperatura em um metal** e explique o fenômeno mostrado.

Junta de expansão
metálica em uma ponte.

ENERGIA TÉRMICA

As percepções de quente e frio nos acompanham o tempo todo. Como essas percepções estão relacionadas aos conceitos de temperatura e de calor?

O QUE É ENERGIA

Ao preparar o café, precisamos aquecer a água, ou seja, fornecer uma quantidade de energia que seja suficiente para a água atingir a temperatura que queremos para o café.

Não há um consenso sobre a definição precisa de **energia**, mas a ideia mais aceita é a de que ela está relacionada com a possibilidade de um sistema gerar movimento ou transformar as propriedades da matéria, por exemplo.

Nesses processos, a energia é transferida de um corpo para outro, não podendo ser criada nem destruída, apenas transformada. Por isso, sempre que precisamos de energia para alguma atividade, ela só pode ser obtida a partir de outra forma de energia.

Algumas formas nas quais a energia se apresenta são: a mecânica – energia presente no movimento; a química – energia presente na constituição da matéria; a elétrica – energia do movimento de elétrons; e a térmica.

A **energia térmica** está associada ao movimento das partículas que constituem a matéria. O tipo de energia associado ao movimento é a energia mecânica cinética; portanto, a energia térmica pode ser definida como a soma das energias cinéticas dessas partículas.

⬇ As máquinas térmicas, como os motores das locomotivas a vapor, tiveram papel central no entendimento da natureza do calor. Nelas, a energia térmica é convertida em energia mecânica cinética. Trem real, Inglaterra, 1897.

Museu Ferroviário Nacional, Iorque, Inglaterra. Fotografia. SSPL/Getty Images

SENSAÇÃO TÉRMICA

Quando fazemos exercícios físicos em um dia frio, sentimos calor. Se o dia está quente e uma brisa sopra, a sensação de calor diminui. Isso é o que chamamos de **sensação térmica**, ou seja, a percepção da temperatura por uma pessoa.

Nossa pele tem uma série de sensores de temperatura chamados **termorreceptores**. Essas células, distribuídas por toda a pele, são especializadas em perceber variações de temperatura, promovendo diferentes sensações térmicas.

Se colocarmos uma das mãos em uma bacia contendo água fria e a outra mão em uma bacia contendo água morna e, depois, colocarmos as duas mãos ao mesmo tempo em uma bacia contendo água à temperatura ambiente, como perceberemos a temperatura da água?

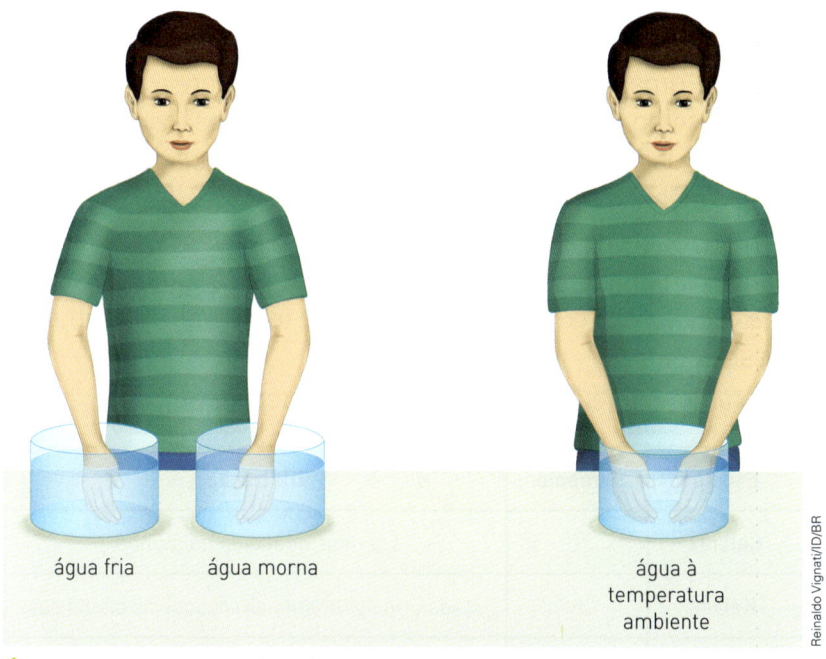

água fria   água morna

água à temperatura ambiente

Reinaldo Vignati/ID/BR

↑ **Ao colocar as mãos na água à temperatura ambiente, a pessoa sentirá que a água está morna na mão que estava na água fria. Já na mão que estava na água morna, a água à temperatura ambiente parecerá fria.**

A percepção da temperatura ambiente é influenciada for vários fatores, como a temperatura do ar, a temperatura do seu corpo, a umidade do ar e a velocidade dos ventos.

A temperatura do ar é a medida registrada na sombra por um termômetro (se fosse medida à luz do Sol, com a incidência direta dos raios, seria bem mais alta). Já a umidade relativa do ar está associada à quantidade de vapor de água na atmosfera.

Assim, consideramos que a associação de diversos fatores determina a sensação térmica. Em dias frios, a velocidade do vento é determinante para estimar a sensação térmica, já em dias de calor, o indicador usado é a umidade do ar.

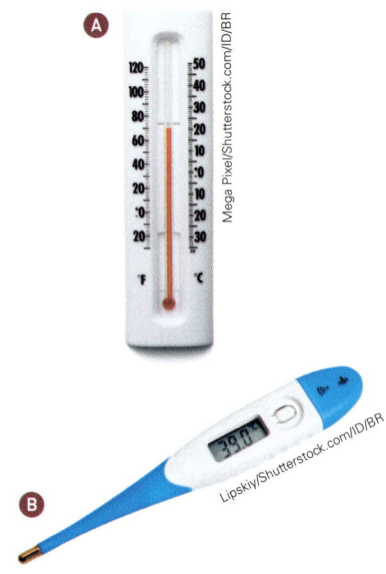

↑ Existe uma grande variedade de termômetros, e muitos deles são específicos para um tipo de aplicação. **(A)** analógico para ambientes; **(B)** digital para uso clínico.

<u>resistência elétrica</u>: propriedade dos materiais que interfere na facilidade com que uma corrente elétrica o atravessa.

TEMPERATURA

A **temperatura** está relacionada com o grau de agitação das partículas que compõem um corpo. Assim, quanto maior o grau de agitação das partículas, maior a temperatura do corpo.

Para medir a temperatura de um sistema, utilizamos aparelhos chamados **termômetros** (do grego *thermo*, "quente", e *metro*, "medida"). Os termômetros começaram a ser desenvolvidos no século XVI e, no início do século XVIII, o físico alemão-polonês Daniel Gabriel Fahrenheit (1686-1736) estabeleceu os princípios da **termometria**, a ciência que estuda a medição de temperaturas.

Os termômetros atuais, em geral, são **analógicos**, que funcionam pela dilatação de líquidos ou gases, ou **digitais**, que são acionados por efeitos da temperatura sobre a <u>resistência elétrica</u> de um circuito acoplado ao termômetro.

Independentemente do tipo, todos os termômetros são dotados de uma **escala termométrica**, cujos valores de referência têm como base dois importantes fenômenos, relativamente fáceis de serem reproduzidos em qualquer lugar do planeta: a fusão e a ebulição da água.

As temperaturas em que ocorrem esses fenômenos correspondem a pontos fixos da escala termométrica. O que muda de uma escala para outra são os valores de temperatura atribuídos a esses pontos.

Atualmente, são usadas três escalas termométricas.

Escala	Símbolo	Utilização
Celsius	°C	É a mais difundida no mundo.
Kelvin	K	Usada principalmente em pesquisas científicas.
Fahrenheit	°F	Mais usada nos países de língua inglesa, sobretudo nos Estados Unidos e na Inglaterra.

As três escalas termométricas podem ser classificadas em dois tipos:

- **Escala de temperatura absoluta** – não apresenta valores negativos, caso da escala Kelvin. Para defini-la, partiu-se da hipótese de que na temperatura zero kelvin não há energia térmica associada às moléculas. Assim, o zero kelvin é a menor temperatura possível de ser atingida no Universo.

- **Escalas de temperaturas relativas** – apresentam valores positivos e negativos, caso das escalas Celsius e Fahrenheit. Para defini-las, foram escolhidos valores para os pontos de fusão e de ebulição da água ao nível do mar.

EQUIVALÊNCIA ENTRE AS ESCALAS TERMOMÉTRICAS

A imagem a seguir mostra a equivalência entre as escalas Celsius, Kelvin e Fahrenheit.

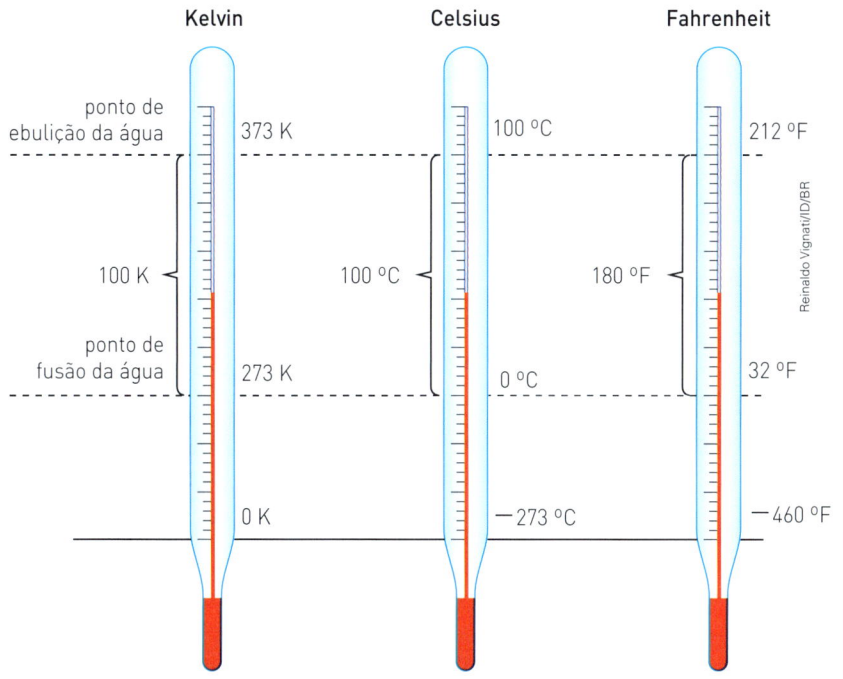

↑ Esquema simplificado para a equivalência entre as escalas de temperatura Kelvin, Celsius e Fahrenheit. Valores aproximados para os pontos fixos.

Fonte de pesquisa: Robert Resnick; David Halliday; Kenneth Krane. *Física*. 5. ed. Rio de Janeiro: LTC, 2002. v. 1.

Observando a imagem, notamos que a variação de temperatura de 100 kelvin e 100 °C correspondem à variação de 180 graus na escala Fahrenheit.

Para converter uma temperatura qualquer de uma escala para outra, podemos utilizar uma propriedade das proporções. Assim, teríamos a seguinte expressão matemática:

$$\frac{T(K) - 273}{373 - 273} = \frac{T(°C) - 0}{100 - 0} = \frac{T(°F) - 32}{212 - 32}$$

$$\frac{T(K) - 273}{100} = \frac{T(°C)}{100} = \frac{T(°F) - 32}{180}$$

Ao simplificarmos essa expressão, temos:

$$\left(\frac{T(K) - 273}{\cancel{100}_{5}}\right) \cdot \cancel{20}^{1} = \frac{T(°C) \cdot \cancel{20}^{1}}{\cancel{100}_{5}} = \left(\frac{T(°F) - 32}{\cancel{180}_{9}}\right) \cdot \cancel{20}^{1}$$

$$\frac{T(K) - 273}{5} = \frac{T(°C)}{5} = \frac{T(°F) - 32}{9}$$

O DESENVOLVIMENTO DOS TERMÔMETROS

A evolução tecnológica dos termômetros se deu ao longo de vários séculos. Heron de Alexandria (10 d.C.-70 d.C.), por exemplo, descreveu experimentos sobre a dilatação e a contração de materiais em tubos fechados. Um dos primeiros cientistas a desenvolver um termômetro foi o físico inglês Robert Fludd (1574-1637). No século XVII, muitos tipos de termômetro foram desenvolvidos utilizando diferentes materiais e escalas.

1. Muitas vezes o desenvolvimento tecnológico impulsiona o desenvolvimento científico, como ocorreu com o estudo do calor, no século XIX. Que características estão associadas ao desenvolvimento de novas tecnologias?

2. **ANALISAR** Veja **evolução dos termômetros** e discuta a seguinte afirmação: "O desenvolvimento científico/tecnológico é sempre um processo coletivo".

CONVERTENDO VALORES DE TEMPERATURA

Vamos determinar, por exemplo, o valor em Celsius e em Fahrenheit da temperatura 300 K.

Em Celsius:
$$\frac{300 - 273}{5} = \frac{T(°C)}{5} \Rightarrow T(°C) = 27\ °C$$

Em Fahrenheit:
$$\frac{300 - 273}{5} = \frac{T(°F) - 32}{9} \Rightarrow T(°F) =$$
$$= 80,6\ °F$$

O termômetro de Galileu

É possível avaliar se a temperatura do ambiente está variando sem o uso de termômetros graduados? Você responderá a essa pergunta realizando uma **observação**, uma **leitura de dados** e a **interpretação de dados** fornecidos por um instrumento de medida.

Material

- 1 bulbo de lâmpada vazio
- 1 rolha de borracha
- 1 tubo transparente e fino de vidro ou de plástico com cerca de 40 cm
- 1 copo ou recipiente de até 250 mL
- 1 régua de 30 cm
- 1 base de madeira

- fita isolante
- água
- corante solúvel em água, como anilina
- massa de modelar ou outro material não tóxico para vedação

Como fazer

Os procedimentos a seguir serão realizados pelo professor. Acompanhe atentamente todos os passos.

❶ Prenda a régua, na vertical, no lado esquerdo da base de madeira. A graduação da régua deve estar voltada para o centro.

❷ Faça um furo atravessando a rolha no sentido de seu maior comprimento. O diâmetro do furo deve permitir o encaixe mais preciso possível do tubo transparente.

❸ Passe o tubo por dentro da rolha, deixando apenas um pequeno trecho do tubo ultrapassando a rolha em uma das extremidades.

❹ Encaixe a rolha na abertura do bulbo de lâmpada vazio.

❺ Use a massa de modelar ou o material de vedação selecionado para vedar todos os vãos da rolha e do bulbo por onde o ar ou líquidos possam passar.

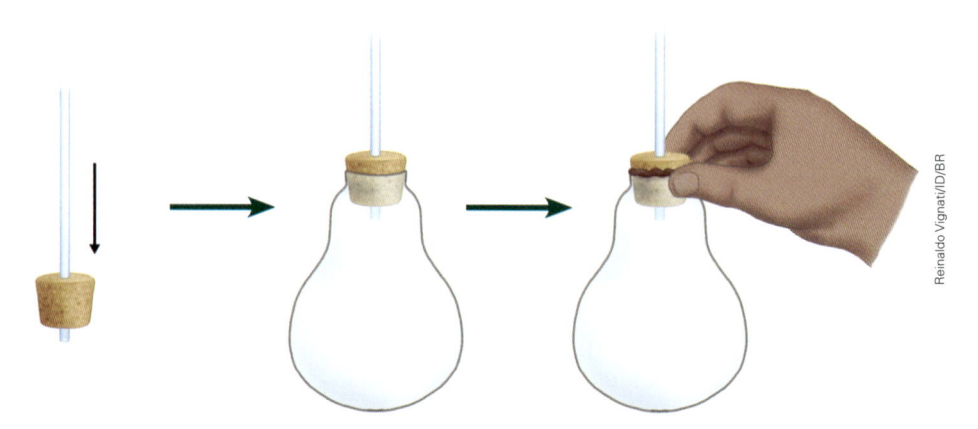

Reinaldo Vignati/ID/BR

↑ Esquema das etapas 3, 4 e 5. (Representação sem proporção de tamanho.)

6 Usando fita isolante, prenda o conjunto formado pelo tubo transparente e pelo bulbo de lâmpada ao suporte, ao lado da régua.

7 Coloque a água no recipiente até sobrar 1 cm entre a borda e a água.

8 Misture o corante com a água, até ela ficar totalmente colorida.

9 Coloque a extremidade livre do tubo dentro do recipiente com água colorida, até cerca de 1 cm do fundo do recipiente.

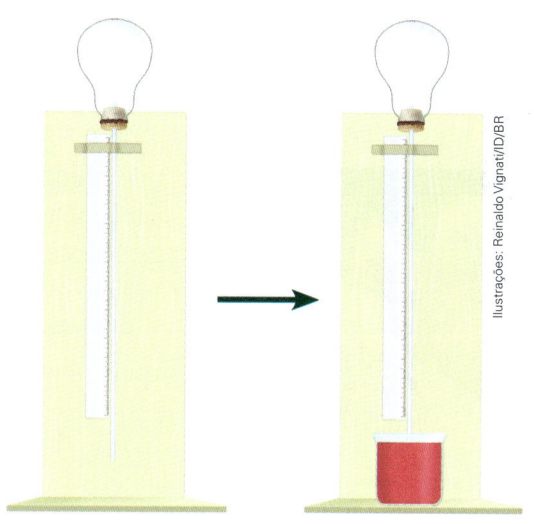

↑ Esquema das etapas 6, 7, 8 e 9. (Representação sem proporção de tamanho; cores-fantasia.)

10 Esfregue as palmas das mãos uma contra a outra, ou em suas pernas, até que elas fiquem aquecidas.

11 Envolva o bulbo de lâmpada com as mãos por 15 segundos. Observe o que acontece no recipiente com água colorida.

12 Retire as mãos do bulbo e observe o que acontece com a água colorida.

Com um termômetro de ambiente, calibre as marcações do termômetro de Galileu que o professor construiu. Por exemplo, quando o termômetro ambiente marcar 25 graus Celsius, marque ao lado da régua que marcação em centímetros corresponde a essa temperatura.

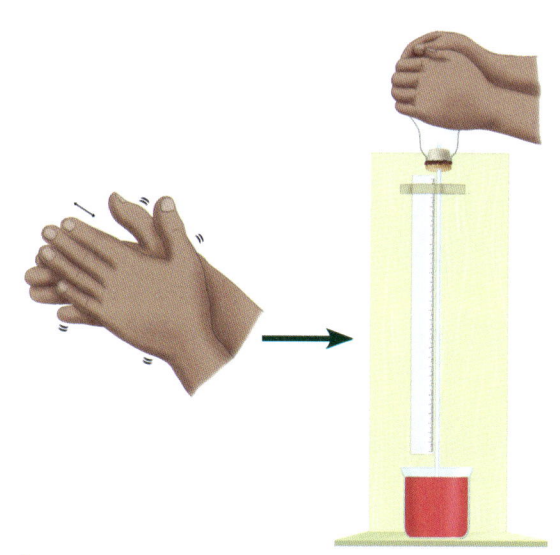

↑ Esquema das etapas 10 e 11. (Representação sem proporção de tamanho; cores-fantasia.)

Para concluir

1. O que aconteceu no recipiente com água colorida quando o bulbo foi aquecido pelas mãos? Elabore uma hipótese para explicar o que você observou.

2. Após a retirada das mãos, o que aconteceu com o líquido colorido? Elabore uma hipótese para explicar o que você observou.

3. De que forma essa montagem pode ajudar a avaliar a variação da temperatura do ambiente? Em sua opinião, que imprecisões essa montagem pode apresentar para a medição da temperatura?

COMPREENDER

Veja **o que você sabe sobre calor?**. Qual o objetivo da experiência demonstrada?

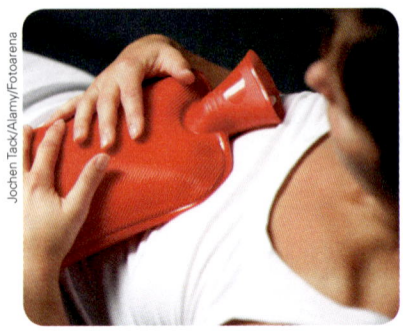

⬆ A compressa de água quente é usada, entre outras funções, para aliviar dores musculares. Como a bolsa de água está mais quente que o corpo da pessoa, a energia térmica passa da bolsa para o corpo.

caloria: unidade de energia definida como a quantidade de energia necessária para elevar a temperatura de um grama de água de 14,5 °C para 15,5 °C.

CALOR

O **calor**, isto é, o fluxo de energia térmica, é a transferência de energia térmica de um corpo com maior temperatura para outro com menor temperatura, em função da diferença de temperatura entre eles. Essa transferência ocorre até que os corpos tenham a mesma temperatura.

A unidade de medida do calor, no Sistema Internacional, é o joule. Entretanto, por razões históricas, uma unidade de medida de calor bastante utilizada ainda nos dias de hoje é a caloria (cal), cujo múltiplo é a quilocaloria (kcal), que corresponde a 1 000 calorias.

Em 1843, o físico inglês James Joule (1818-1889) determinou experimentalmente a equivalência entre calorias e joules:

$$1 \text{ cal} = 4{,}18 \text{ J}$$

Por exemplo, uma laranja que contém 50 000 calorias ou 50 quilocalorias (50 kcal) tem aproximadamente 209 mil joules (209 000 J) ou 209 quilojoules (209 kJ) de energia.

JOULE E A MEDIÇÃO DA ENERGIA DO MOVIMENTO

O esquema a seguir representa o arranjo experimental construído por Joule para determinar a equivalência entre a caloria e o joule. No experimento, ele amarrou pesos a uma corda, que, por sua vez, estava ligada a pás colocadas dentro de um recipiente com água. Quando os pesos desciam, a corda movimentava as pás.

A energia associada aos pesos, chamada de energia potencial gravitacional, é transformada em energia térmica pelo atrito entre a água e as pás.

Medindo o aumento de temperatura da água e relacionando isso aos dados que possuía sobre os pesos, Joule pôde determinar a equivalência entre o calor gerado e a energia dos pesos.

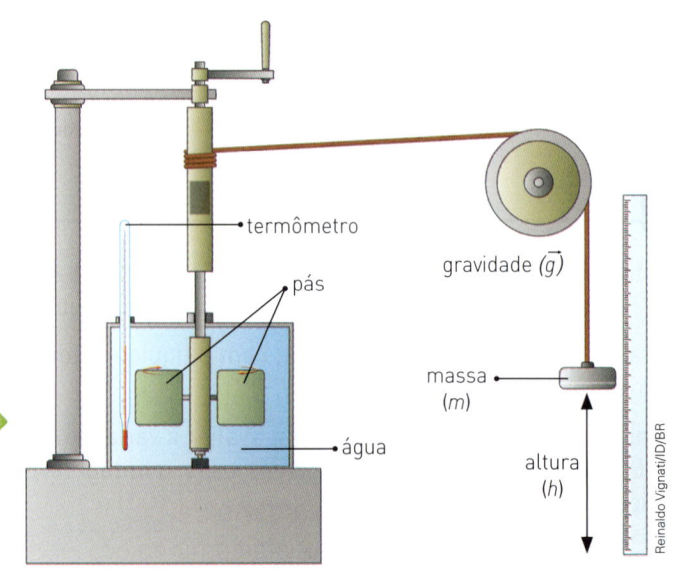

Esquema reproduzindo o ➔ arranjo construído por Joule para calcular a equivalência entre calorias e joules. (Representação sem proporção de tamanho.)

termômetro

pás

gravidade ($\vec{g}$)

massa (m)

água

altura (h)

CALOR ESPECÍFICO

O **calor específico** (c) é a propriedade dos materiais que indica a quantidade de energia necessária para que a temperatura de 1 g de uma certa substância, em determinado estado físico, varie em 1 °C.

A água líquida, por exemplo, tem um valor de calor específico igual a 1 cal/g · °C. Isso significa que, para fazer 1 g de água líquida ficar 1 °C mais quente, é necessária 1 caloria.

Quanto maior o valor do calor específico de uma substância, maior a quantidade de energia necessária para elevar sua temperatura. Veja na tabela ao lado alguns exemplos.

CALOR SENSÍVEL

A quantidade de calor necessária para mudar a temperatura de um corpo recebe o nome de **calor sensível**. Há três fatores que influenciam a quantidade de calor sensível necessária para que a temperatura mude.

VALOR DE CALOR ESPECÍFICO (c) PARA ALGUNS MATERIAIS	
Material	Calor específico (cal/g · °C)
água líquida	1,00
alumínio	0,22
carbono	0,12
cobre	0,09
etanol	0,60
gelo	0,50
oxigênio	0,22
vidro	0,16

Fonte de pesquisa: Robert Resnick; David Halliday; Kenneth Krane. *Física*. 5. ed. Rio de Janeiro: LTC, 2002. v. 1.

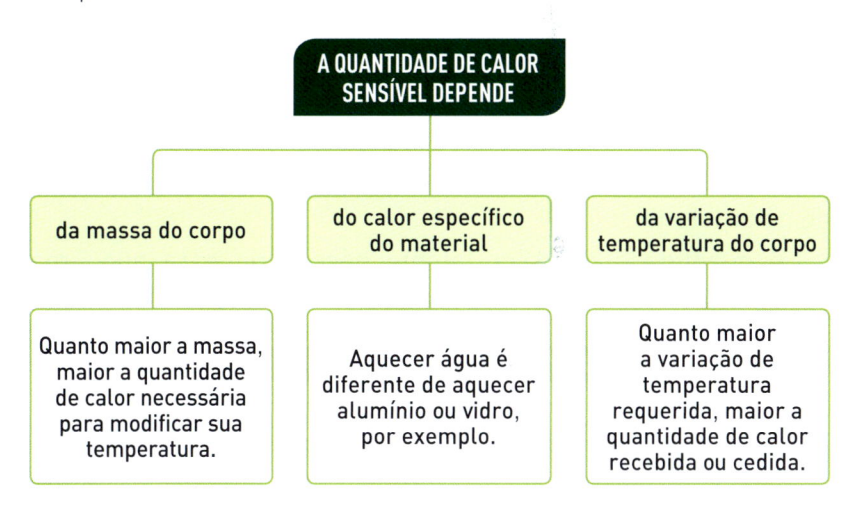

A QUANTIDADE DE CALOR SENSÍVEL DEPENDE

- **da massa do corpo** — Quanto maior a massa, maior a quantidade de calor necessária para modificar sua temperatura.
- **do calor específico do material** — Aquecer água é diferente de aquecer alumínio ou vidro, por exemplo.
- **da variação de temperatura do corpo** — Quanto maior a variação de temperatura requerida, maior a quantidade de calor recebida ou cedida.

Podemos sintetizar esses fatores na seguinte equação:

$$Q = m \cdot c \cdot \Delta T$$

em que:
- Q é a quantidade de calor recebida ou cedida;
- m é a massa do corpo;
- c é o calor específico do material de que o corpo é feito;
- ΔT é a variação de temperatura.

Com base no calor específico da água, podemos determinar, por exemplo, quanta energia seria consumida para aquecer 500 gramas de água de 20 °C até 80 °C. Consultando a tabela acima, constatamos que o calor específico da água vale 1 cal/g °C.

Então:

$Q = m \cdot c \cdot \Delta T \Rightarrow Q = 500 \cdot 1 \cdot (80 - 20) \Rightarrow Q = 30\,000$ cal

CALOR LATENTE

O **calor latente** é a quantidade de energia térmica necessária para mudar o estado físico (ou a fase) de um grama de uma substância.

Durante as mudanças de estado físico, a energia térmica que as substâncias recebem ou cedem provoca a reorganização da estrutura das partículas que formam a matéria, enquanto sua temperatura permanece constante. Nesse caso, dizemos que uma substância está trocando calor latente com outro corpo ou outra substância que está à sua volta.

Uma substância qualquer pode ganhar ou perder calor latente durante uma mudança de estado físico. Quando ela passa do estado sólido para o líquido (fusão), ou do líquido para o gasoso (vaporização), ou do sólido para o gasoso (sublimação), ela **absorve** energia na forma de calor latente.

Quando a substância passa do estado gasoso para o líquido (condensação), ou do líquido para o sólido (solidificação), ou do gasoso para o sólido (sublimação), ela **perde** energia na forma de calor latente.

A quantidade de calor latente necessária para que uma substância mude de fase depende de dois fatores.

Curva de aquecimento da água

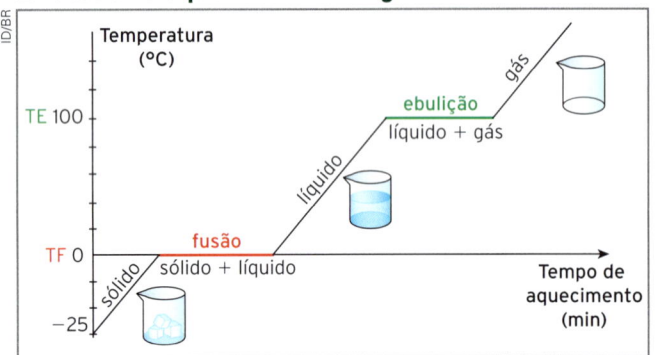

O gráfico acima mostra a curva de aquecimento da água. Durante a passagem de um estado físico para outro, ocorre absorção de calor latente.

Fonte de pesquisa: Theodore L. Brown e outros. *Química*: a ciência central. São Paulo: Pearson, 2016. p. 483.

A QUANTIDADE DE CALOR LATENTE DEPENDE	
da massa do corpo	**do calor latente da substância**
Quanto maior a massa, maior a quantidade de calor necessária para modificar sua estrutura.	Alguns materiais têm estrutura mais rígida que outros, precisando, assim, de mais calor para mudar de fase.

Podemos sintetizar esses fatores na seguinte equação:

$$Q = m \cdot L$$

em que:

- Q é a quantidade de calor latente;
- m é a massa do corpo;
- L é o calor latente do material.

Podemos determinar, por exemplo, a quantidade de energia necessária para derreter 500 g de gelo, que já estão à temperatura de 0 °C. Sabendo que o calor latente de fusão do gelo vale 80 cal/g, aplicamos a equação abaixo.

$$Q = m \cdot L \Rightarrow Q = 500 \cdot 80 \Rightarrow Q = 40\,000 \text{ cal}$$

ATIVIDADES

RETOMAR E COMPREENDER

1. Sobre as escalas termométricas, responda:

a) O que difere uma escala termométrica de outra?

b) Qual é a diferença entre escala de temperatura absoluta e escala de temperatura relativa?

2. Qual é a diferença entre calor sensível e calor latente?

APLICAR

3. Imagine que um jogador brasileiro de futebol tenha sido contratado para jogar em um clube escocês. A sede do clube fica em uma cidade cuja temperatura média anual é de 41 °F.

- Ao se preparar para a viagem, ele deve levar mais roupas para o "frio" ou para o "calor"? Justifique.

4. O mercúrio é um metal que, por muito tempo, foi usado em termômetros.

a) Qual é a quantidade de calor necessária para a fusão de 100 g de mercúrio?

Dado: O calor latente de fusão do mercúrio é 2,8 cal/g.

b) Com base em seus conhecimentos, explique por que esse metal tem propriedades adequadas para ser usado em termômetros.

5. Entre as 6 h e o meio-dia, a temperatura atmosférica em certa cidade variou entre 15 °C e 35 °C.

- Qual foi a quantidade de calor absorvida por 1 kg de ar nesse período?

Dados: 1 kg = 1000 g; calor específico do ar = 0,24 cal/ g · °C.

6. Durante uma aula temática sobre variação de temperatura, um grupo realizou uma atividade experimental demonstrativa com o seguinte procedimento:

- quantidades iguais de água e de areia, em equilíbrio térmico com o ambiente, foram colocadas em dois recipientes idênticos;

- com um termômetro em cada substância, foram tomadas as temperaturas iniciais;

- os recipientes foram deixados ao sol durante a apresentação;

- ao final, uma nova leitura dos termômetros foi realizada.

a) As temperaturas iniciais eram iguais ou diferentes? Justifique.

b) Considere que o calor específico da areia seja menor que o da água. Na leitura final dos termômetros colocados na água e na areia, as temperaturas eram iguais em ambos os recipientes ou uma temperatura era maior que a outra? Justifique.

7. Muitas pessoas costumam usar os termos calor e temperatura como sinônimos.

- Elabore um texto de até cinco linhas explicando qual é a diferença entre calor e temperatura.

8. Faça a conversão das seguintes temperaturas em graus Celsius e graus Fahrenheit para Kelvin:

a) 38 °C   c) 0 °F

b) −5 °C   d) 32 °F

9. O gráfico a seguir mostra a variação da temperatura de uma substância inicialmente no estado sólido, que foi aquecida por uma fonte de calor até vaporizar por completo.

🟩 Gráfico de mudança de estado físico

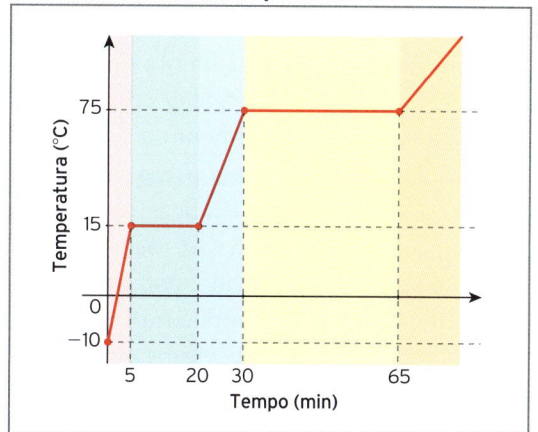

Com base no gráfico, identifique:

a) o ponto de fusão e o ponto de vaporização da substância;

b) entre quais instantes a substância trocou calor sensível com a fonte de calor.

c) entre quais instantes a substância trocou calor latente com a fonte de calor;

d) se essa substância poderia ser a água.

O que é o calor?

Desde a Antiguidade, filósofos e estudiosos da natureza tentaram explicar o que seria o fogo e o calor. Muitos pensavam que o calor era proveniente do movimento de partículas extremamente pequenas. Outros, como Aristóteles, imaginavam que o calor era um fluido que circulava pela matéria e não apresentava massa.

Explicando o calor

Esse caráter material do fogo (fluido subtil) foi igualmente adotado pelos alquimistas e persistiu ao longo dos séculos. Vamos encontrá-lo no século XVIII com o nome de **calórico**, conceito que perdurou até meados do século XIX [...].

Roger Bacon (1214-1294) e posteriormente Johannes Kepler (1571-1630) teriam tido a intuição de que o calor seria devido ao movimento de partículas internas da matéria. Mas, contrariamente, Galileu (1564-1642) e Newton (1642-1727) seguiam os princípios do fluido de Aristóteles.

[...]

Joseph Black, por volta de 1760, distanciou-se dos seus trabalhos no âmbito da química [...] e dedicou-se a estudar o calor, tema que o fascinava. [...] Fato igualmente importante foi Black ter feito uma distinção crucial entre os conceitos de calor e temperatura.

Todavia é lhe atribuída a sugestão da hipótese do calórico para explicar os fenômenos caloríficos. E mais uma vez esse fluido vinha cuidadosamente envolvido por uma série de estranhos atributos – indestrutível, imponderável, dotado de grande elasticidade, e autor-repulsivo, tendo ainda a capacidade de, sob a influência de causas exteriores bem definidas, penetrar em todos os corpos. Deste modo, cada corpo possuía o referido calórico que quando fluía para fora do mesmo fazia sentir esse fato pelo abaixamento da temperatura, e vice-versa.

[...]

Assim, [...] a dilatação produzida pelo aquecimento explicava-se pela autorrepulsão do calórico; a água era uma combinação do gelo com calórico numa determinada proporção, e o vapor era outra combinação da água com uma maior percentagem de calórico; daí facilmente se explicava a passagem da água do estado sólido ao líquido e desse ao de vapor. [...]

[...] Lavoisier, [...] chega a escrever "o calórico combina-se com o sólido formando o líquido, que combinando-se com o calórico forma o gás". [...]

Contudo, numa memória apresentada em 1783, juntamente com Pierre Simon Laplace (1749-1827), à Academia das Ciências, Lavoisier reconhece estarem os físicos divididos quanto à natureza do calor – um fluido que penetra nos corpos consoante a sua temperatura e a sua capacidade para o reter, ou o resultado da agitação das partículas constituintes da matéria. [...]

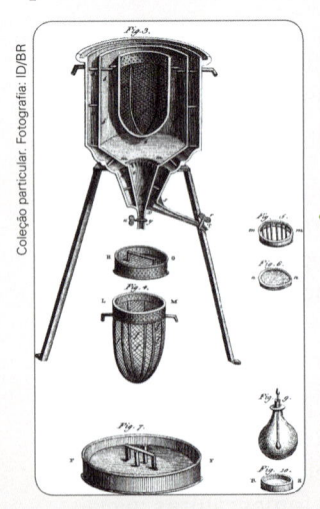

Coleção particular. Fotografia: ID/BR

subtil: que é quase imperceptível.

Calorímetro usado por Lavoisier e Laplace em seus experimentos sobre o calor. Ilustração de Marie-Anne Lavoisier. *Elements of Chemistry* (tradução nossa: Elementos da Química), de Antoine Lavoisier, 1789.

Armando A. de Sousa e Brito. "Flogisto", "calórico" e "éter". *Ciência e Tecnologia dos Materiais*, v. 20, n. 3 e 4, p. 56, 2008. Disponível em: <http://www.scielo.mec.pt/pdf/ctm/v20n3-4/v20n3-4a08.pdf>. Acesso em: 24 ago. 2018.

O desenvolvimento de um conceito, muitas vezes, tem início com uma hipótese que, em certo momento, é capaz de explicar uma série de fenômenos. No entanto, novos dados que não são explicados por essa hipótese inicial podem surgir. Nesse caso, a hipótese pode sofrer adaptações, como no caso do calórico. Por vezes, o número de adaptações necessárias pode se tornar tão grande que a hipótese acaba sendo descartada.

> **trabalho:** quantidade de energia necessária para que uma força qualquer, aplicada em um corpo, possibilite o seu movimento ou lhe cause deformações.

Calor e energia

[…] [No início] da Revolução Industrial, o tema do calor começava a despertar o interesse de muitos setores da Física e várias razões ajudaram a pôr […] [de lado] a hipótese do calórico, admitindo-se que a temperatura de um corpo, noção intimamente ligada à do calor, seria uma consequência da maior ou menor agitação das moléculas constituintes desse corpo. Destacam-se, entre outros, os sucessivos trabalhos de Benjamin Thompson […], James Prescott Joule (1818--1889), físico britânico, Julius Robert von Mayer (1814-1878), médico e físico alemão, e […] Rudolf Julius Emmanuel Clausius (1822-1888).

Thompson […] investigou experimentalmente, por volta de 1798, a produção de calor por atrito numa fábrica de canhões em Munique. Essas experiências consistiram em fazer rodar uma peça metálica sobre outra, ambas mergulhadas num recipiente com água, podendo assim medir a elevação da temperatura da água, resultante do calor produzido pelo atrito entre as peças. Verificou que levando a água à ebulição […] o processo poderia continuar enquanto as peças se movessem uma sobre a outra. Verificou ainda que não se produzia qualquer alteração do peso dos corpos. Das conclusões que tirou, […] [Thompson] publicou […] um artigo […], afirmando:

"aquilo que um corpo isolado ou um sistema de corpos pode continuar a fornecer sem limitação não pode ser uma substância material".

[…]

Joule […] estudou as relações entre a eletricidade e o calor, de que resultou a conhecida Lei de Joule, tendo depois desenvolvido a clássica experiência na qual demonstrou que o <u>trabalho</u> se converte em calor.

[…]

Deve-se no entanto a Mayer, em 1840, o primeiro enunciado claro da equivalência entre calor e trabalho […].

Todavia, como o seu trabalho fora realizado a partir de observações médicas, e não num laboratório de física, foi de início amplamente ignorado pela comunidade científica, não lhe reconhecendo credibilidade, embora tenha sido publicado numa revista de mérito […], em 1842. […]

Só muito mais tarde as teorias de Mayer vieram a ser reconhecidas […].

[…]

Armando A. de Sousa e Brito. "Flogisto", "calórico" e "éter". *Ciência e Tecnologia dos Materiais*, v. 20, n. 3 e 4, p. 57, 2008. Disponível em: <http://www.scielo.mec.pt/pdf/ctm/v20n3-4/v20n3-4a08.pdf>. Acesso em: 24 ago. 2018.

Em discussão

1. Que propriedades o calórico supostamente apresentava?

2. Transcreva uma passagem do texto que mostre uma evidência contrária à hipótese do calórico.

3. Explique com suas palavras o argumento usado por Thompson para criticar a hipótese do calórico.

PROPAGAÇÃO E EFEITOS DO CALOR

O calor é o fluxo de uma forma de energia que se propaga de um corpo a outro. Como essa propagação pode ocorrer?

A PROPAGAÇÃO DO CALOR

A energia térmica se propaga entre corpos com temperaturas diferentes. Enquanto a energia térmica se propaga, ela recebe o nome de **calor**.

A transferência de calor está relacionada com diversas situações do cotidiano. Ao colocarmos uma carne na churrasqueira, uma panela de água no fogo ou uma massa de bolo para assar no forno, estamos nos valendo do calor para preparar os alimentos.

A energia térmica emitida pelo carvão em brasa é transferida para a carne, que começa a assar. A água entra em ebulição após receber energia térmica da chama do fogão. A energia térmica do interior do forno é transferida para a massa do bolo, que cresce e assa.

Há três formas de propagação do calor, ou seja, de transferência de energia térmica entre os corpos: radiação, convecção e condução.

É a convecção, por exemplo, que proporciona a existência de correntes de ar, usadas por muitas aves em seu deslocamento no céu.

Aves como o condor-dos-andes (*Vultur gryphus*) usam o movimento das correntes quentes e frias do ar para planar e ganhar altura sem gastar muita energia. Peru, 2014.

Jacob/E+/Getty Images

envergadura: 3 m

RADIAÇÃO

Por causa da agitação térmica de suas moléculas, todos os corpos emitem continuamente <u>ondas eletromagnéticas</u>. Parte dessas ondas é do tipo **ondas de infravermelho**, que também são denominadas **radiação térmica** ou **irradiação térmica**.

A radiação térmica é uma forma de transmissão de calor que não precisa necessariamente de meios materiais para se propagar. Isso significa que ela se propaga nos meios materiais e no <u>vácuo</u>.

Os efeitos da transmissão de energia térmica por radiação podem ser percebidos no dia a dia. Alguns exemplos são a energia emitida pelo Sol, por uma vela ou por uma lâmpada incandescente.

A radiação térmica tem várias aplicações práticas. As estufas de plantas, por exemplo, são feitas com materiais que permitem a passagem de radiação para seu interior, mas bloqueiam parte da radiação para o exterior. Assim, a temperatura no interior da estufa mantém-se mais alta que a do meio externo.

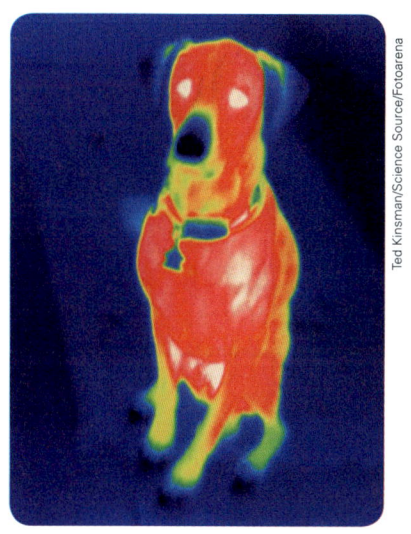

↑ Com equipamentos especiais, podemos captar imagens de corpos emitindo ondas de infravermelho. Nas fotografias ou vídeos registrados, as regiões vermelhas são as de maior temperatura.

onda eletromagnética: classe de onda que não precisa de um meio material para se propagar. A luz é um exemplo de onda eletromagnética.

vácuo: região onde não existe matéria.

CONVECÇÃO

A **convecção** é uma forma de transmissão de calor que só ocorre em meios materiais, principalmente nos fluidos (líquidos e gases).

Como a convecção ocorre devido ao movimento do fluido, ela envolve também o transporte de matéria. Portanto, a movimentação da matéria quente propaga o calor, transferindo energia térmica de um ponto a outro do espaço.

Porções mais frias da matéria tendem a ocupar os lugares mais baixos do recipiente ou do espaço que as contém, por serem mais densas que as porções mais quentes. Por sua vez, as porções mais quentes se deslocam para as regiões mais elevadas. Essa movimentação constante de porções de matéria a diferentes temperaturas gera as chamadas **correntes de convecção**.

Em uma chaleira no fogo, por exemplo, a água do fundo da chaleira, por estar mais próxima da fonte de calor, é aquecida mais rapidamente que a água que está na parte de cima da chaleira. A água aquecida fica menos densa e tende a subir.

Ao mesmo tempo, a água mais fria desce, ocupando o lugar da água quente. Isso acontece porque a água fria é mais densa. Assim, ela se desloca para baixo, empurrando a água quente para cima.

As correntes de convecção também são observadas na atmosfera. Massas de ar quente sobem e massas de ar fria descem. Essa movimentação do ar gera os ventos.

↑ Esquema da formação de correntes de convecção dentro de uma chaleira. As setas vermelhas representam o movimento do fluido quente (menos denso), as setas azuis representam o movimento do fluido frio (mais denso). (Representação sem proporção de tamanho; cores-fantasia.)

CONDUÇÃO

Na transmissão de calor por **condução**, a energia térmica é transferida de uma partícula a outra por meio de suas vibrações, ou seja, por sua agitação térmica. Por isso, essa forma de transmissão só ocorre em meios materiais.

Quando um corpo entra em contato com uma fonte de calor, as partículas microscópicas que constituem esse corpo recebem energia térmica. Isso aumenta a agitação dessas partículas, levando-as a colidir com as partículas vizinhas e transmitir energia a elas.

Embora a vibração das partículas aumente, elas praticamente não mudam de posição. Desse modo, passando de partícula para partícula, a energia térmica flui ao longo de um corpo, aquecendo-o por inteiro.

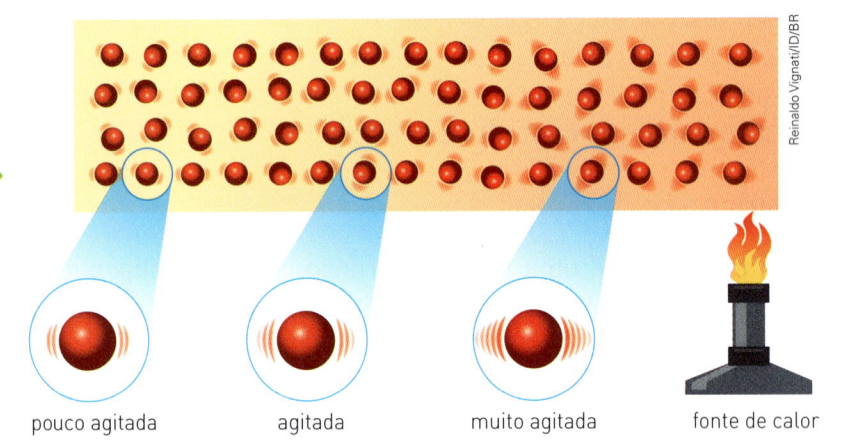

Representação do processo de → condução de energia térmica. As partículas com maior energia cinética apresentam maior agitação que as partículas com menor energia cinética. (Representação sem proporção de tamanho; cores-fantasia.)

pouco agitada   agitada   muito agitada   fonte de calor

Conforme a maior ou a menor capacidade de condução de energia térmica, podemos classificar os materiais em dois tipos:

- **bons condutores** – facilitam a propagação do calor;
- **maus condutores** – dificultam a propagação do calor.

As roupas que vestimos em dias frios são feitas de materiais maus condutores térmicos (lã, náilon, etc.), a fim de diminuir as perdas de calor para o meio externo. Por isso, os maus condutores também são chamados de **isolantes térmicos**. Já as panelas são feitas de bons condutores térmicos, como metais.

↑ As roupas de frio são produzidas com materiais isolantes térmicos.

↑ As panelas são produzidas com bons condutores térmicos, como os metais.

EQUILÍBRIO TÉRMICO

Quando um corpo encosta em outro corpo com temperatura mais baixa, ele esfria.

Quando isso acontece, dizemos que os dois corpos atingiram o **equilíbrio térmico**.

A passagem de energia térmica do corpo com temperatura mais alta para outro de temperatura mais baixa ocorre de forma espontânea.

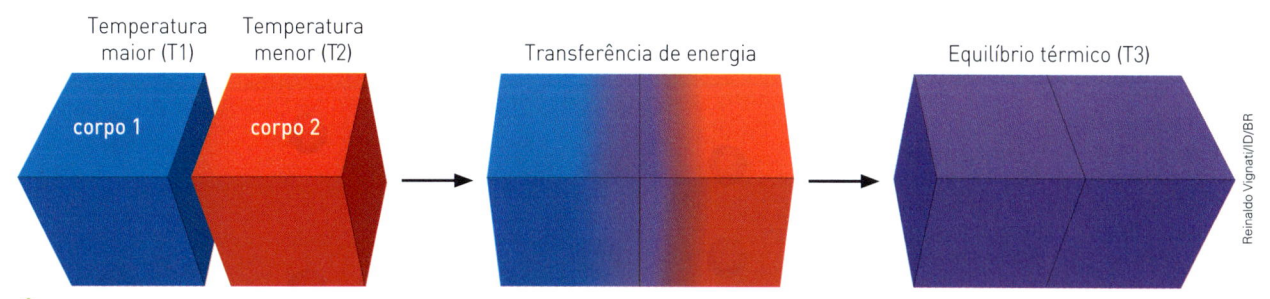

Temperatura maior (T1)   Temperatura menor (T2)   Transferência de energia   Equilíbrio térmico (T3)

corpo 1   corpo 2

↑ **Quando dois corpos, ou mais, com temperaturas diferentes (T1) e (T2), são postos em contato, a energia térmica flui na forma de calor de um para o outro. O corpo com maior temperatura (corpo 1) cede energia térmica para o de menor temperatura (corpo 2), até que suas temperaturas se igualem. Quando elas se igualam (T3), dizemos que os corpos 1 e 2 estão em equilíbrio térmico.**

O EQUILÍBRIO TÉRMICO NO DIA A DIA

O equilíbrio térmico está presente em diversas situações do cotidiano, como quando esperamos uma bebida quente esfriar um pouco para podermos bebê-la.

Para preservar os alimentos, utilizamos a geladeira. Como a temperatura interna da geladeira é baixa, o alimento, ao ser colocado dentro dela, perde energia térmica até entrar em equilíbrio térmico com o ar frio.

A temperatura mais baixa no interior da geladeira inibe o desenvolvimento de organismos no alimento, como fungos e bactérias. Dessa forma, ele fica preservado por mais tempo.

Agora, imagine que você resolva beber um suco que está na geladeira. No momento em que é retirado da geladeira, ele passa a receber energia térmica do ar ao redor, e sua temperatura começa a aumentar. Assim, se você não quiser tomar o suco gelado, basta esperar alguns minutos até que o suco entre em equilíbrio térmico com o ambiente.

As geladeiras são importantes para → preservar os alimentos.

RETOMAR

Interaja com **dilatação térmica** e explique o que acontece com os átomos e as moléculas ao aumentarmos a temperatura da barra de ferro.

Esquema da dilatação térmica. Na → temperatura inicial **(A)**, as partículas que compõem o material têm certo grau de agitação. Após receber calor **(B)**, elas aumentam seu grau de agitação e passam a ocupar um espaço maior. Por isso, as dimensões do material aumentam. (Representação sem proporção de tamanho; cores-fantasia.)

As juntas de dilatação permitem que a → dilatação dos materiais que constituem uma ponte não provoque problemas como dobramentos e trincas.

DILATAÇÃO E CONTRAÇÃO TÉRMICA

Quando um material recebe calor, suas partículas passam a vibrar com maior intensidade, aumentando a amplitude do seu movimento e, como consequência, o espaço ocupado por elas.

A **dilatação térmica** é o efeito macroscópico, ou seja, o aumento das dimensões de um material quando ele é aquecido. Isso ocorre porque a distância média entre as partículas que constituem o material fica maior. A dilatação térmica é observada na maioria dos materiais.

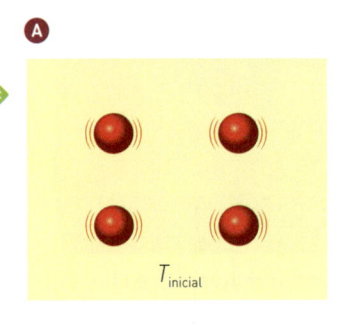
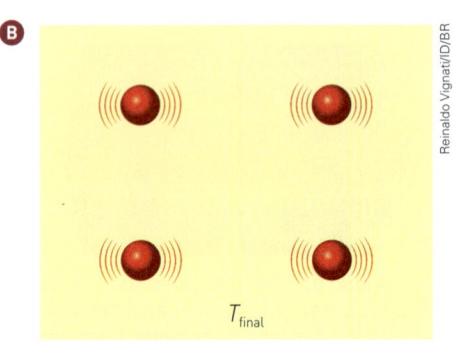

A dilatação dos materiais precisa ser levada em consideração na construção de pontes, estradas de ferro e outras edificações, para evitar problemas graves nas estruturas.

Em pontes, por exemplo, utilizam-se pequenos espaços livres entre as partes da estrutura, chamados de **juntas de dilatação**. Essas juntas evitam possíveis dobramentos, trincas ou rupturas que poderiam ocorrer por causa da dilatação.

A **contração térmica** é a diminuição das dimensões de um material sujeito a baixas temperaturas. Quando um recipiente de vidro que está muito quente é colocado sobre uma superfície fria, ele pode trincar devido à rápida contração. Por isso, recomenda-se, nesses casos, que o recipiente quente seja colocado sobre apoios feitos de material mau condutor de energia térmica.

Estudando a dilatação térmica

Quando um corpo sofre variação de temperatura, a distância entre suas partículas muda. Quando essa distância aumenta, dizemos que ocorre a dilatação. Mas, uma vez que a alteração ocorre nas partículas que formam a matéria, é possível visualizar os efeitos da dilatação? Vamos verificar isso desenvolvendo dois **experimentos**.

Experimento I

Material

- 1 garrafa térmica cheia de água morna
- 2 potes de vidro com tampas metálicas
- 2 travessas de vidro ou outros recipientes em que caibam os potes
- cubos de gelo
- sal
- água à temperatura ambiente
- 1 colher de madeira com cabo comprido

Como fazer

❶ Coloque, em uma das travessas, a água morna da garrafa térmica.

❷ Na outra travessa, misture os cubos de gelo, o sal e um pouco da água à temperatura ambiente.

❸ Feche os dois potes de vidro vazios da maneira mais firme possível. Evite acidentes, tomando cuidado para não quebrar os potes.

❹ Coloque um pote em cada travessa (imagens **A** e **B**), com a tampa virada para baixo, de maneira que as tampas fiquem imersas na água.

Fotografias: Sérgio Dotta Jr./ID/BR

❺ Com a colher de madeira, mexa o conteúdo da travessa com gelo durante 5 minutos, mexendo por 30 segundos e parando, repetindo a operação até completar 5 minutos.

❻ Retire os dois potes das travessas e destampe-os.

Experimento II

Material

- cola em bastão para papel
- 1 folha de papel sulfite
- 1 folha de papel-alumínio do tamanho da sulfite
- régua
- tesoura com pontas arredondadas
- 1 cubo de gelo
- 1 vela

Como fazer

❶ Distribua uniformemente uma camada de cola na folha de papel sulfite e cole-a na folha de papel-alumínio. Certifique-se de que não há espaços vazios entre as duas folhas.

❷ Aguarde a cola secar.

❸ Recorte, das folhas coladas, duas tiras com aproximadamente 3 centímetros de largura e 15 centímetros de comprimento.

❹ Passe um cubo de gelo várias vezes sobre a face metálica de uma das tiras. Observe o que ocorre e anote o resultado.

❺ O professor vai acender uma vela e passar a face metálica da outra tira sobre a chama, com cuidado para não queimar o papel. Observe o que ocorre com essa tira e anote o resultado.

Fotografias: Sérgio Dotta Jr./ID/BR

Para concluir

1. No experimento **I**, qual dos potes foi mais fácil de destampar?

2. Considerando sua resposta à questão **1**, compare a capacidade de dilatação do vidro e do metal.

3. No experimento **II**, qual lado da fita apresentou maior contração quando você passou o cubo de gelo? Por quê?

4. O que aconteceu com a face metálica da tira de papel quando ela foi aquecida? É possível comparar com o resultado obtido quando se passou o cubo de gelo na fita?

RETOMAR E COMPREENDER

1. Cite as três formas de transmissão de calor. Qual delas pode ocorrer no vácuo?

2. Em ferros de passar roupa, a parte superior, na qual se encontram o botão seletor de temperatura e o cabo de apoio, é feita de plástico. Já a parte que entra em contato com a roupa é, em geral, feita de metal.

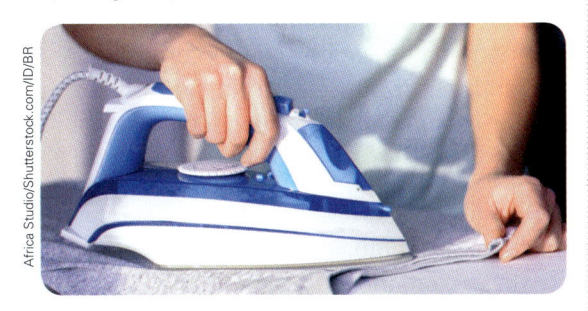

África Studio/Shutterstock.com/ID/BR

- Explique essa escolha de materiais feita pelos fabricantes de ferros de passar roupa.

3. Sobre balões de ar quente, responda:
  a) O que acontece com a densidade do ar aquecido no interior de um balão?
  b) Qual é a forma de propagação do calor no interior do balão?
  c) Por que o balão sobe na atmosfera?

APLICAR

4. Algumas pessoas costumam aquecer a tampa metálica de um recipiente de vidro quando têm dificuldade para abri-lo. Apesar de não ser recomendada, por questões de segurança, a técnica realmente funciona.
  - Explique por que o aquecimento da tampa facilita a abertura do pote.

5. Em ambientes que precisam de ar climatizado, os aparelhos de ar-condicionado geralmente são instalados nos locais mais altos do ambiente. Sobre isso, responda:

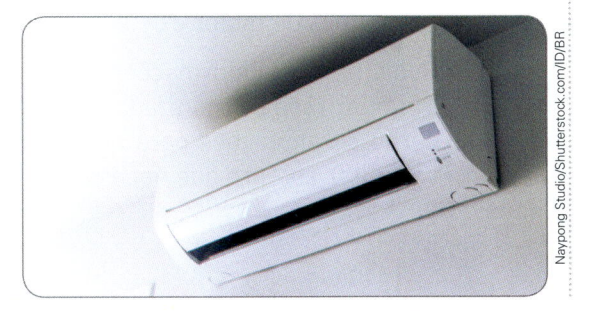

Naypong Studio/Shutterstock.com/ID/BR

  a) Por que esses aparelhos são instalados nos locais mais altos?
  b) O que provavelmente aconteceria se eles fossem colocados próximos ao chão?

6. Um garoto estava segurando um cata-vento e percebia, contrariado, que suas pás não se moviam. Então, a mãe dele aproximou do cata-vento uma vela acesa. O garoto percebeu, intrigado, que as pás do cata-vento passaram a girar.
  - Como você explicaria a esse garoto a razão de o cata-vento ter começado a girar assim que a mãe dele aproximou a vela?

7. Leia o texto a seguir. Depois, faça o que se pede.

Massas de ar quente, próximas à superfície terrestre, tendem a se deslocar para maiores altitudes na atmosfera. Ao mesmo tempo, massas de ar mais frias, que estão a maiores altitudes, tendem a descer. Esse deslocamento de massas de ar forma os ventos. Em certos períodos, no entanto, especialmente no inverno, massas de ar frias podem ficar aprisionadas embaixo de massas de ar quentes. Esse fenômeno é conhecido como inversão térmica.

Em grandes cidades, essa situação costuma causar graves problemas ambientais e de saúde, pois os poluentes que se encontram na atmosfera próxima à superfície não se dispersam.

Dario Oliveira/Codigo19/Folhapress

↑ Camada de poluição atmosférica em dia de inversão térmica em São Paulo (SP), 2015.

  a) Indique a forma de propagação de calor relacionada ao movimento das massas de ar.
  b) Proponha uma hipótese para explicar por que a dispersão dos poluentes atmosféricos não acontece quando ocorre a inversão térmica.

Construindo um modelo de motor a vapor

Para começar

Um motor a vapor é um tipo de máquina térmica. Máquinas térmicas são dispositivos que transformam o fluxo de energia térmica em energia mecânica, ou seja, são capazes de converter calor em trabalho. O desenvolvimento de diferentes motores ao longo da história foi muito importante para o entendimento do que é calor e de como a energia térmica é capaz de gerar trabalho.

Embora o registro das primeiras máquinas a vapor seja de cerca de dois mil anos atrás, foi no auge da Revolução Industrial que essa relação de mão dupla entre o conhecimento teórico sobre calor e o desenvolvimento tecnológico dos motores avançou.

O PROBLEMA

Qual é o princípio de funcionamento de um motor a vapor? Como construir um modelo de motor a vapor capaz de realizar trabalho?

empírico: aquilo que é baseado em experiências pessoais e observações.

A INVESTIGAÇÃO

- **Procedimento**: pesquisa bibliográfica e testes <u>empíricos</u>.
- **Instrumento de coleta**: fontes de pesquisa e construção de um modelo.

Procedimentos

Parte I – Pesquisa prévia

Gil Tokio/Pingado/ID/BR

1. Formem grupos de 4 a 6 alunos. Reúnam-se e formulem hipóteses sobre qual deve ser o princípio de funcionamento de um motor a vapor. Discutam as hipóteses do grupo usando argumentos com base no que vocês já sabem sobre o funcionamento de máquinas e sobre o calor.

2. Compartilhem com o professor o que vocês discutiram. Após essa conversa, ele vai orientar cada grupo a realizar uma pesquisa na internet e em livros sobre motores. Procurem saber:
   - qual é a definição de motor;
   - como os motores funcionam;
   - que tipos de motor existem.

3. Registrem as informações de forma sistematizada e organizada em um caderno de anotações para que possam consultar sempre que necessário.

Parte II – Construção, teste e aprimoramento do modelo

1 Após a discussão com o professor e a pesquisa, o grupo deve planejar o modelo de motor a vapor que vai construir. Não é necessário que seja complexo nem muito potente. O importante é que ele seja capaz de realizar algum trabalho.

2 Definam os materiais que vão usar, como vão montar as partes do motor, avaliem os riscos envolvidos, etc. Nessa etapa, é importante considerar a relação entre o custo e o benefício de cada material. Pode acontecer de o material que vocês considerem ideal ser muito caro ou muito difícil de encontrar, por exemplo.

3 Façam um esquema do motor e anotem tudo o que foi planejado para a construção dele. O esquema, além de ser um registro do plano de trabalho, serve para organizar as ideias, ajudando o grupo a não se esquecer de nenhum detalhe.

4 Depois de definido o plano de trabalho, construam o primeiro protótipo do motor a vapor a fim de testá-lo.

5 Coloquem o modelo de motor em funcionamento e avaliem o que pode ser melhorado. Esse é o momento de pensar em mudanças nos materiais e na construção que possam aprimorar o funcionamento do modelo.

6 Construam a segunda versão do modelo de motor a vapor e preparem-se para demonstrá-lo à turma.

Questões para discussão

1. A pesquisa e a construção do modelo confirmaram ou refutaram as hipóteses iniciais?

2. Qual foi o princípio de funcionamento do motor construído por seu grupo? Foi o mesmo princípio usado pelos outros grupos?

3. Qual foi a importância das etapas de pesquisa, planejamento e teste do modelo para a construção do motor em seu grupo? Você acha que o desenvolvimento de outras máquinas envolve um processo semelhante ao que seu grupo desenvolveu?

Comunicação dos resultados

Em um dia combinado com o professor, todos os grupos deverão fazer uma demonstração do modelo de motor a vapor que construiu. Apresentem à turma o motor em funcionamento e expliquem como foi o processo de melhoria do modelo.

Se possível, projetem em uma tela o esquema que o grupo produziu para a construção do motor. Assim, todos poderão conhecer como ele foi montado.

Ao final de todas as apresentações, procurem produzir uma conclusão coletiva a respeito das questões apresentadas no item *O problema*.

ATIVIDADES INTEGRADAS

RETOMAR E COMPREENDER

1. Copie no caderno o esquema a seguir e complete-o com as formas de propagação de calor e com exemplos de cada uma.

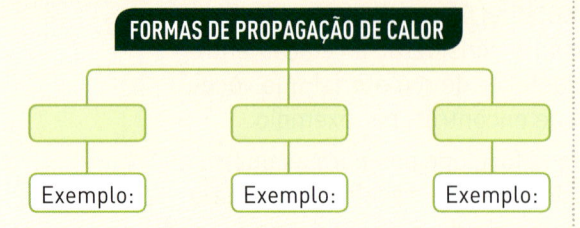

FORMAS DE PROPAGAÇÃO DE CALOR

Exemplo: | Exemplo: | Exemplo:

2. Leia o texto abaixo e responda às perguntas.

Joana estava esquentando a água para fazer um chá. Quando a água ferveu, ela desligou o fogo, despejou a água na xícara e esperou cerca de três minutos. Quando foi pegar a xícara, surpreendeu-se, pois a xícara ainda estava quente.

a) Selecione o trecho que se refere à temperatura da água. Justifique sua resposta.

b) Qual trecho do texto podemos relacionar ao conceito de calor? Justifique sua resposta.

3. Um turista viajou para Gramado, na Serra Gaúcha. Quando ele saiu do Rio de Janeiro, sem casaco, os termômetros marcavam 30 °C e, ao desembarcar no destino, os termômetros registravam 15 °C.

- Podemos afirmar que, no momento do desembarque, o fluxo de calor entre o turista e o meio externo era maior na Serra Gaúcha que no Rio de Janeiro? Justifique.

4. De maneira geral, a transferência de calor entre corpos com temperaturas diferentes inicialmente pode acarretar variação de temperatura, dilatação ou contração e mudança de estado físico. Avalie cada situação de transferência de calor a seguir e identifique o principal processo em cada uma delas.

I. O aquecimento de uma colher de metal no interior de uma panela com água fervente.

II. O descongelamento de alimento no micro-ondas.

III. A sensação do calor do sol no rosto.

IV. O calor obtido ao atritar uma mão na outra.

V. A formação da brisa marítima durante o dia em uma praia.

APLICAR

5. Ao fazer uma pesquisa sobre o aquecimento global, uma estudante encontrou o mapa mostrado a seguir. Nele, pode-se perceber que, em um mesmo momento na superfície da Terra, a temperatura nos polos e na zona equatorial é diferente.

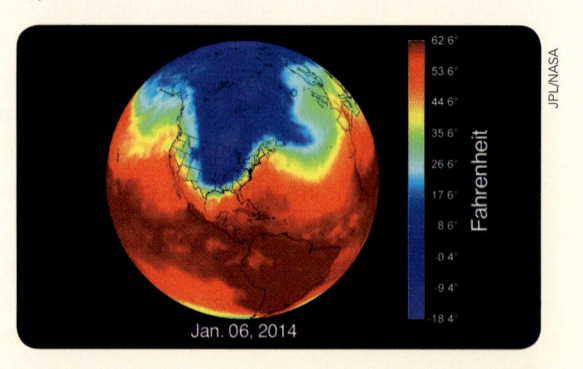

Jan. 06, 2014

JPL/NASA

a) Qual é a variação de temperatura entre os polos e a zona equatorial em grau Fahrenheit?

b) Qual é o valor correspondente dessa variação em grau Celsius?

c) De que forma a temperatura do planeta pode ser associada às condições de sobrevivência dos seres vivos?

6. Em uma escala fictícia, sabemos que os pontos de ebulição e de fusão da água são, respectivamente, 420 °M e 20 °M.

a) Qual é a equação matemática que pode relacionar essa escala fictícia com as escalas Kelvin, Celsius e Fahrenheit?

b) Se o termômetro marcar 60 °M, qual será a temperatura equivalente na escala Celsius?

7. Se o ventilador aumenta a agitação do ar, por que o utilizamos para nos refrescar?

ANALISAR E VERIFICAR

8. A tabela a seguir mostra o gasto calórico gerado por diferentes atividades físicas.

Atividade	Gasto calórico (calorias/minuto)
Andar de bicicleta	4
Dançar	7
Esteira (andar acelerado)	9
Correr (no plano)	10
Spinning	13

Para compensar o consumo de uma barra de chocolate com valor calórico de 600 cal, por quanto tempo uma pessoa teria de:

a) andar de bicicleta?

b) dançar?

c) correr no plano?

9. Leia o texto e responda às perguntas.

A técnica de banho-maria é muito popular na culinária. Ela é usada para aquecer, cozinhar ou derreter alimentos. Nessa técnica, um recipiente contendo aquilo que você quer aquecer é colocado dentro de outro recipiente com água quente.

a) Qual processo de transferência de calor está relacionado ao banho-maria?

b) O que acontecerá com a temperatura de um alimento que foi deixado em banho-maria em um recipiente com água quente? Suponha que o sistema do banho-maria esteja fora do fogo. O que acontecerá com a temperatura da água? Explique sua resposta.

CRIAR

10. A imagem abaixo é o esquema de um coletor solar. Este aparelho utiliza a luz solar para aquecer a água que abastece uma casa.

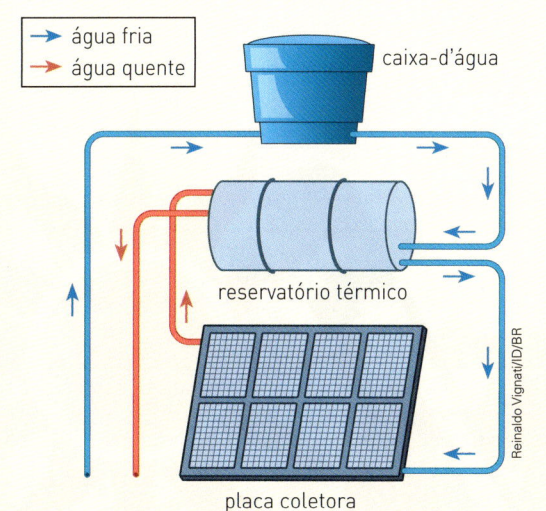

→ água fria
→ água quente
caixa-d'água
reservatório térmico
placa coletora

Reinaldo Vignati/ID/BR

⬆ **Esquema reproduzindo um coletor solar residencial. (Representação sem proporção de tamanho; cores-fantasia.)**

• Com base nas informações da imagem e em seus conhecimentos sobre as formas de propagação do calor, elabore uma hipótese que explique o funcionamento do coletor solar.

11. Leia o texto abaixo e responda às perguntas.

No mundo, os [carros] elétricos representam apenas 1% da frota, mas ensaiam uma aceleração impressionante. [...] a França anunciou que proibirá a venda de carros com motor a combustão a partir de 2040. [...] Dias depois, a Inglaterra prometeu o mesmo. Na Alemanha, o governo [...] discute proibir a partir de 2030. País com maior participação de elétricos – 40% das vendas de zero-quilômetro –, a Noruega pretende proibir já em 2025.

[...]

Carros elétricos emitem tão pouco ruído que o departamento de trânsito dos Estados Unidos os obriga a produzir um som apenas para evitar o atropelamento de pedestres distraídos. Ruas mais silenciosas melhorarão a qualidade de vida na região central das cidades. O maior impacto dos elétricos, porém, se dará na qualidade do ar. A Organização Mundial da Saúde registra 3 milhões de mortes, por ano, devido à poluição atmosférica. Segundo o Painel Intergovernamental de Mudanças Climáticas (IPCC), o setor de transportes responde por 14% das emissões de gases de efeito estufa.

[...]

Os carros elétricos ajudarão a enfrentar o problema por terem o triplo da eficiência dos modelos convencionais. Transformam 60% da energia abastecida em energia cinética, em comparação com os 20% nos carros a gasolina.

[...]

Marcelo Moura. A disparada do carro elétrico. *Época*, 8 out. 2017. Disponível em: <https://epoca.globo.com/tecnologia/noticia/2017/10/disparada-do-carro-eletrico.html>. Acesso em: 27 ago. 2018.

a) Conforme o texto, qual será o maior impacto positivo do uso do carro elétrico?

b) A eletricidade já é uma velha conhecida da humanidade, mas foram necessárias algumas décadas para que se desenvolvesse o primeiro carro elétrico. Em sua opinião, quais fatores levaram ao desenvolvimento do carro elétrico?

IDEIAS EM CONSTRUÇÃO – UNIDADE 2

Capítulo 1 – Energia térmica

- Relaciono energia ao movimento de um corpo e à transformação das propriedades da matéria?
- Relaciono a energia térmica à energia cinética das partículas que formam a matéria?
- Calculo temperaturas em diferentes escalas?
- Diferencio temperatura, sensação térmica e calor?
- Relaciono calor à transferência de energia térmica?
- Associo os conceitos de calor específico, calor sensível e calor latente à energia necessária para provocar mudança de estado físico na água?
- Valorizo e reconheço a importância da criatividade para o desenvolvimento tecnológico?
- Realizo leitura e interpretação de dados fornecidos por um instrumento de medida?

Capítulo 2 – Propagação e efeitos do calor

- Identifico o tipo de propagação de calor com base nas características dos corpos envolvidos no processo?
- Relaciono a capacidade de condução de calor de um material à sua capacidade de transmissão de energia térmica?
- Associo materiais bons e maus condutores a seu uso no dia a dia?
- Identifico situações de equilíbrio térmico no meu dia a dia?
- Compreendo os fenômenos da dilatação e da contração térmicas?
- Observo os efeitos da dilatação térmica por meio de experimentos?
- Compreendo que o desenvolvimento científico é um processo histórico e coletivo?

Investigar

- Realizo pesquisas bibliográficas utilizando variadas fontes e desenvolvo hipóteses testáveis baseadas em informações confiáveis?
- Projeto e construo um motor a vapor, compreendendo, assim, seu funcionamento?

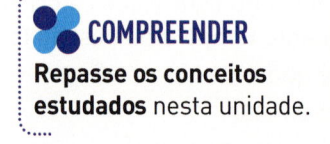
COMPREENDER

Repasse os conceitos estudados nesta unidade.

CRIAR

Construa uma **rede de ideias** com o que você aprendeu nesta unidade.

Nelson Provazi/ID/BR

GEODINÂMICA

O planeta Terra foi formado há cerca de 4,6 bilhões de anos e, desde então, está em constante transformação, seja pela movimentação dos continentes, seja pelo processo de formação de cordilheiras e de ilhas.

Nesta unidade, vamos estudar os fenômenos naturais envolvidos nessas transformações e suas consequências para os seres vivos.

CAPÍTULO 1
Formação da Terra

CAPÍTULO 2
Planeta dinâmico

PRIMEIRAS IDEIAS

1. De que é constituída a Terra?
2. Os continentes que conhecemos sempre foram como hoje?
3. Por que ocorrem terremotos e erupções vulcânicas?
4. Em que ocasiões os fenômenos naturais são considerados catástrofes?
5. **RETOMAR** Recorde **conceitos importantes** para o estudo da unidade.

LEITURA DA IMAGEM

1. Observe a foto. O que você acha que está acontecendo nessa cena?

2. Como você imagina que ocorreu a formação dessa paisagem? Esse evento está relacionado a que camada da Terra?

3. Em épocas de chuva intensa, são frequentes os deslizamentos de terra. Nos casos mais graves, ocorrem soterramentos, que podem provocar mortes e destruição de casas. De que forma as pessoas afetadas por esses deslizamentos podem ser ajudadas?

4. **ANALISAR** Assista a **consequências de uma erupção vulcânica** e descreva como esse tipo de evento pode alterar a paisagem.

A cena da foto ocorreu na região nordeste da Islândia em 2014.

FORMAÇÃO DA TERRA

A Terra é formada por camadas que estão em constante modificação. Como essas modificações alteram a aparência da superfície terrestre e a forma dos continentes?

A ORIGEM DA TERRA

O início da formação da Terra é quase tão antigo quanto a formação do Sol. Em torno dessa estrela ainda jovem, orbitavam nuvens de gás, poeira e fragmentos, que, enquanto se chocavam, formavam aglomerados de matéria cada vez maiores. Esse processo foi aos poucos constituindo o planeta primitivo, que, mais tarde, deu origem à Terra.

A grande quantidade de energia resultante das violentas colisões desses fragmentos gerava tanto calor que metais como o ferro permaneciam líquidos e se acumulavam no centro do planeta em formação. Novos materiais, à medida que eram incorporados ao planeta, foram compondo camadas em torno do núcleo rico em ferro.

Foram necessários milhões de anos para que a Terra se resfriasse dando origem à **crosta terrestre**, camada fina e solidificada que repousa sobre as camadas do manto e do núcleo.

Neste capítulo, serão estudados os fenômenos que ocorrem na **litosfera**, camada formada pelas crostas continental e oceânica e a parte mais externa do manto superior.

↓ **Trecho da falha de San Andreas**, uma falha geológica com extensão de 1,3 mil km que atravessa o estado da Califórnia (EUA). Ela evidencia uma transformação na crosta da Terra que vem acontecendo há milhões de anos.

Kevin Schafer/Minden Pictures/Fotoarena

MUDANÇAS NO RELEVO

O conjunto das formas presentes na superfície terrestre é chamado **relevo**. O relevo sofre modificações constantes, que podem ser observadas em situações comuns, como o deslocamento da areia nas dunas, e em eventos de grandes proporções, como os terremotos e os *tsunamis*.

AS PLACAS LITOSFÉRICAS

As crostas continental e oceânica e a parte mais externa do manto superior correspondem à camada da Terra chamada **litosfera**.

A litosfera não é contínua, mas se divide em várias placas, chamadas **placas litosféricas** ou **tectônicas**. Essas placas rochosas se encaixam umas nas outras e flutuam sobre o manto, que é uma camada mais flexível. A espessura dessas placas apresenta grande variação, sendo mais fina no fundo dos oceanos, onde pode atingir até 100 km, e mais grossa nos continentes, medindo até 400 km.

Quando observamos com atenção o mapa-múndi ou uma representação da superfície da Terra, podemos perceber que os limites de alguns continentes parecem se "encaixar" como peças de um grande quebra-cabeça. Isso levou muitos pesquisadores a pensar em uma razão para isso.

Atualmente, sabe-se que as placas litosféricas movimentam-se, afastando-se ou aproximando-se umas das outras. Essa movimentação é responsável pelo surgimento de vulcões, pela ocorrência de terremotos e pela forma atual dos continentes.

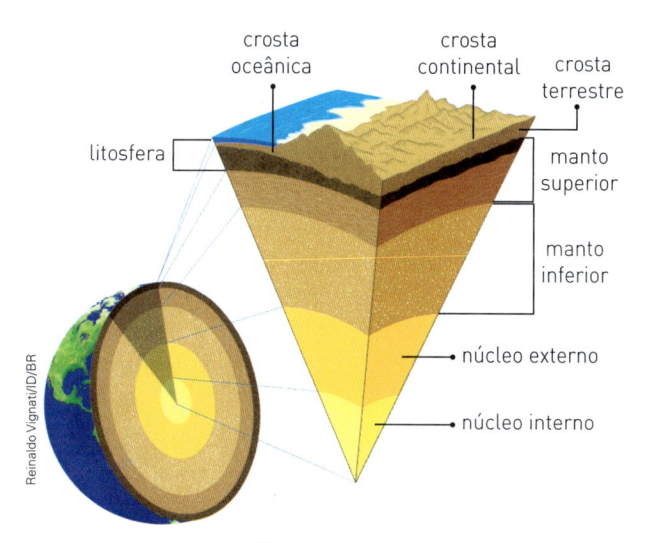

Reinaldo Vignati/ID/BR

↑ **Esquema das camadas da Terra. Observe a localização da crosta terrestre. (Representação sem proporção de tamanho e distância; cores-fantasia.)**

Fonte de pesquisa: Frank Press e outros. *Para entender a Terra*. 4. ed. Porto Alegre: Bookman, 2006. p. 32.

↓ **As linhas azuis representam os limites das placas litosféricas. As setas vermelhas indicam o sentido do movimento das placas. A placa Sul-Americana e a placa Africana, por exemplo, estão se afastando uma da outra.**

Fonte de pesquisa: Universidade de Indiana. Disponível em: <http://www.iupui.edu/~g115/mod04/lecture05.html>. Acesso em: 3 out. 2018.

■ **Localização das placas litosféricas**

João Miguel A. Moreira/ID/BR

AS PLACAS SE MOVEM

Ao longo dos anos, o desenvolvimento de estudos como a observação da distribuição de fósseis e de certas amostras de solo no planeta levou alguns estudiosos a suspeitar que, na história da Terra, os continentes mudavam de lugar.

No século XX, surgiram duas teorias para explicar como as áreas continentais teriam se modificado ao longo do tempo.

A **teoria da deriva continental** foi elaborada pelo astrônomo alemão Alfred Wegener (1880-1930). Essa teoria propunha que, em um passado distante, as massas continentais estavam agrupadas, formando um único bloco, a **Pangeia** (do grego *pan*, "todo", e *geia*, "terra"). Esse supercontinente seria circundado por um só oceano, o **Pantalassa** (do grego *talasso*, "mar"). Há cerca de 130 milhões de anos, as massas teriam começado a se separar lentamente, passando por várias configurações intermediárias até chegar à configuração atual.

As ideias de Wegener, apresentadas pela primeira vez em 1912, foram a base para a **teoria da tectônica de placas**, desenvolvida entre as décadas de 1950 e 1960. Segundo essa teoria, a litosfera está dividida em grandes placas que se deslocam lentamente sobre o manto, arrastando as massas continentais. Essa teoria tem sido aceita até hoje por grande parte da comunidade científica.

Algumas evidências de que as placas litosféricas se deslocam:

- a descoberta de fósseis de vegetais e de animais muito semelhantes em continentes distantes um do outro;
- o contorno litorâneo de continentes atualmente separados, como a América do Sul e a África, parece se "encaixar";
- a descoberta de rochas ou camadas rochosas de constituição idêntica em continentes atualmente afastados;
- a concentração de terremotos e de erupções vulcânicas em regiões específicas do planeta – que hoje são identificadas como zonas de limite entre placas litosféricas.

LIVRO ABERTO

Viagem ao centro da Terra, de Júlio Verne.

Júlio Verne (1828-1905) foi um escritor francês que escreveu histórias fantásticas muito populares até hoje.

Nessa obra, publicada em 1864, o autor conta a aventura de um grupo de pessoas que descem por um vulcão até o interior da Terra. Em sua jornada, elas encontram seres fantásticos, como cogumelos gigantes e animais pré-históricos.

COMPREENDER

Assista a **teoria da deriva continental** e explique quais características do fundo do oceano são evidências da deriva continental.

Representação da Pangeia → – supercontinente que provavelmente existiu entre 540 milhões de anos e 250 milhões de anos atrás na era Paleozóica – e do Pantalassa, oceano que circundava o supercontinente. (Representação esquemática sem proporção de tamanho e distância; cores-fantasia.)

Fonte de pesquisa: Serviço Geológico Norte-Americano. Disponível em: <http://pubs.usgs. gov/gip/dynamic/historical.html>. Acesso em: 3 out. 2018.

OS LIMITES ENTRE AS PLACAS LITOSFÉRICAS

O setor do manto situado logo abaixo da crosta move-se constantemente por causa do fenômeno da convecção e da diferença de densidade entre os materiais.

A porção mais densa e mais fria do manto tem a tendência a descer para as regiões mais profundas do manto, ou seja, em direção ao núcleo, enquanto o manto mais profundo e mais quente se desloca em direção à superfície, formando uma espécie de ciclo. O movimento do manto faz com que as placas se desloquem, aproximando-se ou afastando-se uma da outra, por exemplo.

Essa movimentação do manto é a razão de os continentes encontrarem-se em constante deslocamento. A América do Sul, por exemplo, afasta-se da África a uma velocidade de 2 centímetros por ano.

Os limites entre as placas litosféricas podem ser de três tipos: convergentes, divergentes e transformantes. Esses nomes indicam a forma como as placas se movimentam uma em relação à outra.

Algumas placas movimentam-se umas contra as outras, provocando choques. É o que ocorre, por exemplo, entre a placa de Nazca e a placa Sul-Americana. Nesse caso, dizemos que os limites das placas são **convergentes**.

Quando duas placas tectônicas têm limites convergentes, uma pode deslizar por baixo da outra, como se parte de uma delas "mergulhasse" no manto. Forma-se então uma trincheira oceânica, região onde a placa tectônica que fica por baixo penetra na parte superior do manto, esquenta, derrete e se transforma em magma.

Há também placas que se afastam umas das outras. Isso ocorre entre as placas Sul-Americana e Africana. Chamamos os limites dessas placas de **divergentes**. Nesse caso, o magma sobe e ocupa a abertura gerada pelo afastamento das placas. Ao subir, o magma resfria e torna-se rocha sólida.

Esse tipo de fenômeno é observado, por exemplo, na formação das cadeias de montanhas que ficam no fundo dos oceanos.

Há ainda situações em que uma placa apenas desliza lateralmente em relação à outra, sem colisão ou afastamento. Os limites dessas placas são chamados de **transformantes**. Nesse caso, as placas deslizam em sentidos opostos, sem originar novas áreas de crosta nem destruí-la, mas provocando o surgimento de grandes falhas no terreno.

PLACAS DE LIMITES CONVERGENTES

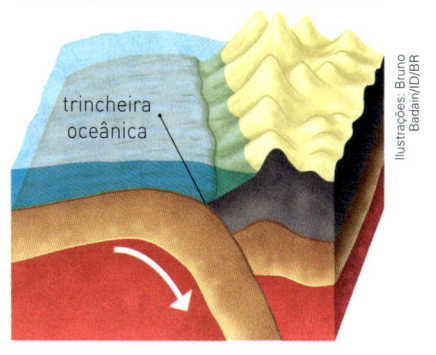

trincheira oceânica

Ilustrações: Bruno Badain/ID/BR

PLACAS DE LIMITES DIVERGENTES

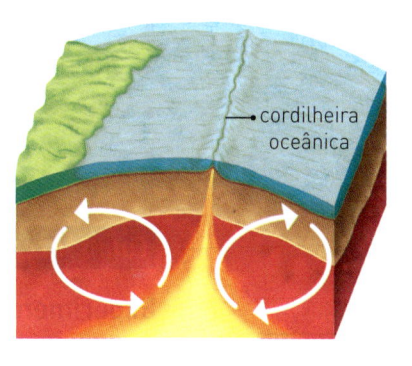

cordilheira oceânica

PLACAS DE LIMITES TRANSFORMANTES

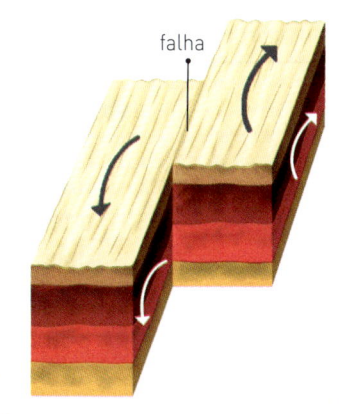

falha

↑ Esquema das regiões de contato entre placas tectônicas. As setas brancas indicam o movimento do manto, e as escuras indicam o sentido do movimento das placas. (Representação sem proporção de tamanho e distância; cores-fantasia.)

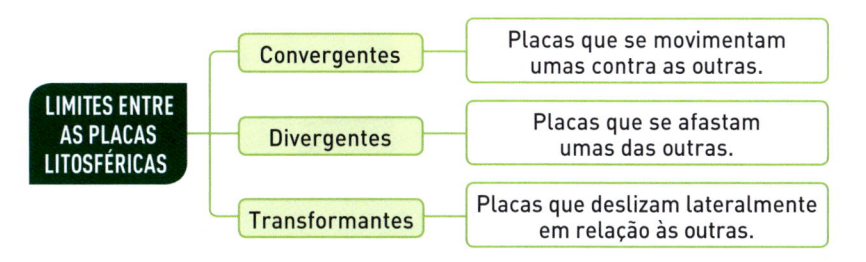

LIMITES ENTRE AS PLACAS LITOSFÉRICAS		
	Convergentes	Placas que se movimentam umas contra as outras.
	Divergentes	Placas que se afastam umas das outras.
	Transformantes	Placas que deslizam lateralmente em relação às outras.

Movimento das placas litosféricas

O movimento das placas litosféricas está relacionado à transferência de energia térmica entre a camada mais interna, e mais quente, e a camada mais externa, e mais fria, do manto superior. Mas como ocorre esse movimento?

Nesta atividade, você vai **simular** o movimento de convecção do manto e o movimento das placas litosféricas.

Material

- 1 caixa de papelão (com cerca de 40 cm × 40 cm)
- estilete para corte
- 2 folhas de papel sulfite
- 6 tiras de papelão (com cerca de 30 cm × 3 cm)
- cola e fita adesiva
- caneta hidrográfica
- embalagem transparente de CD
- alicate
- tesoura com pontas arredondadas
- 2 copos descartáveis de plástico
- 1 saco hermético com cerca de 13 cm de largura
- 2 elásticos de borracha bem resistentes
- água quente
- água à temperatura ambiente
- água gelada
- 2 pipetas Pasteur
- corante alimentício vermelho
- corante alimentício azul

Como fazer

Experimento I

> **CUIDADO**
> Evite se ferir com instrumentos perfurocortantes.

❶ Coloque a embalagem de CD em pé e, com a ajuda do professor, faça dois buracos de cerca de 2 centímetros de comprimento na parte de cima da embalagem, um em cada canto (imagem **A**).

❷ Corte uma tira de cada copo de plástico, larga o suficiente para acomodar firmemente a embalagem de CD. O corte deve chegar à metade do copo (imagem **B**). Os dois copos juntos devem ser capazes de segurar a embalagem de CD.

❸ Coloque um pouco de água à temperatura ambiente no saco hermético. A quantidade de água deve ser suficiente para preencher cerca de 4 cm de altura do saco.

❹ Coloque o saco plástico dentro da embalagem de CD, com a parte de cima na direção dos buracos feitos na embalagem. A parte

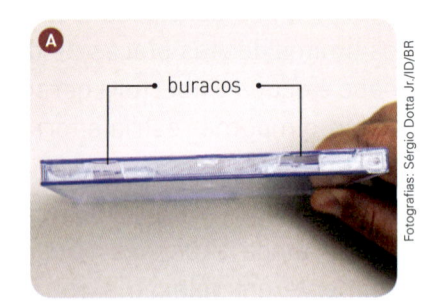

A

buracos

Fotografias: Sérgio Dotta Jr./ID/BR

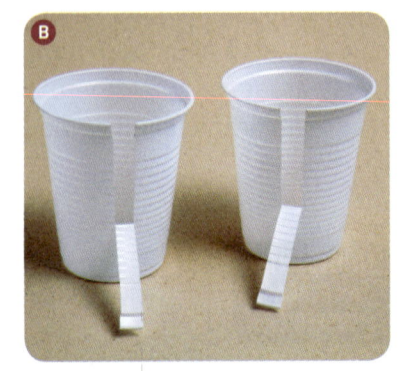

B

de baixo do saco deve estar em contato com o fundo da embalagem de CD. Use os elásticos de borracha para prender a montagem. Tome cuidado para não amassar o saco plástico durante o processo (imagem **C**).

❺ Apoie o conjunto formado pela caixa de CD e pelo saco plástico com água nas aberturas feitas nos copos de plástico (imagem **D**).

❻ Coloque água quente no copo à esquerda. A quantidade de água deve ser suficiente para tocar a parte inferior da caixa de CD.

❼ No copo de plástico à direita, adicione água gelada em quantidade suficiente para tocar a parte inferior da caixa de CD.

❽ Usando a pipeta Pasteur, adicione algumas gotas de corante comestível vermelho dentro do saco hermético, do lado do copo com água quente. Para isso, utilize o buraco feito na parte de cima da caixa de CD.

❾ Faça o mesmo do lado do copo com água gelada, mas com o corante azul.

❿ Observe o que acontece.

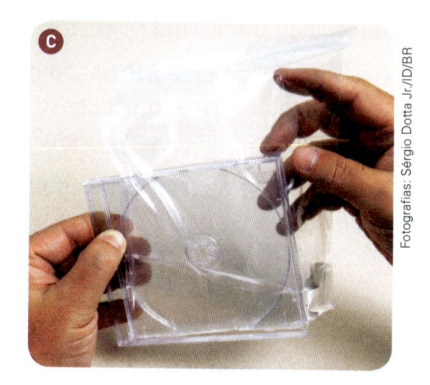

Fotografias: Sérgio Dotta Jr./ID/BR

Experimento II

❶ Use duas folhas de papel sulfite para representar o fundo do oceano. Com as tiras de papelão e a fita adesiva, monte dois "tubos" triangulares. Cole os tubos na ponta menor das folhas de sulfite. Os tubos representam as bordas dos continentes.

❷ Com a ajuda do professor, abra uma fenda ao longo da caixa de papelão. O tamanho da fenda deve permitir que se coloquem as duas bordas das folhas de sulfite. Nas paredes da frente e do fundo da caixa devem ser feitas duas aberturas para caber as mãos (imagem **E**).

❸ Simulação 1: Coloque as mãos dentro da caixa e puxe para baixo só uma das folhas (a "crosta oceânica") e observe o que ocorre com a "borda dos continentes".

❹ Simulação 2: Puxe para fora as "bordas dos continentes" (em direção às laterais da caixa) e observe o que acontece com as "placas oceânicas".

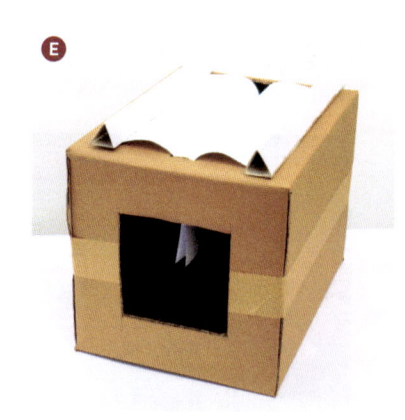

Para concluir

1. O que você observou no experimento **I**?

2. Na simulação **1**, que tipo de limite entre placas litosféricas você representou? Justifique sua resposta.

3. Na simulação **2**, que tipo de limite foi representado? Justifique sua resposta.

4. Qual é a relação entre os fenômenos simulados no experimento **I** e no experimento **II**?

ATIVIDADES

RETOMAR E COMPREENDER

1. Como ocorreu a formação da Terra? Qual é a relação entre seu processo de formação e as camadas que a constituem?

2. Complete as frases a seguir com as palavras do quadro abaixo.

relevo	continental	núcleo
oceânica	modificações	inferior
crosta	superfície	superior
terremotos	manto	*tsunamis*

a) As camadas que formam o planeta são ■, ■ e ■. O manto pode ainda ser subdividido em ■ e ■.

b) A crosta terrestre pode ser dividida em duas partes: a ■ e a ■.

c) O conjunto das formas presentes na ■ terrestre é chamado de ■, que sofre ■ constantes, como os ■ e os ■.

3. O que são placas litosféricas?

4. Na costa leste da América do Sul, encontra-se uma grande cadeia de montanhas, a cordilheira dos Andes.

Alexandre Cappi/Pulsar Imagens

↑ **Vista aérea da cordilheira dos Andes, Chile, 2015.**

• Observe novamente o mapa da página 75. Localize a placa de Nazca e a Sul-Americana e responda: Que relação pode haver entre essas placas e a cordilheira dos Andes?

5. Como a teoria da tectônica de placas explica a forma e a posição atuais dos continentes?

APLICAR

6. Leia o texto a seguir e faça o que se pede. Depois, discuta suas respostas com os colegas.

A Teoria da Tectônica de Placas, desenvolvida nos anos [19]60, sustenta que as maiores feições da superfície da Terra são criadas por movimentos horizontais da litosfera. [...] cerca de 40 anos antes da Tectônica de Placas, uma teoria semelhante foi rejeitada pela comunidade geológica. Em 1912, o meteorologista e geofísico alemão Alfred Wegener propôs a mobilidade dos continentes, antecipando muitos dos pontos essenciais da Tectônica de Placas. Suas ideias foram reunidas na Teoria da Deriva Continental e publicadas em 1915 [...]. Na Inglaterra, as ideias de Wegener conquistaram alguns adeptos, mas nos Estados Unidos ela foi duramente criticada e ridicularizada. Mas, havendo tantas concordâncias entre as ideias de Wegener e as da Tectônica de Placas, por que a Teoria da Deriva Continental foi rejeitada? [...] Uma comparação entre os anos [19]20 e os anos [19]60 revela um fato importante: a Tectônica de Placas foi fundamentada a partir de evidências completamente diferentes daquelas utilizadas para a Deriva. Isto sugere que a diferença essencial entre Deriva e a Tectônica de Placas não está nas teorias em si, mas nas evidências usadas para sustentá-las [...].

Joil José Celino; Osmário Rezende Leite. A importância das controvérsias geológicas no ensino de geologia: exemplo do modelo fixista à tectônica de placas. *Cadernos de Geociências*, Salvador, v. 6, 2001.

a) Explique, com suas palavras, o que faz com que os continentes estejam em permanente movimento.

b) O que é evidência? Explique qual é a importância das evidências para que uma ideia seja aceita pela maioria dos cientistas.

c) Ao longo da história das ciências, é comum que algumas ideias sejam substituídas por outras. Qual é sua opinião sobre esse aspecto da natureza da ciência?

PLANETA DINÂMICO

A TERRA SE TRANSFORMA

A superfície terrestre está em constante transformação, e sua paisagem está sempre sendo modificada. Muitas dessas transformações são causadas pelo ser humano, como a construção de cidades, a derrubada de florestas, a alteração no curso de rios e a exploração de áreas para a mineração.

Porém, outras modificações ocorrem sem a interferência humana; são alterações causadas pela ação do vento, da água e de outros seres vivos e em decorrência de transformações nas camadas internas da Terra.

A formação de montanhas, por exemplo, pode ser o resultado de uma lenta modificação, causada pelos movimentos da crosta, que formam dobras e enrugamentos na superfície, ou o resultado de uma mudança rápida, provocada pela solidificação da lava expelida pela atividade vulcânica. Os terremotos também provocam grandes modificações em um curto espaço de tempo.

Esses fenômenos, bem como algumas de suas consequências, serão vistos neste capítulo.

Vimos que a Terra passa por lentas transformações ao longo de milhões de anos, mas algumas delas podem alterar rapidamente a paisagem. Que transformações são essas?

↓ Há milhões de anos, o encontro da placa de Nazca com a placa Sul-Americana originou a cordilheira dos Andes, considerada a maior cordilheira do mundo em extensão, com cerca de 7 000 km. O trecho visto nesta foto de 2016 fica entre Santiago, no Chile, e Mendoza, na Argentina.

ESCUDERO Patrick/Hemis.Fotoarena

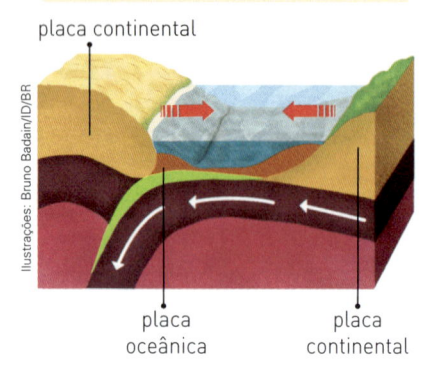

① As placas começam a se aproximar.

placa continental

placa
oceânica

placa
continental

② As placas estão próximas.

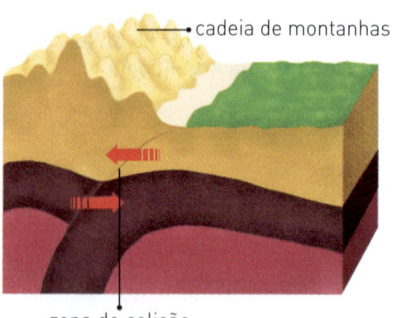

③ Com o choque, as bordas das duas placas continentais sofrem grande compressão e se elevam, formando as cordilheiras.

cadeia de montanhas

zona de colisão entre as placas

⬆ Esquema de formação de uma cadeia montanhosa. (Representação esquemática sem proporção de tamanho e distância; cores-fantasia.)

COMPREENDER

Veja **movimentação das placas litosféricas e formação dos vulcões**. Como a teoria tectônica de placas está relacionada à formação de vulcões?

MONTANHAS

Uma consequência do movimento das placas litosféricas é a formação de cadeias montanhosas. Quando duas placas de limites convergentes se chocam, suas bordas podem sofrer grande compressão e se elevar, dando origem a uma cordilheira. Esse processo é conhecido como **dobramento**.

Ao longo do tempo, as cadeias montanhosas mais antigas são desgastadas pela ação dos agentes do clima. Por isso, geralmente elas são menos elevadas e apresentam formas mais arredondadas que as cadeias mais recentes. A serra da Mantiqueira e a serra do Espinhaço são exemplos de cadeias montanhosas no Brasil.

Os dobramentos mais recentes são montanhas muito altas e com picos bastante acentuados, como o Himalaia (na Ásia), os Andes (na América do Sul) e as montanhas Rochosas (na América do Norte).

VULCÕES

Em geral, os vulcões ocorrem nas bordas das placas litosféricas ou nas áreas em que elas colidem ou se afastam. Por isso, no Brasil não temos vulcões ativos, pois o país se encontra no meio da placa Sul-Americana. Nos limites da placa do Pacífico, por exemplo, ocorre a maior parte da atividade vulcânica do mundo.

Os vulcões expelem cinzas, gases, vapor de água e lava. A **lava** é o magma expelido para a superfície. Portanto, o vulcão é um ponto frágil ou uma abertura na crosta terrestre por onde o magma pode extravasar.

Os vulcões são considerados **ativos** enquanto dão sinais de instabilidade, como tremores de terra, liberação de gases ou erupções. Quando não estão em atividade, mas eventualmente podem retomá-la, eles são considerados **dormentes**. Os vulcões **extintos** são aqueles em que o canal de lava está solidificado e não há sinal de atividade por um longo período.

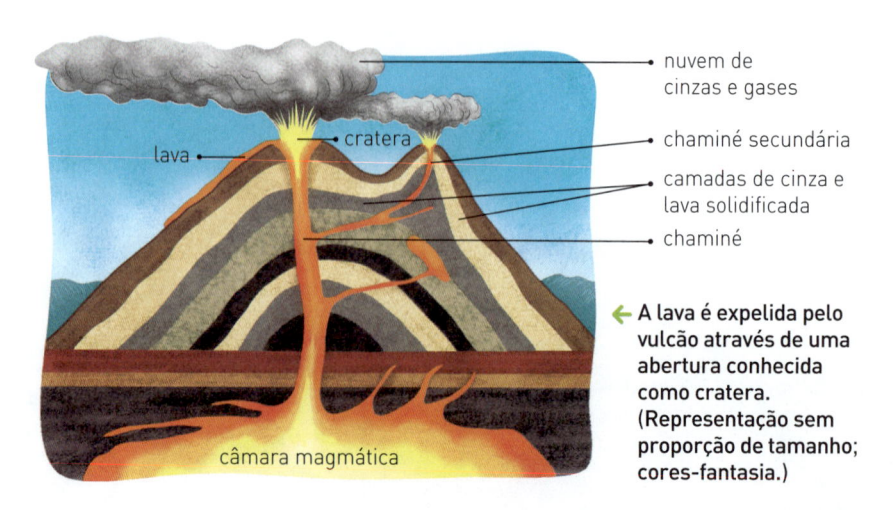

nuvem de cinzas e gases

chaminé secundária

camadas de cinza e lava solidificada

chaminé

lava

cratera

câmara magmática

⬅ A lava é expelida pelo vulcão através de uma abertura conhecida como cratera. (Representação sem proporção de tamanho; cores-fantasia.)

TERREMOTOS

Os movimentos das placas tectônicas também originam tremores de terra rápidos e violentos, que chamamos de **terremoto** ou **sismo** (do grego *seismós*, "abalo").

A maior parte dos terremotos acontece nas regiões em que duas placas estão próximas. A movimentação lenta e constante dessas placas provoca tensões, que se acumulam perto de suas bordas. Essas tensões geram forças de resistência entre as placas, ou seja, uma placa tenta resistir à outra.

Em determinado momento, essas forças cedem, e ocorre um deslizamento das placas. Esse movimento, que costuma acontecer na crosta terrestre a certa profundidade, provoca ondas de grande vibração. Essas ondas, chamadas de **ondas sísmicas**, são transmitidas até a superfície e, a partir de certa intensidade, podem ser percebidas por nós como terremotos.

A região no interior da Terra onde o terremoto tem origem é chamada de **foco** ou **hipocentro**. O **epicentro** de um terremoto é o ponto na superfície da Terra diretamente acima do foco do terremoto. A área ao redor do epicentro é normalmente a mais afetada pelo abalo sísmico.

Como existem muitos pontos de falhas em toda a superfície terrestre, os terremotos são bastante frequentes.

TSUNAMIS

Os *tsunamis* (do japonês *tsu*, "porto", e *nami*, "onda") são ondas gigantes que se formam nos oceanos em consequência de terremotos, deslizamentos de terra ou atividade vulcânica subaquática ou, ainda, pelo desprendimento e pela queda de grandes blocos de gelo das geleiras. Esses eventos deslocam enormes volumes de água e formam ondas que viajam centenas ou milhares de quilômetros a uma grande velocidade.

A maior parte dos *tsunamis* ocorre no oceano Pacífico, devido à intensa atividade tectônica nos limites entre as placas litosféricas.

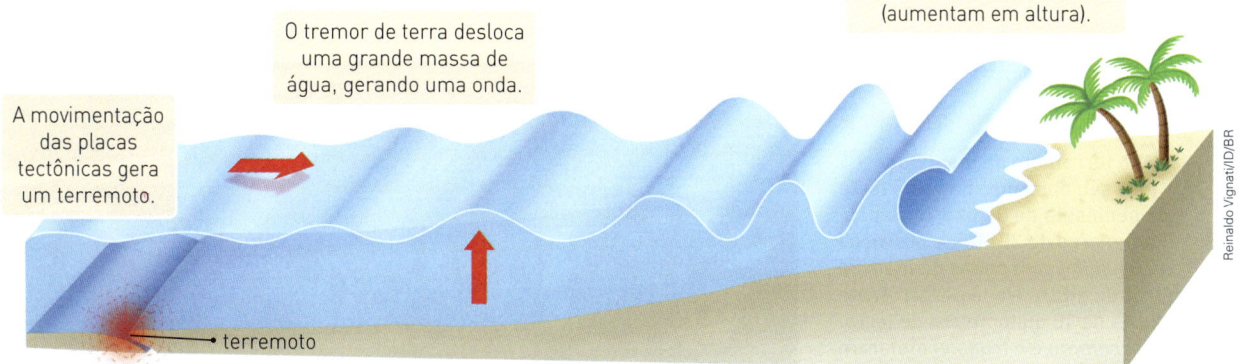

À medida que se aproximam da costa, essas ondas se tornam mais lentas, mas crescem em amplitude (aumentam em altura).

O tremor de terra desloca uma grande massa de água, gerando uma onda.

A movimentação das placas tectônicas gera um terremoto.

terremoto

Reinaldo Vignati/ID/BR

⬆ Ilustração mostrando, em três etapas, como um terremoto resultante da acomodação de placas tectônicas no fundo do mar pode deslocar a massa de água logo acima e originar uma onda gigante. (Representação sem proporção de tamanho; cores-fantasia.)

magnitude: em geologia, refere-se à energia liberada por um terremoto. Terremotos de grande magnitude liberam muita energia e geralmente causam grandes danos; os terremotos de pequena magnitude liberam pouca energia e podem até passar despercebidos.

DESASTRES NATURAIS

Desastres naturais são eventos físicos, como terremotos, *tsunamis*, alagamentos e deslizamentos de terra, que causam destruição de propriedades e fazem um grande número de vítimas.

A magnitude de um terremoto pode ser medida pela escala Richter. O terremoto mais forte já medido ocorreu no Chile em 1960. Ele atingiu 9,5 pontos na escala Richter, causou aproximadamente 1,6 mil mortes e gerou um *tsunami* que atingiu o Japão, as Filipinas e o Havaí (EUA).

Em janeiro de 2010, um terremoto de 7 pontos na escala Richter teve seu epicentro na cidade de Porto Príncipe, capital do Haiti, destruindo grande parte da cidade. Ao menos 230 mil pessoas morreram, outras 300 mil ficaram feridas e mais de 1,5 milhão de haitianos perderam suas casas.

Em 2016, o Centro de Monitoramento de Deslocamentos Internos (IDMC, na sigla em inglês) registrou 30,6 milhões de pessoas que foram obrigadas a abandonar suas casas em todo o mundo. Desse total, 18,8 milhões de pessoas tiveram que se deslocar por causa de desastres naturais. No Brasil, esse número foi de 71 mil pessoas em 2017, segundo o IDMC.

A maior parte dos desastres naturais no Brasil é de natureza hidrometeorológica, como secas e tempestades que causam inundações e deslizamentos de terra.

O maior desastre climático já registrado no país aconteceu em janeiro de 2011 na região serrana do estado do Rio de Janeiro. Durante dois dias, a região sofreu com fortes chuvas, que provocaram enchentes e deslizamentos de terra. Milhares de casas foram soterradas, houve mais de 900 mortes e mais de 300 mil pessoas foram afetadas.

Além de afetar as populações humanas, os desastres naturais também têm impactos ambientais. Dependendo da extensão da área atingida e da intensidade do evento, o desastre pode provocar, por exemplo, a extinção de espécies e a migração de populações de animais.

Um terremoto de magnitude 9,1 → teve seu epicentro na costa leste da península de Oshika, no Japão, em março de 2011. Ele provocou um *tsunami* com ondas de mais de 10 metros de altura e que percorreram mais de 10 quilômetros de terra. O terremoto e o *tsunami* afetaram diversas cidades japonesas, como a cidade de Kesennuma (foto ao lado), deixando mais de 15 mil mortos, 6 mil feridos, 2 mil desaparecidos e 123 mil pessoas deslocadas.

Athit Peravongmetha/Getty Images

RETOMAR E COMPREENDER

1. Explique como se forma uma cadeia montanhosa. Dê um exemplo de cadeia montanhosa existente no Brasil.

2. O que determina a extensão dos danos causados por um terremoto? Que regiões normalmente são as mais atingidas?

3. O que é um *tsunami* e qual é a sua causa mais comum?

4. Qual é a diferença entre um vulcão dormente e um vulcão extinto?

APLICAR

5. Observe os mapas a seguir e responda às questões.

Terremotos no mundo entre 2012 e 2016

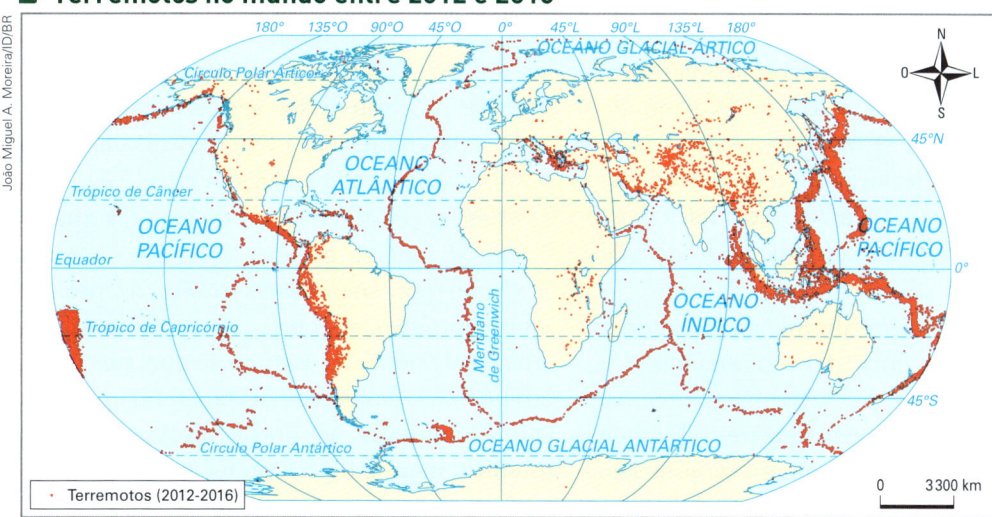

Fonte de pesquisa: Instituições Incorporadas de Pesquisa em Sismologia. Disponível em: <http://ds.iris.edu/seismon/bigmap/index.phtml>. Acesso em: 3 out. 2018.

Vulcões ativos no mundo (2008)

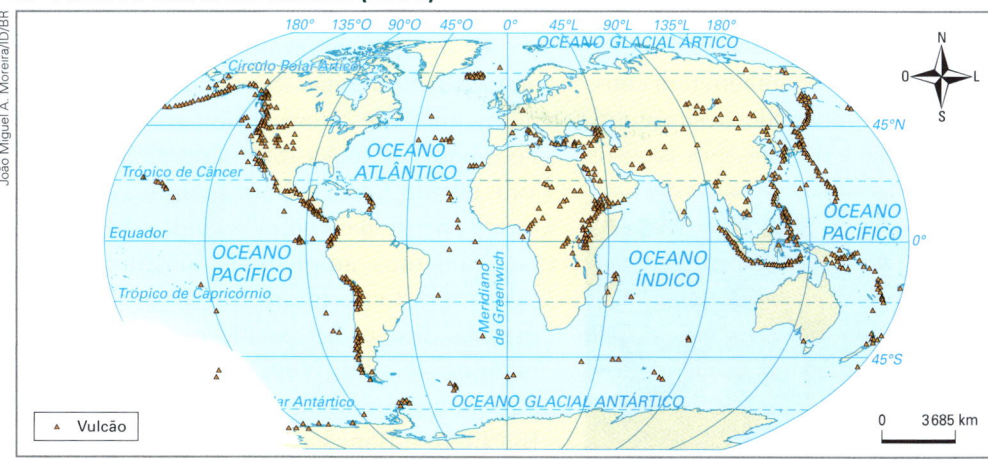

Fonte de pesquisa: Universidade de Hokkaido. Disponível em: <http://hosho.ees.hokudai.ac.jp/~tsuyu/top/dct/volcano.html>. Acesso em: 10 set. 2018.

a) Existe semelhança entre a distribuição de vulcões no planeta e os locais de ocorrência de terremotos?

b) Que característica geológica está relacionada à ocorrência mais frequente desses fenômenos em determinadas regiões do planeta?

c) Elabore uma explicação para o fato de, no Brasil, não serem frequentes terremotos de grande magnitude e não existirem vulcões ativos.

As catástrofes naturais e os deslocamentos populacionais

Segundo a Organização das Nações Unidas (ONU), cerca de 25 milhões de pessoas, todos os anos, são forçadas a se deslocar por causa de desastres naturais. Essas pessoas, em geral, estão fugindo dos efeitos de catástrofes naturais, como terremotos, *tsunamis* e inundações, e são chamadas deslocadas ou refugiadas ambientais.

Migrantes invisíveis

A relação entre as mudanças climáticas, os desastres naturais e a migração forçada têm se tornado cada vez mais evidente. No mundo, aproximadamente 203 milhões de pessoas foram forçadas a se deslocar em resposta a desastres naturais entre 2008 e 2015, e o risco desse tipo de deslocamento quadruplicou desde a década de [19]70.

Apesar de uma série de iniciativas internacionais para tentar enfrentar o fenômeno [...], muito ainda precisa ser feito para antecipar, prevenir e responder aos desastres. Também houve pouco progresso na garantia da proteção, inclusive do ponto de vista legal, de indivíduos forçados ao deslocamento em decorrência dos efeitos das mudanças climáticas.

No Brasil, o crescimento urbano desordenado e as mudanças climáticas também têm constituído um importante motor do deslocamento forçado. Nos últimos 18 anos, um total de 6 425 182 pessoas foram deslocadas em função de desastres no país. [...], a maior parte dessas pessoas precisou deixar as suas casas em decorrência de inundações (45%), enxurradas (32%), tempestades (13%) e alagamentos (5%).

Além da enorme escala de pessoas que precisam abandonar os seus lares (uma média de 357 mil por ano, desde 2000), os desastres também provocam elevadas perdas humanas e custos econômicos. Estima-se que, nos últimos 20 anos, os desastres naturais tenham custado R$ 182 bilhões ao Brasil, representando um prejuízo mensal de 800 milhões.

[...]

[...] Em janeiro de 2011, o Estado do Rio de Janeiro foi atingido pelo que é considerado o pior desastre natural da história do Brasil, ocorrido na Região Serrana, formada pelos municípios de Nova Friburgo, Teresópolis, Petrópolis, Itaipava, Sumidouro, São José do Vale do Rio Preto e Bom Jardim. Na ocasião, fortes enxurradas foram seguidas de inúmeros deslizamentos, ampliando a magnitude do desastre. No total, foram 889 mortos e 33 795 pessoas deslocadas, sendo os principais municípios afetados: Nova Friburgo, Teresópolis, Petrópolis, Sumidouro, São José do Vale do Rio Preto e Bom Jardim. Em janeiro de 2018, passados mais de sete anos da tragédia, cerca de 172 mil pessoas permaneciam sem receber moradia adequada e continuavam vivendo em áreas de risco.

[...]

⬆ Deslizamento de terra destrói dezenas de casas em Nova Friburgo (RJ), 2011.

Wagner Meier/Fotoarena

Apesar da elevada recorrência de desastres naturais e provocados pelo homem, e do alto número de deslocados resultantes (média de 357 mil pessoas ao ano), estratégias integradas de prevenção, reação e reconstrução ainda são escassas. Segundo o IBGE, até 2013 apenas 526 (9%) das cidades brasileiras possuíam um Plano Municipal de Redução de Riscos de Desastres.

[...]

Os moradores de áreas em riscos e as pessoas deslocadas são altamente afetados pela escassez de políticas adequadas para gestão de desastres. O maior desafio enfrentado diz respeito à dificuldade ou, em muitos casos, à impossibilidade de terem o seu direito à moradia assegurado. Embora esse seja um direito previsto pela Constituição Federal, a falta de programas habitacionais e de reassentamento que garantam uma alternativa definitiva a moradores de áreas de riscos e às pessoas já deslocadas leva grande parte destes a voltarem a residir ou continuar residindo em locais precários e inseguros, mesmo quando alertados sobre a possibilidade de ocorrência de desastres naturais. Como resultado, o número de deslocados forçados tem permanecido alto ao longo dos anos no Brasil.

Maiara Folly. Migrantes invisíveis: a crise de deslocamento forçado no Brasil. Instituto Igarapé, *Artigo Estratégico*, p. 16-22, 29 mar. 2018.

VERIFICAR

Veja **solidariedade em ação** e discuta com os colegas: Na cidade em que vocês vivem, há pessoas em situações de risco? O que vocês poderiam fazer para ajudá-las?

Para refletir

1. Segundo o texto, após a década de 1970 houve um aumento expressivo no número de migrações forçadas por desastres naturais.
   - Que fatores estão relacionados a esse aumento? Explique.

2. De acordo com o texto, que motivo leva muitas pessoas deslocadas a voltar a viver em áreas de risco?

3. Leia o texto a seguir e, depois, faça o que se pede.

O termo "refugiados ambientais" foi cunhado em 1985 em uma publicação do Programa das Nações Unidas para o Meio Ambiente [...].

Apesar das definições [...], o termo "refugiados ambientais" é meramente descritivo, já que não está previsto na Convenção relativa ao Estatuto dos Refugiados de 1951, e portanto, os deslocados ambientais não estão protegidos por tal norma. Assim, a condição de refugiado ambiental ainda não é reconhecida.

Debora Draghi. O conceito de refugiado ambiental: um tema que não pode ser ignorado. *MigraMundo*, 9 abr. 2018. Disponível em: <http://migramundo.com/o-conceito-de-refugiado-ambiental-um-tema-que-nao-pode-ser-ignorado/>. Acesso em: 6 set. 2018.

a) Segundo o texto, por que os refugiados de desastres ambientais não são reconhecidos como refugiados?

b) Converse sobre esse tema com mais dois colegas e proponham atitudes solidárias que poderiam ser desenvolvidas para auxiliar os refugiados ambientais.

RETOMAR E COMPREENDER

1. Copie o esquema a seguir no caderno e complete as lacunas com os tipos de limite entre as placas e uma breve descrição de cada uma delas.

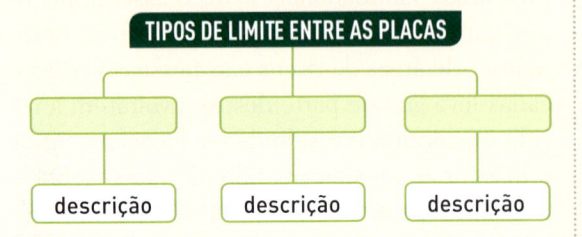

TIPOS DE LIMITE ENTRE AS PLACAS

| descrição | descrição | descrição |

2. Leia o texto abaixo e responda às questões.

O terremoto de magnitude 6,7 que atingiu, na quinta-feira (6), a ilha de Hokkaido, no norte do Japão, deixou nove mortos, de acordo com o premiê japonês.

[...]

O tremor provocou deslizamentos de terra, destruição de casas, a interrupção no fornecimento de energia elétrica para quase 3 milhões de domicílios.

[...]

O epicentro do tremor foi situado 62 km a sudeste da capital regional, Saporo, de acordo com o Serviço Geológico dos Estados Unidos (USGS, na sigla em inglês). O terremoto foi seguido por um tremor secundário de magnitude 5,3 e outros menores.

[...]

O país está localizado no "Círculo de Fogo do Pacífico", uma das regiões mais propensas a tremores e atividade vulcânica do mundo. Nesta área são registrados cerca de 20% dos terremotos de magnitude 6 ou mais no mundo.

Terremoto deixa nove mortos e 30 desaparecidos na Ilha de Hokkaido, no Japão. *G1*, 6 set. 2018. Disponível em: <https://g1.globo.com/mundo/noticia/2018/09/06/terremoto-deixa-dois-mortos-e-40-desaparecidos-no-norte-do-japao.ghtml>. Acesso em: 10 set. 2018.

a) O que é o epicentro de um terremoto?

b) Observe o mapa a seguir e explique por que, na região do Círculo de Fogo do Pacífico, a atividade sísmica e a atividade vulcânica são tão intensas.

■ Círculo de Fogo do Pacífico

Fonte de pesquisa: BBC World Service. Disponível em: <https://www.bbc.com/portuguese/noticias/2011/03/110311_entenda_circulo_fogo_rp>. Acesso em: 10 set. 2018.

APLICAR

3. Na ilustração a seguir, as faixas coloridas indicam áreas do planeta em que foram encontrados alguns fósseis. Interprete as informações da imagem com base na teoria da deriva continental.

4. Leia o texto abaixo e faça o que se pede.

Os brasileiros sempre se gabaram de não precisarem ter medo de terremoto [...]. Mas essa história não é tão simples assim. Os riscos são menores, mas não nulos. E o Brasil já contabiliza mais de 15 tremores de terra (ou abalos sísmicos) com magnitudes maiores ou iguais a 5.0 desde 1922.

O Brasil tem terremotos, sim. *Globo Ciência*, 5 nov. 2011. Disponível em: <http://redeglobo.globo.com/globociencia/noticia/2011/11/o-brasil-tem-terremoto-sim.html>. Acesso em: 19 set. 2018.

a) Por que, no Brasil, a probabilidade de ocorrer um terremoto de grande magnitude é baixa? Justifique sua resposta.

b) Reúna-se com dois colegas e façam uma pesquisa sobre a ocorrência de terremotos no Brasil. Em seus resultados, devem constar informações como o local, a data e a magnitude dos maiores sismos já registrados no país. Aponte também os eventuais danos causados por eles.

ANALISAR E VERIFICAR

5. O *tsunami* que atingiu a província indonésia de Aceh, em 2004, foi provocado por um terremoto de grande magnitude e deixou mais de 280 mil mortos. Após essa catástrofe, um sistema de alerta de *tsunami* começou a ser criado no oceano Índico, na tentativa de prevenir consequências tão desastrosas.

a) Pesquise onde fica a Indonésia e compare sua localização com o mapa da página 75. De acordo com esse mapa, o local em que está a Indonésia é propenso a terremotos?

b) Atualmente, não é possível prever com precisão a ocorrência de um grande terremoto. Qual seria, então, a utilidade de criar um sistema de alerta de *tsunami*?

CRIAR

6. Leia o texto e faça o que se pede.

Em artigo publicado no periódico *Precambrian Research*, Teixeira e outros pesquisadores brasileiros e chineses apresentaram evidências de que as regiões de Jiao-Liao-Ji, no nordeste da China, e de Itapecerica, em Minas Gerais, teriam sido formadas lado a lado entre 1,9 e 1,8 bilhão de anos atrás.

Nessa época, as massas continentais da Terra estavam dispostas de uma forma muito diferente da atual. Em realidade, elas formavam uma única e gigantesca massa, um supercontinente. Há 1,9 bilhão de anos, este grande pedaço de terra era chamado de Colúmbia, uma formação do éon proterozoico.

Ao contrário da Pangeia, formação mais recente e conhecida pela ciência, a configuração do Colúmbia ainda é um mistério. Por isso, os pesquisadores buscam por evidências em rochas antigas para descobrir como era o encaixe desse quebra-cabeça de massas continentais que originou boa parte das rochas que temos hoje. Agora, o que os geólogos estão propondo é que há 2 bilhões de anos os crátons (placas geológicas antigas) São Francisco-Congo e Norte Chinês estavam próximos no supercontinente Colúmbia.

Entre as principais evidências do estudo, estão as semelhanças na formação e na idade das jazidas de grafita do cinturão de Jiao-Liao-Ji, no nordeste da China, e do terreno geológico do município mineiro de Itapecerica, Minas Gerais, a cerca de 170 quilômetros de Belo Horizonte.

Larissa Lopes. Partes do Brasil e da China podem ter sido vizinhas há 2 bilhões de anos. *Galileu*, 11 maio 2018. Disponível em: <https://revistagalileu.globo.com/Ciencia/noticia/2018/04/partes-do-brasil-e-da-china-podem-ter-sido-vizinhas-ha-2-bilhoes-de-anos.html>. Acesso em: 10 set. 2018.

a) Explique que fenômeno geológico está relacionado às diferentes configurações dos continentes terrestres ao longo de milhões de anos.

b) Qual é a teoria que explica esse fenômeno e o que ela diz? Quais são as evidências que corroboram essa teoria?

c) Reúna-se com três colegas e façam uma pesquisa sobre a Colúmbia e a Pangeia. Com base nas informações que vocês encontrarem, elaborem dois planisférios representando cada uma dessas configurações e compartilhem com a turma.

7. Nesta unidade, você estudou dois fenômenos que podem causar graves problemas para o ser humano e o ambiente: os terremotos e os vulcões.

a) Você se lembra de algum evento recente no Brasil que tenha causado grandes danos às pessoas e ao ambiente?

b) O que foi feito para socorrer as pessoas afetadas?

c) Há quanto tempo esse evento ocorreu?

d) Qual é a situação dessas pessoas atualmente?

Capítulo 1 – Formação da Terra

- Compreendo a Terra como uma estrutura dinâmica?
- Associo as diferentes camadas da Terra ao seu processo de formação?
- Interpreto diferentes fenômenos ocorridos na crosta terrestre como resultado do movimento das placas litosféricas?
- Estabeleço relações entre a teoria da deriva continental e a teoria da tectônica de placas?
- Verifico que a teoria da tectônica de placas explica o movimento dos continentes?
- Justifico o formato das costas africana e brasileira com base na teoria da deriva continental?
- Associo o fenômeno da convecção ao movimento do manto?
- Relaciono o tipo de limite entre duas placas litosféricas à maneira como essas placas se movimentam uma em relação à outra?
- Construo modelos para simular o movimento do manto e das placas litosféricas?

Capítulo 2 – Planeta dinâmico

- Relaciono a formação de montanhas ao choque entre duas placas litosféricas?
- Associo os vulcões e os terremotos às bordas das placas litosféricas?
- Interpreto a ocorrência de terremotos e de *tsunamis* à luz do movimento das placas litosféricas?
- Justifico a rara ocorrência de sismos e vulcões no Brasil com base no modelo das placas litosféricas?
- Avalio os impactos ambientais e sociais da ocorrência de catástrofes naturais?
- Valorizo o trabalho de apoio às vítimas de catástrofes naturais?
- Reconheço as catástrofes ambientais como causa de deslocamentos humanos?

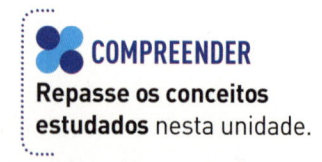

COMPREENDER

Repasse os conceitos estudados nesta unidade.

CRIAR

Construa uma **rede de ideias** com o que você aprendeu nesta unidade.

Nelson Provazi/ID/BR

AR E ATMOSFERA

A atmosfera que envolve a Terra é formada principalmente por gases, alguns deles essenciais à sobrevivência dos seres vivos. Modificações em sua composição e em suas propriedades afetam todas as formas de vida em nosso planeta.

Nesta unidade, serão abordados a relação dos seres vivos com o ar e o modo como as atividades humanas influenciam a composição da atmosfera.

CAPÍTULO 1
Ar e seres vivos

CAPÍTULO 2
Poluição do ar

CAPÍTULO 3
Mudanças na atmosfera

PRIMEIRAS IDEIAS

1. Em sua opinião, de que é composta a atmosfera?

2. Você conhece as estruturas que os seres vivos utilizam para realizar as trocas gasosas? Caso conheça, cite duas delas.

3. Que importância têm para os seres vivos a respiração celular e a fotossíntese?

4. Como o ser humano tem modificado a atmosfera?

5. Que atitudes podem ser tomadas para reduzir a poluição do ar?

6. **RETOMAR** **Recorde conceitos importantes** para o estudo da unidade.

Charles Platiau/Reuters/Fotoarena

LEITURA DA IMAGEM

1. Como você descreveria a cena da foto?

2. Que diferenças entre os locais da foto você imagina existir? Você acredita que a composição da atmosfera seja a mesma nesses locais?

3. Em sua opinião, em qual dos locais a atmosfera tem melhores índices de qualidade do ar?

4. Você acredita que a desonestidade de pessoas e de empresas pode afetar a qualidade do ar que respiramos? Por quê?

5. **VERIFICAR** Escute **perigos da poluição atmosférica** e discuta com os colegas formas de se reduzir a poluição atmosférica nas grandes cidades brasileiras.

Hora do *rush* em Paris, França, 2017.

AR E SERES VIVOS

A atmosfera terrestre é constituída basicamente de gases e de partículas sólidas em suspensão, mas sua composição varia de acordo com a região do planeta. Como a composição da atmosfera interfere na vida dos organismos?

↓ A presença de gases e de material particulado na atmosfera, como a poeira, modifica a forma como os raios solares atingem a superfície da Terra. Essa alteração determina as cores que enxergamos no céu, como o azul em dias claros e o avermelhado, que, em algumas regiões, pode ser visto perto do horizonte durante o pôr do sol.

A COMPOSIÇÃO DA ATMOSFERA TERRESTRE

A **atmosfera** envolve a Terra. Ela é composta de gases e diversas partículas sólidas que, por serem muito leves e pequenas, flutuam. Todos esses elementos estão em constante movimento e se misturam o tempo todo.

Entre os gases da atmosfera, os mais importantes para os seres vivos são o gás oxigênio (O_2) e o gás carbônico (CO_2). Eles participam dos processos de respiração celular e de fotossíntese.

O **vapor de água**, por sua vez, é o gás atmosférico que mais varia em proporção. Sua quantidade determina a umidade do ar e tem grande influência no ambiente. Ele é fundamental para a formação de nuvens e de chuvas e para a saúde dos seres vivos.

As **partículas suspensas** no ar podem ter origem em diversas fontes, como na erosão do solo, nas queimadas, em erupções vulcânicas e em atividades industriais e agrícolas. Elas podem oferecer riscos à saúde quando sua concentração na atmosfera é muito elevada. É o que ocorre em locais muito poluídos.

Roxana Bashyrova/
Shutterstock.com/ID/BR

GÁS NITROGÊNIO

O **gás nitrogênio** (N_2) é o que existe em maior quantidade no ar. Cerca de 78% do volume total dos gases atmosféricos é composto de nitrogênio.

Na natureza, o nitrogênio comumente não reage com outros gases ou substâncias. Alguns microrganismos capturam esse gás e o transformam em substâncias aproveitáveis por eles e por outros seres vivos. Os animais e as plantas não conseguem usar o nitrogênio gasoso. No organismo humano, o nitrogênio inalado durante a respiração entra em nossos pulmões e logo depois é eliminado, sem interferir no funcionamento do corpo.

GÁS OXIGÊNIO

O **gás oxigênio** corresponde a cerca de 21% do volume total de gases presentes na atmosfera terrestre. Ele reage facilmente com muitas outras substâncias. Essa reação é chamada de **oxidação**. São exemplos de oxidação a formação de ferrugem em objetos de ferro e o escurecimento de frutas.

Além disso, o gás oxigênio é essencial para que ocorra a **combustão** de um material, ou seja, para que ele queime. Nesse processo, ocorre liberação de energia sob a forma de calor e de luz, e novas substâncias são formadas. A combustão acontece, por exemplo, nos motores dos carros. Nesse caso, um combustível, como o etanol ou a gasolina, é queimado na presença de gás oxigênio. Essa reação libera energia, que é usada na movimentação do automóvel, e gases como o gás carbônico.

O gás oxigênio também é essencial para a vida de muitos seres vivos que realizam a **respiração celular**, um processo que utiliza o gás oxigênio para liberar a energia armazenada nos alimentos. Nessa reação, também são produzidos água e gás carbônico.

GÁS CARBÔNICO

Apenas 0,04% do volume total dos gases da atmosfera corresponde ao **gás carbônico**. Embora esteja presente em pouca quantidade, ele é um dos gases mais importantes para a existência da vida na Terra, pois é utilizado na fotossíntese.

A **fotossíntese** é um processo realizado por alguns organismos, como as plantas, que utilizam gás carbônico, água e energia luminosa para produzir alimento. Esse alimento serve, então, como fonte de energia para esses organismos e para os seres vivos que os consomem.

O gás carbônico é produzido constantemente por processos como a respiração, a combustão e a decomposição de restos de animais, plantas e outros organismos. O ar expirado pelos seres humanos, por exemplo, contém cerca de 5% de gás carbônico.

⬤ **LIVRO ABERTO**

Uma aventura no ar, de Samuel Murgel Branco. São Paulo: Moderna, 2013.

O livro, em formato de quadrinhos, conta as aventuras de Carol e Rique, que exploram a atmosfera. Durante a jornada, passam a compreender as características dessa camada de gases e a relação que ela estabelece com os seres vivos que habitam o planeta.

↑ **(A)** A formação de ferrugem em parafusos é resultado do processo de oxidação, que ocorre quando o gás oxigênio reage com o ferro presente no parafuso e o vapor de água presente no ar. **(B)** A oxidação também pode ocorrer em frutas como o marmelo. Ele geralmente escurece quando é descascado e exposto ao ar. Isso ocorre porque o oxigênio do ar reage com substâncias presentes nessa fruta.

↑ O ser humano desenvolveu formas de utilizar o gás carbônico industrialmente. Por exemplo, alguns extintores de incêndio contêm gás carbônico, que ajuda a apagar o fogo em instalações elétricas, afastando o gás oxigênio da área e impedindo, assim, a combustão.

Alexandre Tokitaka/Pulsar Imagens

↑ Alguns gases nobres apresentam propriedades especiais. Luminosos como o da foto possuem gases nobres em seu interior, que emitem luz quando atravessados por corrente elétrica.

GASES NOBRES

Os **gases nobres** estão presentes em pequenas quantidades na atmosfera. São eles: hélio, neônio, argônio, criptônio, xenônio e radônio.

Os gases nobres dificilmente reagem com outros materiais. Porém, artificialmente, é possível produzir algumas substâncias que possuem esses gases em sua composição.

VAPOR DE ÁGUA

A concentração do **vapor de água** na atmosfera varia de acordo com a região.

Por exemplo, em locais próximos aos mares, aos rios e aos lagos, o ar é em geral mais úmido. O aquecimento provocado pelo Sol evapora a água, e o vapor formado se mistura ao ar, aumentando sua umidade.

A presença de vegetação também contribui para o aumento da umidade do ar. As plantas retiram água do solo através das raízes, e a água é transportada pelo caule até chegar às folhas.

Parte dessa água é usada pela planta em suas atividades, como a fotossíntese e a produção de frutos. A outra parte é liberada pela superfície da folha durante a transpiração, retornando à atmosfera na forma de vapor.

Em altitudes mais elevadas, o ar é mais frio. Nessas condições, o vapor de água se condensa, formando gotículas e originando nuvens.

MATERIAL PARTICULADO NA ATMOSFERA

Existe na atmosfera uma grande variedade de partículas sólidas, chamadas de **material particulado**. Essas partículas são muito pequenas e leves e flutuam no ar. Poeira, pólen, resíduos de madeira, fibras e até microrganismos formam o material particulado.

As maiores fontes artificiais de material particulado são a combustão que ocorre nos motores de veículos, os processos industriais e a queima de vegetação e de materiais depositados em lixões a céu aberto.

A dispersão do material particulado é feita pelas chuvas e pelos ventos fortes. Por isso, a poluição atmosférica tende a se agravar em períodos de seca.

Avener Prado/Folhapress

← Em alguns locais do Brasil, ainda se utiliza a técnica da queimada para limpar o solo. Além de degradar o solo, esse método provoca a emissão de material particulado na atmosfera. Correntina (BA), 2018.

OS SERES VIVOS E O AR

A atmosfera terrestre é fundamental para a existência e a manutenção da vida na Terra. Os seres vivos não só dependem de certos gases da atmosfera para a sua sobrevivência como também interferem na composição dela.

TROCAS GASOSAS

Os seres vivos realizam, constantemente, um processo chamado **trocas gasosas**. O local do corpo onde ocorrem as trocas gasosas é chamado **superfície respiratória**, que, em geral, é fina e está sempre úmida. Dizemos que um organismo está respirando quando ele absorve gás oxigênio do ambiente e libera gás carbônico.

PELE

Em alguns animais, a superfície respiratória é a **pele**, como é o caso de muitos animais aquáticos. As minhocas e as rãs são exemplos de animais terrestres que respiram por meio desse órgão.

Nas minhocas, as trocas gasosas ocorrem exclusivamente na pele. Já nas rãs, a respiração pela pele é somente uma das formas de obtenção de gás oxigênio, pois as trocas gasosas também ocorrem nos pulmões.

No ambiente terrestre, uma pele fina e úmida pode causar desidratação. Por isso, animais terrestres que respiram pela pele comumente vivem em ambientes úmidos e sombreados e dificilmente ficam expostos ao sol.

comprimento: 8 cm

↑ Para que a pele das rãs desempenhe a função de superfície respiratória, é necessário que ela esteja permanentemente úmida. Por isso, esses animais liberam substâncias na pele que mantêm sua umidade constante.

PULMÕES

Os órgãos respiratórios dos seres humanos e da maioria dos vertebrados terrestres são os **pulmões**. O ar entra e sai dos pulmões através das vias respiratórias, um conjunto de órgãos que se inicia nas narinas e na boca e chega até os pulmões, onde se encontra a superfície respiratória e acontecem as trocas gasosas.

O interior do sistema respiratório deve permanecer constantemente úmido. Quando a umidade do ar diminui, aumentam as chances de desenvolvermos problemas respiratórios.

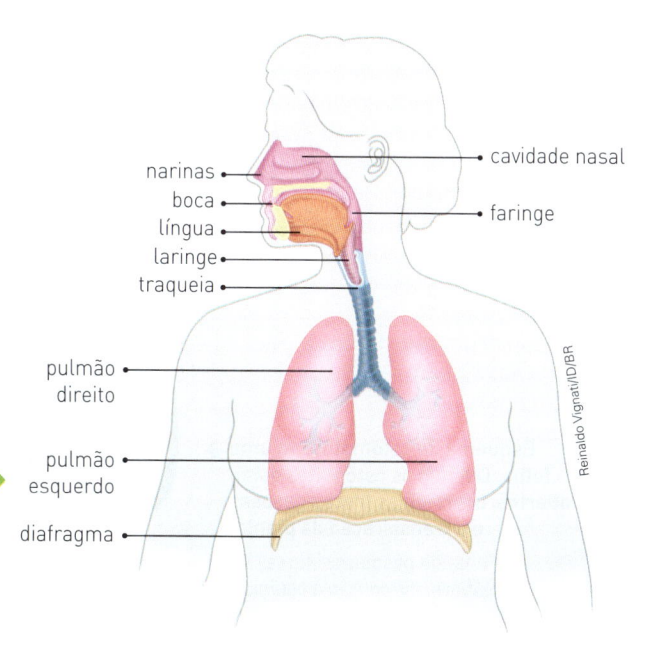

narinas — boca — língua — laringe — traqueia — cavidade nasal — faringe — pulmão direito — pulmão esquerdo — diafragma

Esquema do sistema respiratório humano. O ar entra pelas → narinas e percorre diversas estruturas até chegar aos pulmões. Após ocorrerem as trocas gasosas, o ar percorre o caminho inverso. (Cores-fantasia.)

Fonte de pesquisa: Gerard J. Tortora. *Corpo humano*: fundamentos de anatomia e fisiologia. 8. ed. Porto Alegre: Artmed, 2012. p. 460.

BRÂNQUIAS

As **brânquias** são superfícies respiratórias formadas por dobras de tecidos ricos em vasos sanguíneos. Essas estruturas são usadas por muitos animais aquáticos para respirar.

Elas podem ser alongadas, em forma de fios, ou largas e achatadas, como as folhas de uma árvore.

As brânquias absorvem o gás oxigênio dissolvido na água e eliminam o gás carbônico produzido pelo corpo.

Peixes, caramujos, polvos e girinos, que são larvas de sapos, são exemplos de animais que respiram por brânquias.

larva: forma jovem de certos animais, geralmente bem diferente do adulto.

COMPREENDER

Observe **respiração branquial em peixes** e descreva como ocorre esse processo.

comprimento: 21 cm

brânquias

Fábio Colombini/Acervo do fotógrafo

↑ As brânquias dos peixes são formadas por diversos filamentos finos que realizam as trocas gasosas com a água.

ESTÔMATOS

As plantas também realizam trocas gasosas, que podem ocorrer através de pequenas aberturas na superfície da raiz e do caule.

No entanto, na maioria das plantas, as trocas gasosas acontecem principalmente por meio de estruturas microscópicas presentes nas folhas: os **estômatos**.

Os estômatos abrem e fecham de acordo com as condições do ambiente, regulando, assim, as trocas gasosas.

Esquema de estômatos em uma → folha. Quando os estômatos estão abertos, ocorrem as trocas gasosas e a transpiração da planta.

Fonte de pesquisa: Murray W. Nabors. *Introdução à botânica*. São Paulo: Roca, 2012. p. 236.

estômato aberto

estômato fechado

Reinaldo Vignati/ID/BR

RESPIRAÇÃO CELULAR E FOTOSSÍNTESE

Em geral, as trocas gasosas realizadas pelos seres vivos estão relacionadas com dois tipos de processo: produção de alimento e obtenção de energia.

A **fotossíntese** é realizada por plantas, por algas e por certas bactérias para a produção de alimento, ou seja, para a produção de substâncias ricas em energia. Na fotossíntese, o gás carbônico do ambiente é absorvido e, com a água, passa por uma transformação química que produz alimento. Durante esse processo ocorre a formação de gás oxigênio. Assim, a fotossíntese pode ser representada por meio do esquema a seguir.

> gás carbônico + água + energia luminosa → alimento + gás oxigênio

A fotossíntese ocorre somente na presença de luz, que é captada por pigmentos presentes nas células. A **clorofila**, uma substância de cor verde existente nas plantas, nas algas e nas cianobactérias, é um desses pigmentos. Nas plantas terrestres, a água é, em geral, absorvida pelas raízes. O gás carbônico é retirado do ar pelos estômatos, que também liberam o gás oxigênio produzido durante a fotossíntese.

Portanto, o gás oxigênio presente na atmosfera, utilizado por muitos seres vivos na respiração, tem origem na fotossíntese.

Dennis Kunkel Micriscopy/SPL/Fotoarena

← As células dessa espécie de alga são verdes devido à presença de clorofila. Foto ao microscópio de luz, aumento de cerca de 320 vezes.

A obtenção de energia, por sua vez, ocorre por meio da transformação dos alimentos no interior das células. Na maioria dos seres vivos, essa transformação é realizada por um processo chamado **respiração celular**. A respiração celular utiliza gás oxigênio e libera gás carbônico e água. Assim, esse processo pode ser representado por meio do esquema a seguir.

> alimento + gás oxigênio → gás carbônico + água + energia

A água produzida durante a respiração celular pode permanecer nas próprias células ou ser eliminada do organismo.

Quanto há de oxigênio no ar atmosférico?

Como podemos verificar a proporção de gás oxigênio na atmosfera? Que processos geram gás carbônico? Para responder a essas perguntas, você realizará três **experimentos**.

Material

- 1 recipiente largo de vidro ou metal
- 3 copos de vidro transparente de 250 mL
- 1 copo graduado (ou mamadeira)
- água
- água de cal ou água de barita
- vinagre
- $\frac{1}{2}$ bucha de palha de aço
- 2 velas flutuantes
- caixa de fósforos
- caneta para marcar vidro (ou fita-crepe)
- 1 régua
- canudo plástico

Como fazer

Experimento I

1 O professor organizará a classe em grupos de 3 ou 4 alunos. Cada grupo receberá uma numeração.

2 Um dos alunos copiará a tabela abaixo na lousa. Ela será usada para anotar os resultados observados.

Grupos	Volume de ar no copo		Porcentagem de gás oxigênio no ar
	(A) Tempo zero	(B) Após 20 min	[(A − B) / A] × 100
1			
2			
...			
média			

3 Em um copo, preparem uma solução com partes iguais de vinagre e água, suficiente para embeber a bucha de palha de aço.

4 Mergulhem totalmente a bucha nessa solução por cerca de um minuto.

5 Retirem a bucha e sacudam-na sobre uma pia, retirando todo o excesso de solução. Em seguida, lavem o copo.

6 Coloquem água no recipiente largo, o suficiente para preencher todo o fundo, mas sem ultrapassar 1 cm de altura. Usem a régua para fazer essa medição.

7 Coloquem a bucha no fundo do copo, e com a boca do copo voltada para baixo, apoiem as bordas dele no fundo do recipiente.

8 Com a caneta, marquem o nível da água no interior do copo. Essa medida refere-se à condição **A** (figura **A**).

9 Aguardem 20 minutos e então marquem o nível da água dentro do copo. Essa medida refere-se à condição **B**.

10 Retirem a bucha de dentro do copo e observem o que ocorreu com ela. Comparem essa bucha com uma bucha nova, que não foi usada no experimento.

11 Com a ajuda do frasco graduado, meçam o volume de água que cabe no copo até a primeira marcação de caneta. Em seguida, façam o mesmo para a segunda marcação (figura **B**). Esses são os volumes de ar dentro do copo nas condições experimentais **A** e **B**. Anotem na tabela os valores encontrados.

12 Utilizando a equação presente na última coluna da tabela, calculem a porcentagem de gás oxigênio presente no ar.

13 Calculem a média das porcentagens obtidas pelos grupos.

Ilustrações: Reinaldo Vignati/ID/BR

Experimento II

1 Coloque água de cal ou água de barita no recipiente largo, o suficiente para preencher todo o fundo, mas sem ultrapassar 1 cm de altura. Use a régua para fazer essa medição.

2 Apoie a vela no recipiente. Em seguida, peça ao professor que acenda a vela.

3 Com a boca do copo voltada para baixo, cubra a vela com o copo e apoie as bordas dele no fundo do recipiente (figura **C**).

4 Espere a vela apagar e observe o que acontece com o líquido no interior do copo.

Experimento III

1 Coloque água de cal ou água de barita (de 50 mL a 100 mL) dentro de um copo.

2 Com a ajuda do canudo, sopre cuidadosamente no fundo do copo de modo a produzir bolhas.

3 Observe o que acontece com a água no interior do copo.

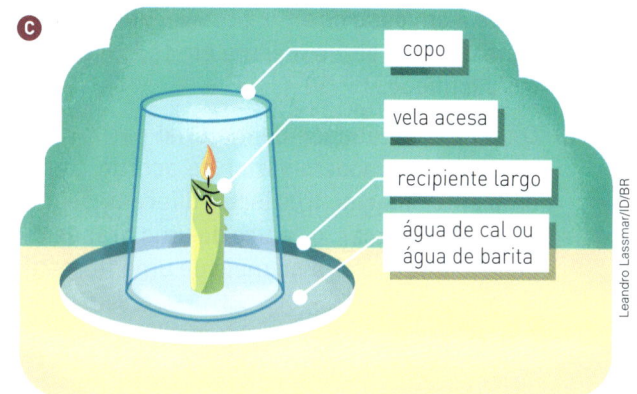

copo
vela acesa
recipiente largo
água de cal ou água de barita

Leandro Lassmar/ID/BR

Para concluir

1. Como ficou a bucha de aço ao final do experimento **I**? Como você explica esse resultado?

2. O que ocorreu com o volume de água no interior do copo ao longo do experimento **I**? Por que a diferença de volume entre as duas condições corresponde ao volume de gás oxigênio atmosférico?

3. Os números obtidos por todos os grupos no experimento **I** foram iguais? Caso não tenham sido, como as diferenças podem ser explicadas?

4. Compare os resultados nas situações testadas nos experimentos **II** e **III**. Como esses resultados podem ser explicados?

RETOMAR E COMPREENDER

1. Um pesquisador precisa identificar amostras de gases isolados da atmosfera. Ele realizou uma série de testes e obteve os resultados abaixo. Utilize o que você sabe sobre os gases da atmosfera e ajude-o a identificar essas amostras.

   Amostra 1 – O gás não tem odor e modificou o aspecto das substâncias, como ferro e outros metais, com as quais entrou em contato. Uma chama ficou acesa por muito tempo na presença desse gás. A amostra não reagiu à corrente elétrica.

   Amostra 2 – O gás não tem odor nem modificou o aspecto das substâncias com as quais entrou em contato. A chama não se manteve acesa na presença desse gás. A amostra, quando exposta à corrente elétrica, emitiu um brilho intenso.

   Amostra 3 – O gás não tem odor nem modificou o aspecto das substâncias com as quais entrou em contato. A chama não se manteve acesa na presença desse gás. A amostra não reagiu quando exposta à corrente elétrica.

2. O que é umidade do ar? É possível afirmar que a umidade do ar é a mesma em todo o planeta? Justifique.

3. O tipo e a quantidade de material particulado na atmosfera podem variar de acordo com o ambiente. Imagine três locais diferentes: uma área em alto-mar, o centro de uma grande cidade e uma clareira no meio de uma floresta.
   • Que diferenças poderiam haver entre essas regiões quanto ao tipo e à quantidade de material particulado? Explique.

4. O que são superfícies respiratórias? Que características elas possuem que estão diretamente relacionadas com a sua função?

5. Relacione a presença de brânquias ao tipo de ambiente que os animais que as possuem costumam habitar.

6. Sabe-se que as plantas não se desenvolvem em lugares permanentemente escuros. Qual é a explicação para isso?

APLICAR

7. Em 1771, o britânico Joseph Priestley (1733-1804) realizou uma série de experimentos sobre a possível capacidade dos seres vivos de alterar o ar que os rodeia. Observe, a seguir, os esquemas de três desses experimentos e responda às questões.

   a) Priestley colocou um pequeno pé de hortelã em um vaso com água e o cobriu com uma campânula de vidro. Com outra campânula, ele cobriu um camundongo. Apesar de o camundongo ter morrido pouco tempo depois, o pé de hortelã permaneceu vivo por vários meses. Como explicar esses resultados?

Ilustrações: Bruno Badain/ID/BR

   b) Priestley observou que uma vela acesa se apagava rapidamente após ser coberta por uma campânula de vidro. No entanto, se houvesse uma planta sob a campânula, a vela permanecia acesa por mais tempo. Como podem ser explicados os resultados desse experimento?

   c) Priestley repetiu o experimento anterior com camundongos. Um camundongo foi mantido sozinho sob uma campânula de vidro, enquanto outro foi mantido sob outra campânula junto a um vaso com planta. Qual dos dois camundongos sobreviveu por mais tempo? Explique.

   d) Como esses experimentos demonstram que o ar é uma mistura de gases?

POLUIÇÃO DO AR

POLUENTES

A **poluição** ocorre quando atividades humanas ou fenômenos naturais, como erupções vulcânicas, lançam no ambiente materiais que comumente não ocorreriam nele, ou quando essas atividades aumentam muito a concentração de um material que já existe no ambiente. Os elementos que alteram o equilíbrio do ambiente são conhecidos como **poluentes**.

As trocas gasosas que acontecem na fotossíntese e na respiração colaboram para que as concentrações de gás oxigênio e de gás carbônico da atmosfera se mantenham em equilíbrio, ou seja, sem grandes alterações ao longo do tempo. Porém, muitas atividades desenvolvidas pelo ser humano provocam mudanças nesse equilíbrio, especialmente em relação às concentrações de gás carbônico.

As queimadas e o uso de combustíveis fósseis em automóveis, por exemplo, aumentam a concentração de gás carbônico e de material particulado na atmosfera, causando a poluição do ar.

A poluição atmosférica é um problema que afeta os seres vivos, especialmente em grandes cidades. Que problemas ambientais e de saúde estão relacionados aos poluentes encontrados no ar?

⬇ A neblina vista na foto é chamada de *smog*. Ela é formada pelo acúmulo de poluentes na atmosfera. Cracóvia, Polônia, 2017.

JaGra/Shutterstock.com/ID/BR

gás sulfuroso: gás que contém enxofre.

óxido de nitrogênio: substância gasosa formada pela reação entre gás oxigênio e gás nitrogênio em altas temperaturas.

↑ A chuva ácida pode danificar estátuas como essa na cidade de Somerset, na Inglaterra. Foto de 2015.

COMBUSTÃO E POLUIÇÃO DO AR

As atividades humanas que mais poluem a atmosfera são as queimadas de vegetação e o uso de combustíveis fósseis, como o carvão mineral e os derivados do petróleo.

Essas atividades geram gases que poluem a atmosfera, como o gás carbônico, o monóxido de carbono, os gases sulfurosos e os óxidos de nitrogênio. Produzem também materiais particulados, como fuligem e fumaça, que ficam suspensos no ar.

Os poluentes são espalhados pelo vento e podem afetar regiões distantes. O material particulado presente na atmosfera também é carregado pela água das chuvas para o solo e para os corpos de água.

CHUVA ÁCIDA

Alguns fenômenos naturais, como as erupções vulcânicas, lançam na atmosfera gases como dióxido de enxofre e dióxido de nitrogênio. Essa liberação, em geral, ocorre em quantidades reduzidas quando comparadas à queima de combustíveis fósseis, que também lança esses gases no ar. A intensificação da queima de combustíveis fósseis nos últimos séculos tem gerado um grande aumento da concentração desses gases na atmosfera.

Quando o dióxido de enxofre e o dióxido de nitrogênio se combinam com o vapor de água presente na atmosfera, ocorre a formação de duas substâncias, o ácido sulfúrico e o ácido nítrico. Esses ácidos misturam-se às gotículas de água que formam a chuva, gerando, assim, a **chuva ácida**.

O ácido sulfúrico e o ácido nítrico são corrosivos, ou seja, têm a propriedade de desgastar materiais. Por isso, a chuva ácida pode provocar lesões em plantas, empobrecer o solo e causar problemas à saúde dos seres vivos. Outra consequência da chuva ácida é o desgaste da superfície de construções e monumentos.

↑ Árvores mortas pela ação da chuva ácida em floresta na Alemanha, 2014.

INVERSÃO TÉRMICA

Em geral, o ar que está próximo ao solo é mais quente que o ar das camadas mais altas da atmosfera. Como visto na unidade 2, a tendência do ar quente é subir. Quando ele sobe, o ar frio que está em maiores altitudes na atmosfera é deslocado para baixo.

Esse movimento de convecção espalha os poluentes pelas camadas da atmosfera. Eles, então, não ficam concentrados próximos à superfície.

No entanto, é comum que em dias mais frios, no inverno geralmente, o ar próximo à superfície não aqueça tão facilmente. Então, diferentemente do que em geral ocorre, o ar próximo ao solo fica frio, e não quente. Nessas condições, uma camada de ar quente pode ficar sobre essa camada de ar frio, impedindo a movimentação cíclica do ar. Esse fenômeno é conhecido como **inversão térmica**.

(A) Esquema mostrando poluentes se dispersando para o alto em um dia sem inversão térmica. **(B)** Esquema mostrando poluentes concentrados próximo à superfície terrestre, sob uma camada de ar quente, durante uma inversão térmica. (Representações sem proporção de tamanho; cores-fantasia.)

Quando a inversão térmica ocorre em regiões de grandes cidades e em zonas industrializadas, os poluentes ficam aprisionados nas camadas mais baixas da atmosfera. A ausência de chuvas e de ventos pode agravar a situação, dificultando ainda mais a dispersão dos poluentes.

Por conta da inversão térmica, nas épocas mais frias do ano, é comum observarmos no horizonte das grandes cidades uma camada cinzenta. Essa camada é formada por poluentes, principalmente material particulado.

Além de prejudicar a visibilidade, o acúmulo de poluentes causado pela inversão térmica afeta a saúde de muitas pessoas, principalmente daquelas que já sofrem com problemas respiratórios. Crianças e idosos são os mais atingidos.

Nas grandes cidades, em dias de inversão térmica, é possível notar uma camada de poluição no horizonte concentrada próxima ao solo. São Paulo (SP), 2015.

DOENÇAS RESPIRATÓRIAS

A poluição do ar pode causar muitos danos aos seres vivos. Pessoas que respiram ar poluído podem desenvolver sérios problemas de saúde, como asma, rinite e câncer de pulmão. Doenças como essas aumentam a chance de o organismo contrair infecções respiratórias, como bronquite, tuberculose ou pneumonia.

A **asma** apresenta sintomas como falta de ar, chiado no peito e tosse seca. É comum que ela seja provocada por alergia a materiais particulados ou a substâncias químicas presentes no ar. Essa alergia leva à inflamação dos canais por onde o ar entra e sai dos pulmões, causando dificuldade ao respirar.

A **rinite** é uma inflamação do canal por onde o ar passa dentro do nariz, levando a sintomas como nariz entupido, espirros, coceira e produção de secreção pelo nariz. Ela é geralmente causada por alergia a partículas suspensas no ar.

A poluição atmosférica é uma das principais causas do **câncer de pulmão**, bem como o hábito de fumar e a exposição a materiais radioativos. Os poluentes emitidos pelos veículos, por exemplo, são inalados e se acumulam nos pulmões. Esse material possui as mesmas propriedades cancerígenas encontradas nas substâncias da fumaça do cigarro.

COMBATE À POLUIÇÃO DO AR

Os automóveis são responsáveis por grande parte da poluição atmosférica. Para amenizar essa situação no Brasil, foram criadas leis para reduzir a emissão de poluentes por veículos.

Por exemplo, desde os anos 1990, os automóveis são fabricados com um equipamento chamado **catalisador**, que transforma os gases poluentes liberados pela queima dos combustíveis em gases menos nocivos.

Outra medida adotada é a proibição da circulação de veículos nas grandes cidades em determinados períodos, o chamado **rodízio de veículos**. Ele diminui os engarrafamentos e, portanto, o volume de gases liberados no ar.

material radioativo: substância que tem a capacidade de emitir radiação, ou seja, de emitir energia que se propaga no espaço. Os raios X são um exemplo de radiação.

TRANSPORTES COLETIVOS E ALTERNATIVOS

Como forma de reduzir o número de carros circulando diariamente, muitas cidades vêm adotando medidas que incentivam o uso de transporte público coletivo e de meios de transporte alternativos, como as bicicletas. Essas medidas incluem, por exemplo, a criação de ciclovias e de bicicletários.

 **CRIAR**

Escute **poluição do ar** e desenvolva com os colegas uma campanha para incentivar o uso de transporte público, bicicletas e caronas no trajeto até a escola.

Os congestionamentos são → responsáveis pelo lançamento de grande quantidade de poluentes na atmosfera. Recife (PE), 2015.

Veetmano Prem/Fotoarena

ATIVIDADES

RETOMAR E COMPREENDER

1. O que é poluição atmosférica?

2. Cite três poluentes que podem ser encontrados na atmosfera.

3. Explique como se forma a chuva ácida.

4. De que forma o uso de catalisadores nos automóveis colabora com a diminuição da poluição atmosférica?

5. De que maneira o vento e a chuva interferem nos efeitos da poluição?

6. Leia o trecho a seguir e responda às questões propostas.

> A inversão térmica é um fenômeno cujos efeitos são observáveis de modo mais intenso em grandes cidades, como São Paulo e Rio de Janeiro, principalmente no inverno. Para diminuir a concentração de poluentes em regiões mais baixas da atmosfera, algumas prefeituras, como a de São Paulo, adotam o rodízio de veículos, que restringe a circulação de veículos de acordo com o número de suas placas.

a) Por que a inversão térmica produz consequências graves nas grandes cidades?

b) Por que a adoção do rodízio de veículos pode diminuir os efeitos da poluição em dias em que ocorre a inversão térmica?

APLICAR

7. Em algumas regiões rurais do Brasil, animais que são usados pelo ser humano para transporte, como os jumentos, estão sendo substituídos por motocicletas. Sobre esse tema, responda:

a) Que impacto essa prática pode apresentar ao ambiente?

b) Qual é sua opinião sobre o uso de animais como meio de transporte?

8. Além de serem altamente poluidores, os combustíveis fósseis representam uma fonte de energia não renovável, ou seja, que não pode ser reposta em pouco tempo. A expansão das indústrias e o aumento populacional geram um mercado consumidor cada vez maior. Logo, estima-se que, um dia, os combustíveis fósseis se esgotem de forma irreversível.

• Pense nas fontes de energia que você conhece e proponha uma solução para essa situação.

9. Forme um grupo com mais dois colegas e, juntos, observem as fotos a seguir.

↑ Indústria em Cubatão (SP), 2014.

↑ Queimada em canavial. Américo Brasiliense (SP), 2014.

a) Qual das duas fontes de poluição vocês acreditam ser a mais prejudicial? Justifiquem a resposta.

b) Vocês consideram poluído o ar da cidade em que vivem? Caso considerem, quais são as principais fontes de poluição?

c) Que consequências a poluição do ar pode trazer para os habitantes do município onde vivem?

10. Imagine que uma prefeitura pretenda elaborar uma campanha para incentivar as pessoas a deixar seus carros em casa e a se deslocar a pé, de bicicleta e por meios de transporte coletivos.

• Crie uma frase que poderia ser usada como lema dessa campanha.

A Terra passou por grandes transformações ao longo dos 4,6 bilhões de anos de sua existência. A origem da vida provocou profundas mudanças na composição da atmosfera terrestre, e outras alterações ocorreram desde então. Você acredita que atividades humanas são capazes de mudar a atmosfera do planeta?

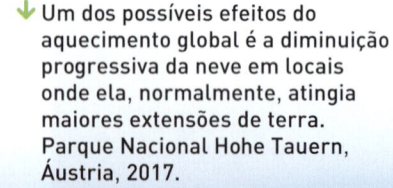

↓ Um dos possíveis efeitos do aquecimento global é a diminuição progressiva da neve em locais onde ela, normalmente, atingia maiores extensões de terra. Parque Nacional Hohe Tauern, Áustria, 2017.

MUDANÇAS NA ATMOSFERA AO LONGO DO TEMPO

O planeta Terra formou-se há cerca de 4,6 bilhões de anos. Ao longo desse tempo, a superfície e a atmosfera do planeta se transformaram lentamente. Acredita-se que a atmosfera terrestre possua, hoje, uma composição muito diferente da original.

Estudos indicam que a atmosfera primitiva era rica nos gases metano, amônia e hidrogênio. Porém, essa atmosfera não era estável: a radiação solar teria transformado os gases metano e amônia em gás carbônico e nitrogênio.

O surgimento dos seres vivos, há cerca de 3,5 bilhões de anos, também provocou mudanças na atmosfera. Com o aparecimento dos seres fotossintetizantes, há cerca de 2 bilhões de anos, o gás oxigênio também passou a compor a atmosfera. Estima-se que a fotossíntese seja responsável por quase todo o gás oxigênio presente no ar atualmente.

As ações humanas têm provocado, nos últimos dois séculos, o aumento significativo de alguns gases, como o gás carbônico e os clorofluorcarbonetos (CFCs). Esses gases interferem em fenômenos essenciais para a vida na Terra, como o efeito estufa e a filtração da radiação ultravioleta.

Martin Zwick/REDA&CO/UIG/Getty Images

O EFEITO ESTUFA E O AQUECIMENTO GLOBAL

A radiação solar atravessa a atmosfera, aquecendo a superfície da Terra. Parte do calor refletido pela superfície volta para o espaço, e parte fica retida nas camadas mais baixas da atmosfera. Isso ocorre porque o vapor de água, o gás carbônico, o gás metano e o óxido nitroso dificultam a passagem do calor para o espaço, mantendo a atmosfera aquecida. Esse fenômeno é conhecido como **efeito estufa**, um fenômeno natural e essencial para a vida na Terra. Os gases que provocam esse efeito são chamados de **gases de efeito estufa**.

← Esquema simplificado do efeito estufa no planeta Terra. **(A)** Grande parte da radiação solar atravessa a atmosfera, e uma parcela dela é absorvida pela superfície terrestre. **(B)** Outra parte da radiação solar é refletida pela superfície e volta para o espaço. **(C)** Uma parte da radiação absorvida pela superfície é liberada em forma de calor. **(D)** Parte desse calor não consegue atravessar a atmosfera por causa dos gases de efeito estufa e fica retida em nosso planeta. (Representação sem proporção de tamanho e distância; cores-fantasia.)

Fonte de pesquisa: IPCC – Painel Intergovernamental sobre Mudanças Climáticas. Disponível em: <https://www.ipcc.ch/publications_and_data/ar4/wg1/en/faq-1-3-figure-1.html>. Acesso em: 4 out. 2018.

Sem o efeito estufa, a temperatura média na superfície do planeta seria muito mais baixa (cerca de –15 °C), dificultando ou impedindo a vida de muitos organismos.

Nas últimas décadas, no entanto, a temperatura média do planeta vem aumentando. Os cientistas chamam esse fenômeno de **aquecimento global**. A causa mais provável desse aquecimento é o aumento da emissão de gases de efeito estufa na atmosfera em decorrência de diversas ações humanas ao longo dos últimos séculos. Entre essas ações, encontram-se principalmente o desmatamento e a queima de combustíveis fósseis, usada como fonte de energia nas indústrias, em automóveis e em usinas termelétricas, por exemplo.

O aquecimento global pode ter consequências graves para todos os seres vivos do planeta. Esses efeitos incluem o derretimento de geleiras e a diminuição de neve nas montanhas; o consequente aumento do nível médio dos oceanos, que pode provocar alagamentos permanentes e destruir inúmeras cidades e povoados localizados próximo ao nível do mar; e alterações no regime de chuvas, causando secas e enchentes.

COMPREENDER

Assista a **evolução das geleiras** e descreva o que acontece às geleiras, ao longo do tempo.

A CAMADA DE OZÔNIO

A **camada de ozônio** é uma região da atmosfera com grande concentração de gás ozônio. Essa região se localiza entre 20 km e 35 km de altitude, em uma camada da atmosfera conhecida como estratosfera.

O gás ozônio tem a propriedade de filtrar a radiação ultravioleta (UV) emitida pelo Sol. Esse tipo de radiação é perigosa para os seres vivos, pois pode provocar vários problemas de saúde, desde queimaduras até tumores de pele e lesões nos olhos. Portanto, a camada de ozônio é essencial para a manutenção da vida na Terra.

O BURACO NA CAMADA DE OZÔNIO

Alguns gases, como os clorofluorcarbonetos (CFCs), são capazes de transformar o gás ozônio em gás oxigênio. Os CFCs já foram muito usados em aerossóis e refrigeradores no passado. Mas os cientistas notaram que esses gases escapavam para a atmosfera e provocavam a diminuição da espessura da camada de ozônio, fenômeno que ficou conhecido como **buraco na camada de ozônio**.

Para evitar esse problema, o uso dos CFCs foi proibido no final dos anos 1980. No entanto, esses gases podem permanecer na atmosfera por muitas décadas.

Já foram detectadas várias regiões no planeta onde ocorrem buracos na camada de ozônio, mas é na Antártida que o tamanho desse buraco é maior (veja a sequência de imagens a seguir). As regiões abaixo desses buracos sofrem maior incidência de raios UV. Nesses locais, costuma-se observar aumento dos casos de câncer de pele e de doenças associadas à visão.

O OZÔNIO POLUENTE

O excesso de gás ozônio também pode ser prejudicial. Quando esse gás se acumula próximo à superfície da Terra, é considerado um poluente. Sua presença em concentrações acima das consideradas ideais pode provocar irritação nos olhos e problemas respiratórios.

aerossol: tipo de embalagem que permite a dispersão de partículas sólidas ou líquidas em meio gasoso.

LIVRO ABERTO

Vocabulário ambiental infantojuvenil, de Otávio Borges Maia. Brasília: Ibict, 2013.

Utilizando conceitos e ilustrações, o livro explica termos usados em discussões sobre o ambiente, como "gases do efeito estufa", "buraco na camada de ozônio", "ilha de calor urbana" e "energia limpa".

Disponível em: <http://linkte.me/w8f53>. Acesso em: 19 out. 2018.

📷 **Buraco na camada de ozônio sobre a Antártida**

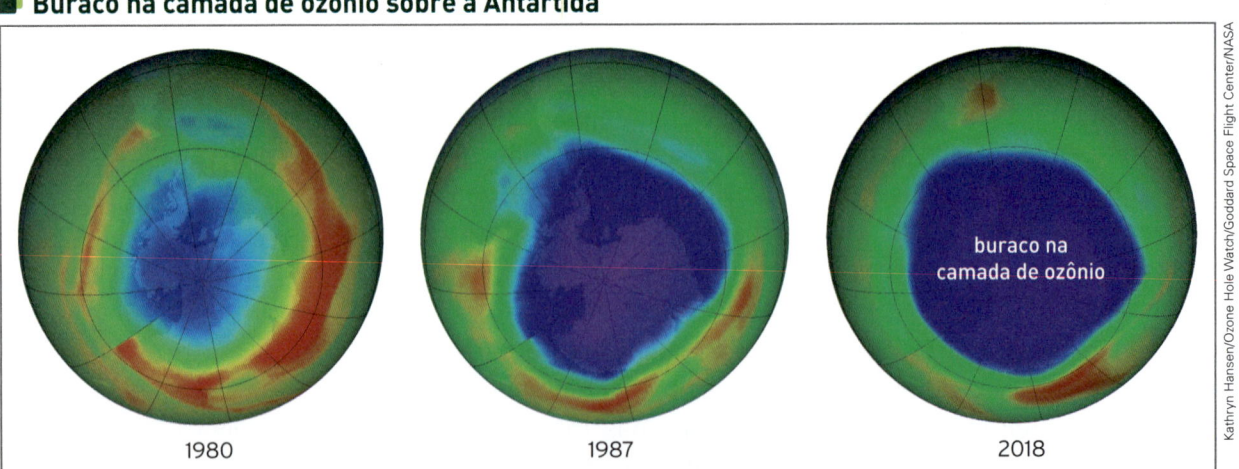

Kathryn Hansen/Ozone Hole Watch/Goddard Space Flight Center/NASA

⬆ Quando os cientistas descobriram o buraco na camada de ozônio sobre a Antártida, já sabiam qual era a principal causa da diminuição dos níveis de ozônio: os CFCs. Em 1987, foi assinado o Protocolo de Montreal, que determinava a gradual proibição da fabricação e da utilização desses compostos. O buraco na região da Antártida ainda é considerado grande, mas muitos cientistas acreditam que ele sofrerá uma redução gradual ao longo dos anos.

ATIVIDADES

1. O que são gases de efeito estufa?

2. Leia a afirmação abaixo.

   "O maior problema ambiental atualmente é o efeito estufa."
   a) Explique qual é o erro na afirmação acima.
   b) Qual é a diferença entre efeito estufa e aquecimento global?

3. Qual é a importância do efeito estufa para a manutenção da vida na Terra?

4. De que forma o gás ozônio é importante para a vida na Terra?

5. Explique o que são os buracos na camada de ozônio e como eles são gerados.

6. Leia a frase e explique o seu significado: "O gás ozônio é muito importante e, ao mesmo tempo, tem efeitos nocivos."

APLICAR

7. A tabela abaixo mostra a composição química da atmosfera de alguns planetas do Sistema Solar e a provável composição química da atmosfera da Terra primitiva. O termo Terra primitiva refere-se ao planeta antes do surgimento dos seres vivos. Observe a tabela e responda ao que se pede.

Gás	Vênus	Marte	Terra primitiva	Terra atual
CO_2	96,5%	95%	98%	0,035%
N_2	3,5%	2,7%	1,9%	79%
O_2	traços	0,13%	traços	21%

Fonte de pesquisa: Wilson F. Jardim. A evolução da atmosfera terrestre. *Cadernos Temáticos de Química Nova na Escola*, maio 2001. Disponível em: <http://qnesc. sbq.org.br/online/cadernos/01/evolucao.pdf>. Acesso em: 1º ago. 2018.

a) Em qual época a atmosfera do planeta Terra mais se assemelha à atmosfera do planeta Vênus? Explique como você chegou a essa conclusão.

b) Muitos cientistas acreditam que o planeta Terra, primitivamente, apresentava temperaturas em sua superfície muito superiores às observadas atualmente. Use os dados da tabela para formular uma explicação para essa suposição.

c) De acordo com os dados citados na tabela, em qual ou quais planetas o efeito estufa deve ser, atualmente, mais acentuado? Justifique sua resposta.

d) O planeta Terra, supostamente, já teve uma atmosfera semelhante à observada em Marte. Como se explica o fato de a nossa atmosfera atual ser diferente da encontrada nesse planeta?

8. Entre as informações coletadas por centros de meteorologia, está o nível de radiação ultravioleta (IUV) que atinge um local. O mapa abaixo mostra o IUV máximo na América do Sul no dia 28 de novembro de 2016.

   • Com o auxílio da legenda, analise o mapa e responda às questões a seguir.

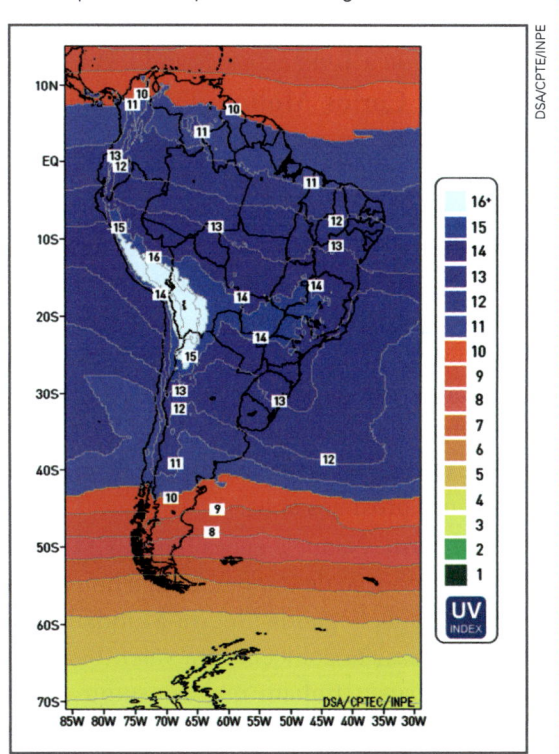

DSA/CPTE/INPE

↑ Quanto maior o número, maior o Índice Ultravioleta (IUV).

a) Localize no mapa a região onde fica o município em que você vive. Qual era o IUV em seu município na data representada no mapa?

b) Por que médicos e órgãos de saúde ressaltam a importância do uso de filtro solar?

Aquecimento global

Um grupo de cientistas brasileiros e estrangeiros defende a hipótese de que o aquecimento global atual do planeta é um fenômeno natural. Eles afirmam que a Terra passa por ciclos naturais de aumento e queda da temperatura média e que, portanto, o ser humano não tem nenhuma influência nesse processo.

Não existe aquecimento global

Com 40 anos de experiência em estudos do clima no planeta, o meteorologista da Universidade Federal de Alagoas Luiz Carlos Molion […] assegura que o homem e suas emissões na atmosfera são incapazes de causar um aquecimento global. […]

UOL: Enquanto todos os países discutem formas de reduzir a emissão de gases na atmosfera para conter o aquecimento global, o senhor afirma que a Terra está esfriando. Por quê?

Luiz Carlos Molion: Essas variações não são cíclicas, mas são repetitivas. O certo é que quem comanda o clima global não é o CO_2. Pelo contrário! Ele é uma resposta. Isso já foi mostrado por vários experimentos. Se não é o CO_2, o que controla o clima? O Sol, que é a fonte principal de energia para todo sistema climático. E há um período de 90 anos, aproximadamente, em que ele passa de atividade máxima para mínima. […]

UOL: Esse resfriamento vai se repetir, então, nos próximos anos?

Molion: Naquela época [entre 1947 e 1976] houve redução de temperatura, e houve a coincidência da Segunda Guerra Mundial, quando a globalização começou pra valer. Para produzir, os países tinham que consumir mais petróleo e carvão, e as emissões de carbono se intensificaram. Mas durante 30 anos houve resfriamento e se falava até em uma nova era glacial. Depois, por coincidência, na metade de 1976 o oceano ficou quente e houve um aquecimento da temperatura global. Surgiram então umas pessoas – algumas das que falavam da nova era glacial – que disseram que estava ocorrendo um aquecimento e que o homem era responsável por isso. […]

◾ Variação da temperatura global entre 1860 e 2000

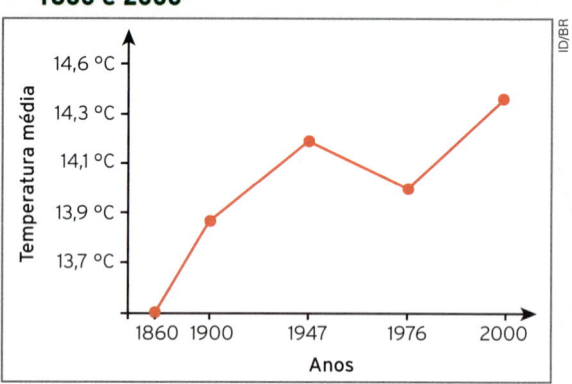

↑ O gráfico acima tem como referência o ano de 1860. Para um grupo de cientistas, a queda na temperatura entre os anos de 1947 e 1976, período de grande crescimento industrial, é uma forte evidência de que a variação da temperatura no planeta é algo natural, e não causado pela atividade humana.

Fonte de pesquisa: BBC Science. Disponível em: <http://www.bbc.co.uk/schools/gcsebitesize/science/ocr_gateway_pre_2011/energy_home/6_stable_earth3.shtml>. Acesso em: 9 out. 2018.

Carlos Madeiro. "Não existe aquecimento global", diz representante da OMM na América do Sul. *UOL Ciência e Saúde*, 11 dez. 2009. Disponível em: <http://noticias.uol.com.br/ciencia/ultimas-noticias/redacao/2009/12/11/nao-existe-aquecimento-global-diz-representante-da-omm-na-america-do-sul.htm>. Acesso em: 1º ago. 2018.

Mas, para a maioria dos cientistas que estudam as mudanças climáticas, as evidências de que o ser humano é o responsável pelo aquecimento global são incontestáveis.

Causas das mudanças climáticas

[...] As concentrações atmosféricas de vários gases – basicamente dióxido de carbono, metano, óxido nítrico e halocarbonetos [...] aumentaram por causa das atividades humanas. Esses gases capturam a energia térmica (calor) dentro da atmosfera por meio do conhecido efeito estufa, o que leva ao aquecimento global. As concentrações atmosféricas de dióxido de carbono, metano e óxido nítrico permaneceram praticamente estáveis por quase 10 mil anos, antes do crescimento abrupto e acelerado dos últimos 200 anos. As taxas de crescimento das concentrações de dióxido de carbono foram mais rápidas nos últimos dez anos do que em qualquer outro período de dez anos, desde que o monitoramento contínuo da atmosfera começou, em meados de 1950. Hoje, essas concentrações estão aproximadamente 35% acima dos níveis pré-industriais [...]. Os níveis de metano estão aproximadamente duas vezes e meia maiores que os níveis pré-industriais, e os de óxido nítrico, 20% mais altos.

Como podemos ter certeza de que o homem é responsável por esse aumento? Alguns gases de efeito estufa [...] não têm fonte natural. Para outros gases, duas observações importantes demonstram a influência humana. A primeira é que as diferenças geográficas nas concentrações mostram que as fontes estão predominantemente em áreas com maior densidade demográfica do hemisfério norte. A segunda é que as análises [...], que podem identificar as fontes emissoras, demonstram que a maior parte do aumento do dióxido de carbono provém da queima de combustíveis fósseis (carvão, petróleo e gás natural). O aumento dos níveis de metano e de óxido nítrico decorre de práticas agrícolas e da queima de combustíveis fósseis. [...]

William Collins e outros. A física por trás das mudanças climáticas. *Scientific American Brasil*, São Paulo, ano 6, n. 64, p. 49-50, set. 2007. Disponível em: <http://www2.uol.com.br/sciam/reportagens/a_fisica_por_tras_das_mudancas_climaticas.html>. Acesso em: 1º ago. 2018.

Os defensores da teoria do aquecimento global natural acreditam que interesses econômicos estão por trás da ideia de que o ser humano é responsável pelo aquecimento global. Eles dizem que os países em desenvolvimento seriam os maiores prejudicados pelas metas de redução da emissão de gases do efeito estufa, pois teriam de frear seu crescimento econômico e industrial para atingi-las, enquanto os países desenvolvidos sofreriam menos perdas econômicas.

Já os defensores da teoria de que o ser humano é responsável pelo aquecimento global argumentam que os países em desenvolvimento se beneficiariam, pois preservariam boa parte do que resta de seus recursos naturais e poderiam desenvolver formas de energia mais limpas.

Em discussão

1. Cite dois argumentos usados pelos defensores da teoria do aquecimento global natural.

2. Os defensores da teoria do aquecimento global natural são constantemente acusados de receber dinheiro de companhias de petróleo. Explique por que a negação de que os seres humanos são responsáveis pelo aquecimento global atenderia aos interesses das petroleiras.

ATIVIDADES INTEGRADAS

RETOMAR E COMPREENDER

1. Copie o esquema abaixo no caderno e complete-o com três estruturas usadas pelos animais para realizar trocas gasosas. Na segunda linha do esquema, descreva cada uma das estruturas que você indicou na primeira.

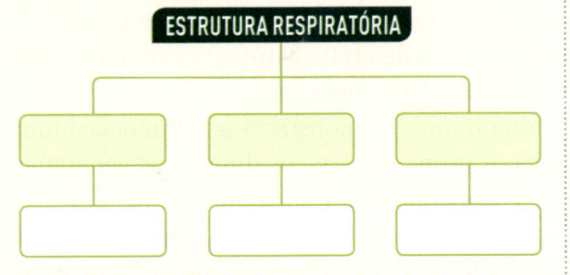

ESTRUTURA RESPIRATÓRIA

2. O gás nitrogênio comumente não reage com outros gases ou substâncias. Por isso, ele é utilizado para criar ambientes em que não devem ocorrer reações químicas.

- Algumas indústrias usam esse gás em embalagens de alimentos enlatados. Qual é a finalidade desse procedimento?

3. Em uma atividade experimental, um estudante passou vaselina líquida – uma substância não tóxica e impermeável a água e a gases – sobre todas as folhas de uma planta em um vaso. Em seguida, regou o vaso, que ficou sobre a bancada do laboratório, ao lado de uma janela bem iluminada. Após alguns dias, a planta estava morta.

- Como se explica esse resultado?

4. O esquema representa animais e plantas em um ambiente onde há luz solar. As setas indicam gases liberados por esses seres vivos.

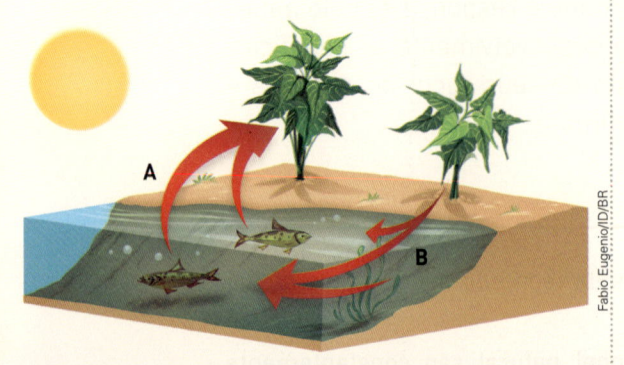

Fabio Eugenio/ID/BR

(Representação sem proporção de tamanho e distância; cores-fantasia.)

- A que gases correspondem as letras **A** e **B**?

5. Leia o trecho de reportagem a seguir e faça o que se pede.

A Defesa Civil orienta que nesta semana seja evitado o contato com a chuva. As precauções necessárias se devem à formação de substâncias químicas que dão acidez à água da chuva após um período de seca.

Dentre os principais responsáveis pelo acúmulo de poluentes estão os incêndios, depois a queima dos combustíveis nos veículos e o lançamento de substâncias por chaminés das indústrias.

Defesa Civil faz alerta sobre contato com chuva ácida após período de seca. *G1 MT*, 26 set. 2017. Disponível em: <https://g1.globo.com/mato-grosso/noticia/defesa-civil-faz-alerta-sobre-contato-com-chuva-acida-apos-periodo-de-seca.ghtml>. Acesso em: 3 set. 2018.

a) A que fenômeno relacionado à poluição atmosférica o trecho acima se refere?

b) O texto fala em substâncias que dão acidez à água. Que substâncias são essas? Como elas se formam na atmosfera?

APLICAR

6. Desde a década de 1970, diversas iniciativas foram elaboradas para evitar danos à camada de ozônio. Uma delas foi o desenvolvimento dos HFCs.

- Faça uma pesquisa sobre os HFCs e indique prós e contras do seu uso.

7. Leia o texto a seguir e faça o que se pede.

O buraco na camada de ozônio foi descoberto nos anos 1980. Na época, muitos cientistas afirmavam que esse era um fenômeno natural e que não tinha relação nenhuma com o uso dos CFCs.

Em 1987, foi assinado o Protocolo de Montreal, que determinava a gradual proibição da produção e da utilização dos CFCs.

Em 2016, cientistas identificaram uma clara tendência de redução no buraco da camada de ozônio.

- Faça uma pesquisa sobre o tema e escreva um texto explicando a relação entre o uso dos CFCs e o buraco na camada de ozônio.

8. A Lua, o satélite natural da Terra, possui uma atmosfera muito reduzida. Durante o dia, a temperatura na sua superfície pode chegar a 100 °C e, durante a noite, ela cai para −150 °C.

↑ **Foto da superfície da Lua iluminada pelo Sol tirada pela nave Apolo 16.**

- É possível estabelecer uma relação entre a grande variação de temperatura ao longo do dia na Lua e o fato de sua atmosfera ser reduzida? Justifique.

9. Leia o texto a seguir e responda à questão.

As atividades humanas geram poluentes que modificam a composição do ar atmosférico. Material particulado e gases são produzidos por motores de automóveis, máquinas industriais e queimadas. Embora essas substâncias sejam prejudiciais ao ambiente e aos seres vivos, incluindo o ser humano, muitos argumentam que esse é o custo do progresso.

- Em sua opinião, seria possível conciliar o desenvolvimento econômico com a manutenção da qualidade do ar?

10. Durante uma campanha eleitoral, um candidato citou as seguintes medidas que pretendia adotar, caso eleito, para reduzir a poluição do ar.

I. Obrigar as indústrias a desenvolver produtos menos poluentes.

II. Substituição das substâncias que causam a destruição da camada de ozônio.

III. Introdução de programas de ensino referentes à proteção da atmosfera.

- Quais dessas medidas seriam efetivas para reduzir a poluição do ar? Justifique sua resposta.

11. As imagens abaixo mostram dois modelos de brânquias de peixes. O modelo **A** representa o aspecto das brânquias fora da água, enquanto o modelo **B** representa o aspecto das brânquias dentro da água. Há maior quantidade de gás oxigênio na atmosfera do que nos ambientes aquáticos. Apesar disso, os peixes morrem asfixiados fora da água.

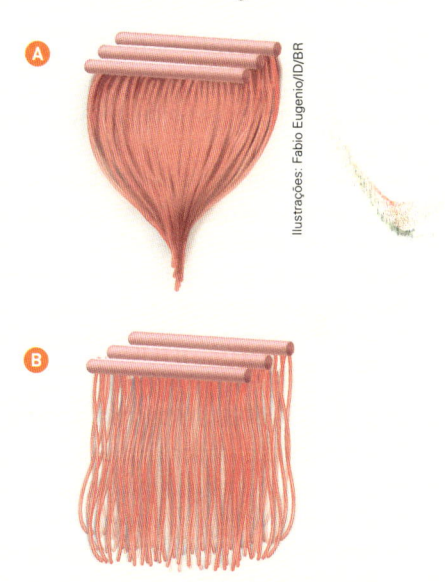

- Elabore uma explicação para esse fato, considerando o aspecto das brânquias nas situações mostradas em **A** e **B**.

12. A desonestidade de pessoas ou corporações pode afetar a vida de muitas pessoas. Por exemplo, ela pode dificultar o combate à poluição do ar, fundamental para a saúde da população. Vimos nesta unidade que existem empresas que se utilizam de meios desonestos para se livrar de multas por não estarem de acordo com boas práticas de liberação de poluentes no ar. Muitas vezes, no entanto, as fraudes e os enganos são cometidos em pequenas atitudes, como receber um troco errado e não avisar o vendedor, ou "colar" em uma prova.

- Em sua opinião, é possível diminuir os comportamentos desonestos na sociedade? Em caso afirmativo, explique como.

Capítulo 1 – Ar e seres vivos

- Descrevo a composição da atmosfera?
- Identifico diferentes estruturas dos seres vivos relacionadas à função de permitir trocas gasosas entre o organismo e o meio?
- Compreendo a importância dos processos de respiração celular e de fotossíntese para os seres vivos e para o ambiente?
- Investigo a presença de diferentes componentes do ar por meio de experimentos, detectando evidências da presença do gás carbônico e do gás oxigênio?

Capítulo 2 – Poluição do ar

- Compreendo o que são poluentes?
- Relaciono o processo de combustão à presença de poluentes na atmosfera?
- Descrevo os processos da chuva ácida e da inversão térmica?
- Relaciono a poluição do ar a determinadas doenças que acometem o ser humano?
- Reflito sobre a escolha entre atitudes honestas e atitudes desonestas?
- Proponho soluções para o problema da poluição do ar com base na identificação dos poluentes?

Capítulo 3 – Mudanças na atmosfera

- Compreendo a importância do efeito estufa para a vida na Terra?
- Relaciono o aquecimento global ao acúmulo de gases de efeito estufa na atmosfera?
- Compreendo o provável papel das atividades humanas no aquecimento global?
- Entendo a importância ambiental da camada de gás ozônio da atmosfera?
- Reflito sobre a importância dos argumentos e das evidências no debate a respeito do aquecimento global e sobre os interesses econômicos envolvidos nesse debate?

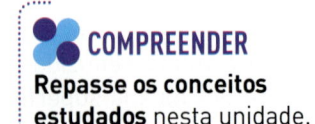

COMPREENDER

Repasse os conceitos estudados nesta unidade.

CRIAR

Construa uma **rede de ideias** com o que você aprendeu nesta unidade.

Nelson Provazi/ID/BR

OS SERES VIVOS E O AMBIENTE

Os ambientes da Terra são muito diversificados. Cada região do nosso planeta apresenta diferenças climáticas e de relevo que oferecem recursos para a sobrevivência de uma grande variedade de seres vivos.

Nesta unidade, você vai conhecer os componentes dos ambientes e os principais biomas da Terra.

CAPÍTULO 1
Os sistemas ecológicos e o ambiente

CAPÍTULO 2
Grandes ambientes terrestres

PRIMEIRAS IDEIAS

1. Você já ouviu o termo hábitat? O que você acha que ele significa?
2. Em sua opinião, que componentes devem existir no ambiente para que os seres vivos sobrevivam?
3. Que fatores determinam o tipo de vegetação e o tipo de animais que existem em um ambiente?
4. **RETOMAR** Recorde **conceitos importantes** para o estudo da unidade.

LEITURA DA IMAGEM

1. Como você descreveria essa imagem? Que elementos vivos e não vivos você identifica nessa montagem?

2. Que nome pode ser dado ao ambiente dentro da lâmpada?

3. Se a lâmpada estivesse aberta, isso teria alguma influência no ambiente dentro dela? Explique.

4. No planeta Terra, existem diversos ambientes habitados por diferentes espécies de organismos. Como você acha que a preservação do ambiente influencia a vida no planeta e as gerações futuras?

5. **ANALISAR** Veja a **construção de um terrário fechado** e comente a importância da água nele.

Essa montagem
é conhecida
como terrário.

OS SISTEMAS ECOLÓGICOS E O AMBIENTE

Capítulo 1

A vida de qualquer organismo depende das interações que ele estabelece com o meio, inclusive com outros seres vivos. De que forma essas relações podem ser organizadas e estudadas?

SERES VIVOS, INTERAÇÕES E HÁBITAT

Na natureza, diversas interações acontecem ao mesmo tempo, pois nenhum organismo vive isoladamente. Para tornar mais fácil o entendimento dessas interações, é possível definir **sistemas ecológicos** e organizá-los em níveis de hierarquia, chamados **níveis de organização**. Um sistema ecológico pode ser um organismo, um conjunto de organismos de uma mesma espécie ou um conjunto de seres de diferentes espécies, por exemplo.

Nos sistemas ecológicos, o organismo corresponde à hierarquia menos abrangente. Um dos aspectos que influenciam diretamente o organismo são as características do seu **hábitat**, que é o ambiente onde a espécie costuma viver. O hábitat pode ser, por exemplo, determinada floresta ou um rio específico.

Algumas espécies são encontradas em hábitats restritos, como certas espécies de pinguim, que vivem apenas nas geleiras da Antártida. Outras espécies, como o sabiá-laranjeira, habitam plantações, ambientes urbanos, florestas e campos de quase todo o Brasil.

NÍVEIS DE ORGANIZAÇÃO

 **RETOMAR**

Reconheça a **hierarquia dos níveis de organização**.

Organismo

É a unidade fundamental, o indivíduo.

Exemplo: um mandacaru.

(Representação sem → proporção de tamanho e distância; cores-fantasia.)

Fonte de pesquisa: Robert Eric Ricklefs. *A economia da natureza*. 6. ed. Rio de Janeiro: Guanabara Koogan, 2013. p. 3.

População

É um conjunto de organismos de uma mesma espécie que habita determinada região.

Exemplo: todos os mandacarus de uma região da Caatinga.

Comunidade

É um conjunto de populações que habita determinada região.

Exemplo: uma comunidade formada por populações de mandacaru, juazeiro, calango, preá, arara-azul-de-lear, etc. na mesma região da Caatinga.

Ecossistema

É um conjunto formado pela comunidade, pelos fatores físicos do ambiente que ela integra e pelas relações estabelecidas entre todos esses elementos.

Exemplos: um deserto, uma floresta, uma lagoa.

Biosfera

É o conjunto de todos os ecossistemas da Terra, ou seja, corresponde a todos os ambientes do planeta – terrestres ou aquáticos – nos quais existe vida. Esse grande conjunto compreende desde o fundo dos oceanos até a porção inferior da atmosfera.

Ilustrações: André Toma/ID/BR

121

OS COMPONENTES DO AMBIENTE

Ao estudar qualquer sistema ecológico, é importante reconhecer os elementos que compõem o ambiente em que ele se encontra.

COMPONENTES NÃO VIVOS DO AMBIENTE

Os componentes não vivos do ambiente são conhecidos como **fatores físicos** ou **abióticos**. Entre eles estão os gases da atmosfera, a água de rios, lagos e mares e as energias térmica e luminosa.

Alguns ambientes são mais estáveis e homogêneos que outros, mas, de modo geral, os fatores físicos apresentam variações de acordo com o local ou ao longo do tempo. Em um único dia, por exemplo, as condições de temperatura, umidade e luminosidade se alteram: geralmente, as noites são mais frias e úmidas. Essas condições também mudam ao longo do ano, conforme as estações.

A variação também pode ocorrer no espaço. Locais próximos de rios, em geral, são mais úmidos; diferenças de altitude estão relacionadas a diferenças de temperatura e de disponibilidade de gás oxigênio. Todas essas variações interferem na vida dos organismos determinando, por exemplo, os locais que eles conseguem habitar.

COMPONENTES VIVOS DO AMBIENTE

Os componentes vivos são chamados de **fatores bióticos** e incluem todos os seres vivos de um ambiente. Os seres vivos interagem com outros seres vivos, o que afeta de formas diversas a vida de cada um deles. Além disso, todos os organismos interagem com os fatores físicos do ambiente, podendo também modificá-los.

Uma planta, por exemplo, usa a energia luminosa para transformar gás carbônico e água em alimento, eliminando gás oxigênio no ambiente. O gás oxigênio, por sua vez, é usado por outros seres vivos na respiração celular, que tem como resíduo o gás carbônico.

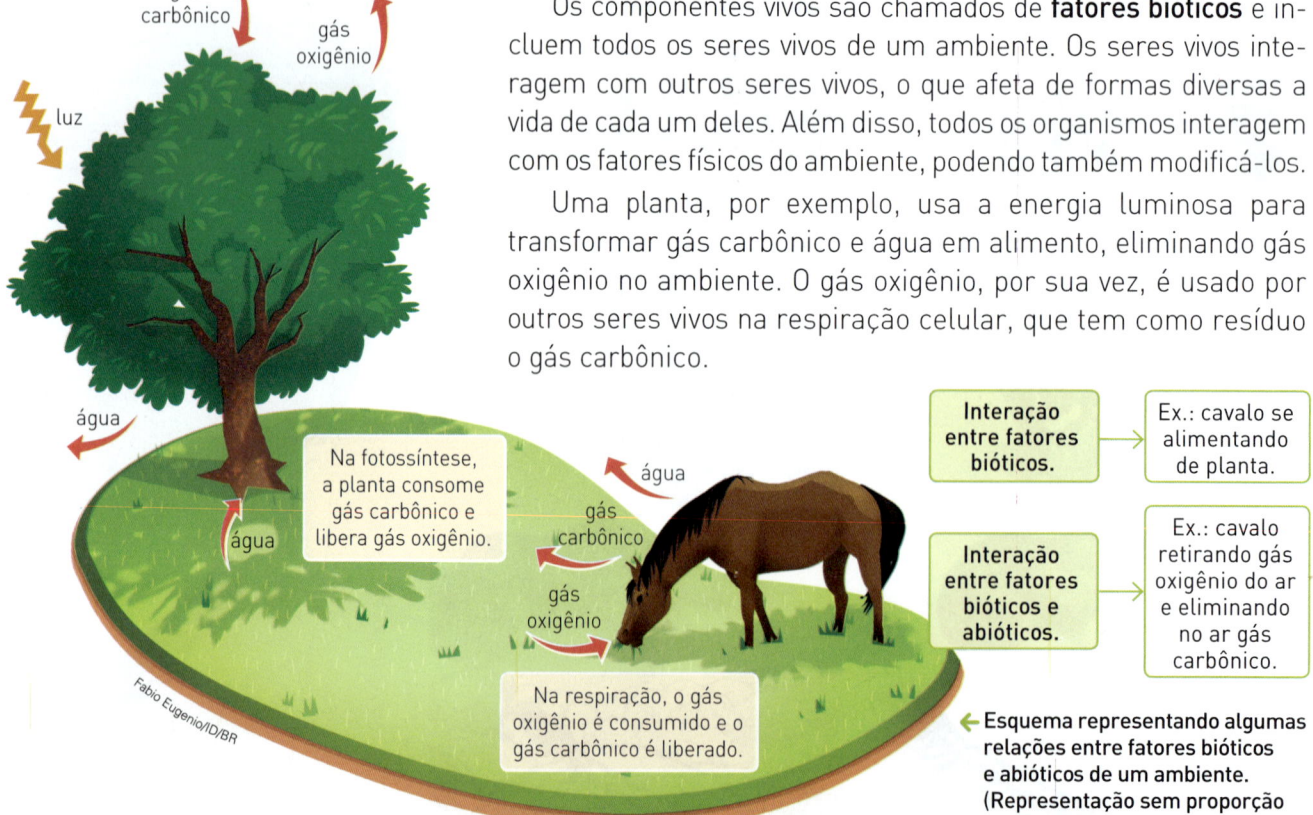

gás carbônico

gás oxigênio

luz

água

água

água

Na fotossíntese, a planta consome gás carbônico e libera gás oxigênio.

água

gás carbônico

gás oxigênio

Na respiração, o gás oxigênio é consumido e o gás carbônico é liberado.

Fabio Eugenio/ID/BR

Interação entre fatores bióticos. → Ex.: cavalo se alimentando de planta.

Interação entre fatores bióticos e abióticos. → Ex.: cavalo retirando gás oxigênio do ar e eliminando no ar gás carbônico.

← Esquema representando algumas relações entre fatores bióticos e abióticos de um ambiente. (Representação sem proporção de tamanho; cores-fantasia.)

Construindo um diorama

Você já teve a oportunidade de observar seres vivos em seus hábitats? Já imaginou como eles se relacionam entre si? Para analisar e representar essas relações, você vai construir um **diorama**. Dioramas são maquetes que representam cenas e paisagens diversas, como uma floresta e seus habitantes.

Material

- massa de modelar ou papel machê
- papel colorido
- cola
- tesoura com pontas arredondadas
- fita adesiva
- caixa de sapatos

Como fazer

1. Reúnam-se em trios e escolham, ao menos, duas espécies de animais e duas espécies de plantas que costumam ser encontradas no mesmo ambiente.

2. Façam uma pesquisa sobre os animais e as plantas escolhidos, procurando entender como é o ambiente em que costumam ser encontrados e como se relacionam entre si.

3. Utilizando os materiais listados, e outros que julgarem convenientes, construam o diorama representando o hábitat dos seres escolhidos. Por exemplo, se você selecionou um pássaro, pode representá-lo em uma árvore. A cena deverá incluir, no mínimo, dois fatores abióticos essenciais à sobrevivência das espécies que vocês escolheram.

4. Procurem representar as relações entre os seres vivos. Se vocês optaram por um animal que se alimenta de plantas, podem representá-lo comendo uma das plantas escolhidas, caso ela costume servir de alimento a esse animal.

5. Após a construção dos dioramas, vocês podem montar uma exposição desse material na escola, em local de circulação de alunos e professores.

Redmond Durrell/Alamy/Fotoarena

↑ Exemplo de diorama com animais e plantas da fauna brasileira.

Para concluir

1. Que relações vocês representaram entre os seres vivos e os elementos não vivos?

2. De que forma os seres vivos que vocês representaram se relacionam entre si?

3. Você conhece algum local semelhante ao que seu grupo representou no diorama? Em caso afirmativo, reflita se há características nesse local que não foram representadas.

RETOMAR E COMPREENDER

1. Relacione os níveis de organização em ecologia aos exemplos de cada sistema ecológico.

    A. organismo

    B. população

    C. comunidade

    D. ecossistema

    E. biosfera

    I. O conjunto de onças-pintadas e demais animais e plantas de determinada floresta brasileira.

    II. Uma onça-pintada.

    III. O conjunto de onças-pintadas de uma floresta brasileira.

    IV. O conjunto de todos os ambientes do planeta onde há vida.

    V. O conjunto de todos os seres vivos, dos fatores abióticos e das relações entre esses elementos em determinada floresta brasileira.

2. Observe as fotos a seguir e faça o que se pede.

↑ Cascata Raddatz, em Agudo (RS), 2017.

↑ Fundo do mar, em Guarapari (ES), 2008.

a) Identifique os fatores abióticos dos dois ambientes.

b) Identifique os fatores bióticos dos dois ambientes.

3. Observe o ambiente ao seu redor. Identifique ao menos um fator biótico e um fator abiótico.

4. A imagem a seguir mostra uma etapa da construção da usina hidrelétrica de Belo Monte.

↑ Hidrelétrica de Belo Monte, no Pará, 2014.

- De que forma a construção da hidrelétrica alterou o ambiente da foto?

5. Em um aquário marinho, podemos encontrar diversos tipos de animais, como peixes, camarões e anêmonas-do-mar. É comum, também, haver plantas aquáticas e algas.

    a) Um aquário com essas características pode ser considerado um ecossistema? Justifique.

    b) Cite ao menos três componentes não vivos que devem fazer parte de um aquário marinho como o descrito acima.

APLICAR

6. Os sistemas ecológicos são organizados em níveis que seguem uma hierarquia. Uma população, por exemplo, é o conjunto de organismos de uma mesma espécie que habita o mesmo local.

    a) Cite outros sistemas que são organizados de modo hierarquizado.

    b) Elabore um esquema que represente uma dessas relações.

GRANDES AMBIENTES TERRESTRES

OS BIOMAS TERRESTRES

As regiões do planeta apresentam diferenças quanto à quantidade média de chuvas no ano, à faixa de variação da temperatura e até mesmo à intensidade da luz solar que recebem, ou seja, estão sujeitas a diferenças de clima. Há lugares mais secos e outros mais úmidos, alguns muito quentes e outros bem frios.

Essas características climáticas são alguns dos fatores que definem quais seres vivos conseguem sobreviver ou não em determinado ambiente. Chamamos de **bioma** o conjunto de locais que apresenta uma forma de vegetação dominante, com plantas, animais e outros seres vivos adaptados às condições climáticas da região.

Diferenças climáticas, de relevo, entre outras caracterizam as diversas regiões do planeta, gerando paisagens e ambientes distintos. Como você acha que esses fatores estão relacionados à sobrevivência dos organismos no ambiente?

↓ **Esquema da localização dos principais biomas do mundo. (Representação sem proporção de tamanho e distância; cores-fantasia.)**

Fonte de pesquisa: Robert E. Ricklefs. *A economia da natureza*. 6. ed. Rio de Janeiro: Guanabara Koogan, 2013. p. 84.

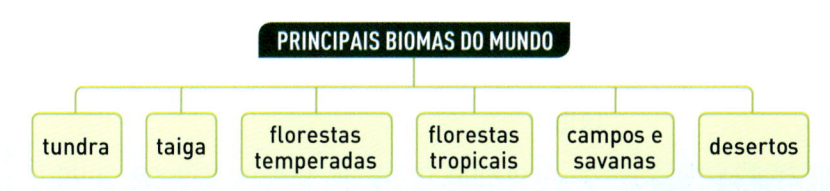

PRINCIPAIS BIOMAS DO MUNDO

- tundra
- taiga
- florestas temperadas
- florestas tropicais
- campos e savanas
- desertos

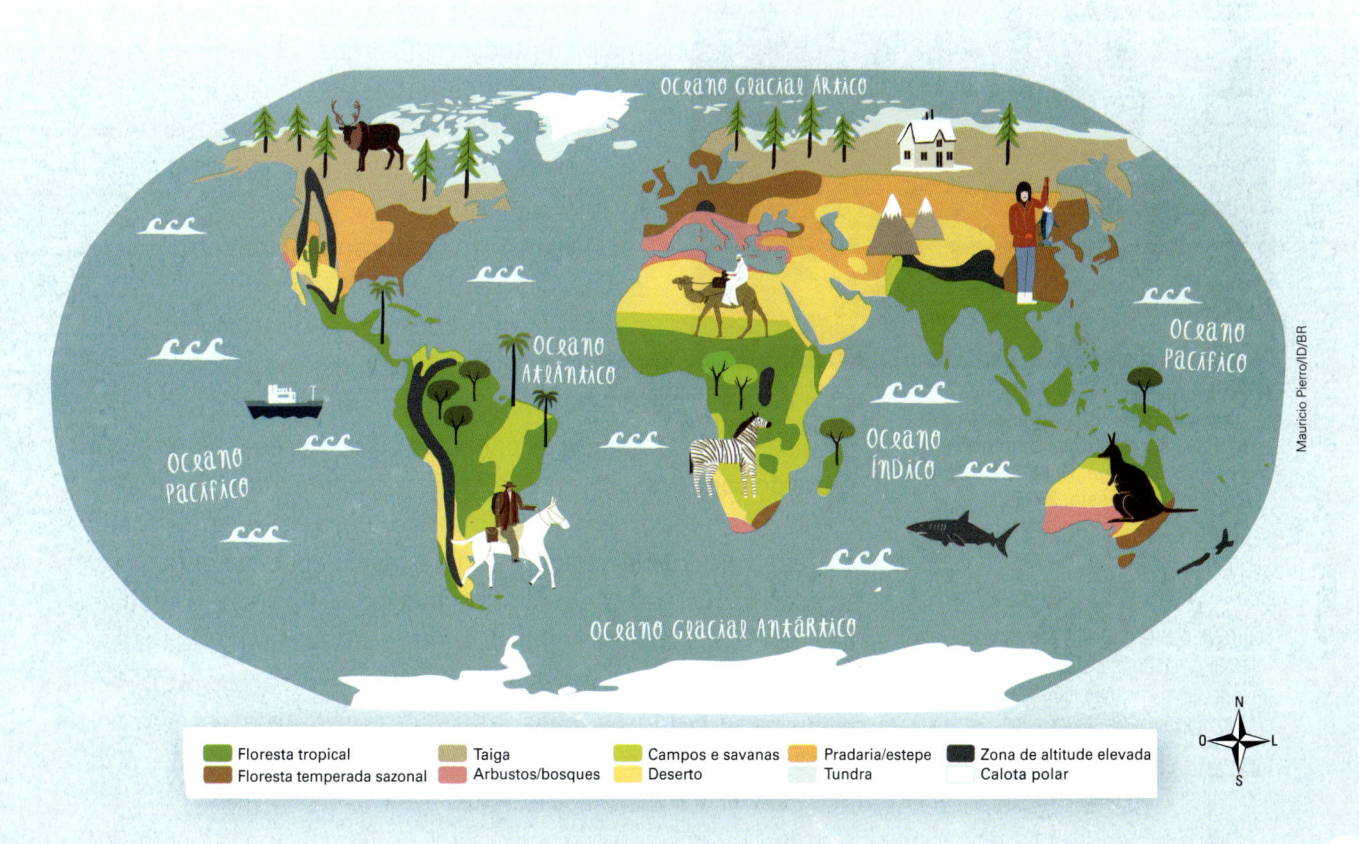

Oceano Glacial Ártico
Oceano Atlântico
Oceano Pacífico
Oceano Índico
Oceano Pacífico
Oceano Glacial Antártico

Maurício Pierro/ID/BR

Legenda:
- Floresta tropical
- Floresta temperada sazonal
- Taiga
- Arbustos/bosques
- Campos e savanas
- Deserto
- Pradaria/estepe
- Tundra
- Zona de altitude elevada
- Calota polar

Pierre Vernay/Biosphoto/AFP

ID/BR

↑ No verão, a superfície do solo descongela e a umidade possibilita o crescimento da vegetação rasteira e arbustiva da tundra. Groenlândia, 2016.

COMPREENDER

Compare as fotos em **tundra e taiga** e identifique semelhanças e diferenças entre esses biomas.

Victor Nikitin/Alamy/Fotoarena

ID/BR

altura: 25 m

↑ Ambiente de taiga no outono. As árvores da foto, chamadas de lariços, são algumas das mais comuns na taiga. Parque Nacional Tunkinsky, Rússia, 2018.

conífera: planta do grupo das gimnospermas. O termo conífera refere-se à estrutura de reprodução, o estróbilo, que se assemelha, em algumas espécies, a um cone.

terra emersa: fora da água, no sentido de não estar sob as águas oceânicas.

TUNDRA

A palavra **tundra** significa terra sem árvores. Esse bioma se estende pelo norte da Rússia, pela Escandinávia e pelo norte do Canadá, acompanhando o círculo polar Ártico.

É um bioma frio e seco, com temperaturas médias entre −34 °C, no inverno, e 12 °C, no verão. Por isso, o subsolo, que está sempre congelado, é chamado *permafrost* (do inglês *permanent*, "permanente", e *frost*, "congelado"). O verão é curto demais para permitir o desenvolvimento de árvores de grande porte.

Embora chova pouco (entre 150 mm e 250 mm por ano), a superfície do solo fica encharcada, pois a evaporação é muito lenta. A vegetação, composta principalmente de arbustos, musgos e liquens, desenvolve-se apenas durante o curto verão.

A diversidade de animais é baixa, com predomínio de insetos, aves migratórias, roedores (como a lebre), alguns herbívoros (como a rena e o boi-almiscarado) e carnívoros (como o lobo e a raposa-do-ártico). Durante o inverno, tanto as aves quanto os mamíferos costumam migrar para áreas mais ao sul, em busca de alimento.

TAIGA

Cobrindo mais de um quarto da superfície das terras emersas do planeta, a **taiga** é o maior de todos os biomas. Ela está distribuída em regiões localizadas ao sul da tundra: no Canadá, no norte dos Estados Unidos e do Alasca, nos países escandinavos e no extremo norte da Europa e da Rússia.

A temperatura durante o ano, nesse bioma, pode variar entre −40 °C, no inverno, e 20 °C, no verão, que dura cerca de quatro meses. A taiga é mais úmida que a tundra: chuvas, neblina e neve variam de 200 mm a 800 mm de água por ano.

Esse bioma também é conhecido como **floresta boreal** ou **floresta de coníferas**, pois a vegetação predominante é de coníferas, como os pinheiros, o abeto e o lariço. Essas árvores têm folhas estreitas em forma de agulha (folhas aciculadas; do latim *acicula*, "agulha"), que não caem durante o inverno. Por isso, são chamadas de *evergreen*, que significa sempre verde.

Mamíferos herbívoros, como o alce e o caribu, bem como carnívoros, como os lobos, as raposas e o urso-pardo, são típicos da taiga. Há também várias espécies de insetos, aves e peixes, como o salmão e a truta.

FLORESTAS TEMPERADAS

As **florestas temperadas** cobrem grande parte do território da Europa, dos Estados Unidos, da China e do Japão. Esse nome se deve à grande variação de temperatura e de chuva durante o ano, pois são regiões localizadas entre os trópicos e os polos.

As quatro estações são bem definidas, com outono ameno, inverno frio (até −30 °C), primavera amena e verão úmido e quente (chegando a 30 °C). As chuvas variam entre 700 mm e 1 500 mm por ano. A reprodução e o crescimento da maioria das plantas e dos animais ocorrem durante a primavera e o verão, devido às condições mais favoráveis.

Há grande variedade de árvores com folhas largas, que perdem a clorofila e caem durante o outono – adaptação para enfrentar os invernos rigorosos. Por isso, essa floresta também é denominada **temperada decídua** (do latim *deciduus*, "que cai").

Nas florestas temperadas, há maior variedade de animais se comparadas à taiga e à tundra. Há espécies de pássaros e aves de rapina, como águias e gaviões. Entre os mamíferos herbívoros, há veados, esquilos e coelhos; entre os carnívoros, raposas, doninhas e lobos.

↑ Vista de uma floresta temperada decídua no início do outono. Note as folhas em tons de amarelo e laranja, sem a coloração verde da clorofila, que estão prestes a cair. Ontário, Canadá, 2018.

ave de rapina: ave caçadora com características que auxiliam na caça, como garras afiadas e bico curvo.

biodiversidade: diversidade de espécies de seres vivos de um ambiente.

FLORESTAS TROPICAIS

Localizadas quase exclusivamente na região entre os trópicos, as **florestas tropicais** úmidas estão presentes nas Américas Central e do Sul, na África Central, na China, na Índia e nos países do Sudeste Asiático. A floresta Amazônica é um exemplo típico desse bioma.

As temperaturas são elevadas o ano todo (entre 20 °C e 40 °C) e praticamente não há estação seca. As chuvas constantes variam entre 1 000 mm e 2 500 mm por ano. A combinação de altas temperaturas, água e luminosidade abundantes faz desse bioma o mais rico do mundo em biodiversidade. Embora corresponda atualmente a apenas cerca de 7% da superfície da Terra, esse bioma concentra cerca de 50% das espécies de seres vivos conhecidas.

Essa biodiversidade está relacionada à elevada produção de alimento resultante da atividade vegetal. As árvores são sempre verdes e existe enorme variedade de espécies de insetos. Aves, como a arara e o papagaio, e mamíferos, como os macacos, são animais típicos de florestas tropicais.

↑ Aspecto da uma floresta tropical na Malásia, no Sudeste Asiático, em 2015.

 **COMPREENDER**

Compare as fotos em **florestas temperadas e tropicais** e identifique semelhanças e diferenças entre elas.

Savana em parque nacional no Quênia. Observe o relevo plano, as árvores esparsas e a vasta área de pastos naturais, fonte de alimento para os grandes herbívoros. Foto de 2018.

ADAPTAÇÕES

As adaptações dos seres vivos ao ambiente podem ser muito variadas, como uma folha com formato que evita a perda de água, uma substância que deixa gosto ruim na boca de predadores ou animais com comportamentos que permitam fugir de predadores.

COMPREENDER

Compare as fotos em **campos, savanas e desertos** e identifique semelhanças e diferenças entre eles.

Vegetação xerófita no deserto do Atacama. Chile, 2017.

CAMPOS E SAVANAS

Os **campos** e as **savanas** estão distribuídos por todos os continentes, com exceção da Antártida. Em geral, apresentam apenas duas estações: uma seca, com chuvas em torno de 100 mm, e outra chuvosa, com chuvas que podem atingir mais de 1 500 mm. As temperaturas são elevadas, oscilando entre 20 °C e 40 °C.

Muitas espécies de animais e de plantas que habitam esse ambiente estão adaptadas aos incêndios naturais e dependem deles para regular seu ciclo reprodutivo.

Como a estação seca pode durar vários meses, há poucas árvores, bem espaçadas, e muita vegetação rasteira e arbustiva. As raízes tendem a ser profundas, e as folhas, recobertas com ceras impermeáveis, que reduzem a perda de água por transpiração. A savana africana e o Cerrado brasileiro são exemplos desse bioma.

A fauna apresenta herbívoros de médio e grande porte, como veados, búfalos, zebras, girafas e elefantes. Também são encontrados grandes carnívoros, como leopardos, leões, crocodilos e hienas, além de grande diversidade de insetos e aves pernaltas.

O relevo desse bioma, em geral, é plano, favorecendo a ocupação humana para a criação de gado e o cultivo de plantas, o que é uma ameaça aos ambientes naturais.

DESERTOS

A palavra **deserto** tem origem no latim *desertum*, que significa lugar abandonado. Os grandes desertos estão localizados nos trópicos de Câncer e Capricórnio e são regiões onde raramente chove. A temperatura pode variar muito ao longo de um dia, entre 0 °C à noite e 45 °C durante o dia. As chuvas atingem, em média, menos de 200 mm ao ano. Desertos como o Atacama, no Chile, podem passar décadas sem chuva.

Embora existam desertos semiáridos com alguma vegetação, em geral, as plantas são esparsas, de pequeno porte e apresentam adaptações para evitar a perda de água por transpiração. As plantas que apresentam essas adaptações são chamadas de xerófitas (do grego *xeros*, "seco", e *phyton*, "planta").

Os animais predominantes são os répteis, como cobras e lagartos, além de insetos. Todos eliminam urina concentrada, com pouca ou nenhuma água. Mamíferos, como o camelo e alguns roedores, têm metabolismo adaptado para retenção de água.

ATIVIDADES

RETOMAR E COMPREENDER

1. O que é bioma? Explique com base em um exemplo.

2. Quais são os biomas localizados exclusivamente no hemisfério Norte?

3. Leia as características a seguir, a respeito de determinado bioma, e, depois, responda às questões.

Apresenta subsolo permanentemente congelado e poucas chuvas durante o ano. Ainda assim, nesse bioma, são encontrados mamíferos de grande porte, como a rena e o boi-almiscarado.

a) A que bioma o texto está se referindo?

b) Que tipo de vegetação dá suporte aos herbívoros citados?

4. O bioma taiga é chamado também de *evergreen*. Qual característica de sua vegetação justifica esse nome?

5. As florestas temperadas são chamadas de decíduas. Qual característica da vegetação dessas florestas justifica esse termo?

6. Sobre as florestas tropicais, responda:

a) Como costuma ser o clima nesse bioma?

b) Qual é o aspecto da vegetação das florestas tropicais?

7. Cite três características marcantes dos campos e das savanas.

8. Em plantas xerófitas, adaptadas à vida nos desertos, é comum encontrarmos espinhos, caules suculentos e ausência de folhas.

• Que funções você acredita que estão relacionadas a cada uma dessas adaptações?

9. Observe a foto e responda às questões.

↑ Oásis de Kharga, Egito, 2016.

a) A que bioma terrestre essa foto pode ser associada?

b) Que adaptações as plantas desse bioma costumam apresentar?

APLICAR

10. Copie o esquema abaixo no caderno. Com base nas características de cada bioma, escreva no quadrante mais adequado o nome dos biomas estudados neste capítulo.

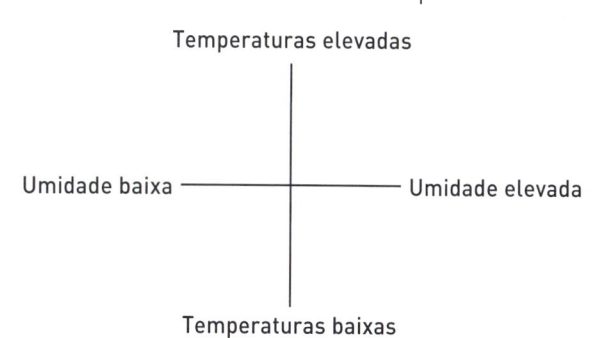

Temperaturas elevadas

Umidade baixa ———————— Umidade elevada

Temperaturas baixas

11. Na imagem de satélite do continente africano, é possível perceber três tonalidades principais: verde-clara, verde-escura e marrom-clara amarelada.

Landsat/Copernicus/Google Earth

← Imagem de satélite do continente africano.

• Relacione cada uma das tonalidades aos três principais biomas que ocorrem nesse continente.

12. Proponha uma solução para o seguinte problema:

Imagine que o jardim botânico de sua cidade queira manter plantas de deserto e plantas de taiga para que o público as conheça.

a) Seria possível cultivá-las no mesmo local?

b) Que condições o jardim botânico teria de simular para que essas plantas conseguissem sobreviver?

c) Como isso poderia ser feito?

Biologia da conservação

O Brasil apresenta grande biodiversidade em seus ambientes terrestres e aquáticos. Entretanto, a preservação desses ambientes está bastante ameaçada em função das atividades humanas e do uso não sustentável dos recursos naturais.As atividades não sustentáveis podem ameaçar muitas espécies de extinção. Essa preocupação por parte da comunidade científica deu origem, oficialmente na década de 1970, à **biologia da conservação** – campo da biologia que une ciências naturais e ciências sociais para a prática de gestão dos recursos naturais.

Biologia da conservação

A biologia da conservação tem como objetivo manter a diversidade biológica do planeta. Esse campo da biologia abrange outras áreas do conhecimento ligadas à vida silvestre, como a administração de áreas naturais protegidas e o estudo das relações da fauna e da flora com populações humanas. Por seu interesse em preservar a maior diversidade de organismos pelo maior tempo possível, a biologia da conservação contrapõe-se à crise ambiental causada pelo desenvolvimento tecnológico, que levou ao aumento da população humana e ao uso não sustentável dos recursos naturais. […]

Onildo Marini-Filho; Rogério P. Martins. Teoria de metapopulações: novos princípios na biologia da conservação. *Ciência Hoje*, v. 27, n. 160, p. 22-29, maio 2000.

Por meio de debates e discussões de temas da biologia da conservação, surgiram diferentes estratégias de preservação ambiental. O objetivo da conservação, que define a estratégia a ser usada, pode ser uma espécie de ser vivo em particular, uma comunidade, um bioma ou até mesmo um recurso natural específico. É comum, por exemplo, utilizar espécies carismáticas como ferramenta para a preservação ambiental.

O que é espécie-bandeira

A biologia da conservação […] estuda o estado da biodiversidade no planeta com o objetivo de proteger as espécies e ecossistemas da extinção provocada por atividades humanas. Neste campo há o entendimento de que não é possível arrecadar subsídios suficientes para proteger e criar projetos de conservação para todas as espécies de uma área, muito embora todas as espécies tenham valor e sejam merecedoras de proteção.

A solução que garante uma proteção ao mesmo tempo abrangente e economicamente viável está no conceito de espécie-bandeira (ou *flagship species*, em inglês). Surgido nos meados dos anos [19]80, no âmbito dos debates sobre a forma de priorizar espécies para a conservação, este conceito sustenta que, ao elevar o perfil de uma determinada espécie, é possível angariar, com sucesso, mais apoio para a conservação da biodiversidade em geral. Em outras palavras, ao

Mitsuaki Iwago/Minden Pictures/Fotoarena

comprimento: 1,9 m

← Uma das espécies--bandeira mais conhecidas no mundo é o panda-gigante (*Ailuropoda melanoleuca*), da China.

chamar a atenção da população à situação de perigo de determinada espécie mais carismática, todo o ecossistema ao seu redor (incluindo as demais espécies, menos carismáticas) tem mais chances de ser preservado.

Espécies-bandeira podem ser selecionadas de acordo com diferentes características, dependendo do que é valorizado pelo público que tentam atingir, engajando-o na conservação do meio ambiente. Em geral, são escolhidas pela sua atratividade (aparência) e carisma junto ao público, [pelo] conhecimento prévio [acerca da] população da espécie e [por] sua vulnerabilidade ou importância ecológica.

Embora seja um conceito eficiente, há limitações ao seu uso: ao priorizar as espécies-bandeira corre-se o risco de distorcer prioridades, em que [essas espécies] são favorecidas em detrimento de espécies em maior risco e não tão populares; as administrações de diferentes espécies-bandeira podem entrar em conflito [...].

As primeiras espécies-alvo do conceito foram os primatas neotropicais e os elefantes e rinocerontes africanos, numa abordagem centrada nos grandes mamíferos, que ainda dominam como o conceito é usado nos dias atuais.

No Brasil, o principal exemplo de espécie-bandeira é o mico-leão-dourado (*Leontopithecus rosalia*), que representa a conservação da Mata Atlântica. Outros são a onça-pintada (*Panthera onca*), representando os diversos biomas brasileiros (Mata Atlântica, Amazônia, Cerrado, Pantanal); o tamanduá-bandeira (*Myrmecophaga tridactyla*) para o Cerrado e as araras-azuis (*Anodorhynchus* spp.), também do Cerrado e Pantanal.

comprimento (cabeça e corpo): 1,85 m

comprimento: 1 m

↑ Algumas espécies-bandeira encontradas no Brasil: onça-pintada **(A)** e arara-azul **(B)**.

O que é uma espécie-bandeira. O Eco, 8 abr. 2014. Disponível em: <http://www.oeco.org.br/dicionario-ambiental/28190-o-que-e-uma-especie-bandeira>. Acesso em: 20 set. 2018.

Em discussão

1. O que é a biologia da conservação e de que forma ela ajuda a preservar a vida no planeta?

2. Qual é a importância das espécies-bandeira para a conservação de um ambiente e de outras espécies?

3. Que limitações o conceito de espécie-bandeira apresenta? Explique.

4. Faça uma pesquisa e dê dois exemplos de outras espécies-bandeira que não vivem no Brasil.

RETOMAR E COMPREENDER

1. O quadro a seguir apresenta informações sobre três biomas terrestres. Copie-o no caderno e complete os espaços com as informações adequadas.

BIOMA	LOCALIZAÇÃO	QUANTIDADE MÉDIA DE CHUVA POR ANO	FAUNA
	norte da Rússia, Escandinávia e norte do Canadá		lebres, aves migratórias, renas, bois-almiscarados, lobos, raposas-do-ártico
florestas temperadas		entre 700 mm e 1 500 mm	
	todos os continentes, menos a Antártida		veados, búfalos, zebras, girafas, elefantes, leopardos, leões, crocodilos, hienas

2. Imagine que em um *blog* com dicas de viagens há o seguinte relato de um leitor:

O calor era enorme. Mesmo assim, resolvemos parar o carro para observar a paisagem com mais calma. A vegetação era muito parecida com a que vemos nos filmes e desenhos animados: algumas plantas relativamente baixas, com caules verdes e muitos espinhos; outras em forma de arbustos. Em geral, elas eram afastadas umas das outras.

Talvez pelo horário, no começo da tarde, ou pelo calor extremo, o único animal que vimos foi um lagarto, que passou correndo de um arbusto para outro.

a) A que bioma se refere o relato do leitor? Justifique sua resposta.

b) Em que continente esse passeio pode ter sido feito?

3. Analise o mapa abaixo.

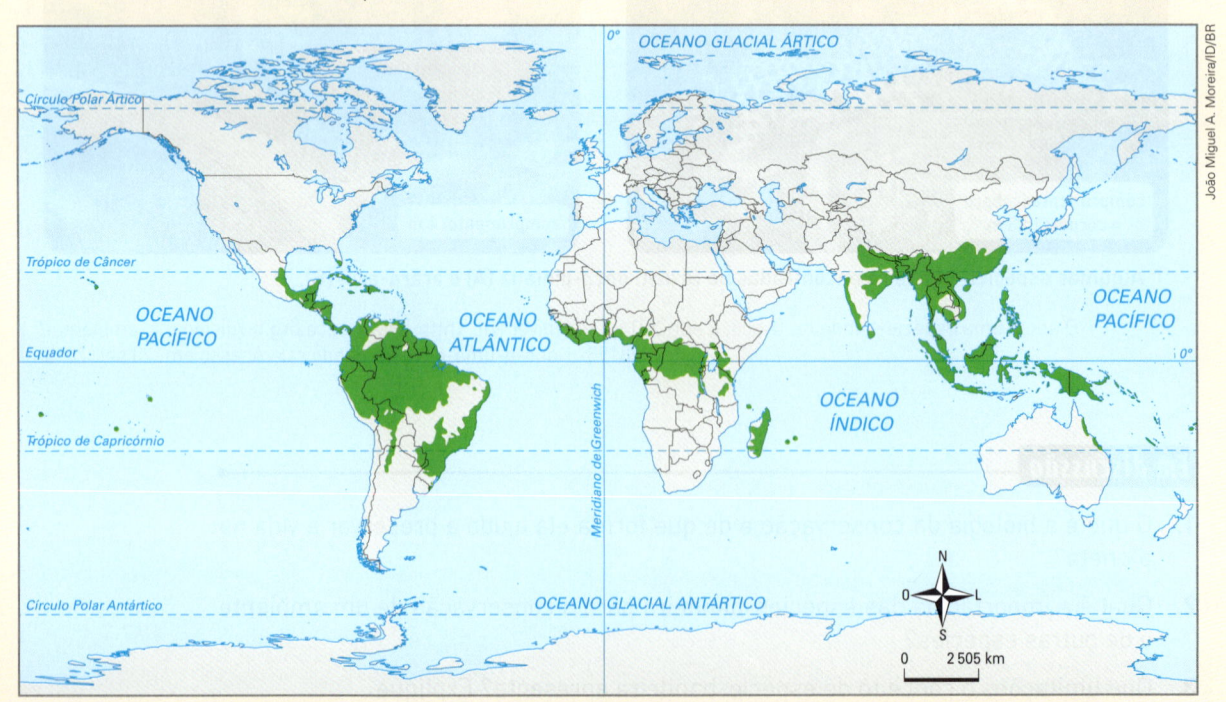

Fonte de pesquisa: Robert E. Ricklefs. *A economia da natureza*. 6. ed. Rio de Janeiro: Guanabara Koogan, 2013. p. 82.

- As áreas destacadas correspondem a um dos biomas terrestres. Que bioma é esse?

4. Observe o gráfico a seguir sobre a taiga. O trecho destacado em amarelo no eixo inferior do gráfico corresponde ao período do ano em que as plantas crescem nesse bioma.

🟩 Temperatura e precipitação na taiga

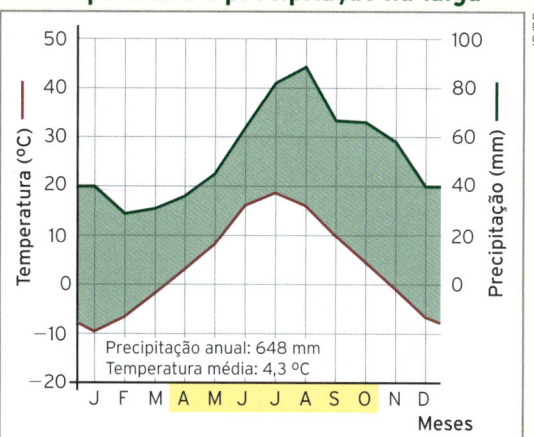

Fonte de pesquisa: Robert E. Ricklefs. *A economia da natureza*. 6. ed. Rio de Janeiro: Guanabara Koogan, 2013. p. 82.

- É possível relacionar o dado sobre o crescimento das plantas na taiga com as demais informações do gráfico? Justifique.

ANALISAR E VERIFICAR

5. A foto abaixo mostra uma lagoa no Pantanal mato-grossense. Observe-a e responda às questões a seguir.

↑ Nessa lagoa, é possível observar as interações dos seres vivos entre si e com o ambiente. Mato Grosso, 2013.

a) Que fatores físicos você identifica no ambiente mostrado na foto?

b) Na imagem, há o predomínio de tuiuiús (as aves brancas). O grupo formado somente pelos tuiuiús que habitam essa região corresponde a que nível de organização?

c) Que outros níveis de organização dos seres vivos podem ser observados nessa imagem?

d) Que interações entre os seres vivos e o ambiente você consegue observar nessa cena?

CRIAR

6. Leia o texto abaixo e, depois, faça o que se pede.

> [...] Endêmica da Caatinga, a espécie foi vista última vez na natureza em outubro de 2000 [...]. Muito valiosa, a ararinha-azul foi alvo do tráfico de animais silvestres e da caça. A degradação de seu hábitat impulsionou ainda mais sua extinção na natureza. Em 2011, a espécie ganhou fama mundial depois de protagonizar a animação *Rio*.
>
> Clarissa Neher. O projeto para salvar a ararinha--azul da extinção. *Deutsche Welle*, 7 ago. 2018. Disponível em: <https://p.dw.com/p/32k3x>. Acesso em: 24 set. 2018

a) Explique como a perda de hábitat se relaciona com a extinção da ararinha-azul.

b) Faça uma pesquisa sobre o hábitat natural da ararinha-azul. Então, proponha uma estratégia para preservar esse hábitat.

7. Relatórios intergovernamentais têm mostrado que 75% da superfície do planeta já foi alterada por atividades humanas e, segundo projeções, esse índice deve atingir o patamar de 90% até 2050. Os documentos apontam que mais de 1 bilhão de hectares de ecossistemas naturais se converteram em plantações agrícolas e pastagens para a pecuária, contabilizando um terço da cobertura do planeta. Esse cenário tende a se agravar devido à crescente demanda por comida e biocombustíveis.

a) Como a expansão dessas atividades pode impactar a biodiversidade do planeta e as futuras gerações de seres humanos?

b) Em sua opinião, quais seriam os meios de contornar esse cenário?

IDEIAS EM CONSTRUÇÃO – UNIDADE 5

Capítulo 1 – Os sistemas ecológicos e o ambiente

- Compreendo o que são sistemas ecológicos e os exemplifico?
- Caracterizo os sistemas ecológicos em níveis de organização: organismo, população, comunidade, ecossistema e biosfera?
- Reconheço que hábitat é o local em que uma espécie geralmente vive?
- Diferencio os componentes do ambiente como vivos ou bióticos e não vivos ou abióticos?
- Reflito sobre como desequilíbrios ambientais podem afetar populações humanas e proponho medidas para solucionar os problemas decorrentes desses desequilíbrios?
- Construo modelos concretos representando componentes do ambiente e hábitats de organismos?

Capítulo 2 – Grandes ambientes terrestres

- Compreendo o que é bioma, identificando aspectos regionais e climáticos na sua definição?
- Reconheço os grandes biomas terrestres e os caracterizo?
- Interpreto esquemas e gráficos como fontes de dados sobre as características e a localização dos principais biomas terrestres?
- Compreendo alguns aspectos relacionados ao desenvolvimento da biologia da conservação, ponderando sobre as vantagens e as limitações do uso da estratégia das espécies-bandeira?

COMPREENDER
Repasse os conceitos estudados nesta unidade.

CRIAR
Construa uma **rede de ideias** com o que você aprendeu nesta unidade.

Nelson Provazi/ID/BR

AMBIENTES DO BRASIL

Clima, relevo e outras condições determinam a formação de ambientes variados no Brasil. Conhecer esses ambientes e a diversidade de seres vivos que neles existem é importante para entender como preservar seus recursos naturais.

Nesta unidade, você vai conhecer melhor os grandes ambientes brasileiros, seus habitantes e as ameaças a que estão sujeitos.

CAPÍTULO 1
Cerrado, floresta Amazônica e Pantanal

CAPÍTULO 2
Mata Atlântica, Caatinga e Pampa

CAPÍTULO 3
Ecossistemas aquáticos

PRIMEIRAS IDEIAS

1. A qual bioma brasileiro o local onde você mora pertencia ou pertence?

2. De que maneira as condições de luminosidade, temperatura e umidade influenciam os tipos de seres vivos encontrados nos biomas brasileiros?

3. Quais fatores influenciam a vida nos ambientes aquáticos?

4. RETOMAR **Recorde conceitos importantes** para o estudo da unidade.

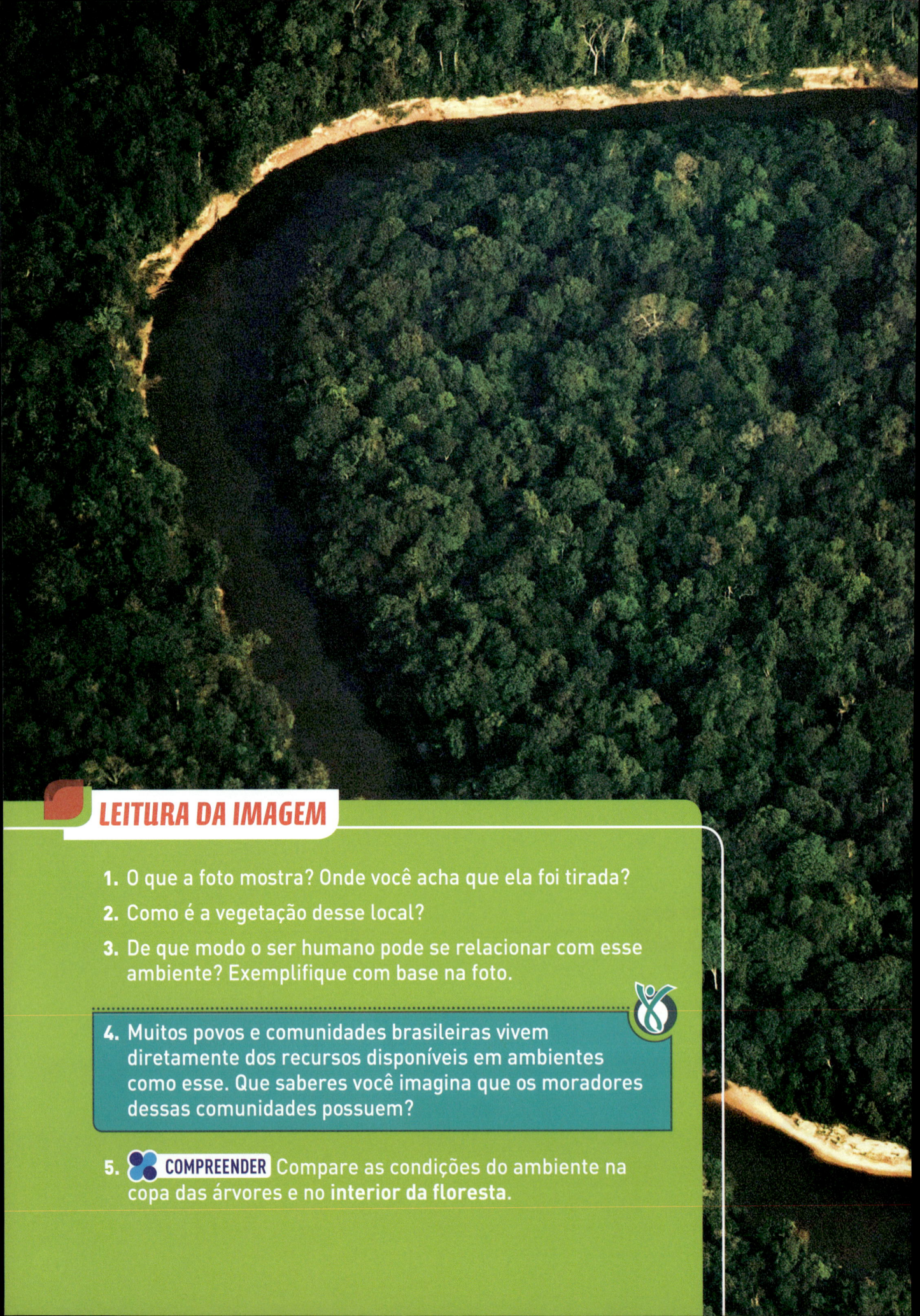

LEITURA DA IMAGEM

1. O que a foto mostra? Onde você acha que ela foi tirada?

2. Como é a vegetação desse local?

3. De que modo o ser humano pode se relacionar com esse ambiente? Exemplifique com base na foto.

4. Muitos povos e comunidades brasileiras vivem diretamente dos recursos disponíveis em ambientes como esse. Que saberes você imagina que os moradores dessas comunidades possuem?

5. **COMPREENDER** Compare as condições do ambiente na copa das árvores e no **interior da floresta**.

Vista aérea de um bioma brasileiro. Foto de 2012.

CERRADO, FLORESTA AMAZÔNICA E PANTANAL

O território brasileiro ocupa uma vasta área da América do Sul. Nele, encontram-se vários biomas diferentes, o que explica a enorme biodiversidade existente no Brasil. Que biomas brasileiros você conhece?

CERRADO

O **Cerrado** é um bioma do tipo savana que ocupa uma grande área na região central do Brasil. As áreas que formam o Cerrado fazem limite com os biomas floresta Amazônica, Caatinga, Mata Atlântica e Pantanal.

As regiões de Cerrado em geral apresentam duas estações bem demarcadas ao longo do ano: uma chuvosa e outra seca. As temperaturas médias variam em torno de 24 °C a 27 °C.

O solo do Cerrado é, em geral, ácido, arenoso e pobre em matéria orgânica. Muitos rios que compõem bacias hidrográficas importantes, como a do São Francisco e a do Paraná, nascem no Cerrado.

O aspecto da vegetação é muito variado: em algumas regiões, há mais vegetação rasteira, como capim, com poucas árvores; em outras regiões, a quantidade de árvores é bem grande, formando bosques chamados **cerradões**. As árvores costumam ter galhos retorcidos e cascas grossas, e geralmente não são de grande porte.

↓ **Paisagem do Cerrado em Santana do Riacho (MG), 2014. Nessa região fica o Parque Nacional da Serra do Cipó.**

ID/BR

Marcos Amend/Pulsar Imagens

BIODIVERSIDADE DO CERRADO

O Cerrado apresenta grande biodiversidade. Há aproximadamente 12 mil espécies de plantas nesse bioma, como o pequizeiro, o buriti, a quaresmeira, a paineira, o ipê e a canela-de-ema.

Em relação à fauna, são milhares de espécies de insetos, centenas de espécies de aves e muitos roedores, como a paca, o preá e a cutia. No Cerrado são encontrados também o tamanduá-bandeira, o lobo-guará, felinos como a jaguatirica e a onça, além de várias espécies de veados. Peixes, como pacu, traíra, pintado, lambari, jaú, bagre e dezenas de outras espécies, povoam os rios.

↑ O fruto do pequizeiro é muito consumido pelos habitantes das regiões do Cerrado.

↑ O lobo-guará é o maior canídeo da América do Sul. Sua coloração se confunde com a vegetação seca do Cerrado.

AMEAÇAS AO CERRADO

A degradação do Cerrado é um grande perigo para os seres vivos que nele se encontram, em especial para as espécies que só existem nesse bioma. No entanto, somente cerca de 8% das áreas do Cerrado são protegidas por unidades de conservação; há também áreas que correspondem a <u>Terras Indígenas</u> demarcadas.

A agricultura e a pecuária exercem grande pressão sobre o Cerrado. A criação de gado e a cultura de soja são, hoje, os principais fatores de destruição desse bioma. Mais de 50% de sua cobertura original já foi devastada, e a expansão do agronegócio no Brasil aumenta ainda mais a procura por novas áreas.

Terra Indígena: território demarcado onde habitam comunidades indígenas.

← Plantação de eucaliptos (acima, na foto) próxima de uma área de vegetação natural de Cerrado, em que se destacam palmeiras de buriti (abaixo, na foto). São Gonçalo do Abaeté (MG), 2014.

FLORESTA AMAZÔNICA

A **floresta Amazônica** é o maior bioma do Brasil. Ela se encontra nos seguintes estados: Acre, Amazonas, Amapá, Maranhão, Mato Grosso, Pará, Rondônia, Roraima e Tocantins. Toda essa área corresponde a aproximadamente 49% do território nacional.

Ela é um bioma do tipo floresta tropical. As temperaturas são elevadas: a média é de 25 °C. Além disso, chove muito na maior parte do ano. Nesse bioma há vários rios, entre eles o rio Amazonas, maior do mundo em volume de água.

A vegetação da floresta Amazônica conta com árvores de grande porte. Algumas chegam a 50 metros de altura, com copas densas e fechadas e troncos largos, que podem ultrapassar 3 metros de diâmetro.

O solo da floresta Amazônica é relativamente pobre em nutrientes. A exuberância na vegetação é possível porque a decomposição de restos de plantas e de animais libera nutrientes que são utilizados pelas plantas da floresta.

⬆ Uma das características do bioma floresta Amazônica é o grande número de rios. Vista aérea do rio Anauá. Região amazônica em Roraima, 2016.

altura: 60 m

⬆ Vista parcial do tronco de uma sumaúma. Essa árvore é capaz de armazenar grande quantidade de água.

A BIODIVERSIDADE AMAZÔNICA

Na floresta Amazônica já foram descritas cerca de 30 mil espécies de plantas, desde árvores de grande porte até musgos com alguns milímetros de altura. Entre os exemplos de plantas encontradas na floresta Amazônica estão a sumaúma, a castanheira e o angelim-pedra.

A vegetação da floresta Amazônica apresenta camadas, chamadas de **estratos**. O estrato mais alto, formado pelas copas das árvores, é chamado de **dossel**. Ele serve de abrigo para muitas espécies de animais que vivem na floresta Amazônica.

Por causa do dossel, pouca luz atinge o solo. Isso explica a existência de diversas espécies de plantas epífitas, como bromélias e orquídeas. Essas plantas vivem sobre os ramos mais altos das árvores a fim de captar mais luz solar.

As espécies animais também são abundantes. São aproximadamente 10 mil espécies identificadas, sendo 8 mil apenas de insetos. Centenas de espécies de mamíferos, aves, répteis, anfíbios e peixes já foram descritas. As araras e as onças-pintadas são animais típicos da floresta Amazônica.

Apesar dessa enorme biodiversidade, pesquisadores acreditam que ainda existam na floresta Amazônica muitas espécies desconhecidas pela ciência.

comprimento (cabeça e corpo): 1,85 m

⬆ A onça-pintada é o maior felino do Brasil.

AMEAÇAS À FLORESTA AMAZÔNICA

A riqueza natural da floresta Amazônica desperta interesses econômicos dentro e fora do Brasil. Mas a exploração desses recursos nem sempre ocorre respeitando-se as leis.

A abundância de madeira de ótima qualidade que pode ser obtida de algumas espécies de árvores é um dos motivos do desmatamento e da exploração ilegal da Amazônia.

↑ Estima-se que 12% da cobertura original da floresta Amazônica tenha sido eliminada pelo desmatamento. Área desmatada em Brasileia (AC), 2014.

A mineração também oferece riscos a esse bioma. Entre os anos de 1976 e 1992, por exemplo, a descoberta de veios de ouro em Serra Pelada, no sudoeste do Pará, provocou uma intensa atividade mineradora, em grande parte irregular, causando poluição de rios, desmatamento e alterações permanentes na paisagem.

Atualmente, a atividade agropecuária é a principal causadora de danos à floresta Amazônica. Grandes áreas são desmatadas para estabelecer pastos e monoculturas, principalmente de soja. Como o solo amazônico é pouco fértil, sua produtividade diminui em poucos anos e essas áreas são abandonadas. Os agricultores, então, desmatam novas áreas, perpetuando o problema.

← Estudos mostram que grande parte das áreas desmatadas na floresta Amazônica destina-se à criação de pastos, como o da foto. Região amazônica no Maranhão, 2014.

● SÉTIMA ARTE

Tainá, uma aventura na amazônia (Brasil, 2001, 85 min). Direção de Tânia Lamarca e Sérgio Bloch.

O filme conta a história de Tainá, uma jovem índia órfã que vive com seu avô, o velho e sábio Tigê, em um recanto do rio Negro, na Amazônia.

● LIVRO ABERTO

Cobra-grande: histórias da Amazônia, de Sean Taylor. SM, 2008.

A leitura do livro transporta o aluno para a floresta Amazônica. Entre as personagens, além de figuras da cultura local, estão seres vivos típicos da flora e da fauna da floresta.

CONTRABANDO DE BIODIVERSIDADE

A riqueza de espécies da floresta Amazônica há tempos é alvo de interesses econômicos de vários países e empresas. Um exemplo disso foi o contrabando de sementes de seringueira feito pelo aventureiro inglês Henry Wickham, em 1876. A seringueira é a árvore da qual se extrai látex, utilizado para a produção de borracha. Após essa apropriação indevida, as seringueiras passaram a ser cultivadas em colônias inglesas no Sudoeste Asiático, contribuindo para o declínio econômico do estado do Amazonas no final do século XX e o fim do ciclo da borracha no Brasil.

PANTANAL

O **Pantanal** distribui-se entre os estados de Mato Grosso e de Mato Grosso do Sul. A temperatura média varia entre 21 °C e 30 °C. O clima no Pantanal é tropical, com duas estações bem características: o verão chuvoso e o inverno seco.

A divisão das estações obedece mais ao regime das chuvas do que às variações de temperatura: a **seca** ocorre entre junho e setembro; a **enchente** vai de outubro a dezembro; a **cheia** vai de janeiro até março; e a **vazante** dura de abril até maio.

↑ Paisagem do Pantanal durante o período de seca. Poconé (MT), 2017.

↑ A mesma paisagem do Pantanal da foto à esquerda, durante o período de cheia. Foto de 2018.

O Pantanal localiza-se em uma planície que, na época das chuvas, é inundada pelos muitos rios que cortam a região. Durante as cheias, a água transporta e espalha grande quantidade de matéria orgânica, o que torna o solo desse bioma bastante fértil.

A vegetação do Pantanal é formada por plantas que também aparecem no Cerrado, na floresta Amazônica e na Caatinga.

Os capins e os arbustos são comuns no Pantanal e são aproveitados como pastagem natural por criadores de gado. A criação de gado bovino é uma das atividades econômicas mais importantes do Pantanal.

Pantaneiros conduzindo gado → na estrada Transpantaneira. Essa estrada está dentro de uma área de preservação ambiental. Poconé (MT), 2014.

BIODIVERSIDADE DO PANTANAL

A alternância entre períodos de alagamento e períodos secos cria no Pantanal uma condição única de disponibilidade de alimentos. Isso permitiu que uma fauna muito diversificada se desenvolvesse na região.

A capivara (maior roedor do mundo), a onça-pintada, o cervo-do-pantanal e a ariranha são alguns dos mamíferos que compõem a fauna do Pantanal.

Insetos, moluscos, crustáceos e peixes (como surubim, dourado, pacu, jaú e piranha) formam a base da alimentação de um grande número de espécies de aves. Entre elas, estão a garça, o tuiuiú ou jaburu, o cabeça-seca, o guará e o colhereiro.

Os répteis mais conhecidos são o jacaré-do-pantanal, o jacaré-de-papo-amarelo e as serpentes, como as jiboias.

altura: 1,5 m

⬆ O tuiuiú ou jaburu, considerado um símbolo do Pantanal.

comprimento: 3 m

⬆ O jacaré-do-pantanal, típico do Pantanal, alimenta-se de peixes e outros vertebrados, como capivaras e serpentes.

AMEAÇAS AO PANTANAL

A pesca e a caça predatórias e o contrabando de aves estão entre as principais ameaças ao bioma do Pantanal.

A captura de peixes em época reprodutiva reduz muito a capacidade desses animais de gerar descendentes, o que coloca essas espécies em risco de extinção. A caça, especialmente de onças e de jacarés, é um grave problema. Pressionadas pelo aumento das áreas destinadas à pecuária, as onças podem passar a se alimentar do gado e, por isso, acabar sendo mortas por fazendeiros.

As aves são frágeis e não resistem ao transporte feito pelos contrabandistas. Isso os obriga a apanhar um grande número de indivíduos para que alguns cheguem vivos ao destino.

Muitas outras ações humanas também ameaçam a preservação do bioma pantaneiro, como as queimadas ilegais, o uso de agrotóxicos nas plantações (os quais contaminam as águas) e o desmatamento de grandes áreas de vegetação nativa.

A VIDA DO PANTANEIRO

Pantaneiro é o morador da região do Pantanal que tem hábitos culturais tradicionais. A rotina do pantaneiro é determinada pelo regime de cheias e vazantes. Ele aprende a sobreviver servindo-se daquilo que a natureza lhe oferece no momento e a esperar e a respeitar o tempo dos ciclos naturais, uma tradição herdada dos povos indígenas. Grandes rebanhos de centenas de cabeças de gado conduzidos por um grupo de seis a dez pantaneiros viajam durante duas a três semanas cruzando rios, indo de uma fazenda a outra, para serem comercializados. Embora cace para se alimentar e lide com animais, a vida do pantaneiro se dá de forma sustentável. O Decreto Presidencial nº 6 040, de 2007, reconheceu os pantaneiros como um dos povos e comunidades tradicionais do Brasil, assim como quilombolas, ribeirinhos e outros.

1. Você conhecia a vida do pantaneiro? O que o surpreendeu? Comente.
2. Qual é a importância do Decreto Presidencial reconhecendo os pantaneiros como uma das comunidades tradicionais?

RETOMAR E COMPREENDER

1. Sobre as ameaças à floresta Amazônica, responda:
   a) Além da exploração de madeira, qual atividade humana tem ameaçado seriamente a preservação da floresta Amazônica?
   b) De que forma essa atividade ameaça a floresta?

2. As fotos a seguir mostram um trecho da floresta Amazônica e um trecho do Cerrado. Observe-as com atenção e faça o que se pede.

↑ Floresta Amazônica em Caracaraí (RR), 2016.

↑ Cerrado em Alto Paraíso de Goiás (GO), 2014.

- O número de tipos de plantas epífitas que existem na floresta Amazônica é maior do que as variedades que ocorrem no Cerrado. Identifique, nas imagens acima, características que possam explicar essa diferença na quantidade de epífitas em cada um desses biomas.

3. Qual é o principal fator que torna as terras do Pantanal férteis?

4. A arara-canindé é uma ave típica da floresta Amazônica.
   a) Como pode ser caracterizada a biodiversidade da floresta Amazônica? Comente.
   b) Cite outro animal e duas plantas que podem ser encontrados nesse bioma.

5. Em 1838, o naturalista alemão Von Martius (1794-1868), em sua obra *Viagem pelo Brasil*, descreveu muitas características dos biomas brasileiros. Leia um trecho de sua obra, transcrito abaixo, e responda às questões a seguir.

> As regiões situadas mais altas, mais secas, eram revestidas de matagal cerrado, em parte sem folhas, e as margens ostentavam um tapete de finas gramíneas, todas em flor, por entre as quais surgiam grupos espalhados de palmeiras e moitas viçosas. Os sertanejos chamam veredas a esses campos abertos. Encontramos aqui uma palmeira […], o nobre buriti.

a) Qual é o bioma descrito por Von Martius?
b) Que características citadas no texto referem-se a características desse bioma?

APLICAR

6. Observe o gráfico sobre Poconé, cidade do Pantanal mato-grossense.

◼ Temperaturas máximas e mínimas e precipitações mensais em Poconé (MT) (1977 a 2006)

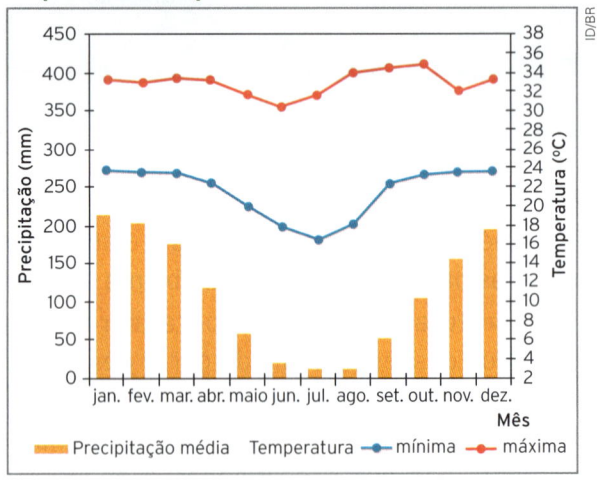

Fonte de pesquisa: Francisco F. N. Marcuzzo; Murilo R. D. Cardoso; Denise C. de R. Melo. Distribuição temporal da frequência de chuvas no bioma Pantanal. Repositório Internacional de Geociências (Rigeo). Disponível em: <http://rigeo.cprm.gov.br/xmlui/handle/doc/1064>. Acesso em: 8 out. 2018.

a) Qual é o mês mais quente em Poconé? E o mais frio?
b) Em quais meses provavelmente ocorre o período da seca? E o período chuvoso?

MATA ATLÂNTICA, CAATINGA E PAMPA

MATA ATLÂNTICA

A **Mata Atlântica** é uma floresta tropical. De modo geral, seu relevo é acidentado, com serras e vales. O ar úmido que vem do mar provoca chuvas constantes ao longo de todo o ano. A temperatura média varia entre 14 °C e 21 °C.

A biodiversidade da Mata Atlântica é uma das maiores do planeta. Mais de 20 mil espécies de plantas são encontradas ao longo da Mata Atlântica. Entre elas estão o pau-brasil, o jacarandá, o angico, o palmito-juçara e a samambaiaçu.

Também são encontradas muitas epífitas, como as bromélias e as orquídeas. A luz atravessa as copas das árvores com mais facilidade que na floresta Amazônica; por isso, a Mata Atlântica apresenta plantas de médio e de pequeno porte mais próximo ao solo. Entre os animais, destacam-se macacos, como o mono-carvoeiro e o mico-leão-dourado, e aves, como a araponga, o tiê-sangue e várias espécies de beija-flor.

A Mata Atlântica costuma destacar-se nos meios de comunicação. No entanto, outros biomas brasileiros, como a Caatinga e o Pampa, também têm seu valor como abrigo da biodiversidade. O que você sabe sobre esses biomas?

⬇ As bromélias (no detalhe) são muito comuns na Mata Atlântica. Nova Petrópolis (RS), 2018.

Ricardo Teles/Pulsar Imagens

⬤ **PASSAPORTE DIGITAL**

Fundação SOS Mata Atlântica
Navegue pelo *site* dessa organização não governamental que atua na preservação do bioma Mata Atlântica.
Disponível em: <http://linkte.me/e02n7>. Acesso em: 4 set. 2018.

AMEAÇAS À MATA ATLÂNTICA

A Mata Atlântica é o bioma brasileiro mais diverso e também o mais devastado. Quando os primeiros colonizadores portugueses chegaram ao Brasil, esse bioma ocupava a faixa litorânea que vai do Rio Grande do Norte ao Rio Grande do Sul. Estima-se que hoje exista apenas cerca de 12,5% de sua área original. Veja os mapas a seguir.

▪ Devastação da Mata Atlântica

Mapas: João Miguel A. Moreira/ID/BR

↑ Ao comparar os mapas, é possível perceber que a maior parte da cobertura original da Mata Atlântica tem sido eliminada desde o início da colonização no Brasil até os dias de hoje.

Fontes de pesquisa: IBGE. Mapa da área de aplicação da Lei n. 11428 de 2006. Disponível em: <ftp://geoftp.ibge.gov.br/informacoes_ambientais/estudos_ambientais/biomas/mapas/lei11428_mata_atlantica.pdf>. Acesso em: 19 out. 2018; *Atlas geográfico escolar*. Rio de Janeiro: IBGE, 2016. p. 102.

Atualmente, cerca de 70% da população brasileira vive nas áreas anteriormente ocupadas pela Mata Atlântica. A grande urbanização é uma das responsáveis pela devastação de quase 90% desse bioma, mas não é a única. Ao longo de nossa história, em particular nos últimos 150 anos, a exploração de madeira no Sul, as culturas do café no Sudeste e da cana-de-açúcar no Norte e no Nordeste também foram responsáveis por essa destruição.

Os fragmentos restantes, embora preservados, não são contínuos, o que dificulta a reprodução das espécies e pode levar muitas delas à extinção.

comprimento (com a cauda): 1,5 m

Cyril Ruoso/Biosphoto/AFP

O muriqui (*Brachyteles arachnoides*) → é um dos mamíferos ameaçados de extinção encontrados na Mata Atlântica.

CAATINGA

A **Caatinga** é um bioma que só existe no Brasil. Ela se distribui de forma contínua por todos os estados do Nordeste e em parte do norte de Minas Gerais. É um bioma de clima semiárido. As temperaturas são elevadas, em geral, mantendo-se entre 27 °C e 29 °C. Chove pouco (no geral as chuvas ocorrem em uma curta estação úmida) e há longos períodos de seca.

Durante a seca, as árvores, de pequeno e médio porte, perdem as folhas. Muitas plantas possuem folhas transformadas em espinhos – o que diminui a perda de água por transpiração – e caules que armazenam água.

← Durante a estação seca, a vegetação da Caatinga perde as folhas. Mamonas (MG), 2014.

Muitas espécies de animais e plantas da Caatinga só existem nesse bioma.

Alguns exemplos de animais encontrados na Caatinga são o sapo-cururu, a cascavel, aves como o carcará e a asa-branca e mamíferos como o veado-catingueiro e o mocó.

A vegetação é formada principalmente por capins, arbustos e árvores de até sete metros de altura. Cactos, como o xiquexique, são comuns.

comprimento: 35 cm

↑ A asa-branca (*Patagioenas picazuro*) é uma ave típica da Caatinga.

altura: 4 m

↑ O xiquexique (*Cereus gounellei*) pode ser usado por animais como fonte de alimento em épocas de seca extrema.

AMEAÇAS À CAATINGA

Como outros biomas brasileiros, a Caatinga está ameaçada. Ela é um dos biomas com menor área protegida: apenas 7,5% de sua área se encontra em Unidades de Conservação.

A ocupação da Caatinga é bastante antiga e sempre esteve ligada à criação de gado e às práticas agrícolas, o que provocou intensa degradação do solo.

Os agrotóxicos utilizados na agricultura são levados pelas chuvas e contaminam o solo, os açudes e os rios. Os sais presentes na água usada na irrigação tendem a permanecer no solo, causando um processo chamado salinização. Essa alta concentração de sais no solo pode prejudicar o desenvolvimento das plantas. O corte de árvores para a produção de carvão também constitui uma grande ameaça à Caatinga.

↑ O desmatamento é uma das grandes causas de degradação ambiental na Caatinga. Oeiras (PI), 2015.

↑ Fornos como o da foto são usados para produzir carvão vegetal em cidades em que predomina o bioma Caatinga. Em alguns casos, é usada madeira proveniente de desmatamentos ilegais. Independência (CE), 2013.

PAMPA

O nome **Pampa** (do quéchua *pampa*, "planície") descreve bem o aspecto desse bioma: o relevo é plano, formado por campos extensos. Portanto, é um bioma do tipo campos.

As temperaturas variam de acordo com as estações: os verões são quentes, e os invernos, rigorosos. A temperatura anual média é de 15 °C. As chuvas variam entre 650 mm e 1200 mm por ano.

A vegetação é formada principalmente de capim, grama e pequenos arbustos, com árvores concentradas nas margens dos rios, formando as **matas de galeria**.

ID/BR

Gerson Gerloff/Pulsar Imagens

↑ **A vegetação rasteira é uma característica do Pampa. Alegrete (RS), 2014.**

altura: 1,7 m

Fabio Colombini/Acervo do fotógrafo

↑ A ema (*Rhea americana*) é um dos animais típicos da fauna do Pampa.

Por causa do relevo e do tipo de vegetação, o Pampa é considerado um pasto natural. Isso determinou a principal atividade humana que se desenvolveu nesse bioma desde a colonização da América: a pecuária.

A fauna dos Pampas é rica em insetos, que servem de alimento para grande variedade de aves, como o quero-quero e as emas. Mamíferos como o tatu, o caxinguelê (um pequeno esquilo) e felinos de pequeno porte são típicos da região.

AMEAÇAS AO PAMPA

A ocupação humana intensa e desordenada degradou mais de 50% da área original. Atualmente, uma das principais ameaças é a monocultura de eucalipto para a produção de celulose, matéria-prima do papel. Essa cultura compacta o solo, consome muita água e altera as características ambientais, pondo em risco a sobrevivência de animais.

RETOMAR

Interaja com **biomas do Brasil** e liste duas características marcantes de cada um deles.

Reconhecer padrões e classificar

Ao observar um mapa de biomas, o leitor pode pensar que os ambientes estão distribuídos exatamente como representado nos mapas. Mas a natureza não reconhece linhas artificiais imaginadas pelo ser humano. Além dessas divisões, até mesmo a definição de cada bioma é resultado de um exercício mental das pessoas que estudam os ambientes do Brasil e da Terra. Esse exercício é baseado principalmente em duas atividades: **reconhecer padrões** e **agrupar semelhantes**.

Material

• fichas de diferentes ambientes (fornecidas pelo professor)

Como fazer

❶ Organizem-se em grupos com quatro ou cinco alunos. Cada grupo deverá receber um jogo com 18 fichas, cada uma com uma imagem e algumas informações sobre determinado ambiente, semelhantemente às dos exemplos.

❷ Juntos, leiam as informações apresentadas na ficha. Observem o que é possível reconhecer por meio da imagem, como o aspecto da vegetação. Verifiquem a localização desse ambiente. Analisem as informações referentes às temperaturas anuais e à quantidade de chuvas.

❸ Procurem reconhecer padrões nos diferentes ambientes representados. Agrupem esses ambientes, classificando-os de acordo com os biomas estudados neste capítulo.

Parque Nacional da Serra das Lontras, Arataca (BA), 2016.

Mico-leão-dourado na Reserva Poço das Antas, Silva Jardim (RJ), 2011.

Fotografia: Rubens Chaves/Pulsar Imagens; mapa e gráfico: ID/BR

Fotografia: Kevin Schafer/Nature PL/Fotoarena; mapa e gráfico: ID/BR

Para concluir

1. Quais características visuais representadas nas fotos foram mais importantes para agrupar os diferentes ambientes representados nas fichas?

2. De que maneira as informações referentes ao clima e à localização ajudaram você e os colegas a agrupar os ambientes de acordo com os biomas brasileiros?

3. Após concluir a classificação dos ambientes, agrupem as fichas que vocês consideraram pertencer ao mesmo bioma. Exponham para a turma o que vocês pensaram durante a atividade e vejam como os outros grupos pensaram.

RETOMAR E COMPREENDER

1. Observe o mapa a seguir. Cada região colorida indicada com um algarismo romano corresponde a um bioma brasileiro. O algarismo I, por exemplo, corresponde ao bioma floresta Amazônica.

■ Biomas terrestres brasileiros

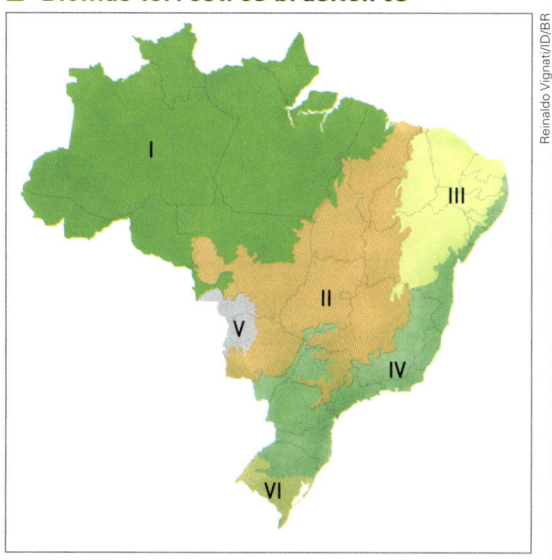

Fonte de pesquisa: *Biomas brasileiros*. IBGE. Disponível em: <http://7a12.ibge.gov.br/images/7a12/mapas/Brasil/biomas.pdf>. Acesso em: 4 set. 2018.

- A quais biomas os outros algarismos romanos correspondem?

2. Em qual bioma se concentra a maior parcela da população brasileira? Que consequência essa ocupação trouxe para o bioma? Se necessário, consulte um mapa de densidade demográfica do Brasil.

3. Diferencie a Mata Atlântica do Cerrado em relação aos seguintes aspectos:
   a) Temperatura média anual.
   b) Tipo de vegetação.

4. Diferencie os biomas Caatinga, Pantanal e Pampa em relação aos seguintes aspectos:
   a) Localização no território brasileiro.
   b) Regime de chuvas.

5. Uma árvore muito conhecida no Pampa é a erva-mate, espécie encontrada também no Mato Grosso do Sul, na Argentina, no Paraguai e no Uruguai. Suas folhas são usadas no preparo de uma infusão quente típica do Sul do país – o chimarrão – e de uma bebida gelada tradicional do Centro-Oeste – o tererê. O consumo da erva-mate é um hábito herdado das etnias indígenas Guarani e Quéchua.
   a) Quais as características da vegetação do Pampa?
   b) Qual a importância de preservar esse bioma e as tradições culturais a ele comumente associadas, como a do consumo da erva-mate?

6. Observe as características da vegetação do bioma retratado nas duas imagens a seguir.

⬆ Fotos tiradas em Cabrobó (PE) em janeiro **(A)** e em agosto **(B)** de 2010.

   a) A que bioma se referem as imagens acima? Que características você analisou para chegar a essa conclusão?
   b) As fotos relacionam-se com os períodos de chuva e de seca desse bioma. Dê mais detalhes sobre esses períodos, comparando as imagens e as características da vegetação desse bioma em cada um deles.

APLICAR

7. Em uma folha avulsa, elabore um folheto sobre a proteção de um bioma brasileiro. Pense a respeito e escolha a mensagem que pretende transmitir. Em seguida, crie frases e elabore desenhos para ilustrar sua mensagem.

Mares, rios, lagos, praias: são vários os ecossistemas aquáticos. Ainda que fortemente influenciados pela água, esses ambientes são diferentes uns dos outros. Que formas de vida habitam esses ecossistemas?

ECOSSISTEMAS COSTEIROS

Os ecossistemas costeiros ocorrem nas regiões litorâneas, onde as águas dos mares se encontram com o continente. Eles costumam ser classificados em quatro tipos: praias arenosas, restingas, costões rochosos e manguezais.

PRAIAS ARENOSAS

As **praias arenosas** são constantemente submetidas a variações de temperatura e de umidade, como a mudança nos níveis da água durante as marés, o vaivém das ondas e a exposição direta aos ventos e aos raios solares. Formado principalmente por grãos de areia, esse ecossistema tem alta salinidade, é pobre em nutrientes e é de difícil fixação para as plantas. A vegetação, quando existente, é rasteira, dispersa e de pequeno porte. Animais como o caranguejo maria-farinha vivem em túneis na praia, e tartarugas marinhas põem seus ovos na areia aquecida.

⬇ Fêmea de tartaruga-verde, também conhecida como aruanã, em uma praia de Itacaré (BA), em 2013. As tartarugas marinhas vão até a areia da praia periodicamente para desovar.

Luiz Claudio Marigo/Nature PL/Fotoarena

RESTINGAS

A **restinga** ocorre na planície arenosa desde a praia e segue em direção ao continente. A vegetação varia conforme a disponibilidade de nutrientes, a luminosidade, a umidade e as condições de fixação.

Próximo da praia arenosa, existem plantas rasteiras, como a ipomeia e a acariçoba. À medida que avança para o continente, a vegetação fica mais densa e diversa: surgem arbustos, algumas árvores, como a caixeta e a pitangueira, e epífitas, como as bromélias e as orquídeas. A fauna das restingas tem muitas aves, répteis, insetos e crustáceos.

A destruição causada pela expansão urbana, a poluição e as queimadas são algumas das ameaças a esse ecossistema.

↑ Área de restinga na praia da Fazenda, em Ubatuba (SP), 2015. Essa vegetação é conhecida como mata de jundu e está ameaçada de extinção.

COSTÕES ROCHOSOS

Os **costões** são formados por rochas que ficam à beira-mar. Nesses ambientes, as rochas ficam expostas à ação das ondas do mar.

Devido ao efeito das marés, o costão rochoso apresenta três zonas: a inferior, permanentemente submersa; a intermediária, região periodicamente coberta pela elevação do nível da água – a ação das correntes marítimas e das ondas é mais intensa nessa zona; e a superior, que raramente fica sob a água.

Tal variação na ação das ondas do mar e na exposição à luz do sol influencia a distribuição de seres vivos nesse ecossistema. Na zona inferior, submersa, podem ser encontradas várias algas e animais, como anêmonas; peixes se alimentam, reproduzem-se e se abrigam nessa zona. Algas verdes, cracas e mexilhões em geral vivem na zona intermediária, fixas às rochas. Na zona superior, onde há borrifos de água, podem ser encontrados liquens e bromélias.

⬤ **PASSAPORTE DIGITAL**

Projeto Tamar
Navegue pelo *site* do Projeto Tamar, criado em 1980, que protege as tartarugas marinhas em toda a costa do Brasil. O projeto conta com 23 bases, em áreas de reprodução e de alimentação e descanso. Disponível em: <http://linkte.me/c2s;0>.
Acesso em: 11 out. 2018.

← Os costões proporcionam diferentes níveis de exposição à luz do sol e à ação das ondas do mar. Costão rochoso em Garopaba (SC), 2016.

MANGUEZAIS

Os **manguezais** ocorrem em locais em que os rios desembocam no mar. Nesses ambientes, a água é salobra. Nas marés altas, a água salgada do mar se mistura à água doce do rio. Já durante as cheias nos rios, a água doce é lançada mar adentro. A água salobra dos manguezais é rica em matéria orgânica e sedimentos trazidos pelos rios. O solo é lodoso, rico em nutrientes, mas pobre em gás oxigênio.

Manguezal em Barreirinhas (MA), 2013. As árvores mostradas na foto, chamadas de mangue-vermelho, possuem estruturas que melhoram a fixação da planta no solo.

As árvores desse ecossistema apresentam adaptações para sobreviver no solo lodoso e com pouco oxigênio. Algumas possuem estruturas que partem do caule e melhoram a fixação das plantas no solo do manguezal; outras têm **pneumatóforos**, estruturas verticais que se projetam acima do solo e auxiliam a respiração do vegetal.

Os manguezais são importantes para muitos peixes, pois é onde eles se reproduzem e depositam seus ovos. Além deles, a fauna é constituída principalmente por crustáceos (como o caranguejo-uçá) e aves (como a garça).

comprimento: 10 cm

⬆ O caranguejo-uçá é um animal típico dos manguezais e constitui importante fonte de alimento para as populações locais. A captura indiscriminada para comercialização é uma ameaça não somente para a sobrevivência dessa espécie, mas para o equilíbrio do ecossistema.

⬆ Pneumatóforos projetando-se acima da superfície do solo. Florianópolis (SC), 2016.

ZONA MARINHA

A partir de certa distância da costa e da influência da água doce dos rios, começa a **zona marinha**, que se estende em direção ao oceano. O limite das águas costeiras no Brasil está a cerca de 370 quilômetros do litoral, que tem aproximadamente 7500 quilômetros de extensão. Veja a imagem ao lado.

As águas oceânicas (mar aberto) que abrigam seres desse ambiente cuja vida não depende do fundo do mar formam a zona pelágica. Já a zona bentônica compreende o fundo do mar propriamente dito. Veja no esquema a seguir.

↑ Imagem de satélite que mostra a extensão das águas territoriais costeiras do Brasil (linha azul-claro). A linha é imaginária: ela foi inserida para auxiliar a leitura da imagem.

Na zona pelágica, a luz penetra até cerca de 200 metros de profundidade. Nessa região, há o fitoplâncton, seres vivos microscópicos capazes de realizar a fotossíntese.

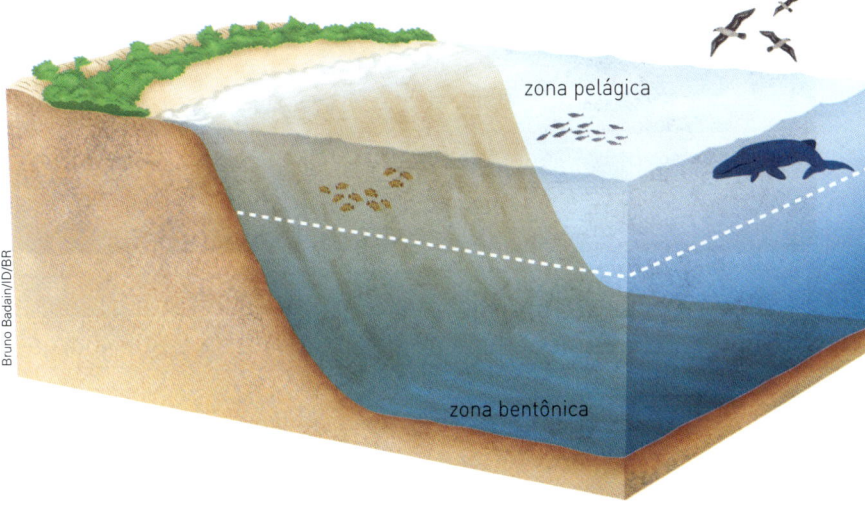

zona pelágica

200 m

zona bentônica

Abaixo de 200 metros de profundidade, começa a região sem luz, que se estende até milhares de metros de profundidade. Nessa região sem luz, não ocorre a fotossíntese.

↑ Esquema da zona marinha. Nesse ambiente, há a zona pelágica e a zona bentônica. A zona pelágica tem duas regiões, uma com luz e outra sem luz. (Representação sem proporção de tamanho e distância; cores-fantasia.)

Próximo à superfície da água, há o **plâncton**: seres microscópicos que não conseguem vencer as correntezas. Os organismos que nadam ativamente e conseguem direcionar sua locomoção independentemente das correntes formam o **néocton**.

Diversas algas e milhares de espécies animais, como crustáceos, moluscos, águas-vivas e anêmonas, estrelas-do-mar, peixes e alguns mamíferos, constituem a grande biodiversidade dos ambientes marinhos.

AMEAÇAS AOS ECOSSISTEMAS MARINHOS

As maiores ameaças aos ecossistemas marinhos brasileiros são a pesca excessiva, o lançamento de lixo e esgoto nas águas marinhas e o turismo desordenado. O acúmulo de lixo plástico provoca contaminação dos organismos. Objetos feitos de plástico, como sacolas, podem ser confundidos com presas e engolidos por animais, provocando obstrução das vias respiratórias e digestórias.

comprimento: 1,4 m

↑ A garoupa-verdadeira é uma das mais de quatrocentas espécies de peixes dos mares brasileiros em risco de extinção em decorrência da pesca excessiva.

ECOSSISTEMAS DE ÁGUA DOCE

Os corpos de água doce fazem parte dos biomas brasileiros. Contudo, os **ecossistemas de água doce** apresentam características muito variadas. Por exemplo: em lagos, lagoas e poças, a água geralmente é parada ou tem fluxo muito lento; nos córregos, riachos e rios, as águas seguem um fluxo moderado ou intenso; já os pântanos de água doce correspondem a áreas inundadas ou encharcadas de água durante a maior parte do tempo.

Vista aérea de trecho do rio São Francisco próximo à divisa entre Alagoas e Sergipe, em 2016. As nascentes do rio São Francisco localizam-se na serra da Canastra, em Minas Gerais, e a foz fica entre Sergipe e Alagoas. Além desses três estados, o rio São Francisco banha também os estados da Bahia e de Pernambuco.

Os ecossistemas aquáticos variam principalmente quanto à luminosidade e à quantidade de gás oxigênio, de matéria orgânica e de sedimentos.

Nos rios, por exemplo, cujo fluxo de água vai das regiões mais altas para as mais baixas, a água próxima à nascente costuma ser pobre em matéria orgânica e rica em gás oxigênio.

À medida que segue seu curso em direção à foz, o rio carrega mais sedimentos e matéria orgânica e tende a reter menos gás oxigênio. A presença de matéria orgânica torna o solo de suas margens fértil, ou seja, um solo que permite o bom desenvolvimento de plantas.

Os lagos, em especial os mais profundos, apresentam três zonas distintas. Veja no esquema a seguir.

foz: local onde as águas de um rio, um córrego ou um riacho desembocam em outro corpo de água, como o mar.

nascente: local onde afloram as águas de um rio, um córrego ou um riacho.

A **zona litorânea**, próxima da margem, é bastante iluminada e apresenta muitas espécies de plantas aquáticas e maior diversidade de vida.

A **zona limnética**, na área central e próxima à superfície, tem muita luz, e as algas planctônicas realizam a fotossíntese.

Esquema de um lago. Nesse ambiente, há três zonas distintas: a zona litorânea, a zona limnética e a zona profunda. (Representação sem proporção de tamanho e distância; cores-fantasia.)

A **zona profunda** recebe menos luz e tem temperatura mais baixa que as demais.

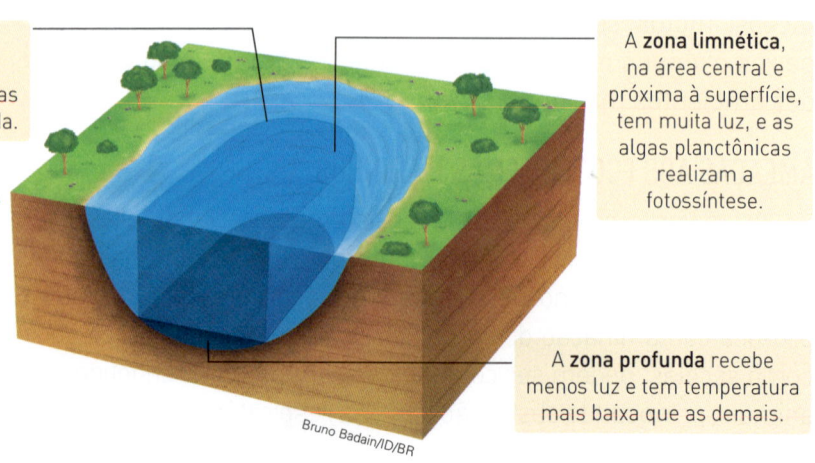

Bruno Badain/ID/BR

Andre Dib/Pulsar Imagens

AMEAÇAS AOS ECOSSISTEMAS DE ÁGUA DOCE

Ao longo do tempo, as populações humanas procuraram se fixar perto de rios, devido à facilidade de transporte, à disponibilidade de água, à abundância de alimentos, entre outros fatores. Contudo, com o aumento dessas populações, cresceu também o impacto sobre os ecossistemas de água doce.

A destruição das matas próximas das margens dos rios deixa desprotegido o solo dessas áreas, que pode ser carregado pela ação das águas; esses sedimentos podem acabar no fundo dos rios, causando várias alterações, como a diminuição de sua profundidade.

O lançamento de esgoto doméstico sem tratamento em rios polui as águas e põe em risco a sobrevivência dos seres que habitam esses ambientes. Os agrotóxicos usados em plantações podem ser levados pelas chuvas e contaminar rios, lagos e outros corpos de água.

A construção de barragens em rios, para produção de eletricidade em usinas hidrelétricas, por exemplo, também causa enorme impacto sobre a vida selvagem e sobre as comunidades que dependem do rio, seja pela formação de grandes áreas alagadas (rio acima), seja pela redução do volume de água (rio abaixo).

Essas e outras ameaças comprometem a disponibilidade de água doce no mundo. Em 2015, por exemplo, o rompimento de uma barragem em Mariana (MG) poluiu o rio Doce com lama e rejeitos de mineração. Assim como em outros ecossistemas, o uso responsável das áreas de água doce exige planejamento, fiscalização, regulamentação de uso das águas, e a criação de áreas de preservação.

Avener Prado/Folhapress

← Praia da Regência em Linhares (ES) em 2 de dezembro de 2015. A cor marrom da água deve-se à lama levada pelo rio Doce. Essa lama teve origem no rompimento de uma barragem em Mariana (MG).

RETOMAR E COMPREENDER

1. Quais são os principais ecossistemas costeiros?

2. Em praias arenosas não costumam ser encontradas plantas de médio ou grande porte. Como se explica esse fato?

3. Observe a foto a seguir e, depois, responda às questões.

a) Que importante estrutura de certas árvores presentes nos manguezais está sendo indicada pelas setas na foto?

b) De que forma a estrutura se relaciona com as características desse ecossistema?

4. O esgoto deve receber tratamento antes de ser despejado em rios.

⬆ Rio Paraíba do Sul, Jacareí (SP), 2014.

a) Pensando nas consequências para o rio e para os seres vivos desse ambiente, por que o esgoto deve ser tratado antes de ser lançado nesses corpos de água?

b) Cite outras três ameaças aos ecossistemas de água doce. Comente.

5. Que ações humanas ameaçam a restinga?

6. De que forma os manguezais são importantes para os ecossistemas marinhos?

7. Que tipos de organismos podem ser encontrados nas zonas pelágica e bentônica? Explique.

8. Diferencie plâncton de nécton.

9. Pesquisadores costumam reconhecer três regiões em um lago.
- Indique quais são essas regiões e descreva brevemente cada uma delas.

APLICAR

10. A Mesopotâmia, região onde se desenvolveu uma importante civilização da Antiguidade, localizava-se nas planícies entre dois grandes rios: o Tigre e o Eufrates. Observe com atenção o mapa a seguir.

▪ Localização e principais cidades da Mesopotâmia

Fonte de pesquisa: *Atlas geográfico escolar*. 7. ed. Rio de Janeiro: IBGE, 2016. p. 48. Disponível em: <http://biblioteca.ibge.gov.br/visualizacao/livros/liv99345.pdf>. Acesso em: 4 set. 2018.

Embora houvesse desertos ao redor da Mesopotâmia, durante as épocas de cheia dos rios as colheitas dessa civilização eram abundantes.
- Como esse fato pode ser explicado?

AMPLIANDO HORIZONTES

Comunidades caiçaras

Há no Brasil uma grande variedade de povos e comunidades tradicionais. Uma dessas comunidades é a **caiçara**, produto da interação das culturas indígena e dos colonizadores portugueses. O modo de vida dos caiçaras foi influenciado pela convivência com a Mata Atlântica – presente na serra do Mar –, os manguezais, a restinga e o mar.

COMPREENDER

Assista a **comunidades caiçaras** e compare o modo de vida deles com o de sua família.

Caiçaras

Comunidades que vivem no litoral, entre Rio de Janeiro e Paraná. Praticam agricultura itinerante, pesca, extrativismo vegetal e artesanato. A especulação imobiliária e a implantação de áreas de proteção integral têm forçado sua migração para cidades. Um agrupamento com tradições preservadas vive na Ilha das Peças, no litoral norte do Paraná. É uma rede de parentesco composta de 283 pessoas, cuja sobrevivência é assegurada pela pesca artesanal. O centro da vila se desloca conforme a necessidade ou a ocasião: uma casa nova, o lugar onde há alguém doente, uma festa. Os terrenos não são cercados, mas não se passa perto de janelas, quintais de idosos, recém-casados, lactantes ou famílias enlutadas. A população acredita que é seu dever transmitir às novas gerações virtudes como bondade e polidez; habilidades como a da pescaria, a de fazer canoas e tecer redes; além do conhecimento de ervas medicinais.

João Prudente/Pulsar Imagens

↑ Ao longo do tempo, o modo de vida dos caiçaras representou baixo impacto ambiental. Comunidade caiçara em Guaraqueçaba (PR), 2012.

lactante: mulher que amamenta.

Eliana Simonetti. Frutos da terra. Revista *Desafios do Desenvolvimento*. Instituto de Pesquisa Econômica Aplicada (Ipea), ano 4, ed. 34, 10 maio 2007. Disponível em: <http://www.ipea.gov.br/desafios/index.php?option=com_content&view=article&id=1155:reportagens-materias&Itemid=39>. Acesso em: 4 set. 2018.

Para refletir

1. A urbanização tem forçado os caiçaras a romper a relação que mantiveram com os ecossistemas onde conviveram por séculos. Por quê?

2. Por que é importante transmitir os conhecimentos e os valores, como a bondade, para as gerações seguintes?

3. Por que se deve respeitar a cultura e o modo de vida dos povos e das comunidades tradicionais, como a caiçara?

ATIVIDADES INTEGRADAS

RETOMAR E COMPREENDER

1. Copie no caderno o esquema abaixo e complete-o com o nome dos biomas terrestres brasileiros abordados nesta unidade.

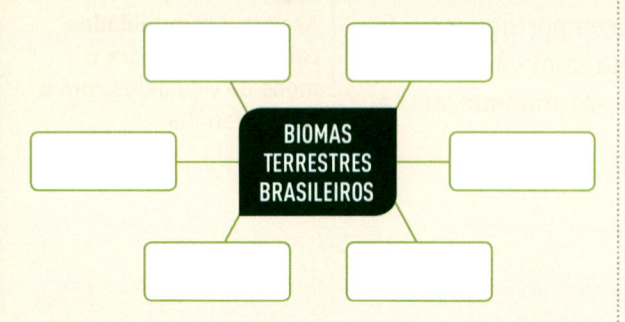

BIOMAS TERRESTRES BRASILEIROS

2. Leia o trecho da reportagem a seguir e faça o que se pede.

No segundo maior bioma da América do Sul, o Cerrado, podem ser encontradas diversas espécies de frutos comestíveis. A vegetação predominante em Mato Grosso do Sul é lar de pequenas delícias como a guavira, a bocaiuva, o araticum, assim como de frutos exóticos, como o pequi, que tem espinhos em sua polpa, e o buriti, um fruto recoberto por escamas. Com olhos atentos, é possível encontrar algumas dessas espécies em regiões urbanas de Campo Grande.

No entanto, por se tratarem de plantas silvestres, o cultivo extensivo é difícil e não é tão fácil encontrar muitos desses frutos em supermercados, por exemplo. "O que existe são pessoas que praticam o extrativismo e vendem os frutos em feiras ou no Mercadão Municipal", explica a engenheira-agrônoma Ana Cristina Araújo, pesquisadora da Agência de Desenvolvimento Agrário e Extensão Rural (Agraer).

[...]

Há algum tempo, uma equipe da Agraer tem se dedicado a pesquisas com o fruto [da guavira]. O objetivo é criar técnicas que permitam o cultivo e a produção da guavira, de modo a fomentar a conservação dessa espécie ameaçada de extinção pela devastação do Cerrado. "É um risco em que incorrem todos os frutos silvestres. Sem o cultivo, eles ficam à mercê de [um] ambiente que vem sendo muito depredado", alerta Ana Cristina.

Thiago Andrade. Cerrado oferece frutos saborosos para gastronomia. *Correio do Estado*, 28 jun. 2016. Disponível em: <http://www.correiodoestado.com.br/arte-e-cultura/cerrado-oferece-frutos-saborosos-para-gastronomia/281065/>. Acesso em: 5 set. 2018.

a) De acordo com o texto, o Cerrado é o segundo maior bioma da América do Sul. Qual é o primeiro?

b) No último parágrafo do texto, afirma-se que o Cerrado é um bioma que tem sido devastado, depredado. Cite duas atividades humanas que contribuem para essa destruição.

3. No caderno, associe os ecossistemas com suas respectivas características.

A. Costões rochosos

B. Manguezais

C. Restinga

I. Ocorre na planície arenosa desde a praia e segue em direção ao continente.

II. Algumas árvores têm estruturas para melhorar a sustentação, outras têm pneumatóforos.

III. Possui três zonas: a inferior, permanentemente submersa; a intermediária, em que a ação das correntes marítimas e das ondas é mais intensa; e a superior, que raramente fica sob a água.

APLICAR

4. Um aventureiro escreveu um diário em que narrava suas viagens de bicicleta pelo Brasil. Em cada capítulo, ele descreve um bioma pelo qual passou. Determinado trecho traz a seguinte descrição:

O final de tarde estava especialmente bonito. Conforme pedalava, o Sol descia à minha direita. Como a vegetação era rasteira, a visão do pôr do sol no horizonte era perfeita.

Considerando apenas esse trecho, é impossível saber por qual bioma o aventureiro estava passando, já que vários biomas brasileiros apresentam vegetação rasteira.

- Escreva mais um parágrafo desse diário, continuando o assunto tratado no parágrafo transcrito acima. No novo texto, você deve deixar claro para o leitor que o aventureiro está passando pelo Pampa. Mas atenção: você não pode usar a palavra Pampa no trecho que vai produzir.

5. Leia o texto a seguir e faça o que se pede.

Por volta do século XVI, a região que corresponde à Caatinga começou a ser utilizada para criação de gado. De lá para cá, esse bioma vem sofrendo as pressões da expansão da fronteira agrícola no país, com grandes áreas ocupadas por plantações de soja, milho e algodão, além da exploração de lenha e carvão vegetal.

a) Em que estados o bioma Caatinga está localizado?

b) Faça uma pesquisa sobre a Caatinga e indique qual porcentagem da área original desse bioma permanece preservada.

ANALISAR E VERIFICAR

6. Leia o texto abaixo e faça o que se pede a seguir.

As praias do litoral brasileiro são visitadas todos os anos por centenas de tartarugas que vêm para a terra firme depositar seus ovos. Após a postura, as tartarugas voltam para o mar, deixando os ovos enterrados na areia. Quando nascem, as pequenas tartarugas precisam se deslocar até a água.

Para aumentar a chance de sobrevivência dos filhotes de tartaruga, uma série de iniciativas são desenvolvidas por entidades governamentais e não governamentais. Entre elas está a construção de cercas em volta dos locais onde as tartarugas desovaram, acompanhadas de sinalização.

↑ Ninho protegido de tartaruga-de-pente, na praia de Intermares. Cabedelo (PB), 2013.

a) Em que tipo de ecossistema as tartarugas depositam seus ovos?

b) Algumas ações do ser humano, como a construção em excesso de habitações, comércios e ruas perto das praias, prejudicam a postura dos ovos de tartaruga. Estabeleça uma relação entre essas ações e a localização do ecossistema em que elas depositam os ovos.

CRIAR

7. A floresta Amazônica e a Mata Atlântica são biomas com características muito parecidas. Ambas são florestas úmidas, que permanecem verdes o ano todo, com temperaturas médias elevadas e grande biodiversidade.

- Elabore uma hipótese para explicar por que a floresta Amazônica e a Mata Atlântica não são consideradas o mesmo bioma.

8. O açaí, a juçara e o buriti são espécies de palmeiras nativas do Brasil. Elas podem ter diversos usos para os seres humanos. Forme grupo com os colegas e realizem uma pesquisa sobre essas e outras palmeiras nativas, conforme as orientações a seguir.

a) Identifiquem a área ou o bioma onde ocorrem.

b) Apresentem suas características e seus usos.

c) Verifiquem os impactos que sua exploração tem gerado ao ambiente.

d) Façam um guia de campo com essas informações e imagens e compartilhem com a turma.

9. A maior parte dos biomas e dos ecossistemas do mundo é afetada pelas ações humanas. A degradação desses ambientes interfere no modo de vida de populações humanas que vivem nesses locais e dependem de seus recursos. Muitas dessas populações correm o risco de desaparecimento, assim como seus saberes a respeito da natureza.

- Em sua opinião, é importante que esses saberes sejam preservados? Por quê?

IDEIAS EM CONSTRUÇÃO – UNIDADE 6

Capítulo 1 – Cerrado, floresta Amazônica e Pantanal

- Descrevo as principais características dos biomas Cerrado, floresta Amazônica e Pantanal?
- Entendo as ameaças a esses biomas e reflito sobre soluções para preservar tais ambientes?
- Compreendo o modo de vida dos pantaneiros e a importância de respeitar e preservar os modos de vida dos povos tradicionais?

Capítulo 2 – Mata Atlântica, Caatinga e Pampa

- Descrevo as principais características dos biomas Mata Atlântica, Caatinga e Pampa?
- Entendo as ameaças a esses biomas e reflito sobre soluções para preservar tais ambientes?
- Analiso imagens, mapas e gráficos, reconhecendo padrões e agrupando semelhantes, e reflito sobre a importância dessas habilidades?

Capítulo 3 – Ecossistemas aquáticos

- Descrevo os tipos de ambientes que formam os ecossistemas costeiros?
- Entendo que a zona marinha é aquela que se estende em direção ao oceano?
- Compreendo o que são ecossistemas de água doce e cito exemplos?
- Reflito sobre as ameaças aos ecossistemas aquáticos?
- Conheço o modo de vida dos caiçaras, os fatores que ameaçam esse modo de vida e a importância de respeitar e preservar os modos de vida dos povos tradicionais?

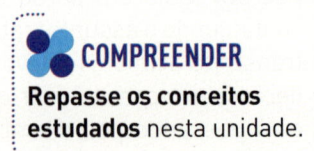

COMPREENDER

Repasse os conceitos estudados nesta unidade.

CRIAR

Construa uma **rede de ideias** com o que você aprendeu nesta unidade.

Nelson Provazi/ID/BR

ECOLOGIA

Você já deve ter ouvido a palavra ecologia em vários contextos. Mas você sabe o que é ecologia no contexto das ciências? Nesta unidade, você vai aprender sobre esse campo de estudos, que busca entender as relações dos seres vivos entre si e com o ambiente.

CAPÍTULO 1
O que a ecologia estuda

CAPÍTULO 2
Relações ecológicas

CAPÍTULO 3
Matéria e energia nos ecossistemas

PRIMEIRAS IDEIAS

1. Você acredita que as condições do ambiente podem interferir na vida dos organismos? Por quê?

2. As onças caçam animais, como capivaras e jacarés, para se alimentar. Como você classificaria a relação entre a onça e suas presas?

3. A matéria e a energia são elementos fundamentais dos ambientes. Como a matéria e a energia passam de um organismo a outro?

4. **RETOMAR** Recorde conceitos importantes para o estudo da unidade.

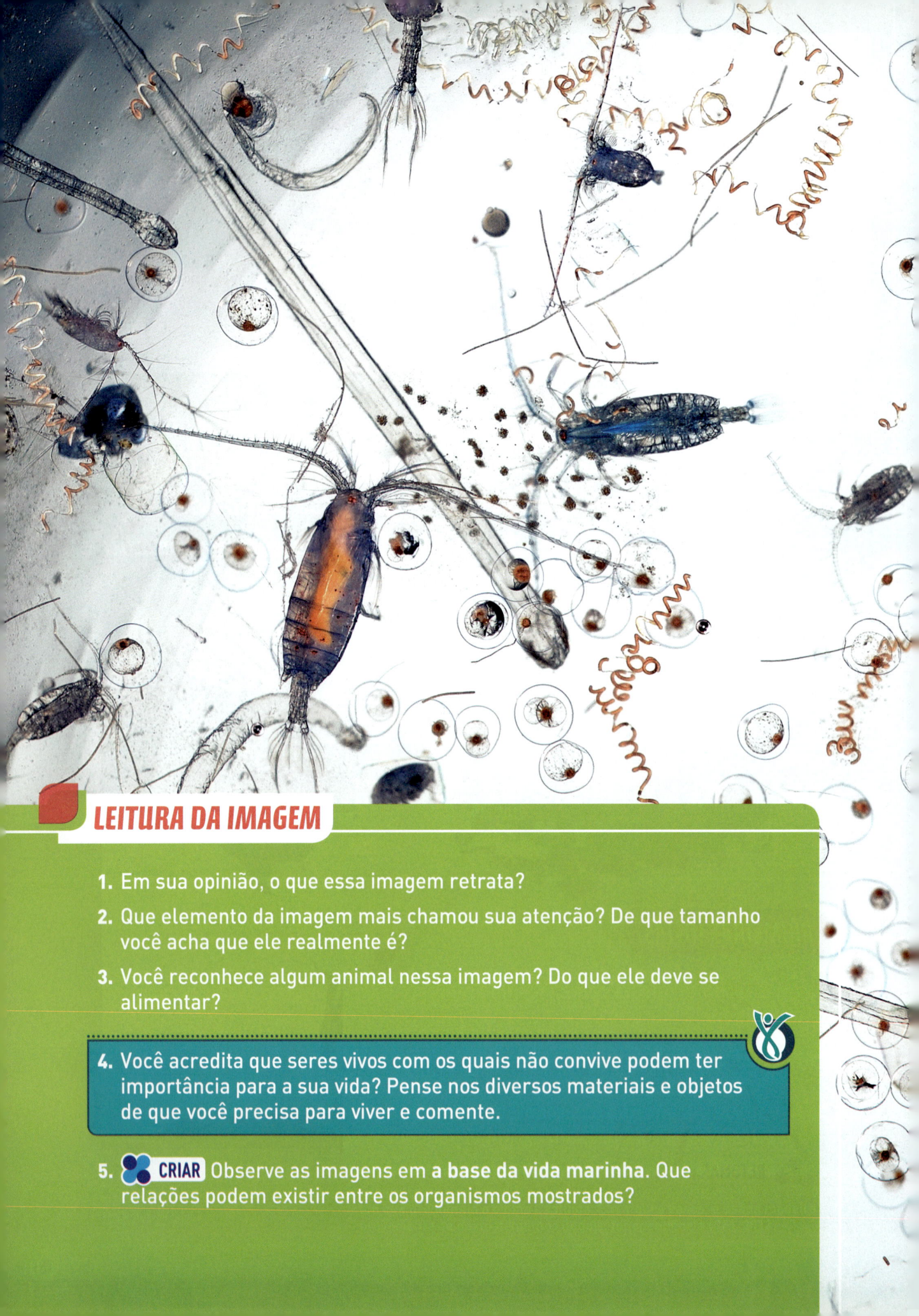

LEITURA DA IMAGEM

1. Em sua opinião, o que essa imagem retrata?

2. Que elemento da imagem mais chamou sua atenção? De que tamanho você acha que ele realmente é?

3. Você reconhece algum animal nessa imagem? Do que ele deve se alimentar?

4. Você acredita que seres vivos com os quais não convive podem ter importância para a sua vida? Pense nos diversos materiais e objetos de que você precisa para viver e comente.

5. **CRIAR** Observe as imagens em **a base da vida marinha**. Que relações podem existir entre os organismos mostrados?

Plâncton marinho.

O QUE A ECOLOGIA ESTUDA

A vida de qualquer organismo depende das interações que ele estabelece com o ambiente, inclusive com outros seres vivos. Como é possível estudar essas interações?

ECOLOGIA: O ESTUDO DAS INTERAÇÕES

A **ecologia** é a ciência que busca entender como os organismos interagem entre si e com os elementos do ambiente em que se encontram, como solo, água e temperatura. Essa área de estudo ajuda a compreender, por exemplo, o que leva os seres vivos a habitar determinado local ou por que algumas espécies estão ameaçadas de extinção.

Cada espécie de ser vivo necessita de certas condições e de recursos específicos para viver. Isso inclui os alimentos que consomem, as variações de temperatura que toleram, as relações que estabelecem com os demais seres vivos, como se reproduzem, etc. Esse conjunto de interações e de atividades de uma espécie, relacionado ao seu modo de vida no ecossistema, é chamado **nicho ecológico**.

Os buritis, por exemplo, são palmeiras com baixa tolerância a solos secos, portanto: desenvolvem-se melhor em solos úmidos; servem de abrigo para várias aves do Cerrado, como o maracanã; seus frutos servem de alimento para cutias, capivaras e araras, que ajudam a dispersar suas sementes; florescem o ano todo, principalmente de abril a agosto.

O hábitat dos buritis (*Mauritia flexuosa*) são áreas do Cerrado com solos úmidos, próximos a córregos ou a outros corpos de água. Parque Nacional da Chapada dos Veadeiros, em Alto Paraíso de Goiás (GO), 2015.

Zig Koch/Pulsar Imagens

A POPULAÇÃO E O AMBIENTE

Um dos objetivos da ecologia é estudar as características próprias de uma população, como o número de indivíduos, a distribuição espacial e a taxa de crescimento, e também como esses aspectos variam com o tempo.

TAMANHO DA POPULAÇÃO

Toda população é influenciada pelas características do ambiente, com seus fatores bióticos e abióticos, que podem sofrer alterações com o passar do tempo. Essas mudanças influenciam as taxas de nascimento e de morte de uma população e o deslocamento de indivíduos de uma região para outra. Assim, o tamanho de uma população pode variar.

A **taxa de natalidade** indica a quantidade de nascimentos em uma população em certo período de tempo. Em geral, a taxa de natalidade está relacionada a características reprodutivas da espécie. Algumas espécies, como os elefantes, geram poucos descendentes, mas estes recebem cuidados dos pais, o que aumenta as chances de sobrevivência. Outras espécies, como a planta dente-de-leão, geram centenas de descendentes (nesse caso, centenas de sementes). Muitas sementes morrem antes de germinar, mas, como são liberadas em grande número, há chance de que alguns indivíduos consigam sobreviver até a idade de se reproduzir.

A **taxa de mortalidade** é a quantidade de mortes em uma população em certo período de tempo. A disponibilidade de recursos – como abrigo, alimento e água – e as interações entre espécies, como a existência de predadores, influenciam a taxa de mortalidade e podem afetar o crescimento de uma população.

Quando a sobrevivência dos seres vivos é ameaçada, algumas espécies são capazes de se deslocar para procurar ambientes com melhores condições de vida. Por isso, o tamanho das populações também é influenciado pelas **migrações** dos organismos.

comprimento (adulto): 1,9 m

Fabio Colombini/Acervo do fotógrafo

↑ O tamanduá-bandeira (*Myrmecophaga tridactyla*) tem apenas um filhote por vez. A fêmea cuida do filhote e o carrega nas costas durante os primeiros seis meses de vida.

altura: 4 cm

Stoupa/Dreamstime.com/ID/BR

↑ Uma inflorescência de dente-de--leão (*Taraxacum* sp.) pode liberar de 40 a 100 sementes, mas a taxa de mortalidade é alta.

comprimento: 6 cm

Zig Koch/Opção Brasil Imagens

← Panapaná é o nome dado a um conjunto de borboletas migratórias, como as da foto. Milhares ou até milhões de borboletas voam de uma região para outra na floresta Amazônica, alterando o número de indivíduos das populações dessas regiões. O motivo exato desse deslocamento ainda é desconhecido, mas as borboletas provavelmente se deslocam para locais com maior oferta de alimento para sua prole.

A ESTRUTURA DAS COMUNIDADES

As comunidades têm características próprias. Uma delas é a quantidade de espécies existentes. Essa característica, denominada **riqueza**, pode fornecer dados importantes sobre a estrutura da comunidade. Outra característica relevante de uma comunidade são as relações alimentares entre os seres vivos que a compõem e seus fluxos de energia e de matéria.

VARIAÇÃO AO LONGO DO TEMPO

Muitas comunidades sofrem modificações até atingir um estágio de relativa estabilidade. A qualquer momento, no entanto, um evento, como uma queimada ou uma enchente, pode perturbar essas comunidades, modificando sua estrutura.

A reconstrução de uma comunidade, em casos como esses, pode ocorrer lentamente. Durante o processo de reconstrução, certas espécies, conhecidas como **pioneiras**, ocupam o ambiente e modificam as condições do meio, permitindo que outras espécies também possam ocupá-lo. À medida que a comunidade fica mais complexa, os pioneiros vão sendo substituídos.

A série de mudanças pelas quais uma comunidade passa ao longo do tempo é chamada de **sucessão ecológica**. Ela pode ocorrer tanto em hábitats que acabaram de se formar quanto em ambientes estáveis que sofreram perturbações. Veja as ilustrações abaixo.

LIVRO ABERTO

Mano descobre a ecologia, de Heloisa Prieto e Gilberto Dimenstein. São Paulo: Ática, 2011.

Mano investiga a relação entre a escassez de um fator físico do ambiente – a água – e a construção de um condomínio.

RETOMAR

Veja como pode acontecer a **sucessão ecológica**. Qual é o papel das espécies pioneiras nesse processo?

↑ Nesse exemplo, uma comunidade estável tem sua estrutura perturbada por um deslizamento de terra, que mata muitas de suas árvores.

↑ Inicialmente, instalam-se os organismos de espécies pioneiras, como gramas e outras ervas.

↑ Espécies pioneiras, então, modificam o meio no qual se instalaram, gerando condições para que árvores e arbustos ocupem o local.

↑ Essas plantas, por sua vez, alteram as características do ambiente, oferecendo condições para outros tipos de plantas, mas tornando o hábitat inadequado para grande parte das espécies pioneiras. A comunidade atinge uma configuração com relativa estabilidade.

Ilustrações: BUGBITE/ID/BR

ECOSSISTEMA

Um **ecossistema** é formado pelas relações entre os seres vivos e o meio e também pelos fluxos de matéria e energia que existem nele. Assim, os ecossistemas podem ser tão extensos quanto um manguezal ou tão pequenos como o interior de uma bromélia. Da mesma forma que as comunidades, os ecossistemas estão sujeitos a alterações ao longo do tempo.

O estudo dos ecossistemas procura entender, por exemplo, quais são as principais fontes de energia e as relações alimentares entre os seres vivos. Além disso, investiga como as atividades dos seres vivos alteram os fatores físicos do ambiente, como as condições do solo e a disponibilidade de água.

A ação humana pode causar graves desequilíbrios nos ecossistemas. Por isso, preservar os ecossistemas é essencial para proteger os outros sistemas ecológicos.

↑ O manguezal é um ecossistema que ocorre no litoral brasileiro. A poluição das águas e do solo e o avanço urbano são extremamente prejudiciais a esse ecossistema. Cananeia (SP), 2012.

BIOSFERA

A **biosfera** compreende todos os ambientes da Terra nos quais há vida. Ela é o nível de organização de maior escala na ecologia e engloba biomas, ecossistemas, comunidades, populações e organismos.

O estudo da biosfera envolve a análise dos movimentos globais do ar e da água, dos fluxos de energia, dos ciclos dos componentes químicos presentes nos sistemas ecológicos e do modo como todos esses fatores interagem no planeta.

As correntes oceânicas e os ventos, por exemplo, influenciam a formação dos diversos climas na Terra. Esses climas, por sua vez, influenciam a forma como os organismos se distribuem no planeta.

Em outras palavras, o clima influencia a quantidade e o tipo de plantas de certa região. Por sua vez, isso interfere na distribuição de herbívoros e de carnívoros nessa região e, consequentemente, na quantidade de energia e de matéria orgânica disponíveis nesse ecossistema.

Compreender como os diversos elementos da biosfera atuam e interagem uns com os outros contribui para o estudo das causas e das consequências de certas variações climáticas. Por meio desses estudos, por exemplo, é possível estabelecer se essas variações são naturais ou se são causadas pelo ser humano e, ainda, como elas interferem nos diversos ecossistemas do planeta.

↓ Entre as interferências humanas estão a grande liberação de gases de efeito estufa (como o gás carbônico) na atmosfera, os danos à camada de ozônio, o desmatamento em grandes áreas florestais e os vários tipos de poluição. Na foto, faixa de poluição sobre Mauá (SP), 2015.

ATIVIDADES

RETOMAR E COMPREENDER

1. Imagine que uma certa ilha abriga uma população de gaivotas. O que deve acontecer com o tamanho dessa população se durante certo tempo:

   a) houver mais mortes de gaivotas do que nascimentos?

   b) houver mais nascimentos de gaivotas do que mortes?

   c) houver mais gaivotas se deslocando para outras ilhas do que gaivotas de outras ilhas chegando a essa ilha?

2. O vulcão de Colima, mostrado na foto abaixo, é ativo e está localizado no México.

yduenas10/iStock/Getty Images

↑ Vulcão de Colima emitindo fumaça em 2018.

Imagine que ele entre em erupção e que sua lava escorra para fora, atingindo a floresta que o rodeia. Sobre isso, responda:

   a) O que acontecerá com a comunidade florestal em um primeiro momento?

   b) Com o passar do tempo, quais transformações são esperadas nessa vegetação?

3. Diferencie ecossistema de biosfera.

4. As garças alimentam-se principalmente de peixes. Imagine que a seca em uma região force diversas garças a migrar para uma lagoa próxima, onde já existia uma população dessa mesma espécie de ave. Responda:

   a) Que efeito a chegada de novas aves teria sobre a população de garças que já existia na lagoa?

   b) E sobre as populações de peixes que vivem na lagoa? Explique.

5. Leia o texto a seguir e responda à questão.

   O cientista Eugene Odum (1913-2002) elaborou uma explicação para facilitar o entendimento do significado dos termos hábitat e nicho ecológico. Para ele, o hábitat poderia ser considerado o "endereço" de uma espécie, enquanto o nicho ecológico seria a "profissão" da espécie na natureza.

   • Com base em seus conhecimentos, explique a analogia feita pelo cientista.

APLICAR

6. Leia o texto a seguir e faça o que se pede.

   As queimadas geram um desequilíbrio ambiental e afetam tanto a fauna quanto a flora. Mas a destruição vai além do que os olhos podem ver. De acordo com a engenheira agrônoma Thaís Guarda Prado Avancini, o fogo faz com que a vegetação perca a diversidade biológica, diminuindo os microrganismos e matérias orgânicas e dificultando a regeneração natural da floresta.

   A regeneração da floresta não é tão simples assim. Para se recuperar com mais agilidade, a mata precisa contar com a ajuda do [ser humano]. "Tudo depende da gravidade do incêndio, mas é preciso pensar em uma estratégia de sucessão ecológica para que possa ser feito o replantio de algumas espécies, ou agir até com o banco de sementes", acrescenta Thaís.

   Queimada: uma grande ameaça para a vida selvagem. *G1*, 10 ago. 2018. Disponível em: <https://g1.globo.com/sp/campinas-regiao/terra-da-gente/especiais/noticia/2018/08/10/queimada-uma-grande-ameaca-para-a-vida-selvagem.ghtml>. Acesso em: 20 fev. 2019.

   a) Descreva como deve ocorrer a sucessão ecológica em uma área florestal atingida por um incêndio.

   b) De acordo com o texto, como o ser humano pode ajudar na recuperação de uma floresta em que ocorreu uma queimada?

   c) Reuna-se com um ou dois colegas e pesquisem sobre ações que contribuem para a redução da ocorrência de incêndios florestais.

INTERAÇÕES ENTRE SERES VIVOS

As interações que ocorrem entre os organismos, sejam eles de uma mesma espécie, sejam de espécies diferentes, são chamadas **relações ecológicas**. O esquema abaixo organiza algumas das principais relações ecológicas.

Os organismos interagem uns com os outros estabelecendo relações que podem trazer vantagens ou desvantagens. Que tipos de relação entre os seres vivos você conhece?

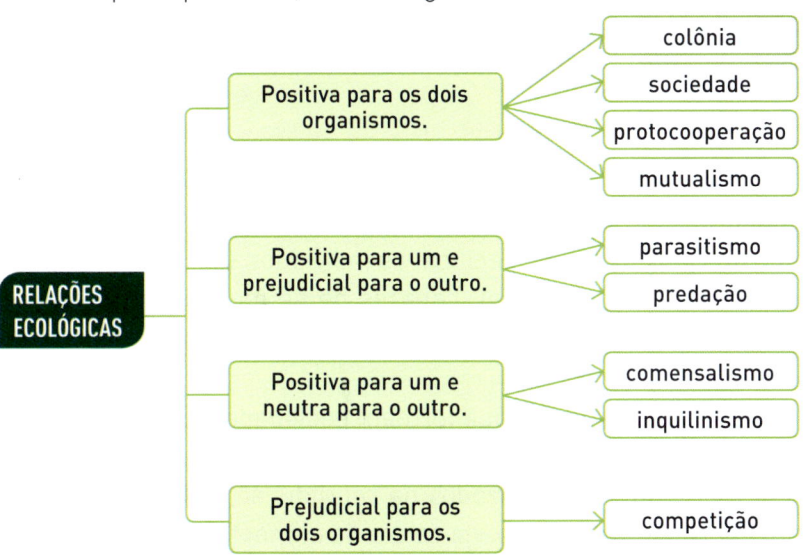

RELAÇÕES ECOLÓGICAS

- Positiva para os dois organismos.
  - colônia
  - sociedade
  - protocooperação
  - mutualismo
- Positiva para um e prejudicial para o outro.
  - parasitismo
  - predação
- Positiva para um e neutra para o outro.
  - comensalismo
  - inquilinismo
- Prejudicial para os dois organismos.
  - competição

↓ Algas da espécie *Volvox* sp. Essas esferas são formadas por uma associação de algas unicelulares (os pequenos pontos verdes). Cada esfera é resultado da interação entre indivíduos diferentes. Foto ao microscópio de luz, aumento de cerca de 140 vezes.

Perceba que as relações podem ser vantajosas para um indivíduo ou para os dois indivíduos envolvidos, ou desvantajosas para pelo menos um deles. Saiba mais sobre essas relações a seguir.

E. R. Degginger/Alamy/Fotoarena

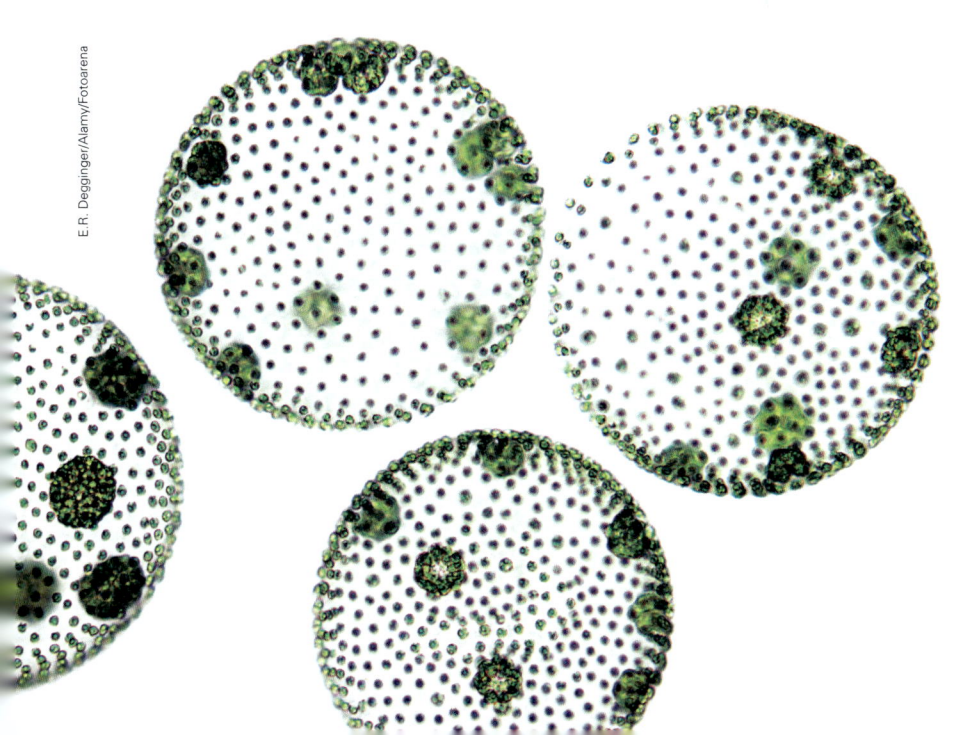

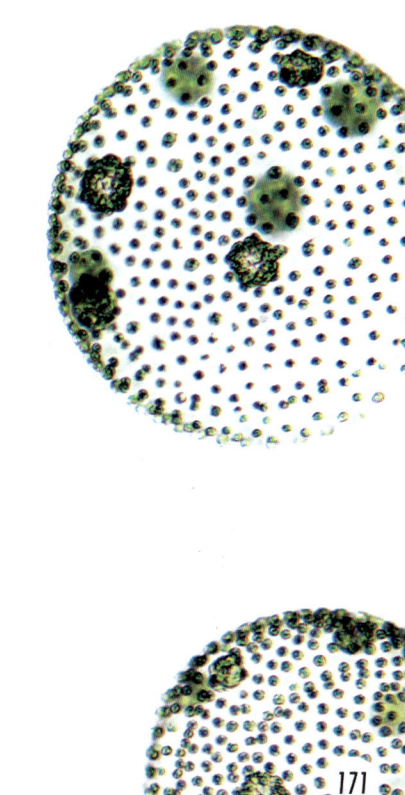

diâmetro: 1 m

Jurgen Freund/Nature PL/Fotoarena

↑ Coral da espécie *Platygyra lamellina*. Nas colônias, cada indivíduo constrói um esqueleto calcário ao redor do próprio corpo. Quando o indivíduo morre, a parte mole de seu corpo se decompõe, mas o esqueleto permanece e serve de apoio para outros indivíduos. Assim, o coral aumenta de tamanho.

COLÔNIA

É comum que indivíduos da mesma espécie vivam em interação constante. Nesse caso, dizemos que, entre eles, se estabelece uma **relação intraespecífica**.

A vida em grupo traz, em geral, benefícios para todos os indivíduos envolvidos, como mais possibilidades de reprodução e realização de esforços conjuntos para defender o grupo e obter alimentos.

Em algumas espécies, os organismos se mantêm fisicamente unidos. Nesse caso, diz-se que os indivíduos formam **colônias**. É o que ocorre nas colônias de algas *Volvox*, mostradas na página anterior, e nos recifes de coral.

SOCIEDADE

As **sociedades** também são formações coletivas em que há cooperação entre indivíduos da mesma espécie. Porém, nesse tipo de relação intraespecífica, os indivíduos são fisicamente independentes e, em geral, capazes de se locomover. As sociedades humanas, as colmeias de abelhas e os formigueiros são exemplos de sociedade.

Em várias espécies que formam sociedades, ocorre a divisão de funções. Nos formigueiros e cupinzeiros, por exemplo, existem indivíduos especializados na reprodução, outros, na defesa do ninho, e outros, ainda, na coleta de alimento. A divisão de trabalho pode se refletir na estrutura corporal. Nas abelhas, por exemplo, a rainha, responsável pela produção de novos indivíduos, é maior que os demais integrantes da colmeia.

comprimento: 1 cm

rainha

operárias

frans lemmens/Alamy/Fotoarena

↑ As abelhas (*Apis mellifera*) são insetos sociais. Nas sociedades desses insetos, os indivíduos são divididos em castas, ou seja, há grupos de indivíduos especializados em determinadas funções: as operárias (fêmeas estéreis que realizam todo o trabalho), os zangões (machos férteis) e a rainha (fêmea fértil).

comprimento: 6 mm

Francesco Tomasinelli/AGF/UIG/Getty Images

↑ As formigas, como a papa-mel (*Oecophylla longinoda*), também são insetos sociais. Elas se comunicam por substâncias reconhecidas pelas formigas de uma mesma espécie: os feromônios. Os membros de um formigueiro deixam rastros de feromônio.

COMPETIÇÃO

Quando os indivíduos de uma comunidade usam os mesmos recursos do ambiente de maneira semelhante, e ao menos um dos recursos é insuficiente para todos os organismos, surge uma relação de **competição**.

A competição pode ocorrer entre indivíduos de uma mesma espécie, em uma relação intraespecífica. É o caso da competição entre machos na disputa por atenção de fêmeas para a reprodução, ou entre grupos de pombos na disputa por alimento.

comprimento: 14 m

Filp Nicklin/Minden Pictures/Fotoarena

← Na época de reprodução, é comum dois ou mais machos de jubarte (*Megaptera novaeangliae*) competirem para se acasalar com uma fêmea.

Também pode ocorrer competição entre indivíduos de espécies diferentes, em uma **relação interespecífica**, como nos casos em que plantas de diferentes espécies competem por acesso à luz solar ou por água, ou de animais de espécies diferentes que disputam os mesmos alimentos.

UIG/Getty Images

← Gaivota-alegre (*Leucophaeus atricilla*, à esquerda; mede 40 cm de altura) e íbis-branco (*Eudocimus albus*, à direita; mede 60 cm de altura) competem pelo mesmo alimento.

Há casos em que alguns organismos exploram os recursos do ambiente de modo mais eficiente que outros. Em uma situação de competição, os mais eficientes conseguem mais recursos e, portanto, têm mais chances de sobreviver e de gerar descendentes. Ainda assim, a competição é considerada prejudicial a todos os organismos envolvidos, mesmo para os que conseguem obter o recurso de modo mais eficiente, porque a disputa gera gasto de energia, limitando o crescimento da população.

Teste de condições na germinação de sementes

O que acontece à medida que mais sementes são colocadas para germinar em um local com espaço e água limitados? Para responder a essa pergunta, você vai fazer um **experimento**.

Material

- 5 copos plásticos de 100 mL
- 5 discos ou bolas de algodão
- um punhado de sementes de tomate
- água
- terra de jardim
- colher de sopa
- régua

Como fazer

❶ Formem grupos de até cinco alunos e providenciem os materiais listados.

❷ Coloquem o algodão no fundo dos copos. Depois, coloquem duas colheres de sopa de terra de jardim. Em seguida, despejem uma colher de sopa de água.

❸ Numerem os copos de 1 a 5. Coloquem, em cada copo, a quantidade de sementes indicada na tabela ao lado.

❹ Uma vez ao dia, reguem os copos com uma colher de sopa de água.

❺ Após duas semanas, ou quando a altura das plantas tiver ultrapassado a borda dos copos plásticos, coletem os seguintes dados:

- altura das plantas (do algodão até a folha mais alta);
- comprimento das folhas (quatro folhas por planta);
- quantidade de sementes que germinaram.

Copo	Quantidade de sementes
1	8
2	16
3	32
4	64
5	128

❻ Para cada copo, calculem a média das medidas da altura das plantas e do comprimento das folhas. Com relação à germinação, determinem a porcentagem de sementes que germinou. Se necessário, peçam ajuda ao professor de Matemática.

❼ Analisem os dados coletados, buscando perceber se houve diferença na germinação e no desenvolvimento das plantas entre os cinco copos.

Leandro Lassmar/ID/BR

Para concluir

1. O que variou na montagem de um copo para outro?

2. Voltem à questão apresentada no início desta página. Os resultados observados permitem chegar a uma conclusão? Elaborem uma explicação para o que foi observado, identificando a relação ecológica que se estabeleceu entre as sementes.

PROTOCOOPERAÇÃO

A relação de **protocooperação** beneficia os dois organismos envolvidos, mas não é obrigatória. Embora os dois obtenham vantagens com a relação, um indivíduo consegue sobreviver sem o outro.

Um exemplo de protocooperação é a relação que pode se estabelecer entre o gavião-carrapateiro e a capivara. Nessa relação, o gavião obtém vantagem ao se alimentar de carrapatos e bernes presentes na pele da capivara, e a capivara acaba sendo beneficiada porque os parasitas são eliminados de sua pele.

comprimento da ave: 40 cm

← O gavião-carrapateiro (*Milvago chimachima*) se alimenta de parasitas que vivem na pele da capivara (*Hydrochoerus hydrochaeris*).

MUTUALISMO

Há casos em que a relação ecológica é benéfica e obrigatória para as espécies envolvidas, ou seja, os indivíduos dependem dessa relação para sobreviver ou se reproduzir. Essa relação é conhecida como **mutualismo**.

Isso ocorre, por exemplo, na relação entre alguns tipos de plantas com flores que dependem de animais para se reproduzir. Ao mesmo tempo que os animais obtêm o alimento de que necessitam sugando néctar, eles polinizam as flores, participando da reprodução dessas plantas.

envergadura: 12,5 cm

↑ Ao se alimentar do néctar da flor, a borboleta-monarca (*Danaus plexippus*) realiza a polinização. Dessa forma, planta e borboleta obtêm vantagens.

COMENSALISMO

Na relação de **comensalismo**, uma das espécies é beneficiada e obtém alimento a partir da outra, para a qual a relação é indiferente. Por exemplo, as garças-vaqueiras seguem grandes herbívoros, como o gado, e se alimentam dos insetos que eles afugentam enquanto pastam.

altura da garça: 50 cm

← A garça-vaqueira (*Bubulcus ibis*) é beneficiada pela atividade dos bois (*Bos taurus*). Eles espantam pequenos insetos, que são capturados pelas garças.

altura: 15 cm

Edson Grandisoli/Pulsar Imagens

↑ Bromélias que usam árvores como suporte estabelecem uma relação de inquilinismo com essas plantas.

INQUILINISMO

Há situações em que uma das espécies se beneficia ao usar a outra apenas como suporte ou abrigo, ou seja, sem prejudicá-la. Essa relação é denominada **inquilinismo**.

Muitas aves aproveitam a estrutura de uma árvore para construir seu ninho. Certas bromélias, orquídeas e outros tipos de plantas – chamadas de epífitas – também vivem sobre árvores sem prejudicá-las.

PREDAÇÃO

A **predação** ocorre quando um ser vivo captura outro ser vivo para se alimentar dele. Nessa relação, há o predador, que é o organismo que se alimenta, e a presa, que é o organismo que serve de alimento. A predação ocorre, por exemplo, quando um jacaré se alimenta de um peixe.

Portanto, a predação é uma relação benéfica para o predador (nesse caso, o jacaré) e prejudicial para a presa (o peixe).

comprimento do jacaré: 2,5 m

Artur Keunecke/Pulsar Imagens

↑ Além de ser um predador de peixes, o jacaré-do-pantanal (*Caiman yacare*) se alimenta de outros vertebrados, como as capivaras, e de invertebrados, como os caramujos.

PARASITISMO

O **parasitismo** ocorre quando um indivíduo, chamado de parasita, vive à custa de outro organismo, o hospedeiro, retirando dele seu alimento. Nessa relação, o parasita é beneficiado, e o hospedeiro é prejudicado. Os parasitas podem viver dentro do corpo de seu hospedeiro (como a lombriga) ou fora dele (como os piolhos).

O piolho (*Pediculus* sp.) é um parasita → que pode ser encontrado no couro cabeludo de seres humanos, onde se alimenta de sangue.

comprimento: 2 mm

blickwinkel/Hecker/Alamy/Fotoarena

RETOMAR E COMPREENDER

1. Qual é a diferença entre uma relação interespecífica e uma relação intraespecífica?

2. Que relação ecológica se estabelece entre os moradores de um município? Explique.

3. Copie no caderno o quadro abaixo e preencha cada campo com um destes símbolos:

   + quando a relação é benéfica ao organismo;

   0 quando a relação é neutra ao organismo;

   − quando a relação é prejudicial ao organismo.

Relação	Organismo 1	Organismo 2
Competição		
Mutualismo		
Comensalismo		
Inquilinismo		
Predação		
Parasitismo		

4. Leia o texto abaixo e observe a imagem. Em seguida, classifique as relações ecológicas listadas e justifique suas escolhas.

   O anu-preto é uma ave comum em muitas regiões rurais do Brasil. Tem bico forte, com o qual se alimenta de frutos, sementes, insetos e carrapatos. Para obter carrapatos, o anu-preto pousa sobre o dorso de outros animais, como bois, vacas e capivaras.

comprimento da ave: 35 cm

Fabio Colombini/Acervo do fotógrafo

↑ Capivara com anu-preto (*Crotophaga ani*) nas costas.

   a) Relação entre o carrapato e a capivara.

   b) Relação entre o anu-preto e os animais que carregam carrapatos (capivaras, bois, etc.).

   c) Relação entre vários anus-pretos pousados sobre o dorso de uma mesma capivara.

5. Leia o texto, observe a imagem e responda às questões.

   As cracas são invertebrados que vivem fixos a uma superfície e filtram a água do mar para se alimentar de pequenos organismos e de matéria orgânica. O ambiente ideal para esses animais são águas rasas. Algumas espécies conseguem sobreviver por alguns períodos fora da água, quando a maré está baixa.

comprimento: 2,5 cm

Fabio Colombini/Acervo do fotógrafo

↑ Cracas em costão rochoso.

   a) Por qual recurso você supõe que as cracas competem?

   b) Com base na foto, que tipo de competição está representada: intraespecífica ou interespecífica? Por quê?

APLICAR

6. Muitos desenhos animados exploram, em suas tramas, a relação de predação entre animais. A cena abaixo, do filme *Procurando Nemo* (2003), é um exemplo disso.

Everett Collection/Fotoarena

   • Relembre ou pesquise algum outro desenho animado que tenha apresentado a predação entre suas personagens e faça um desenho ou esquema que represente essa relação.

MATÉRIA E ENERGIA NOS ECOSSISTEMAS

Os seres vivos estabelecem várias relações com o ambiente. Entre as mais importantes, estão aquelas estabelecidas para obtenção de alimentos, por serem essenciais à sobrevivência. Quais são os modos de obtenção de alimento dos seres vivos?

OS SERES VIVOS PRECISAM DE ALIMENTO

Todos os organismos precisam de energia e de matéria para viver, se desenvolver e se reproduzir. Os seres vivos utilizam os **alimentos** como fonte de matéria para constituir o próprio corpo e como fonte de energia para manter as funções vitais e realizar diversas atividades.

A matéria que constitui os alimentos é formada por substâncias simples, como água, sais minerais e compostos de carbono, disponíveis no solo, na atmosfera e nos ambientes aquáticos. Para que essas substâncias simples sejam transformadas na matéria dos alimentos, é preciso energia. Na maioria dos ecossistemas, a luz do sol é a fonte de energia primária, e parte da energia utilizada nessas transformações fica armazenada nas próprias substâncias produzidas.

Os organismos obtêm o alimento de diferentes modos: ingerindo outros seres vivos e resíduos orgânicos (folhas caídas, animais mortos, fezes, etc.) ou produzindo o próprio alimento.

↓ Os animais não são capazes de produzir o próprio alimento. Desse modo, eles têm de obtê-lo no ambiente. Nesta foto, o camaleão (com 30 cm de comprimento, sem a cauda) está predando um inseto.

GUDKOV ANDREY/ Shutterstock.com/ID/BR

AUTÓTROFOS E HETERÓTROFOS

Os seres vivos podem ser classificados com base no modo de obtenção do alimento.

Os **autótrofos**, como plantas, algas e certos tipos de bactérias, são capazes de produzir o próprio alimento a partir de substâncias mais simples e energia. Quando a luz é a fonte de energia, esse processo é chamado **fotossíntese**. Quando a fonte de energia é obtida por meio de transformações químicas que envolvem materiais do ambiente (portanto, sem a luz como fonte de energia), o processo é chamado **quimiossíntese**.

Já os **heterótrofos**, como animais, fungos e vários tipos de microrganismos, não são capazes de produzir o próprio alimento. Para obter os nutrientes de que precisam, esses seres se alimentam de outros organismos ou de compostos orgânicos produzidos por estes.

↑ Os vegetais usados na alimentação são exemplos de produtores.

PRODUTORES, CONSUMIDORES E DECOMPOSITORES

Os organismos também podem ser classificados de acordo com seu papel no ecossistema.

Os **produtores** são organismos autótrofos, como as plantas. Direta ou indiretamente, eles são a fonte de matéria orgânica para os demais organismos do ecossistema.

Os **consumidores** são seres heterótrofos que se alimentam de outros organismos. Consumidores que se alimentam de produtores são chamados consumidores primários; os que se alimentam de consumidores primários são os consumidores secundários; e assim por diante.

Os **decompositores** são seres heterótrofos, como fungos e bactérias, que se alimentam de resíduos orgânicos (organismos mortos, fezes, folhas caídas, etc.). Eles transformam a matéria orgânica desses resíduos em substâncias simples, que ficam livres no ambiente e podem ser novamente utilizadas pelos produtores. Assim, os decompositores promovem a reciclagem dos materiais nos ecossistemas.

comprimento (sem a cauda): 20 cm

↑ O macaco-prego (*Cebus albifrons*) é um consumidor. Entre os alimentos que consome, estão frutos, sementes e invertebrados.

↑ As nitrobactérias presentes no solo são exemplos de decompositores. Foto ao microscópio eletrônico, imagem colorizada, aumento de cerca de 5 600 vezes.

CADEIA E TEIA ALIMENTAR

Para estudar as relações alimentares em um ecossistema, é possível representá-las graficamente com o uso de setas. Veja o exemplo a seguir (também representado no infográfico abaixo).

fitoplâncton ⟶ *krill* ⟶ pinguim-de-barbicha ⟶ foca-leopardo

A seta aponta para o ser vivo que consome o alimento. Nesse caso, o fitoplâncton serve de alimento para o *krill*; o *krill* é alimento do pinguim-de-barbicha; e o pinguim-de-barbicha é presa da foca-leopardo. Essa representação delimita uma **cadeia alimentar**.

Nos ecossistemas, os organismos fazem parte de mais de uma cadeia alimentar ao mesmo tempo. No ecossistema marinho, por exemplo, o fitoplâncton pode ser ingerido pelo zooplâncton, pelo *krill* e pelo peixe. Além disso, o *krill* e o peixe também podem ingerir o zooplâncton.

Esse sistema de relações alimentares entre os organismos em um ecossistema estabelece uma **teia alimentar**. A teia alimentar representa, em um único esquema, as relações de várias cadeias alimentares. O infográfico a seguir representa uma teia alimentar marinha.

Ao selecionar uma sequência específica em uma teia alimentar, define-se uma cadeia alimentar.

luz CO$_2$

Fitoplâncton é o conjunto de organismos microscópicos fotossintetizantes que vivem dispersos na água, como as algas unicelulares e certas bactérias. O fitoplâncton produz o próprio alimento a partir de gás carbônico, água e energia luminosa.

O *krill* é um animal que se assemelha a um camarão. Assim como o plâncton (fitoplâncton e zooplâncton), o *krill* serve de alimento para diversos animais maiores que ele, como os **peixes**.

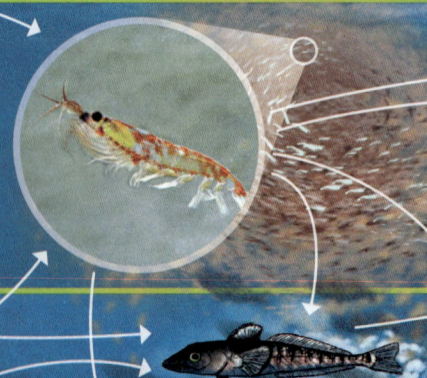

O **zooplâncton**, conjunto de organismos microscópicos heterótrofos que vivem à deriva nos ambientes aquáticos, alimenta-se do fitoplâncton.

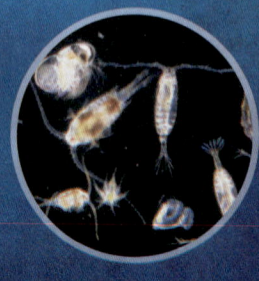

Os **decompositores** utilizam a matéria orgânica que vem de todos os níveis tróficos.

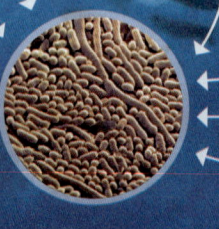

NÍVEIS TRÓFICOS

Nas cadeias alimentares, cada organismo constitui um **nível trófico**, ou seja, um nível de alimentação. O primeiro nível é sempre ocupado por um produtor; o segundo nível é ocupado pelos consumidores primários, ou seja, animais que consomem diretamente os produtores. Os níveis seguintes são ocupados por consumidores secundários, terciários, etc. Os decompositores podem ocupar níveis tróficos diversos.

1º nível trófico	→	2º nível trófico	→	3º nível trófico	→ ...
produtor		consumidor primário		consumidor secundário	

A **matéria** é transferida de um nível trófico para outro. Ao se alimentar, o ser vivo incorpora a matéria dos alimentos, que ficará disponível para os decompositores quando o organismo morrer ou ao ser eliminada nas fezes. A matéria, então, pode retornar à cadeia alimentar por meio dos produtores. Assim, toda matéria da cadeia alimentar pode ser reciclada nos ecossistemas.

A **energia** também é transferida de um nível trófico para outro. No entanto, boa parte dela é utilizada pelos indivíduos nas atividades diárias ou perde-se na forma de calor. Assim, uma porção menor da energia de um nível trófico fica disponível para o nível seguinte. São as fontes de energia – como a luz do sol – que permitem nova produção de material orgânico pelos autótrofos e abastecem a cadeia alimentar.

BIOACUMULAÇÃO

Bioacumulação é o efeito de certas substâncias, como pesticidas e metais pesados, nas cadeias alimentares. Essas substâncias não são eliminadas do corpo dos seres vivos e se acumulam nos tecidos, causando problemas de saúde.

Em geral, a acumulação começa nos produtores, e as substâncias vão sendo transferidas aos consumidores dos níveis tróficos seguintes.

A concentração de substâncias no corpo dos seres vivos tende a aumentar à medida que o nível trófico aumenta. Por exemplo: o ser humano, ao se alimentar de um consumidor secundário, terá em seu organismo as substâncias acumuladas nesse nível trófico e nos níveis tróficos anteriores.

RETOMAR

Observe **a jornada da jubarte** e identifique os produtores e os consumidores.

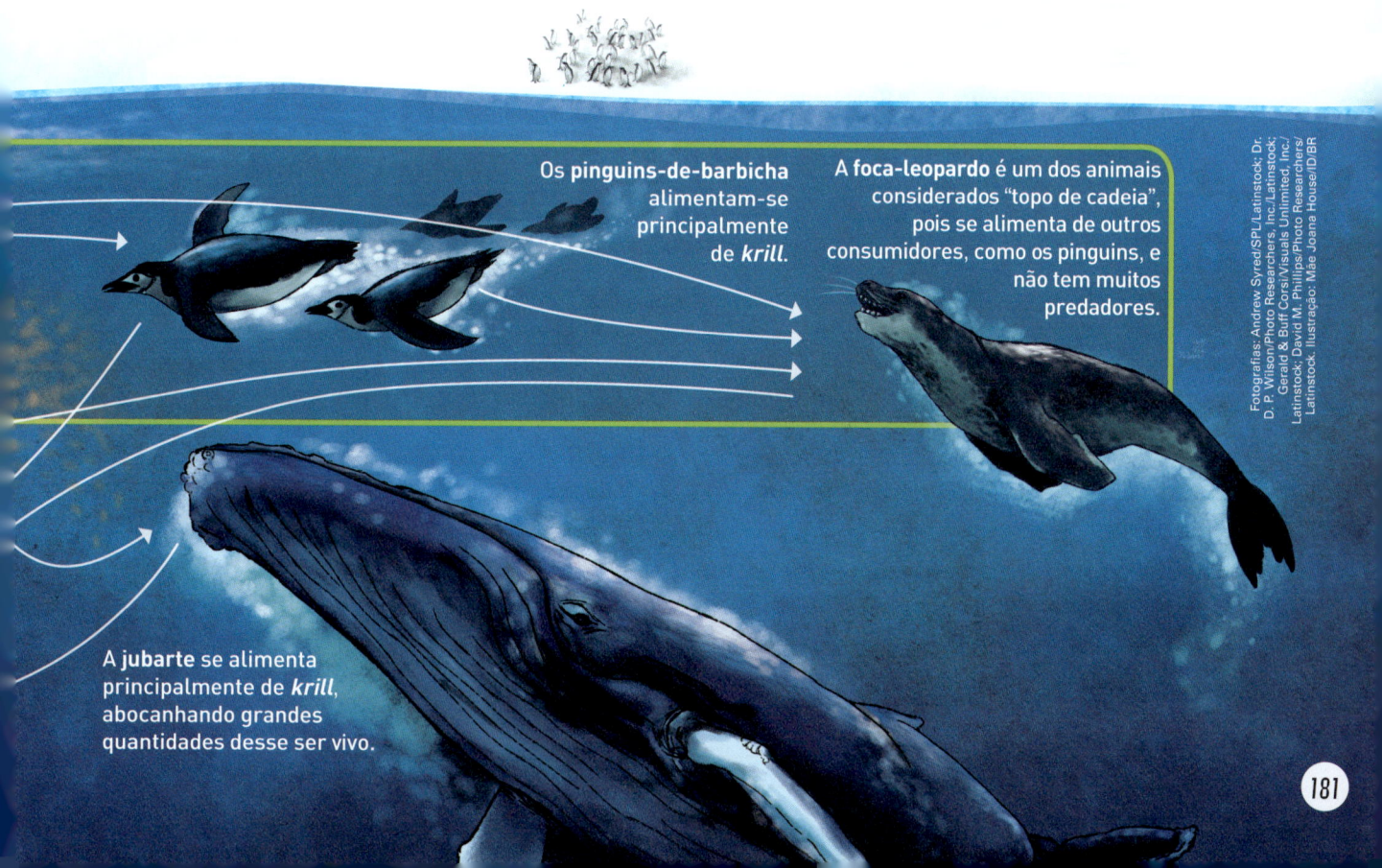

Os **pinguins-de-barbicha** alimentam-se principalmente de *krill*.

A **foca-leopardo** é um dos animais considerados "topo de cadeia", pois se alimenta de outros consumidores, como os pinguins, e não tem muitos predadores.

A **jubarte** se alimenta principalmente de *krill*, abocanhando grandes quantidades desse ser vivo.

ATIVIDADES

RETOMAR E COMPREENDER

1. Que recursos essenciais à vida os organismos obtêm do alimento?

2. Diferencie os animais das plantas quanto à forma como obtêm alimento.

3. Observe as fotos a seguir e faça o que se pede.

altura (do bico à cauda): 1 m

↑ Harpia.

altura: 3 cm

↑ Fungo.

comprimento (sem a cauda): 20 m

↑ Sagui-de-tufos-pretos.

largura do fruto: 2,5 cm

↑ Grumixama.

a) Classifique os organismos das fotos em produtor, consumidor primário, consumidor secundário e decompositor.

b) Monte uma cadeia alimentar com esses organismos.

4. Sobre o papel ecológico das plantas e das algas, responda:

a) Por que esses seres vivos são tão importantes para as cadeias alimentares em quase todos os ecossistemas do planeta?

b) Qual é a origem da matéria que é incorporada pelas algas e plantas?

5. Explique a diferença entre uma cadeia e uma teia alimentar.

6. O que ocorreria em um ecossistema se os produtores desaparecessem?

7. Observe as duas cadeias alimentares abaixo. Depois, responda às questões.

I. capim → boi → pessoa → fungos e bactérias

II. néctar → inseto → macaco → gavião → fungos e bactérias

a) Quais são os produtores dessas cadeias?

b) Quais são os decompositores?

c) Quantos níveis tróficos há em cada cadeia alimentar?

d) Identifique o organismo que se encontra no terceiro nível trófico de cada uma das cadeias.

8. Reveja a teia alimentar das páginas 180 e 181.

a) Quantas cadeias alimentares você consegue identificar naquela teia alimentar?

b) Analise as relações alimentares estabelecidas entre o *krill* e os outros organismos. Esse animal pode estar em quantos níveis tróficos diferentes?

9. Qual é a relação do Sol com o fluxo de energia nas cadeias alimentares?

APLICAR

10. Leia o texto a seguir e faça o que se pede.

O urubu e a minhoca são exemplos de animais detritívoros: o urubu se alimenta de animais mortos, e a minhoca se alimenta de restos orgânicos. Ambos, no entanto, não transformam seu alimento em matéria inorgânica, que fica livre no ambiente.

altura: 60 cm

↑ Urubu.

comprimento: 7 cm

Minhoca. →

- Forme dupla com um colega e montem um quadro que apresente, de modo organizado, as semelhanças e as diferenças entre detritívoros e decompositores.

11. Leia o texto e, em seguida, faça o que se pede.

O acesso dos turistas aos quatis dentro do parque [Parque Nacional do Iguaçu, em Foz do Iguaçu, PR] é fácil. Sempre em bando, os bichinhos circulam livremente em trilhas e nas áreas próximas a lanchonetes e restaurantes. Quem não sabe sobre o atrevimento pode ser surpreendido: alguns sobem nas mesas das lanchonetes para tentar alcançar sorvetes ou colocam o focinho, de modo nada delicado, nas bolsas ou sacolinhas plásticas.

↑ Quati (*Nasua nasua*).

O turista que visita o parque e costuma dar salgadinhos, balas, sorvetes ou pedaços de pão aos quatis não imagina o quanto a prática afeta o comportamento dos animais e prejudica o meio ambiente.

Biólogo do Parque Nacional do Iguaçu, Pedro Fogaça diz que os animais podem contrair doenças, como a diabete, e apresentar problemas graves no trato digestivo. Às vezes eles comem plásticos que embalam sanduíches, o que pode levá-los à morte. "Como alguns turistas ofertam comida, eles acabam perdendo totalmente a biologia silvestre e são domesticados", diz. [...]

Outro impacto da alimentação oferecida aos quatis pode ser visto no meio ambiente. Considerado um animal dispersor de semente nativa, o quati contribui para o equilíbrio da flora. Também forrageia (remexe) o solo e come animais invertebrados e frutas. Quando os quatis são alimentados por turistas, o comportamento natural do animal é prejudicado, diz o biólogo.

[...]

Denise Paro. Turista, não alimente os quatis. *Gazeta do Povo*, 18 maio 2012. Disponível em: <http://www.gazetadopovo.com.br/vida-e-cidadania/meio-ambiente/turista-nao-alimente-os-quatis-2a7k09lfhwukrosaocegjdvf2>. Acesso em: 28 ago. 2018.

a) Com base nas informações do texto, que tipo de consumidor o quati pode ser?

b) Por que os turistas não devem alimentar os quatis?

c) Monte duas cadeias alimentares possíveis das quais o quati faça parte.

12. A luz do Sol não chega às regiões muito profundas do mar nem ao interior de cavernas, locais em que também são encontrados seres vivos.

a) Há organismos que fazem fotossíntese nesses locais? Justifique.

b) Que tipo de organismo poderia viver nesses ambientes, considerando a origem de seu alimento? Por quê?

c) Qual é a provável origem da matéria orgânica que esses seres vivos utilizam como alimento?

d) Esquematize uma cadeia alimentar que possa existir nesse ambiente.

13. O lobo-guará alimenta-se tanto de animais como de vegetais. Veja as fotos e leia a legenda a seguir.

↑ **(A)** Lobo-guará (*Chrysocyon brachyurus*) comendo codorna. **(B)** Lobo-guará comendo fruta-do-lobo.

a) Classifique o lobo-guará quanto aos níveis tróficos que ele ocupa nas duas situações. Justifique.

b) Monte uma cadeia alimentar para cada uma das situações.

DDT: herói ou vilão?

O pesticida DDT, produzido pela primeira vez em 1874, teve um papel importante no combate aos mosquitos transmissores da malária e às pragas agrícolas. Mais tarde, no entanto, pesquisadores começaram a observar efeitos negativos nos ecossistemas. A busca por evidências que comprovassem a relação entre o DDT e esses efeitos foi a principal "arma" para banir o uso do pesticida, combatendo ao mesmo tempo o machismo na ciência e o poder econômico dos fabricantes.

O DDT

As propriedades inseticidas do DDT foram descobertas em 1939 pelo entomologista suíço Paul Müller, o que lhe valeu posteriormente o Prêmio Nobel da Medicina devido ao uso do DDT no combate à malária.

O DDT foi utilizado na Segunda Guerra Mundial para prevenção de tifo em soldados,

↑ Homem aplicando DDT para combater mosquitos no Rio de Janeiro (RJ), em 1966.

Claudio D'Amato; João P. M. Torres; Olaf Malm. DDT (dicloro difenil tricloroetano): toxicidade e contaminação ambiental – uma revisão. *Química Nova*, São Paulo, v. 25, n. 6, nov./dez. 2002. Disponível em: <http://www.scielo.br/scielo.php?script=sci_arttext&pid=S0100-40422002000600017>. Acesso em: 28 ago. 2018.

que o utilizavam na pele para combate a piolhos. Posteriormente foi usado na agropecuária, no Brasil e no mundo, dado seu baixo preço e elevada eficiência.

A produção em grande escala iniciou-se em 1945, e foi muito utilizado na agricultura como pesticida, por cerca de 25 a 30 anos. Tanta foi a quantidade que se estimou que cada cidadão norte-americano ingeriu, através dos alimentos, uma média de 0,28 mg por dia em 1950. Outra função para seu uso foi em programas de controle de doenças tropicais, inclusive no Brasil, como malária e leishmaniose visceral.

Foi a descoberta do DDT que revolucionou os conceitos de luta contra a malária. Sua eficácia contra formas adultas dos mosquitos e seu prolongado efeito residual fizeram com que no período de 1946-1970 todos os programas de controle se apoiassem quase que totalmente em seu emprego.

↑ A bióloga Rachel Carson.

Durante o período de ampla utilização do DDT, surgiram muitos casos de morte de outros animais, além das pragas, e de contaminação de solos e cursos de água nas áreas em que o pesticida havia sido aplicado. Em 1945, já havia cientistas preocupados com esses efeitos nocivos, mas o marco histórico foi a publicação do livro *Primavera silenciosa*, de Rachel Carson (1907-1964), em setembro de 1962.

Para se prevenir contra acusações dos fabricantes de pesticidas, Carson pesquisou muito e montou uma rede de colaboração com cientistas de diferentes países. Ela foi diagnosticada com câncer durante a elaboração do livro, mas conseguiu lançá-lo em vida.

Rachel Carson, ciência e coragem

Em suas páginas [de *Primavera silenciosa*], Carson denunciou vários efeitos negativos do uso do DDT em plantações e em campanhas de prevenção de doenças. As aplicações não matavam apenas as pragas (insetos, ervas daninhas, fungos etc.) às quais se dirigia, mas também muitas outras espécies, inclusive predadores naturais dessas pragas. Esse pesticida, mostrou ela, atinge todo o ecossistema – solo, águas, fauna e flora – e entra na cadeia alimentar, chegando aos humanos.

[...] *Primavera silenciosa* teve impacto instantâneo, ficou mais de dois anos nas listas dos livros mais vendidos e logo repercutiu mundialmente.

Enquanto a população enviava inúmeras cartas de apoio a Carson, os fabricantes de pesticidas se uniram para desacreditar a autora e seus colaboradores. Cientistas comprometidos com a produção de agrotóxicos publicaram artigos questionando a legitimidade do livro porque a autora não tinha doutorado (era mestre em zoobotânica), e outros a atacaram com argumentos preconceituosos, chamando-a de "freira da natureza", "solteirona", "feiticeira", insinuando que deveria se calar apenas pelo fato de ser uma mulher.

Apesar desse fogo cruzado – as difamações e o avanço do câncer –, Rachel Carson depôs no Senado dos Estados Unidos e participou de debates e de programas na televisão, divulgando os perigos dos agrotóxicos para a saúde humana e para o ambiente. [...]

O DDT foi banido de vários países, a começar por Hungria (1968), Noruega e Suécia (1970) e Alemanha e Estados Unidos (1972).

↑ A indústria de pesticidas investia na construção de uma imagem positiva do DDT. Nessa propaganda, de 1947, a mensagem em inglês é: "DDT é bom para mim!".

Elenita Malta Pereira. Rachel Carson, ciência e coragem. *Ciência Hoje*, 4 out. 2012. Disponível em: <http://www.cienciahoje.org.br/revista/materia/id/658/n/rachel_carson,_ciencia_e_coragem>. Acesso em: 28 ago. 2018.

No Brasil, a fabricação, a importação, a comercialização e o uso do DDT só foram proibidos em 2009. Apesar disso, por causa de seu efeito prolongado, ainda hoje o DDT pode ser encontrado nos locais em que foi aplicado.

Em discussão

1. Por que a descoberta das propriedades inseticidas do DDT causou tanto impacto?

2. O que levou os cientistas a questionar o uso do DDT a partir da Segunda Guerra Mundial?

3. Por que os fabricantes de pesticidas começaram a difamar Rachel Carson após a publicação de *Primavera silenciosa*?

4. Qual é sua opinião sobre o fato de os fabricantes de pesticidas dizerem que Rachel Carson "deveria se calar apenas pelo fato de ser uma mulher"?

5. Você concorda com a proibição do uso do DDT? Justifique.

RETOMAR E COMPREENDER

1. Observe o esquema abaixo e faça o que se pede.

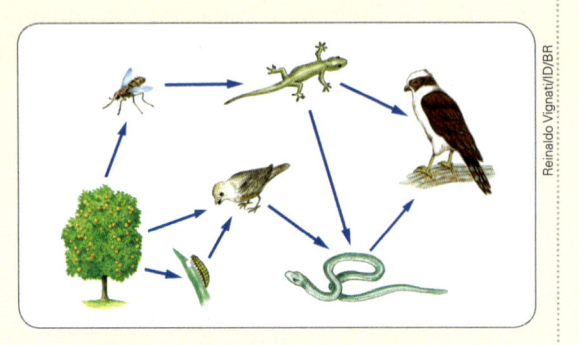

a) Classifique cada indivíduo do esquema de acordo com o papel que ele desempenha no ecossistema.

b) Que seres com importante papel nas cadeias alimentares não foram representados? Que níveis tróficos eles poderiam ocupar nesse exemplo? Explique.

c) Delimite uma cadeia alimentar presente no esquema.

2. Algumas bromélias que acumulam água na base de suas folhas são conhecidas como bromélias-tanque. Elas formam um ambiente propício para pererecas, que se alimentam dos mosquitos que vão até a água para depositar seus ovos. Veja a imagem a seguir e responda:

comprimento da perereca: 5 cm

↑ É possível encontrar pererecas habitando bromélias em ambientes como a Mata Atlântica, onde essa foto foi tirada.

a) Se todas as bromélias de um ecossistema fossem destruídas, o que aconteceria com as pererecas que vivem associadas a essas plantas?

b) Imagine que a quantidade de insetos de uma floresta aumentasse de um ano para o outro. Essa mudança poderia afetar a população de pererecas? Explique.

APLICAR

3. Analise o esquema a seguir. Ele apresenta dois tipos de relação entre seres vivos: as intraespecíficas e as interespecíficas.

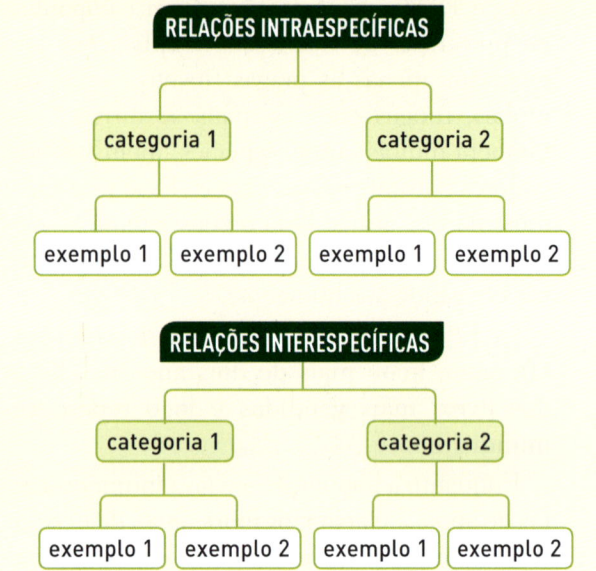

RELAÇÕES INTRAESPECÍFICAS

categoria 1 — exemplo 1 — exemplo 2

categoria 2 — exemplo 1 — exemplo 2

RELAÇÕES INTERESPECÍFICAS

categoria 1 — exemplo 1 — exemplo 2

categoria 2 — exemplo 1 — exemplo 2

• Proponha uma forma de classificar as relações de cada um desses tipos em duas categorias e dê exemplos.

4. Leia o texto abaixo e responda às questões.

Compreender as relações ecológicas dos seres vivos entre si e as relações ecológicas estabelecidas entre os seres vivos e o ambiente pode ser útil para resolver problemas que afetam a agricultura. Um exemplo disso é o uso de certas linhagens de bactérias para combater o fungo causador da ferrugem-do-cafeeiro, uma doença de difícil controle que ataca as folhas dos pés de café. Essa doença prejudica muito o rendimento da lavoura, causando grandes prejuízos.

Muitos agricultores, no entanto, preferem combater essa praga utilizando substâncias chamadas fungicidas, que matam os fungos, mas podem contaminar o ambiente.

a) Que argumentos você usaria para convencer esses agricultores a utilizar as bactérias, e não os fungicidas, para combater essa praga?

b) Que argumentos podem ser apresentados contra a introdução das bactérias para combater esse fungo?

5. Os gráficos a seguir reproduzem os resultados dos experimentos feitos pelo pesquisador russo Georgy F. Gause (1910-1986) em 1934. Neles, Gause observou as espécies de protozoários *Paramecium caudatum* e *Paramecium aurelia* em meios de cultura separados e em um mesmo meio de cultura.

◾ Gráficos de crescimento de duas espécies de paramécio

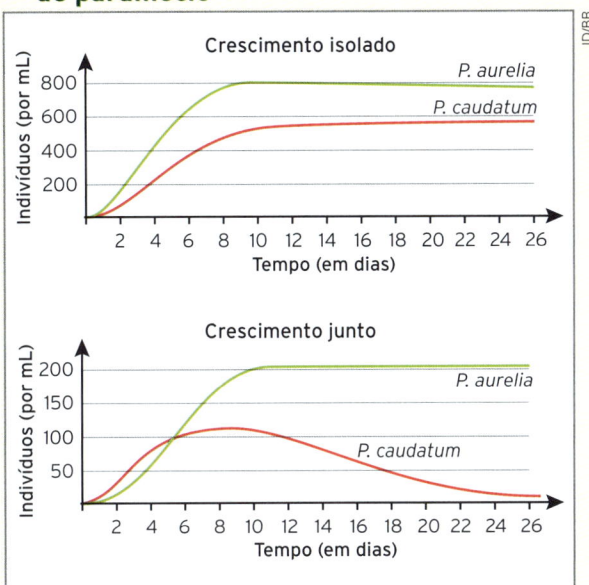

Fonte de pesquisa: Robert E. Ricklefs. *A economia da natureza*. 6. ed. Rio de Janeiro: Guanabara Koogan, 2010. p. 296.

a) O que aconteceu com as duas espécies em meios de cultura separados? Considere que ambas tinham a mesma disponibilidade de alimento e espaço.

b) O que aconteceu com as duas espécies em um mesmo meio de cultura? Como você explicaria isso?

c) Que tipo de interação ecológica aconteceu no segundo caso? Por quê?

6. Leia o texto abaixo.

Na década de 1980, criadores brasileiros apostaram na comercialização de caramujos conhecidos como *escargots*, considerados um alimento requintado em alguns países. Para aumentar os lucros, os criadores introduziram no Brasil, por volta de 1988, uma espécie maior: o caramujo-gigante-africano (*Achatina fulica*).

Porém, o consumo desses animais não teve o crescimento esperado, e a maioria dos criadores abandonou o negócio. Assim, muitos caramujos foram soltos no ambiente, onde se reproduziram rapidamente, espalhando-se por todo o país.

Esse caramujo tornou-se um problema ambiental, pois compete por recursos com os caramujos nativos, invade plantações e é hospedeiro de vermes causadores de doenças no ser humano.

↑ **Caramujo-gigante-africano.**

a) Que fatores podem ter contribuído para o rápido aumento da população do caramujo-gigante-africano no Brasil?

b) Converse com um colega: Que interesses motivaram a introdução do caramujo-gigante-africano no Brasil? Em sua opinião, essa introdução foi positiva ou negativa?

7. Imagine que você pretenda convencer um amigo sobre a importância de preservar a vegetação nativa da região em que vocês moram. Escreva um *e-mail* para ele explicando suas ideias.

- Elabore um texto de, no máximo, seis linhas com elementos capazes de sensibilizar seu amigo quanto ao tema. Utilize em seus argumentos o que você aprendeu sobre as relações entre os seres vivos.

8. Nesta unidade, você estudou diversas interações que acontecem entre os seres vivos e o meio que os cerca em diferentes escalas.

a) Que importância você pôde reconhecer nas diversas formas de vida que existem na biosfera?

b) Como elas podem influenciar sua vida? Converse com os colegas.

Capítulo 1 – O que a ecologia estuda

- Compreendo que a ecologia estuda as interações dos organismos entre si e com os fatores físicos do ambiente?
- Compreendo o conceito de nicho ecológico?
- Avalio os fatores que podem interferir no tamanho de uma população?
- Reconheço que uma comunidade pode ser caracterizada por fatores como sua riqueza, seu estágio em uma sucessão ecológica e suas relações alimentares?
- Relaciono o estudo dos ecossistemas aos fluxos de energia e de matéria entre o meio e os seres vivos?
- Relaciono o estudo da biosfera aos movimentos globais do ar e da água, aos fluxos de energia e aos ciclos dos componentes químicos nos sistemas ecológicos?

Capítulo 2 – Relações ecológicas

- Compreendo que os organismos interagem uns com os outros nos ecossistemas?
- Identifico os diferentes tipos de relações ecológicas?
- Relaciono cada uma dessas relações a efeitos benéficos, neutros ou prejudiciais sobre os organismos envolvidos?
- Testo hipóteses com base na análise e interpretação de resultados experimentais?

Capítulo 3 – Matéria e energia nos ecossistemas

- Diferencio organismos autótrofos de organismos heterótrofos?
- Compreendo a importância ecológica de produtores, consumidores e decompositores?
- Construo cadeias e teias alimentares e determindo que nível trófico de um organismo em uma cadeia alimentar?
- Reconheço que os avanços científicos envolvem conflitos de interesse e que estão sujeitos aos preconceitos e estereótipos de sua época?

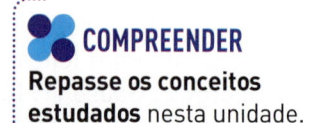

COMPREENDER

Repasse os conceitos estudados nesta unidade.

CRIAR

Construa uma **rede de ideias** com o que você aprendeu nesta unidade.

Nelson Provazi/ID/BR

FUNCIONAMENTO DO CORPO HUMANO

A observação do corpo humano revela um organismo complexo, composto de várias partes, que desempenham diferentes funções e atuam de forma integrada.

Nesta unidade, você vai aprender sobre os sistemas responsáveis pela obtenção, transformação e pelo transporte de nutrientes e pela excreção de resíduos no organismo, que garantem o equilíbrio do corpo humano.

CAPÍTULO 1
Sistema respiratório

CAPÍTULO 2
Sistema digestório

CAPÍTULO 3
Sistema circulatório

CAPÍTULO 4
Sistema urinário

PRIMEIRAS IDEIAS

1. É provável que você já tenha ouvido alguém dizer: "Estou faminto!". Mas você sabe explicar por que precisamos nos alimentar?

2. O corpo humano é composto de vários órgãos. Que órgãos você conhece?

3. Por que é necessária a integração entre os órgãos que compõem o corpo humano?

4. O que há nos resíduos eliminados pelo corpo humano?

5. **RETOMAR** **Recorde conceitos importantes** para o estudo da unidade.

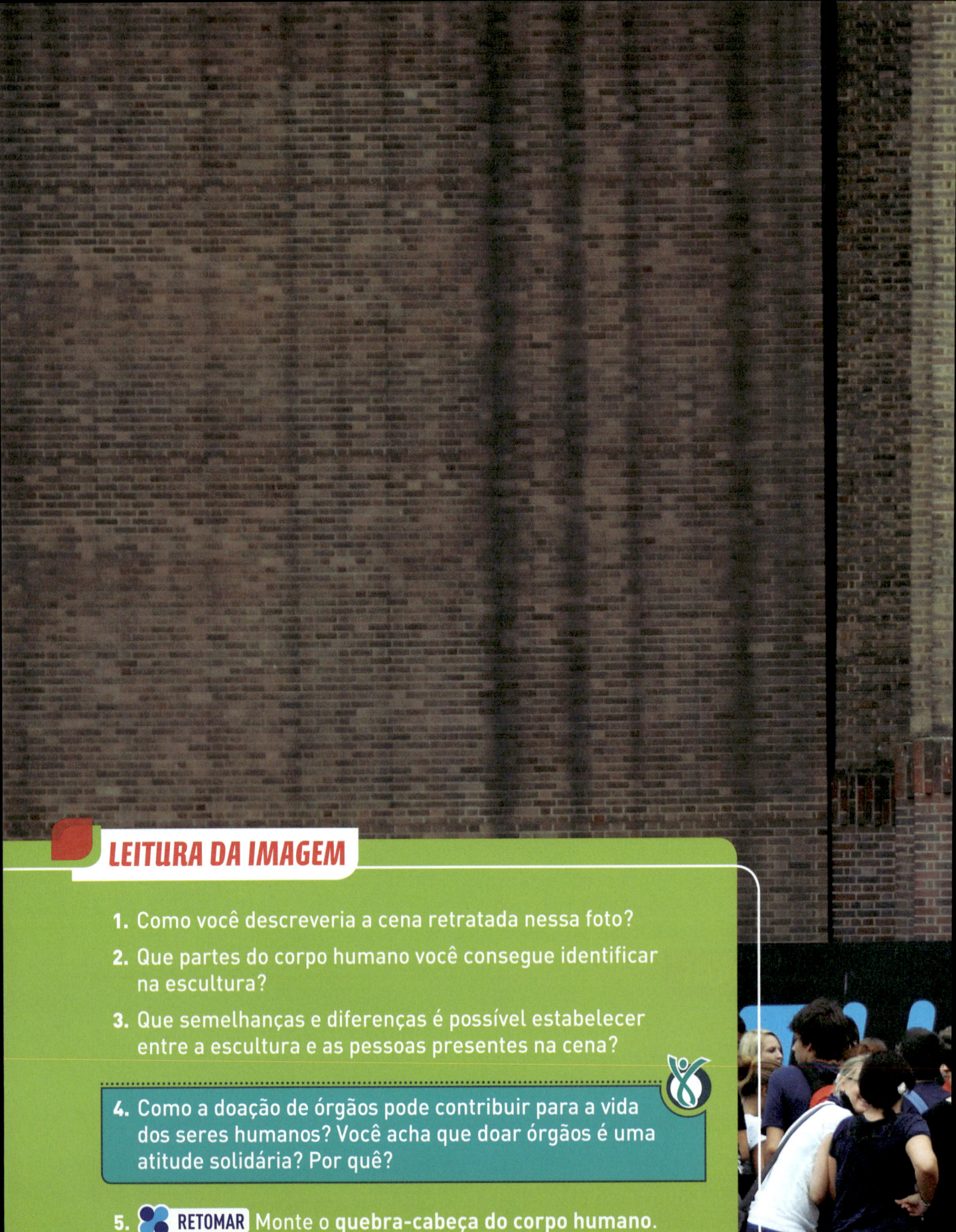

LEITURA DA IMAGEM

1. Como você descreveria a cena retratada nessa foto?

2. Que partes do corpo humano você consegue identificar na escultura?

3. Que semelhanças e diferenças é possível estabelecer entre a escultura e as pessoas presentes na cena?

4. Como a doação de órgãos pode contribuir para a vida dos seres humanos? Você acha que doar órgãos é uma atitude solidária? Por quê?

5. **RETOMAR** Monte o **quebra-cabeça do corpo humano**.

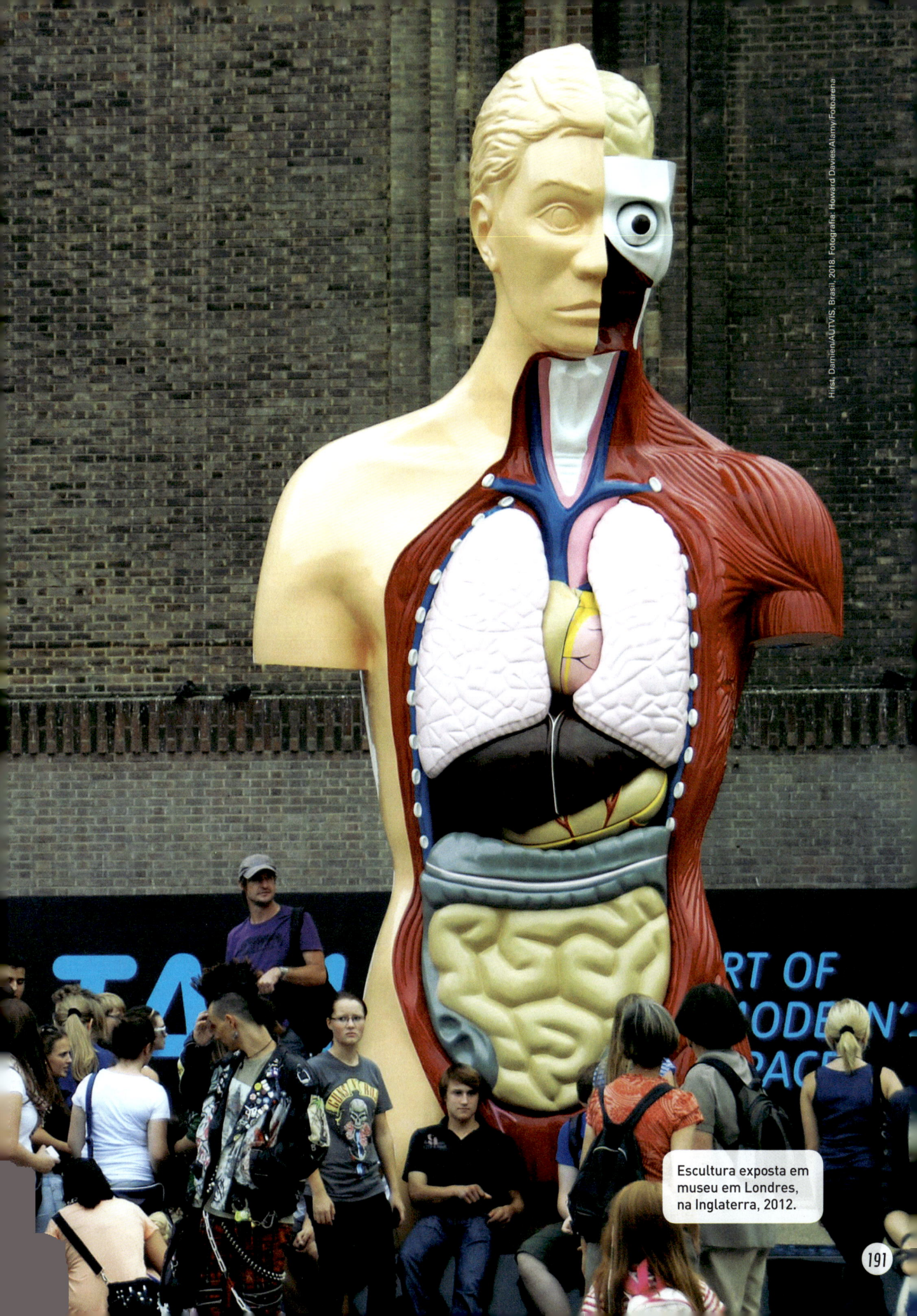

Hirst, Damien/AUTVIS, Brasil, 2018. Fotografia: Howard Davies/Alamy/Fotoarena

Escultura exposta em museu em Londres, na Inglaterra, 2012.

A respiração é um processo fundamental para a manutenção das funções vitais dos seres humanos. O sistema respiratório é formado pelas vias respiratórias e pelos pulmões. Como o gás oxigênio do ar chega às nossas células?

RESPIRAÇÃO

O termo **respiração** refere-se aos processos de obtenção ou consumo de gás oxigênio e de liberação de gás carbônico pelo organismo (trocas gasosas) e pelas células (respiração celular).

É o **sistema respiratório** que realiza as trocas gasosas entre o organismo e o meio, ou seja, que possibilita a absorção do gás oxigênio presente na atmosfera e a eliminação do gás carbônico produzido pelo metabolismo corpóreo.

Na **respiração pulmonar**, as trocas gasosas entre o ambiente e o organismo ocorrem nos pulmões. O ar penetra nesses órgãos por meio da inspiração permitindo que o gás oxigênio passe para o sangue e seja distribuído para todas as células do organismo. Ao mesmo tempo, o gás carbônico produzido durante o metabolismo celular é levado pelo sangue até os pulmões, de onde é eliminado para o ambiente por meio da expiração.

A **respiração celular** é o processo no qual as células utilizam o gás oxigênio para obter energia. A maior parte desse processo ocorre nas mitocôndrias.

↓ **Em uma longa prova de natação, os competidores gastam enorme quantidade de energia. Essa energia é liberada por meio da respiração celular, que utiliza o gás oxigênio obtido na respiração pulmonar. Nadadora competindo no Rio de Janeiro (RJ), 2017.**

Buda Mendes/Getty Images

ÓRGÃOS DO SISTEMA RESPIRATÓRIO

O sistema respiratório é formado pelas vias respiratórias e pelos pulmões. As **vias respiratórias** são órgãos tubulares que conduzem o ar entre o meio externo e os pulmões. Os pulmões e parte das vias respiratórias localizam-se na caixa torácica, formada pelas costelas, que se articulam com as vértebras. As sete costelas superiores articulam-se diretamente com o osso esterno. Observe, no esquema, as características e as funções dos órgãos desse sistema.

⬤ **PASSAPORTE DIGITAL**

Como os pulmões funcionam?
Essa animação em inglês, com legendas em português, explica de um jeito divertido como ocorrem as trocas gasosas nos pulmões.
Disponível em: <http://linkte.me/mj44g>. Acesso em: 16 out. 2018.

A **cavidade nasal** é revestida pela **mucosa nasal**, tecido epitelial que possui pelos e glândulas produtoras de muco, que atuam como um filtro, retendo microrganismos e partículas de poeira do ar. Além disso, o muco também contribui para manter a umidade da superfície da mucosa nasal.

A **laringe** é outra estrutura tubular, situada à altura do pescoço e que está sempre aberta, por ser formada por cartilagens rígidas. Na laringe, encontram-se a **epiglote** – pequena cartilagem móvel que impede a passagem de água, saliva e alimento para as vias respiratórias – e as **pregas vocais** – conjunto de estruturas que vibram com a passagem do ar expirado, produzindo sons.

Os **brônquios**, bifurcações da traqueia, são curtos, flexíveis e reforçados por cartilagem. Cada brônquio se ramifica repetidas vezes, formando brônquios cada vez menores, até formarem os **bronquíolos**. Os bronquíolos continuam a se ramificar em estruturas cada vez menores, que terminam nos alvéolos pulmonares, sacos de ar agrupados nas pontas dos bronquíolos menores.

O **diafragma** é um dos músculos responsáveis pelos movimentos respiratórios e separa a cavidade torácica da cavidade abdominal.

A **faringe**, estrutura de formato tubular, inicia-se no fundo da boca e termina na traqueia e no esôfago, sendo uma porção comum aos sistemas respiratório e digestório. Na faringe, encontra-se, ainda, a **tonsila faríngea**, estrutura composta de tecido linfático, rico em células de defesa.

A **traqueia** é a continuação da laringe e também é constituída por anéis cartilaginosos. Essa estrutura é revestida internamente por células ciliadas produtoras de muco. Enquanto o muco produzido filtra o ar, retendo poeira e microrganismos, o movimento dos cílios empurra esses materiais em direção à faringe.

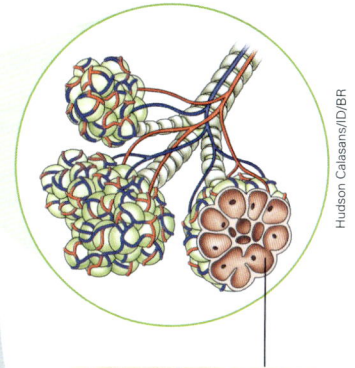

Hudson Calasans/ID/BR

O ar inalado percorre as vias respiratórias até os bronquíolos e, dos bronquíolos, chega aos alvéolos pulmonares, nos quais ocorrem as **trocas gasosas** entre o ar atmosférico e a corrente sanguínea. Cada pulmão é formado por mais de 300 milhões de alvéolos, o que confere aspecto esponjoso ao órgão. Embora os alvéolos sejam microscópicos, a soma da superfície de todos eles costuma ter entre 90 m^2 e 130 m^2.

Os **pulmões** são os maiores órgãos do sistema respiratório. Em seu interior, encontram-se os **alvéolos pulmonares**, constituídos por pequenas bolsas de paredes finíssimas e repletas de capilares sanguíneos. Cada pulmão é recoberto por membranas duplas, as **pleuras**. O espaço entre as membranas é ocupado pelo líquido pleural. As pleuras isolam os pulmões do contato direto com os ossos do tórax.

⬆ Representação do sistema respiratório humano. Além dos pulmões, há várias estruturas ligadas à respiração. (Representação sem proporção de tamanho; cores-fantasia.)

Fonte de pesquisa: Gerard J. Tortora; Bryan Derrickson. *Corpo humano*: fundamentos de anatomia e fisiologia. 8. ed. Porto Alegre: Artmed, 2012. p. 460.

MOVIMENTOS RESPIRATÓRIOS

A **ventilação pulmonar**, que corresponde ao fluxo de ar para dentro e para fora dos pulmões, ocorre devido a diferenças entre a pressão do ar nos pulmões e na atmosfera.

No **movimento de inspiração**, os **músculos intercostais**, localizados entre as costelas, contraem-se puxando-as para cima. Ao mesmo tempo, o diafragma contrai-se e abaixa. Dessa forma, a caixa torácica e as pleuras se expandem, o que provoca a diminuição da pressão do ar no interior dos pulmões. Esta fica menor que a pressão atmosférica, favorecendo a entrada de ar nos pulmões.

No **movimento de expiração**, os músculos intercostais e o diafragma relaxam. As costelas voltam à posição de repouso, ou seja, ligeiramente inclinadas para baixo, e o diafragma sobe. Com a diminuição do volume da caixa torácica, a pressão no interior dos pulmões torna-se maior que a pressão atmosférica, provocando a saída do ar.

■ Composição do ar inspirado

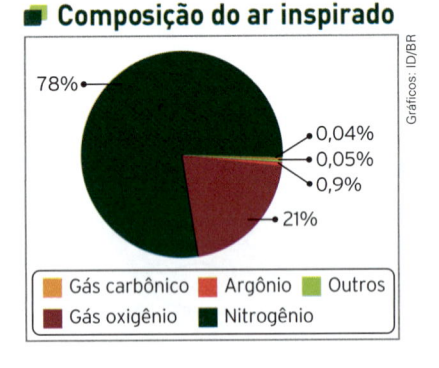

Gráficos: ID/BR

- 78% Nitrogênio
- 0,04% Gás carbônico
- 0,05% Outros
- 0,9% Argônio
- 21% Gás oxigênio

Gás carbônico | Argônio | Outros
Gás oxigênio | Nitrogênio

■ Composição do ar expirado

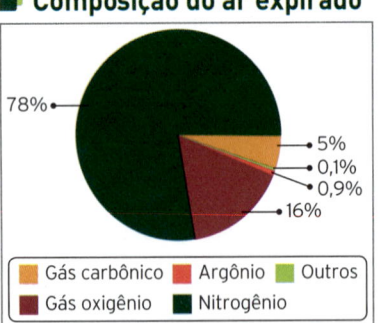

- 78% Nitrogênio
- 5% Gás carbônico
- 0,1% Outros
- 0,9% Argônio
- 16% Gás oxigênio

Gás carbônico | Argônio | Outros
Gás oxigênio | Nitrogênio

Fontes de pesquisa: Knut Schmidt-Nielsen. *Fisiologia animal*: adaptação e meio ambiente. 5. ed. São Paulo: Santos, 2011; David R. Lide. *CRC Handbook of Chemistry and Physics* (tradução nossa: Manual de Química e Física). 77. ed. Boca Raton: CRC Press/Taylor & Francis Group, 1997.

MOVIMENTO DE INSPIRAÇÃO

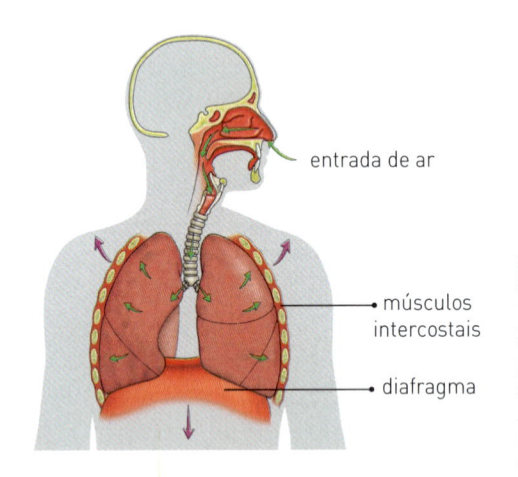

A contração do diafragma e dos músculos intercostais leva ao aumento de volume da caixa torácica, com consequente diminuição de pressão interna, o que favorece a entrada de ar nos pulmões.

entrada de ar

músculos intercostais

diafragma

Ilustrações: Hudson Calasans/ID/BR

MOVIMENTO DE EXPIRAÇÃO

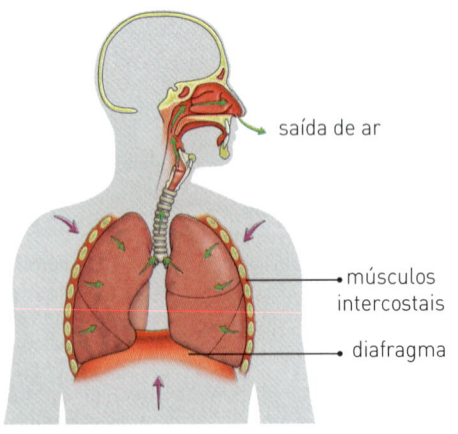

O relaxamento do diafragma e dos músculos intercostais leva à redução do volume da caixa torácica, com consequente aumento de pressão interna, provocando a saída de ar dos pulmões.

saída de ar

músculos intercostais

diafragma

↑ Representação de ciclo respiratório. A composição do ar expirado é diferente da composição do ar inspirado. Devido às trocas gasosas nos alvéolos, há mais gás carbônico e menos gás oxigênio saindo do corpo que entrando nele, como pode ser observado nos gráficos ao lado. (Representação esquemática sem proporção de tamanho; cores-fantasia.)

Fonte de pesquisa: Gerard J. Tortora; Bryan Derrickson. *Corpo humano*: fundamentos de anatomia e fisiologia. 8. ed. Porto Alegre: Artmed, 2012. p. 469.

DIFUSÃO, TRANSPORTE E TROCAS DE GASES

O gás oxigênio do ar inspirado atravessa as paredes dos alvéolos e dos capilares, difundindo-se no sangue e sendo levado pela circulação sanguínea às células de todo o organismo. Já o gás carbônico percorre o caminho contrário, passando das células para o sangue, e deste para o interior dos alvéolos.

Tanto nos alvéolos pulmonares como nos tecidos do corpo, as trocas gasosas ocorrem por difusão. A **difusão** é o movimento espontâneo da substância de uma região mais concentrada para outra menos concentrada. Tal processo pode ocorrer em meio líquido ou gasoso. Veja o esquema ao lado.

A DIFUSÃO DE GASES NOS ALVÉOLOS

O fenômeno das trocas gasosas nos alvéolos pulmonares é um exemplo de difusão de gases ocorrida no organismo humano. Como o ar inspirado tem maior concentração de gás oxigênio que o sangue em condições normais, esse gás atravessa as paredes permeáveis dos alvéolos e dos capilares e chega ao sangue. No sangue, o gás oxigênio combina-se com as **hemácias**, células chamadas também de glóbulos vermelhos.

Por sua vez, o sangue que chega aos pulmões proveniente dos órgãos corporais tem maior concentração de gás carbônico que o ar inspirado. Assim, esse gás difunde-se em sentido oposto, passando do sangue para os alvéolos.

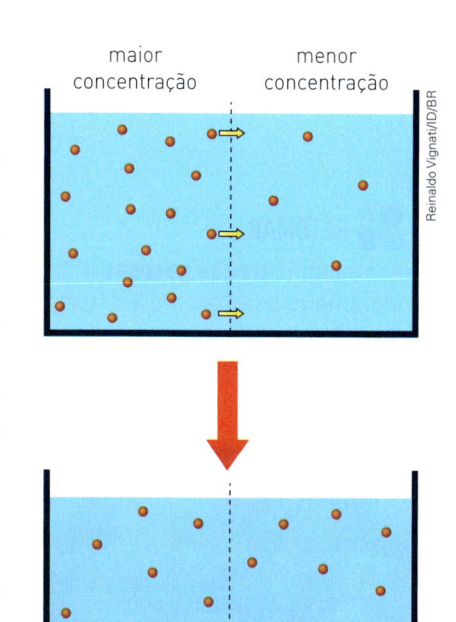

↑ Representação da difusão. A membrana permeável (linha tracejada) permite a passagem de substâncias. As bolinhas representam a substância que atravessa essa membrana e se espalha de uma região de maior concentração para uma região de menor concentração. (Representação esquemática sem proporção de tamanho; cores-fantasia.)

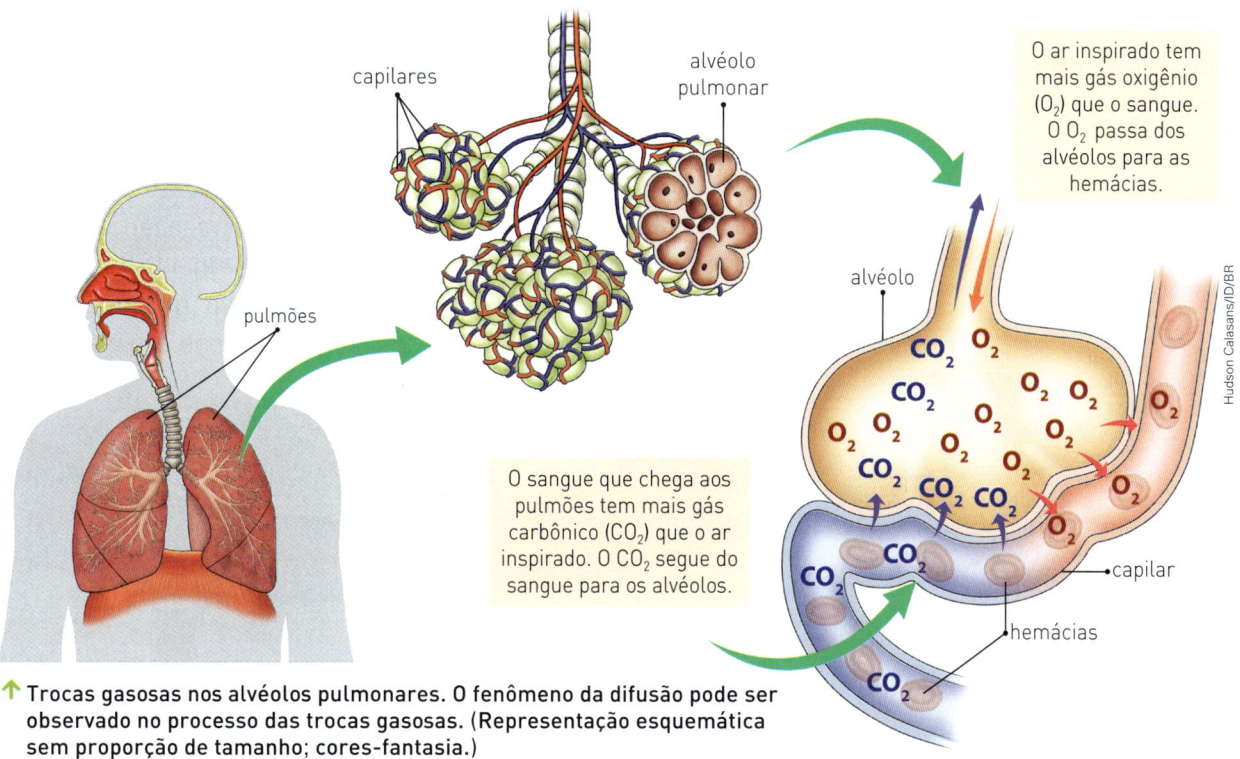

↑ Trocas gasosas nos alvéolos pulmonares. O fenômeno da difusão pode ser observado no processo das trocas gasosas. (Representação esquemática sem proporção de tamanho; cores-fantasia.)

Fonte de pesquisa: Gerard J. Tortora; Bryan Derrickson. *Corpo humano*: fundamentos de anatomia e fisiologia. 8. ed. Porto Alegre: Artmed, 2012. p. 473.

O TRANSPORTE DOS GASES RESPIRATÓRIOS

O gás oxigênio e o gás carbônico são os **gases respiratórios**. Esses gases são transportados entre os pulmões e os demais órgãos e tecidos do corpo pela circulação sanguínea.

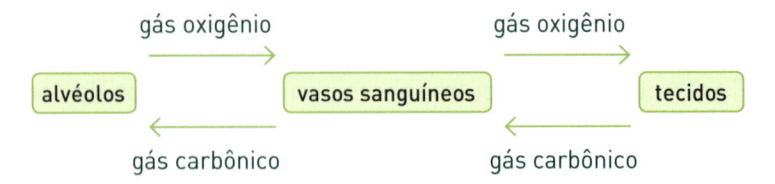

A maior parte do gás oxigênio é transportada no interior das hemácias. As **hemácias** são células ricas em **hemoglobina**, uma proteína que contém ferro em sua estrutura, o que lhe confere a cor vermelha, e possui grande capacidade de se combinar com o gás oxigênio; por isso, é chamada de pigmento respiratório.

A hemoglobina apresenta pequena capacidade de se ligar ao gás carbônico. A maior parte desse gás é transportada no **plasma sanguíneo**, porção do sangue formada por água, sais minerais e outras substâncias.

Com isso, pode-se concluir que o gás oxigênio é transportado no interior das hemácias, ligado à hemoglobina, e que a maior parte do gás carbônico é transportada no plasma sanguíneo.

A DIFUSÃO NOS TECIDOS CORPORAIS

A difusão do gás oxigênio e do gás carbônico sempre ocorre no sentido da mais alta concentração para a mais baixa concentração. Observe o esquema a seguir.

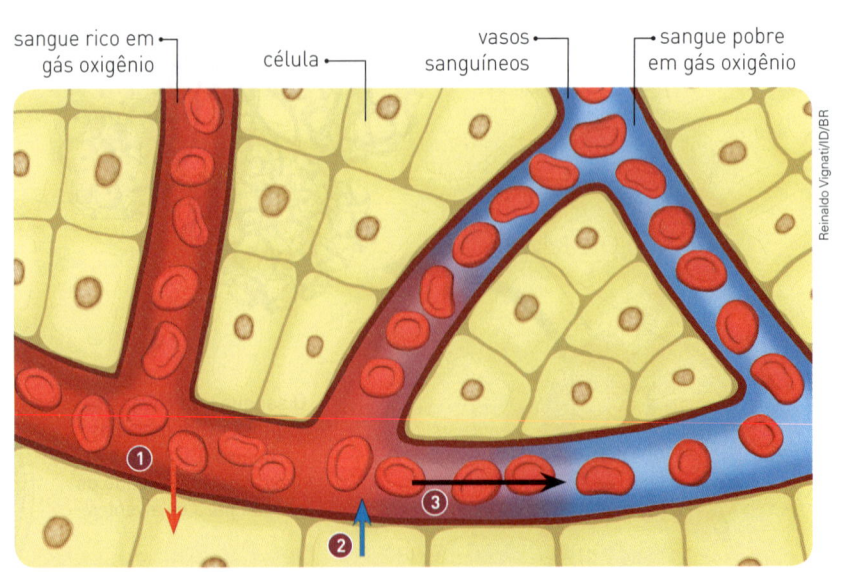

↑ Representação da difusão de gases nos órgãos corporais. As cores vermelha e azul no interior dos vasos sanguíneos representam, respectivamente, o sangue rico e o sangue pobre em gás oxigênio. (Representação esquemática sem proporção de tamanho; cores-fantasia.)

Fonte de pesquisa: Gerard J. Tortora; Bryan Derrickson. *Corpo humano*: fundamentos de anatomia e fisiologia. 8. ed. Porto Alegre: Artmed, 2012. p. 473.

RETOMAR

Acompanhe **trocas gasosas** e identifique onde ocorre a difusão dos gases respiratórios.

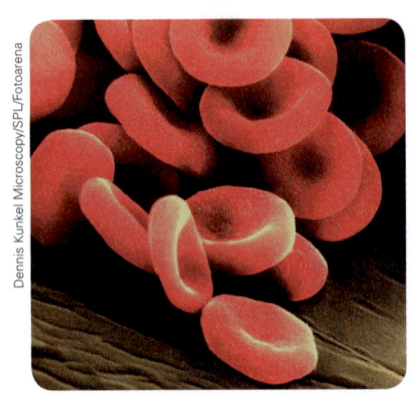

↑ As hemácias são células bicôncavas e sem núcleo que medem cerca de 7 micrômetros de diâmetro. Um micrômetro equivale a 0,001 mm. Foto ao microscópio eletrônico, imagem colorizada. Aumento de 3 662 vezes.

pigmento: substância que confere cor a tecidos ou a células de um organismo.

1 O sangue que chega aos órgãos corporais proveniente dos pulmões é rico em gás oxigênio, que se difunde para os tecidos.

2 O gás carbônico, que se encontra em alta concentração nos tecidos, difunde-se dos órgãos para o sangue.

3 O sangue circulante volta a passar pelos pulmões, onde será novamente oxigenado, e retorna aos tecidos corporais, reiniciando o ciclo.

→ difusão de O_2

→ difusão de CO_2

→ direção do fluxo sanguíneo

ATIVIDADES

RETOMAR E COMPREENDER

1. Observe a imagem a seguir e faça o que se pede.

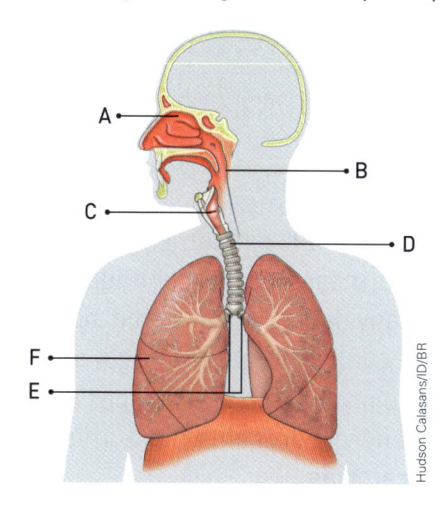

Hudson Calasans/ID/BR

a) Indique corretamente o nome dos órgãos do sistema respiratório.

b) O que são as pleuras? Qual é a sua função?

2. Associe os órgãos do sistema respiratório aos eventos relacionados com a respiração.

I. Vias respiratórias.

II. Diafragma e músculos intercostais.

III. Pleuras.

IV. Alvéolos.

A. Trocas gasosas.

B. Proteção dos pulmões.

C. Movimentação da caixa toráxica.

D. Condução do ar.

3. Identifique as afirmações a seguir como verdadeiras ou falsas e reescreva corretamente a(s) falsa(s).

I. O processo de respiração celular é exclusivo das células pulmonares.

II. O gás carbônico dissolvido no sangue humano é proveniente do ar atmosférico.

III. O ar expirado contém mais oxigênio que o ar inspirado.

APLICAR

4. No caderno, escreva um parágrafo que relacione e explique os termos a seguir.

> trocas gasosas   ventilação pulmonar
>
> respiração celular

5. Observe a imagem a seguir e faça o que se pede.

Renato Soares/Pulsar Imagens

↑ **Indígena Guarani tocando flauta. Aldeia Piraquê--Açu, em Aracruz (ES), 2014.**

a) Relacione os movimentos respiratórios com a produção de som pela flauta.

b) Que processo ocorre enquanto o instrumentista toca a flauta: a ventilação pulmonar ou a respiração celular? Explique.

c) O ar que sai da flauta contém gás carbônico? E gás oxigênio? Justifique.

6. Observe a seguir o esquema que representa as trocas gasosas ocorridas nos alvéolos e nos tecidos de um organismo. Depois, faça o que se pede.

TROCAS GASOSAS

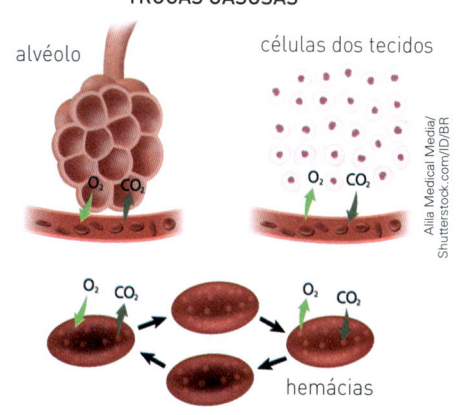

Alila Medical Media/Shutterstock.com/ID/BR

↑ **(Representação esquemática sem proporção de tamanho; cores-fantasia.)**

a) Explique o processo que torna possível essas trocas gasosas.

b) A anemia é uma condição em que a quantidade de hemácias no organismo fica abaixo do valor ideal. Nesse caso, as trocas gasosas nos alvéolos são afetadas? Justifique sua resposta.

SISTEMA DIGESTÓRIO

Para que os nutrientes sejam aproveitados por todas as células do corpo, eles precisam ser transformados. Essas transformações acontecem nos órgãos do sistema digestório. De que forma os nutrientes são utilizados pelo nosso organismo?

POR QUE COMEMOS?

Todas as atividades que realizamos no dia a dia, como jogar bola, tocar um instrumento ou ler, consomem energia. Mesmo quando estamos dormindo, nosso corpo continua consumindo energia para manter as atividades vitais, como os batimentos cardíacos, a respiração, a contração muscular e a digestão.

A energia utilizada pelo organismo é obtida por meio dos alimentos. A quantidade de energia presente nos alimentos e gasta pelo corpo é medida em **calorias**.

Além de energia, os alimentos fornecem a matéria-prima necessária para o crescimento, o desenvolvimento e, também, para a manutenção do organismo. A ativação e a regulação de diversos processos importantes para o funcionamento saudável de nosso organismo também dependem de substâncias obtidas pela alimentação. Essas substâncias encontradas nos alimentos, que servem de fonte de energia ou de componente estrutural, são chamadas de **nutrientes**.

↓ Os alimentos que consumimos precisam ser digeridos antes de serem aproveitados pelo organismo.

Fernando Favoretto/Criar Imagem

NUTRIENTES

Os nutrientes presentes nos alimentos são necessários para promover o desenvolvimento saudável do corpo e o correto funcionamento do organismo.

TIPOS DE NUTRIENTES

Nutrientes plásticos ou construtores: proteínas – fornecem matéria-prima necessária para o crescimento e o reparo de tecidos.

Nutrientes energéticos: carboidratos e lipídios – fornecem energia ao organismo. Glicose, frutose e lactose são os principais carboidratos presentes nos alimentos. A glicose é a principal fonte de energia das células. Os lipídios também podem ser utilizados como fonte de energia por alguns tecidos do corpo.

Nutrientes reguladores: vitaminas e minerais – ativam e regulam os processos fundamentais para o funcionamento saudável do organismo. Esses nutrientes participam de atividades como crescimento, coagulação do sangue, funcionamento do sistema nervoso e transporte de gás oxigênio.

AMINOÁCIDOS

Aminoácidos são moléculas que compõem as proteínas. Existem vinte tipos de aminoácidos, mas somente metade deles é produzida por nosso organismo. Aqueles que o organismo produz são chamados de **aminoácidos não essenciais**, e os que o organismo não produz são chamados de **aminoácidos essenciais**, obtidos somente por meio dos alimentos.

Em geral, os alimentos contêm mais de um nutriente, em diferentes quantidades. Especialistas em nutrição organizaram os alimentos em grupos, de acordo com os nutrientes que mais se destacam neles. Veja, no esquema a seguir, quais são esses grupos.

↓ **A imagem representa uma recomendação da proporção de cada tipo de alimento na composição da dieta de uma pessoa.**

Fonte de pesquisa: Guia alimentar para a população brasileira. 2. ed. Brasília: Ministério da Saúde, 2014. Disponível em: <http://bvsms.saude.gov.br/bvs/publicacoes/guia_alimentar_populacao_brasileira_2ed.pdf>. Acesso em: 15 out. 2018.

Cereais, tubérculos e raízes. Importantes fontes de carboidratos e, portanto, fontes de energia para o corpo. Também podem ser fontes de proteínas e vitaminas.

Doces e açúcar. Os nutrientes que mais se destacam nesse tipo de alimento são os carboidratos; não apresentam quantidades significativas de outros nutrientes.

Carnes e ovos. Esses alimentos são ricos em proteínas e em vitaminas e minerais. Entretanto, variam muito quanto ao tipo e à quantidade de lipídios que apresentam.

Frutas, legumes e verduras. Esse grupo apresenta grande variedade de nutrientes reguladores. São alimentos ricos em fibras.

Leite e derivados. Esses alimentos são a principal fonte de cálcio na alimentação, além de serem ricos em proteínas.

Feijões, castanhas e sementes. Esses alimentos são importantes fontes de proteínas e também são ricos em minerais, vitaminas, fibras e gorduras saudáveis.

Óleos e gorduras. São alimentos ricos em lipídios.

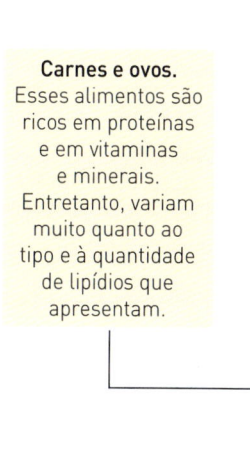

Ifong/Shutterstock.com/ID/BR

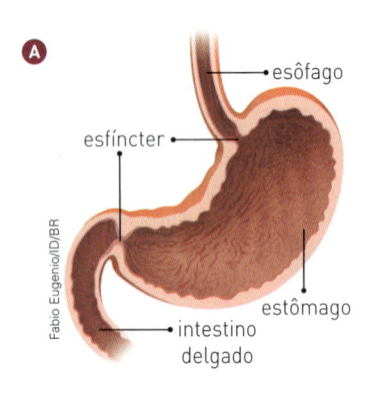

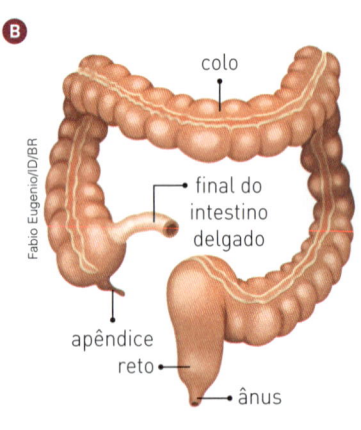

ÓRGÃOS DO SISTEMA DIGESTÓRIO

O sistema digestório divide-se em: trato gastrointestinal e órgãos digestórios acessórios.

O **trato gastrointestinal** começa na boca e termina no ânus. O alimento passa por ele desde o momento em que é ingerido até a absorção dos nutrientes pelo organismo ou até os restos não digeridos serem liberados em forma de fezes. Fazem parte do trato gastrointestinal a boca, a faringe, o esôfago, o estômago, o intestino delgado e o intestino grosso.

Os **órgãos digestórios acessórios** incluem a língua, os dentes, as glândulas salivares, o fígado, a vesícula biliar e o pâncreas. Desses órgãos acessórios, apenas os dentes e a língua entram em contato direto com os alimentos e participam da **digestão mecânica**, isto é, da quebra dos alimentos em pedaços menores.

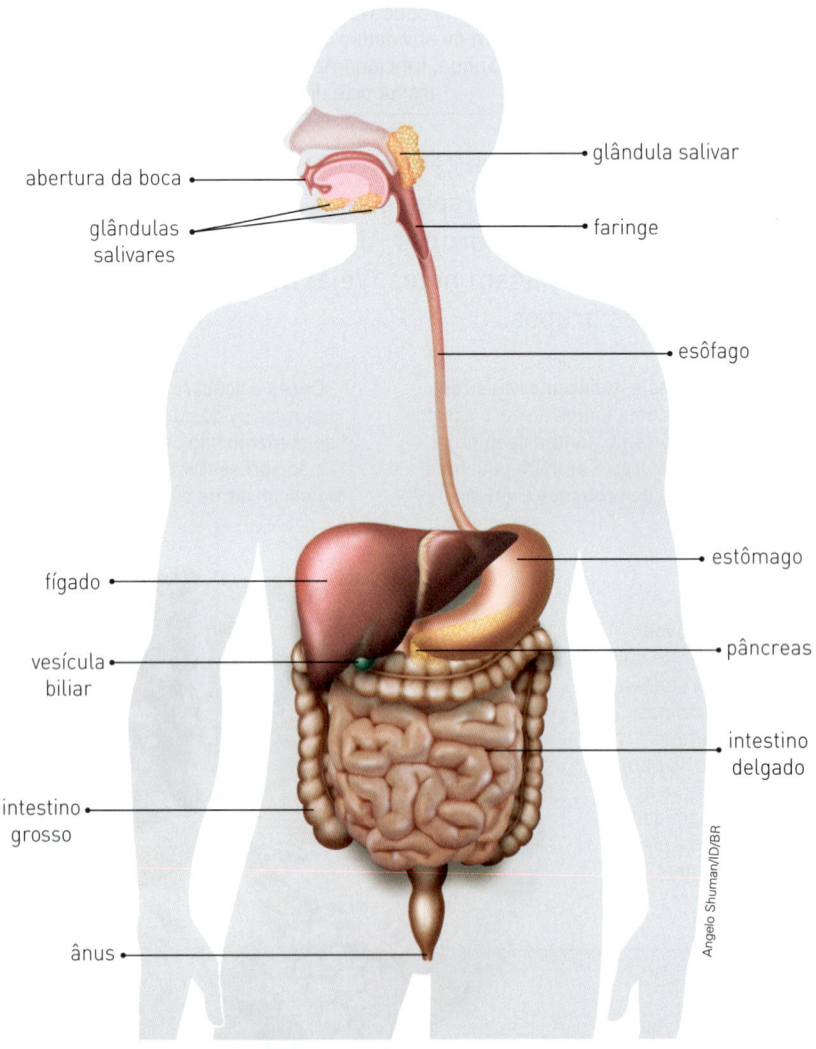

↑ Representação do sistema digestório humano. Ao lado, o estômago **(A)**, representado em corte, e o intestino grosso **(B)**. (Representação sem proporção de tamanho; cores-fantasia.)

Fonte de pesquisa: Gerard J. Tortora; Bryan Derrickson. *Corpo humano*: fundamentos de anatomia e fisiologia. 6. ed. Porto Alegre: Artmed, 2006. p. 485.

O PROCESSO DE DIGESTÃO

Durante as refeições, ingerimos uma variedade de alimentos que contêm complexas combinações de nutrientes.

Porém, antes de serem utilizados pelo nosso organismo, os alimentos e os nutrientes precisam ser processados. Moléculas grandes, como as proteínas e alguns carboidratos, precisam ser "quebradas" em moléculas menores para que possam ser absorvidas pelas células. Esse processo, chamado de **digestão química**, é realizado pelas **enzimas digestivas**.

O esquema a seguir ilustra as transformações que ocorrem na digestão e os órgãos envolvidos em cada etapa desse processo.

molécula: a menor parte de uma substância que mantém suas características de composição e propriedades químicas.

🔵 RETOMAR

Assista a **processo de digestão** e identifique as etapas onde o alimento é triturado e onde os nutrientes são absorvidos.

⬋ Representação esquemática do processo de digestão. Contrações involuntárias da musculatura dos órgãos internos, chamadas de movimentos peristálticos, auxiliam no processo de ingestão, absorção e eliminação durante a digestão.

Fonte de pesquisa: Jane B. Reece e outros. *Biologia de Campbell*. 10. ed. Porto Alegre: Artmed, 2015. p. 900.

Boca: local onde se inicia a digestão. Os dentes cortam, rasgam, trituram e amassam os alimentos.
Língua: ajuda a misturar o alimento mastigado com a saliva.

Glândulas salivares: produzem e liberam saliva, rica em amilase salivar (enzima que transforma carboidratos complexos em carboidratos mais simples).

Fígado: produz a bile, que é armazenada na vesícula biliar e liberada no intestino delgado durante a digestão. A bile auxilia na emulsificação, processo de quebra da gordura em pequenas gotas, facilitando sua digestão.

Pâncreas: produz o suco pancreático, que contém proteases (enzimas que digerem proteínas), uma lipase (enzima que digere lipídios) e uma amilase (enzima que digere amido). Neutraliza a acidez provocada pelo ácido clorídrico do estômago.

Faringe: comunica a boca ao esôfago. Durante a deglutição, a epiglote, localizada na laringe, fecha a passagem para a traqueia.

Esôfago: conduz o alimento ao estômago. É formado por músculos involuntários que empurram o bolo alimentar até o estômago por meio de movimentos peristálticos.

Estômago: produz o suco gástrico, que contém pepsina (enzima que digere proteínas) e ácido clorídrico, o qual aumenta a capacidade de ação da enzima e mata a maioria dos microrganismos que chegam com os alimentos ao estômago. Movimentos peristálticos misturam o bolo alimentar e o suco gástrico.
Após cerca de duas horas, a mistura adquire consistência quase líquida, sendo chamada de **quimo**.

Intestino delgado: Na porção inicial do intestino delgado, chamada de **duodeno**, ocorre a etapa final do processo de digestão. A bile, o suco pancreático e o suco entérico, produzido no próprio intestino delgado, digerem o restante das proteínas, dos carboidratos e das gorduras, transformando o quimo em **quilo**. O quilo é conduzido por meio dos movimentos peristálticos para as porções finais do intestino delgado, onde ocorre a maior parte do processo de absorção dos nutrientes. As substâncias não absorvidas seguem para o intestino grosso.

Intestino grosso: local de absorção de sais minerais e de parte da água presente no quilo. O que não foi digerido dos alimentos (por exemplo, a celulose dos vegetais), nutrientes que não foram absorvidos (água, sais, açúcares, etc.), restos de células mortas da parede dos intestinos e bactérias formam as fezes. Os movimentos peristálticos das paredes do intestino grosso encaminham as fezes para o reto, onde são eliminadas pelo ânus, que possui esfíncteres de controle de abertura e fechamento.

Reinaldo Vignati/ID/BR

ATIVIDADES

RETOMAR E COMPREENDER

1. A ilustração abaixo representa os órgãos do sistema digestório. Observe-a e, depois, responda às questões sobre a digestão dos alimentos e os órgãos que participam desse processo.

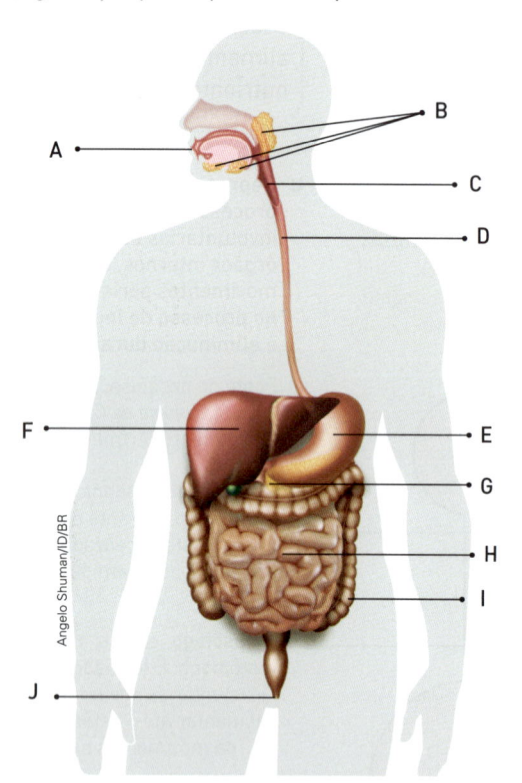

Angelo Shuman/ID/BR

a) Identifique o órgão **E**. Ele produz e libera enzimas relacionadas à digestão de qual nutriente?

b) Em que órgão começa a digestão dos carboidratos?

c) Qual o papel de **I** no processo de digestão?

d) Quais são os sucos digestivos produzidos por **F** e **G**?

e) Qual é a função da bile? Em que órgão ela é produzida?

2. As proteínas são incluídas no grupo dos nutrientes construtores. Com base na função que elas exercem, explique o sentido do termo "construtores".

3. Na região da laringe existe uma estrutura cartilaginosa chamada epiglote.

a) Qual é a função da epiglote?

b) O que acontece quando esse mecanismo falha?

4. Um nutricionista está elaborando uma dieta para um maratonista. Quais são os principais nutrientes que devem fazer parte dessa dieta? Justifique.

5. Para emagrecer, um jovem decidiu realizar atividades físicas diariamente e cortar todo o carboidrato de sua dieta.

- Explique por que, com o aumento da atividade física, não é recomendável cortar os carboidratos da dieta.

6. Descreva o processo de digestão dos alimentos, desde a boca até o ânus.

APLICAR

7. Leia o texto e, depois, faça o que se pede.

A diarreia tem basicamente duas características: o aumento na frequência de evacuações e a eliminação de fezes com grande porcentagem de líquidos. Essa última característica decorre de problemas na absorção de água ou na secreção de fluidos pelo intestino grosso, em resposta a infecções por vírus, presença de toxinas no organismo ou bactérias presentes na água contaminada. Muitas pessoas morrem todos os anos de desidratação causada por diarreia.

Chico Ferreira/Pulsar Imagens

↑ Cerca de 55% dos domicílios brasileiros ainda não têm acesso à rede de esgoto. Foto de córrego em Guaianases, bairro de São Paulo (SP), 2016.

- Pesquise três doenças transmitidas pela água e por alimentos contaminados: uma doença causada por bactéria, outra causada por protozoário e uma terceira causada por verme. Liste as medidas de prevenção comuns às três doenças.

SISTEMA CIRCULATÓRIO

FUNÇÃO E ORGANIZAÇÃO DO SISTEMA CIRCULATÓRIO

A principal função do sistema circulatório é o **transporte** de nutrientes, gás oxigênio, gás carbônico e hormônios para as células do corpo, excretas das células do corpo para os rins, além de auxiliar no combate a infecções e no controle da temperatura.

O sistema circulatório é formado por três componentes: o coração, o sangue e os vasos sanguíneos.

O coração, localizado entre os pulmões, é um órgão muscular capaz de se contrair de forma involuntária. Possui quatro cavidades que se enchem de sangue, o qual é bombeado para os pulmões e para o corpo.

O sangue circula pelos vasos sanguíneos, órgãos que formam uma rede de tubos espalhados por todo o corpo. Os vasos sanguíneos são classificados em artérias, arteríolas, capilares, vênulas e veias. O sangue sempre sai do coração por uma artéria e chega a ele por uma veia.

O sangue é um fluido que possui células especializadas no transporte de gás oxigênio e na defesa do organismo.

O sistema circulatório é responsável pelo transporte de nutrientes, de gases respiratórios, de excretas e de hormônios das células do corpo. De que forma o sistema circulatório auxilia na integração de todos os outros sistemas?

↓ **Leonardo da Vinci (1452-1519) dedicou-se aos estudos da anatomia humana, revelando detalhes de órgãos, como o coração.** *Atlas de estudos anatômicos.* **Biblioteca Real, Castelo de Windsor, Inglaterra.**

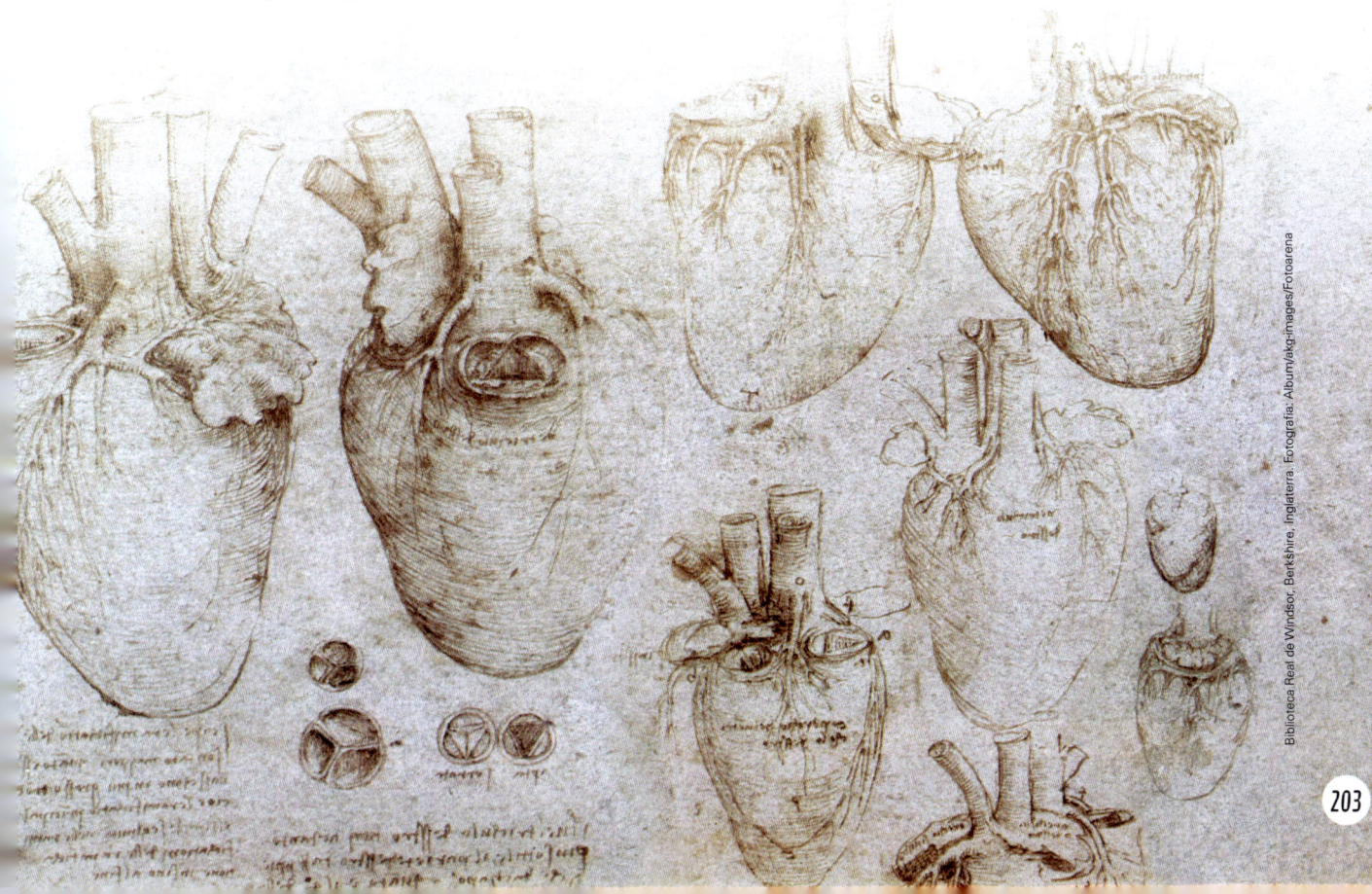

Biblioteca Real de Windsor, Berkshire, Inglaterra. Fotografia: Album/akg-images/Fotoarena

ÓRGÃOS DO SISTEMA CIRCULATÓRIO

O **coração** é formado por quatro cavidades. As duas cavidades superiores são os átrios; e as duas cavidades inferiores, os ventrículos. O septo intraventricular separa os ventrículos direito e esquerdo. Entre o átrio e o ventrículo existem valvas, estruturas que abrem e fecham, impedindo que haja refluxo do sangue. Também existem valvas que impedem que o sangue que sai dos ventrículos retorne a eles.

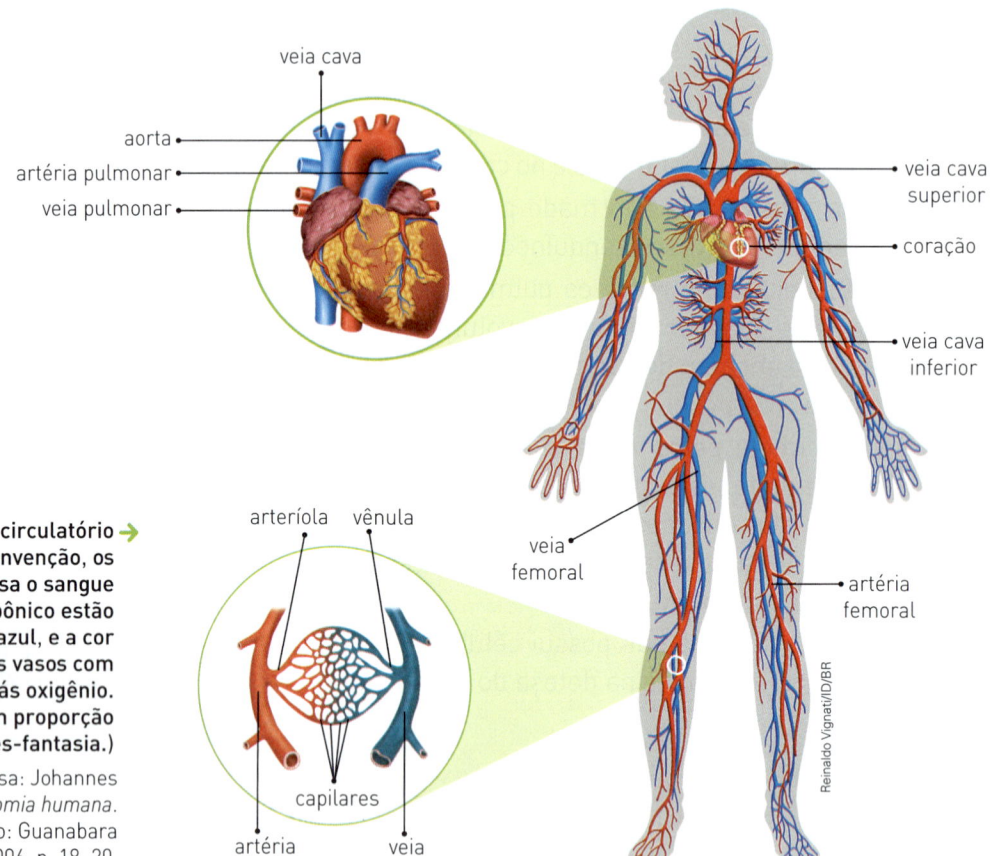

Esquema do sistema circulatório humano. Por convenção, os vasos por onde passa o sangue rico em gás carbônico estão representados em azul, e a cor vermelha indica os vasos com sangue rico em gás oxigênio. (Representação sem proporção de tamanho; cores-fantasia.)

Fonte de pesquisa: Johannes Sobotta. *Atlas de anatomia humana*. 22. ed. Rio de Janeiro: Guanabara Koogan, 2006. p. 18, 20.

As **artérias** são vasos sanguíneos de grande calibre que apresentam uma parede grossa composta de tecido muscular, o que permite manter e regular a alta pressão do sangue que sai do coração. As **veias** também possuem grande calibre, contudo têm parede mais fina e menos elástica que a das artérias. Apresentam válvulas, estruturas que evitam que o sangue mude de sentido.

As artérias se ramificam, tornando-se cada vez menores até formarem as arteríolas. No interior de um tecido ou um órgão, as arteríolas ramificam-se em numerosos vasos microscópicos, os **capilares**. Estes apresentam paredes formadas por uma única camada de células, o que possibilita a troca de substâncias entre o sangue e os tecidos. Depois de passar pelos tecidos, os capilares são reunidos e formam pequenas veias, chamadas de vênulas, as quais se agrupam progressivamente, formando veias cada vez maiores, por onde o sangue volta ao coração.

SANGUE

O sangue é formado por uma parte líquida, o plasma, e pelos elementos figurados, que são células ou derivados de células. Suas principais funções são o transporte de substâncias, a proteção do organismo e a regulação da temperatura corporal.

As células sanguíneas são produzidas na medula óssea vermelha. Nos adultos, esse tecido é encontrado na cavidade interna de ossos como costelas, vértebras e extremidades de ossos longos dos membros superiores e inferiores.

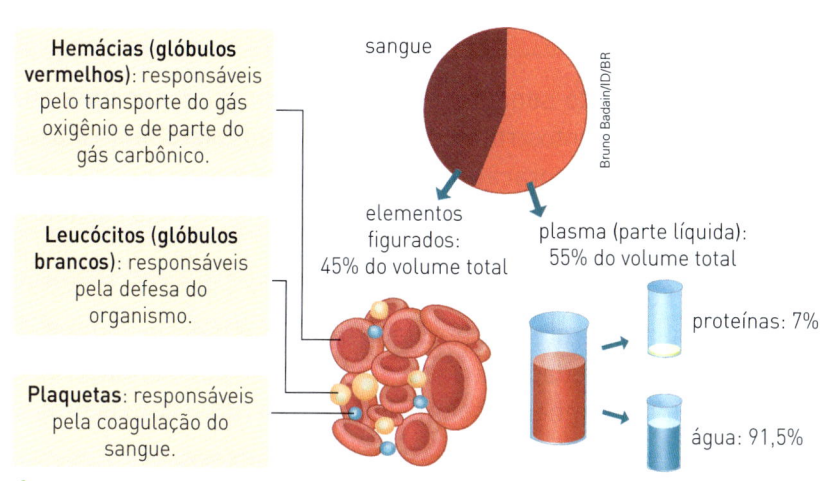

Hemácias (glóbulos vermelhos): responsáveis pelo transporte do gás oxigênio e de parte do gás carbônico.

Leucócitos (glóbulos brancos): responsáveis pela defesa do organismo.

Plaquetas: responsáveis pela coagulação do sangue.

sangue

elementos figurados: 45% do volume total

plasma (parte líquida): 55% do volume total

proteínas: 7%

água: 91,5%

Bruno Badain/ID/BR

↑ **Composição do sangue de um adulto. (Representação sem proporção de tamanho; cores-fantasia.)**

Fonte de pesquisa: Gerard J. Tortora; Bryan Derrickson. *Corpo humano*: fundamentos de anatomia e fisiologia. 8. ed. Porto Alegre: Artmed, 2012. p. 359.

O **plasma** atua no transporte do gás carbônico e de outros resíduos produzidos pelas células e no transporte de nutrientes absorvidos ao longo da digestão e de substâncias reguladoras, como enzimas e hormônios.

As **hemácias** são popularmente chamadas de glóbulos vermelhos. São células anucleadas, ou seja, não possuem núcleo, e que contêm a proteína hemoglobina, responsável pelo transporte do gás oxigênio e de parte do gás carbônico. A cor vermelha do sangue deve-se ao ferro, que está associado à hemoglobina.

Os **leucócitos**, também denominados glóbulos brancos, são células especializadas na defesa do organismo. Existem vários tipos de leucócitos: alguns secretam substâncias envolvidas nas reações alérgicas e inflamatórias, outros envolvem o microrganismo invasor e o destroem, e existem ainda os que produzem anticorpos – proteínas que ajudam a combater microrganismos e toxinas.

As **plaquetas** são fragmentos celulares responsáveis pela <u>coagulação</u> do sangue. Apresentam formato de disco e não possuem núcleo. Seu ciclo de vida é curto, de cinco a nove dias; após esse período, as plaquetas são removidas da corrente sanguínea e destruídas no baço e no fígado.

DOAÇÃO DE SANGUE

Qualquer pessoa pode passar por uma situação em que ocorra perda de quantidade importante de sangue. Acidentes e cirurgias – programadas ou de emergência – são situações desse tipo. Portadores de algumas doenças, como talassemia e anemia falciforme, necessitam regularmente de transfusões.

Os hospitais contam com estoques, chamados de bancos de sangue, para atender às pessoas que necessitem de transfusão. Porém, a manutenção dos estoques em quantidades adequadas depende de doadores de sangue. Uma única doação pode salvar a vida de até quatro pacientes. Uma vez que a doação é feita nos bancos de sangue, não é necessário ser parente ou conhecido da pessoa que vai receber a transfusão.

Para ser um doador, basta ter entre 16 e 69 anos de idade, pesar acima de 50 quilos, estar em boas condições de saúde e alimentado. Menores de 18 anos devem estar acompanhados por um adulto e portar autorização dos responsáveis legais.

1. Por que a doação de sangue pode ser considerada uma atitude solidária?
2. 🎧 **VERIFICAR** Ouça **doação de sangue** e comente a importância dessa atitude.

coagulação: processo no qual o sangue líquido adquire consistência semissólida ou sólida, impedindo a hemorragia em pequenos vasos sanguíneos.

FLUXO SANGUÍNEO NO CORAÇÃO

O sangue circula pelos vasos sanguíneos e chega ao coração pela veia cava superior (vindo da cabeça) e pela veia cava inferior (vindo do corpo), entrando pelo átrio direito e passando ao ventrículo direito, de onde segue para os pulmões pelas artérias pulmonares.

O sangue volta ao coração pelas veias pulmonares, entrando no átrio esquerdo e seguindo, então, para o ventrículo esquerdo, de onde é impulsionado para a artéria aorta.

O ciclo cardíaco

O movimento do sangue pelo corpo é realizado por uma sucessão de movimentos rítmicos de contração (**sístole**) e relaxamento (**diástole**) do coração. O conjunto formado por uma contração seguida de um relaxamento recebe o nome de **ciclo cardíaco**.

O coração de um jovem saudável em repouso deve apresentar entre 60 e 90 batimentos por minuto. O ritmo cardíaco aumenta quando realizamos alguma atividade física; além disso, situações de estresse e ansiedade ou a ingestão de bebidas estimulantes à base de cafeína também podem afetar nosso ritmo cardíaco.

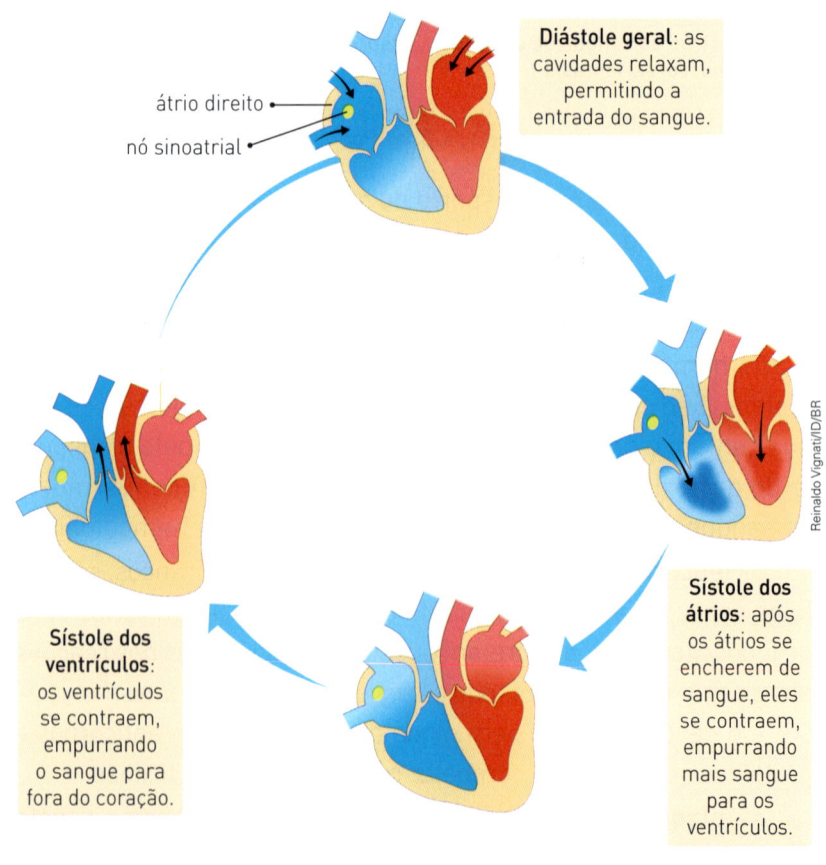

átrio direito

nó sinoatrial

Diástole geral: as cavidades relaxam, permitindo a entrada do sangue.

Sístole dos átrios: após os átrios se encherem de sangue, eles se contraem, empurrando mais sangue para os ventrículos.

Sístole dos ventrículos: os ventrículos se contraem, empurrando o sangue para fora do coração.

Reinaldo Vignati/ID/BR

↑ **Fases do ciclo cardíaco. (Representação sem proporção de tamanho; cores-fantasia.)**

Fonte de pesquisa: Gerard J. Tortora; Bryan Derrickson. *Corpo humano*: fundamentos de anatomia e fisiologia. 8. ed. Porto Alegre: Artmed, 2012. p. 387.

CIRCULAÇÃO DO SANGUE: SISTÊMICA E PULMONAR

Os vasos sanguíneos estão organizados em duas rotas circulatórias, responsáveis por transportar o sangue por todo o corpo: a circulação sistêmica (grande circulação) e a circulação pulmonar (pequena circulação).

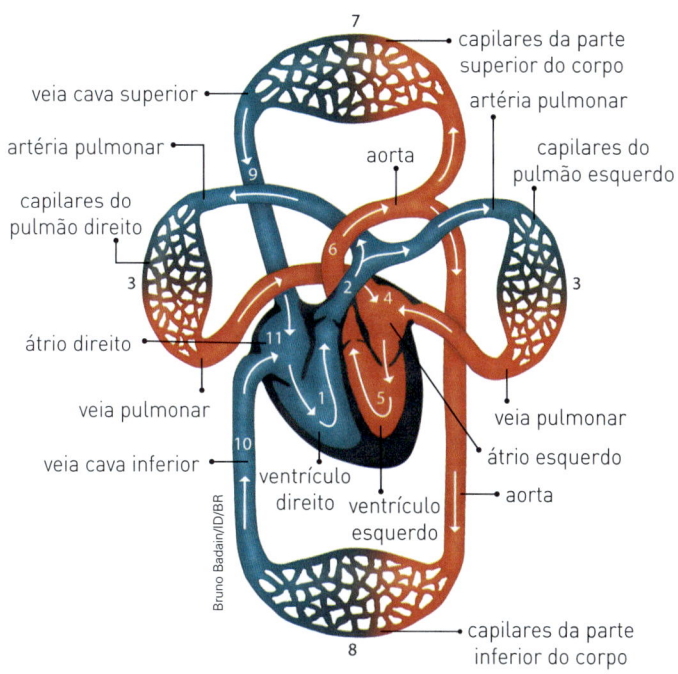

↑ **Esquema simplificado da circulação pulmonar e sistêmica. (Representação sem proporção de tamanho; cores-fantasia.)**

Fonte de pesquisa: Jane B. Reece e outros. *Biologia de Campbell*. 10. ed. Porto Alegre: Artmed, 2015. p. 920.

CIRCULAÇÃO PULMONAR

Na **circulação pulmonar**, o sangue rico em gás carbônico deixa o ventrículo direito (**1**) pela artéria pulmonar (**2**). Nos pulmões, ocorrem as trocas gasosas nos alvéolos (**3**). O sangue chega ao átrio esquerdo (**4**) pelas veias pulmonares e dirige-se para o ventrículo esquerdo (**5**), onde se inicia a circulação sistêmica.

CIRCULAÇÃO SISTÊMICA

Na **circulação sistêmica**, o sangue rico em gás oxigênio deixa o ventrículo esquerdo (**5**) pela aorta (**6**). Assim como as demais artérias, a aorta ramifica-se em artérias menores, arteríolas e capilares (**7** e **8**), e ocorrem as trocas gasosas entre o sangue e os tecidos.

O sangue rico em gás carbônico retorna ao coração pelas vênulas, que se unem formando veias, até as veias cavas superior e inferior (**9** e **10**). O sangue entra pelo átrio direito (**11**) e passa para o ventrículo direito (**1**), onde começa a circulação pulmonar.

A circulação sistêmica também distribui os nutrientes provenientes da digestão e recolhe os resíduos do metabolismo que serão eliminados pelos rins.

O PULSO E A PRESSÃO SANGUÍNEA

A cada contração do ventrículo esquerdo, as artérias recebem o sangue direto do coração. O sangue exerce força contra a parede da artéria, e suas paredes se expandem; durante o relaxamento do ventrículo esquerdo, suas paredes voltam à posição normal.

O ciclo de expansão e recuo das paredes das artérias é chamado de pulso. O valor da frequência do pulso arterial normalmente é o mesmo da frequência cardíaca.

A força com que o sangue é empurrado contra a parede da artéria é chamada de **pressão sanguínea sistólica**. A força residual exercida pelo sangue contra a parede da artéria durante a diástole (relaxamento) do ventrículo é chamada de **pressão sanguínea diastólica**. A pressão sanguínea normal de um homem adulto jovem é inferior a 120 mmHg (sistólica) e inferior a 80 mmHg (diastólica) ou 12 por 8, como se costuma dizer.

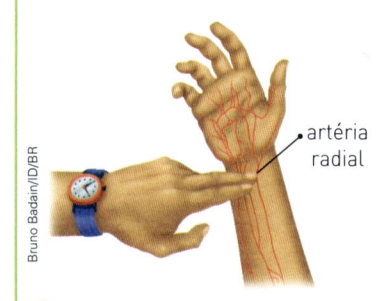

↑ **A artéria radial do punho é geralmente a mais usada para detectar a pulsação arterial. (Representação sem proporção de tamanho; cores-fantasia.)**

milímetro de mercúrio (mmHg): unidade de pressão.

 **RETOMAR**
Veja **circulação sistêmica e pulmonar** e descreva o caminho do sangue no corpo.

RETOMAR E COMPREENDER

1. Quais são os componentes do sistema circulatório?

2. Cite a principal função do coração.

3. Descreva os tipos de vaso que formam o sistema circulatório e dê suas características.

4. Analise a figura a seguir e faça o que se pede.

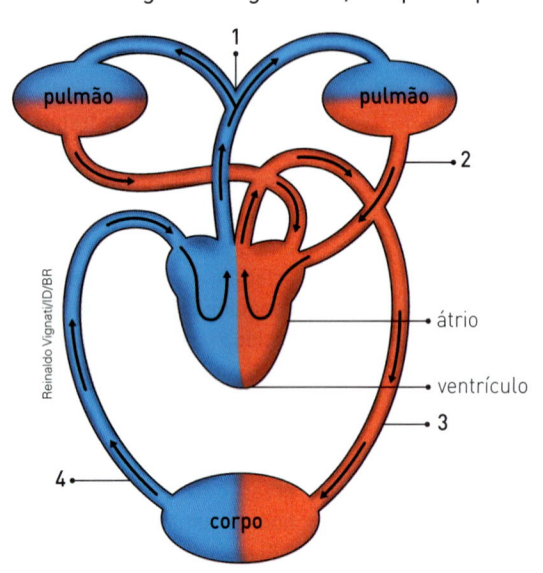

a) Identifique as estruturas representadas pelos números **1**, **2**, **3** e **4**.

b) Descreva o caminho percorrido pelo sangue rico em gás carbônico a partir do corpo.

c) Com base na ilustração, identifique os componentes da circulação sistêmica e da circulação pulmonar.

d) As artérias ramificam-se até formarem os capilares sanguíneos, vasos de paredes muito finas. Indique em que parte do esquema os capilares poderiam ser representados.

5. A imagem a seguir mostra o clássico experimento do cirurgião britânico William Harvey (1578-1657), no qual ele demonstrou que o fluxo sanguíneo é unidirecional.

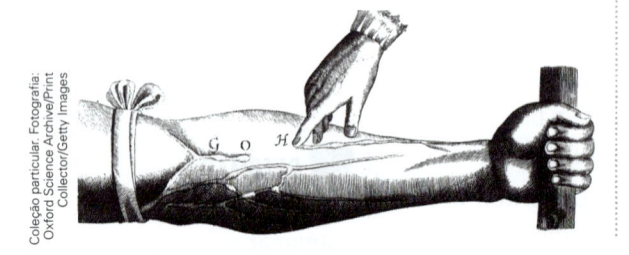

a) Que estruturas presentes nas veias são responsáveis por manter o fluxo sanguíneo unidirecional?

b) Explique por que é importante que o fluxo sanguíneo se mantenha constante e unidirecional.

6. O sangue rico em gás carbônico recebeu o nome de sangue venoso, pois acreditava-se que somente as veias transportavam esse tipo de sangue. Com base no que você sabe sobre o sistema circulatório, explique por que essa afirmação é incorreta.

7. Observe a imagem a seguir.

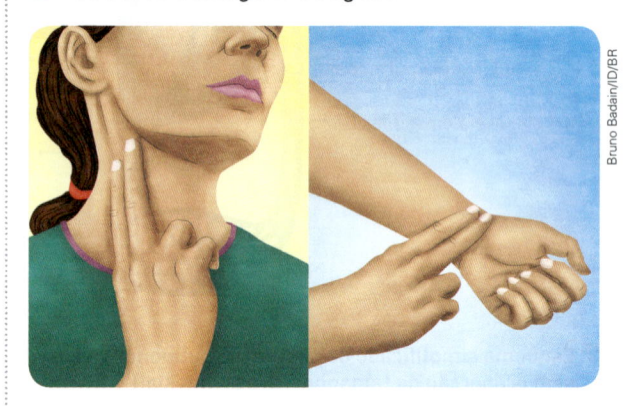

a) Explique o que está sendo representado na imagem.

b) Por que apalpar o pulso é um método eficiente de determinar a frequência cardíaca?

APLICAR

8. Com a ajuda de um colega, faça o que se pede.

a) Em repouso, peça a um colega que pressione seu pulso na artéria radial e conte as pulsações durante um minuto. Anote no caderno o valor obtido.

b) Repita o mesmo procedimento com o colega.

c) Corra durante um minuto o mais rápido que puder e, ao parar, peça ao colega que pressione novamente seu pulso e conte suas pulsações por um minuto. Anote no caderno o valor obtido.

d) Repita o procedimento com o colega.

e) Compare sua frequência cardíaca em repouso e logo após realizar esforço intenso. Quais foram as diferenças?

f) Explique o porquê dessas diferenças.

EXCREÇÃO

As reações químicas que ocorrem nas células produzem resíduos que devem ser eliminados do organismo. O processo de eliminação de resíduos pelo organismo é chamado de **excreção**.

Entre os principais resíduos produzidos pelo metabolismo celular estão os provenientes do metabolismo de proteínas, chamados **excretas nitrogenadas**. Eles recebem esse nome porque contêm nitrogênio em sua composição. São exemplos de excretas nitrogenadas a amônia, a ureia e o ácido úrico. Essas substâncias são tóxicas e causam danos às células quando se acumulam no organismo.

Neste capítulo, vamos estudar como o corpo regula a quantidade dessas substâncias no sangue, garantindo o equilíbrio interno do nosso organismo.

A concentração de certas substâncias no sangue precisa estar em níveis adequados para que o corpo mantenha seu equilíbrio interno. De que forma o sistema urinário participa dessa regulação?

⬇ Os nutrientes que consumimos são aproveitados pelo metabolismo, mas também geram resíduos, que precisam ser eliminados do organismo. Indígenas da etnia Kaxinawá, aldeia Novo Segredo, Jordão (AC), 2016.

Cassandra Cury/Pulsar Imagens

ÓRGÃOS DO SISTEMA URINÁRIO

O **sistema urinário** humano é formado por dois rins, dois ureteres, uma bexiga urinária e uma uretra. Veja abaixo a representação do sistema urinário nos dois sexos.

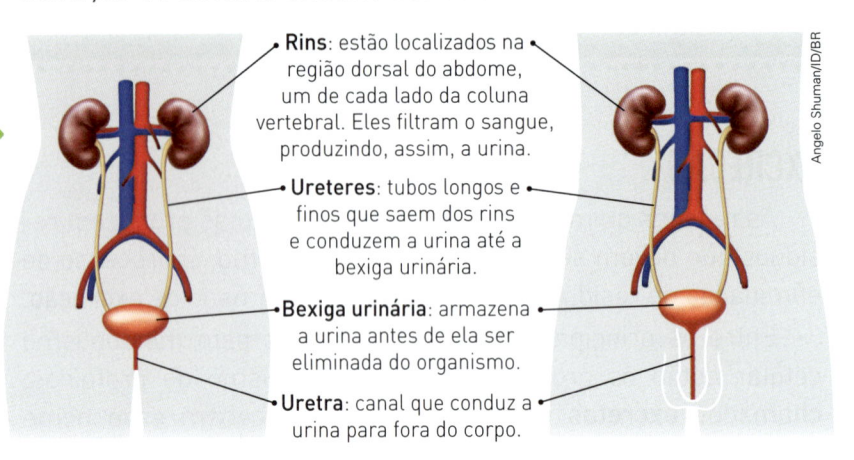

Rins: estão localizados na região dorsal do abdome, um de cada lado da coluna vertebral. Eles filtram o sangue, produzindo, assim, a urina.

Ureteres: tubos longos e finos que saem dos rins e conduzem a urina até a bexiga urinária.

Bexiga urinária: armazena a urina antes de ela ser eliminada do organismo.

Uretra: canal que conduz a urina para fora do corpo.

Esquemas dos sistemas urinários feminino (à esquerda) e masculino (à direita). O sangue penetra nos rins pelas artérias renais e sai pelas veias renais. (Representação sem proporção de tamanho; alguns vasos sanguíneos aparecem cortados ou interrompidos; cores-fantasia.)

Fonte de pesquisa: Gerard J. Tortora; Bryan Derrickson. *Corpo humano*: fundamentos de anatomia e fisiologia. 8. ed. Porto Alegre: Artmed, 2012. p. 539.

OS RINS

É nos rins que ocorre o processo de formação da urina. O sangue chega aos rins pela artéria renal e sai deles pela veia renal.

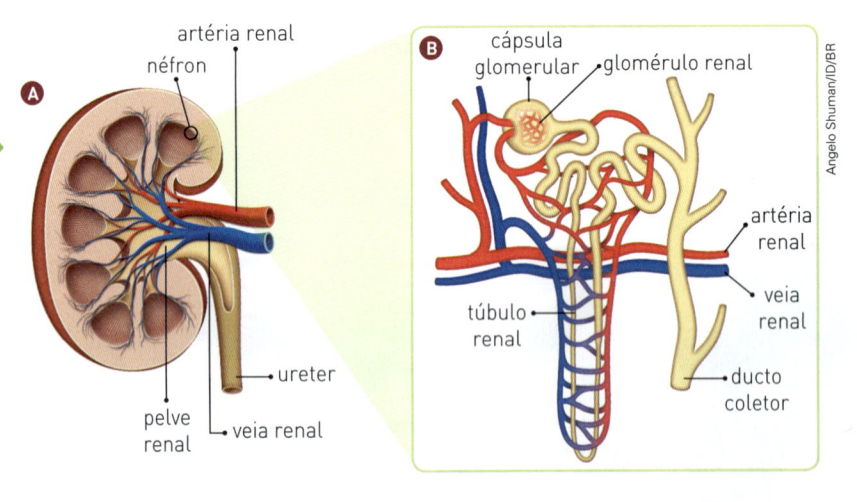

(A) Esquema de rim humano em corte. **(B)** Esquema da estrutura de um néfron, a unidade de filtração do rim. (Representação sem proporção de tamanho; alguns vasos sanguíneos aparecem cortados ou interrompidos; cores-fantasia.)

Fonte de pesquisa: Gerard J. Tortora; Bryan Derrickson. *Corpo humano*: fundamentos de anatomia e fisiologia. 8. ed. Porto Alegre: Artmed, 2012. p. 541.

Um rim possui cerca de 1 milhão de unidades microscópicas, denominadas néfrons. Um néfron é formado por três estruturas: glomérulo renal, cápsula glomerular e túbulo renal.

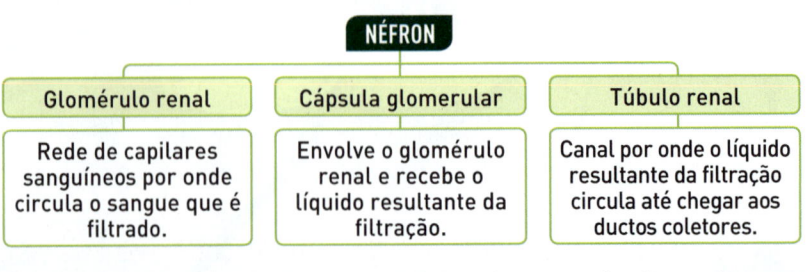

NÉFRON		
Glomérulo renal	**Cápsula glomerular**	**Túbulo renal**
Rede de capilares sanguíneos por onde circula o sangue que é filtrado.	Envolve o glomérulo renal e recebe o líquido resultante da filtração.	Canal por onde o líquido resultante da filtração circula até chegar aos ductos coletores.

Os ductos coletores são canais maiores onde desembocam os túbulos renais de vários néfrons. Diversos ductos coletores unem-se e terminam em uma estrutura que coleta toda a urina produzida pelos néfrons, a pelve renal, e a lança no ureter.

FORA DA ESCOLA

Museu de Anatomia Humana (MAH)

A área de exposição permanente apresenta um ossário e o corredor Galeria do corpo, com equipamentos interativos.

Informações: <http://linkte.me/g5s9z>. Acesso em: 16 out. 2018.

Localização: Faculdade de Medicina da Universidade de Brasília (UnB) – Campus Universitário Darcy Ribeiro – Asa Norte – Brasília (DF)

A FORMAÇÃO DA URINA

Cada néfron é capaz de formar urina, ou seja, independe de outros néfrons para isso. Por isso, ele é considerado a menor unidade funcional do rim.

A formação da urina envolve três processos diferentes: filtração, reabsorção e secreção.

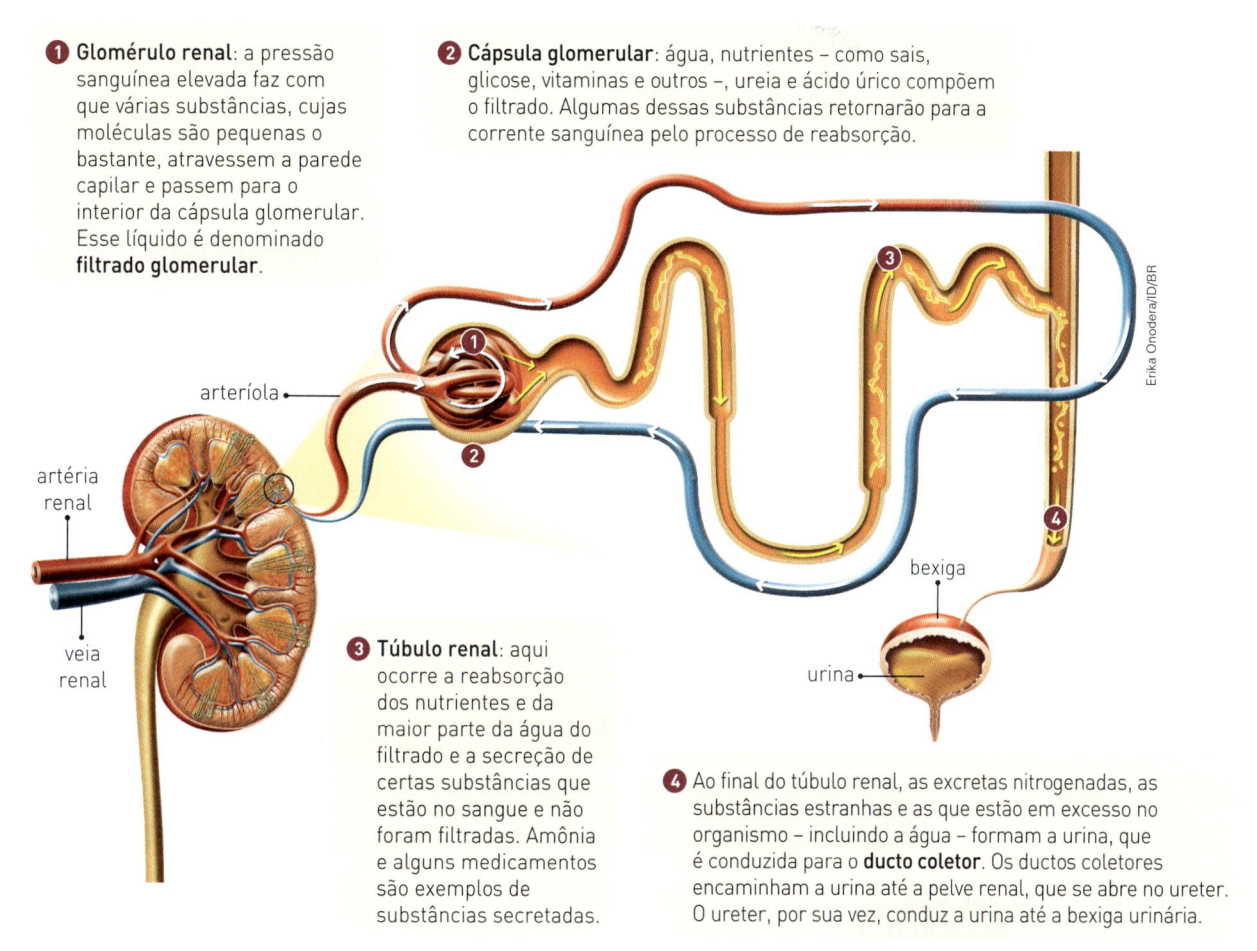

1 **Glomérulo renal**: a pressão sanguínea elevada faz com que várias substâncias, cujas moléculas são pequenas o bastante, atravessem a parede capilar e passem para o interior da cápsula glomerular. Esse líquido é denominado **filtrado glomerular**.

2 **Cápsula glomerular**: água, nutrientes – como sais, glicose, vitaminas e outros –, ureia e ácido úrico compõem o filtrado. Algumas dessas substâncias retornarão para a corrente sanguínea pelo processo de reabsorção.

arteríola

artéria renal

veia renal

3 **Túbulo renal**: aqui ocorre a reabsorção dos nutrientes e da maior parte da água do filtrado e a secreção de certas substâncias que estão no sangue e não foram filtradas. Amônia e alguns medicamentos são exemplos de substâncias secretadas.

bexiga

urina

4 Ao final do túbulo renal, as excretas nitrogenadas, as substâncias estranhas e as que estão em excesso no organismo – incluindo a água – formam a urina, que é conduzida para o **ducto coletor**. Os ductos coletores encaminham a urina até a pelve renal, que se abre no ureter. O ureter, por sua vez, conduz a urina até a bexiga urinária.

Erika Onodera/ID/BR

⬆ **Esquema do processo de formação da urina. (Representação sem proporção de tamanho; alguns vasos sanguíneos aparecem cortados ou interrompidos; cores-fantasia.)**

Fonte de pesquisa: Gerard J. Tortora; Bryan Derrickson. *Corpo humano*: fundamentos de anatomia e fisiologia. 8. ed. Porto Alegre: Artmed, 2012. p. 542.

A COMPOSIÇÃO DA URINA

A concentração dos diferentes componentes da urina pode variar em razão de fatores como a hora do dia e o tipo de alimento ingerido. Dentro de certos limites, essa variação é considerada normal.

Porém, um aumento anormal da concentração de certas substâncias ou a presença de substâncias que, em geral, estão ausentes na urina indicam que há algum distúrbio, como o mau funcionamento dos rins ou outros problemas de saúde.

A glicose, por exemplo, é reabsorvida nos túbulos renais e, em condições normais, não faz parte da urina. Mas, em pessoas com diabetes, ocorre um aumento muito grande da concentração de glicose no sangue. Assim, parte da glicose que passa para o túbulo renal durante a filtração não é reabsorvida, sendo eliminada com a urina.

Análise de um exame de urina

Que informações podem ser obtidas pela observação de um exame de urina? Ele pode alertar sobre possíveis problemas de saúde?

Você vai **analisar** os dados de um exame de urina hipotético para descobrir.

Material

• exame de urina fornecido abaixo

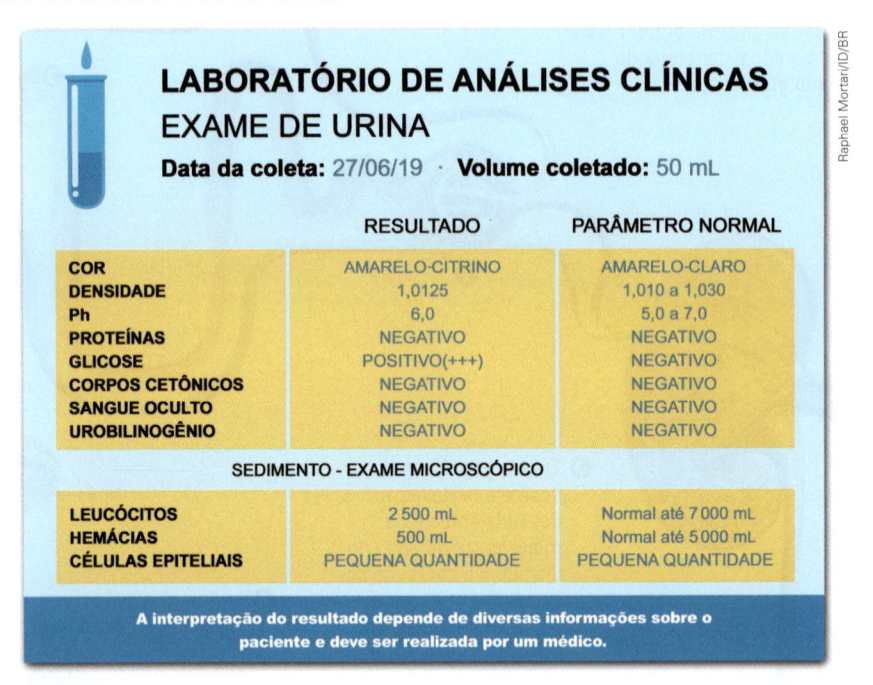

LABORATÓRIO DE ANÁLISES CLÍNICAS
EXAME DE URINA

Data da coleta: 27/06/19 · **Volume coletado:** 50 mL

	RESULTADO	PARÂMETRO NORMAL
COR	AMARELO-CITRINO	AMARELO-CLARO
DENSIDADE	1,0125	1,010 a 1,030
Ph	6,0	5,0 a 7,0
PROTEÍNAS	NEGATIVO	NEGATIVO
GLICOSE	POSITIVO(+++)	NEGATIVO
CORPOS CETÔNICOS	NEGATIVO	NEGATIVO
SANGUE OCULTO	NEGATIVO	NEGATIVO
UROBILINOGÊNIO	NEGATIVO	NEGATIVO

SEDIMENTO - EXAME MICROSCÓPICO

	RESULTADO	PARÂMETRO NORMAL
LEUCÓCITOS	2 500 mL	Normal até 7 000 mL
HEMÁCIAS	500 mL	Normal até 5 000 mL
CÉLULAS EPITELIAIS	PEQUENA QUANTIDADE	PEQUENA QUANTIDADE

A interpretação do resultado depende de diversas informações sobre o paciente e deve ser realizada por um médico.

Raphael Mortari/ID/BR

Como fazer

Compare os dados dos resultados apresentados no exame fornecido com os parâmetros de referência, isto é, os valores considerados normais. Em seguida, responda às questões propostas.

Para concluir

1. Proponha categorias para agrupar as informações que podem ser obtidas com base no exame analisado. Justifique cada categoria que você criou.

2. Em um dos itens do exame, há uma anormalidade. Que anormalidade é essa e a qual doença ela pode estar relacionada?

3. Se o número de leucócitos estivesse acima do valor de referência, como você interpretaria essa informação?

4. Sais minerais, como o cloreto de sódio, são filtrados e devem fazer parte da urina. No entanto, a presença desses sais não é controlada no exame. Como pode ser explicada a falta de monitoramento da presença de minerais na urina?

RETOMAR E COMPREENDER

1. A homeostase é o estado de equilíbrio do corpo, ou seja, o estado em que ele está funcionando adequadamente.
    - De que forma o sistema urinário colabora com a manutenção da homeostase?

2. Relacione as estruturas indicadas com as letras de **A** a **F** às respectivas funções indicadas com algarismos romanos.

A. Ureter	**I.** Realiza a filtração do sangue e, consequentemente, a produção de urina.
B. Néfron	**II.** Conduz a urina para o meio externo.
C. Bexiga	**III.** Armazena a urina.
D. Uretra	**IV.** Conduz a urina dos rins à bexiga.
E. Rim	**V.** Porção do néfron formada pelo enovelamento de ramificações da artéria renal.
F. Glomérulo	**VI.** Cada um dos órgãos situados na parte posterior da cavidade abdominal, em cada lado da coluna vertebral. É onde se situam os néfrons.

3. Sobre a formação da urina, responda:
    a) Quais são as três etapas básicas da formação da urina?
    b) Associe as partes que compõem um néfron a cada uma das etapas listadas no item anterior.
    c) Como seria a composição da urina se a primeira etapa de sua formação fosse a única?

4. Analise a tabela a seguir e responda às questões.

Concentração de substâncias no sangue e na urina de uma pessoa saudável		
Substâncias	Concentração no sangue que chega aos rins (g/L)	Concentração normal na urina (g/L)
proteínas	70	0
lipídios	1 a 2	0
glicose	1	0
ureia	0,3	de 12 a 30
ácido úrico	0,05	de 0,4 a 0,8
creatinina	0,09	de 0,9 a 1,2

    a) Quais são as principais substâncias presentes no sangue e ausentes na urina?

    b) A creatinina é um produto da degradação da creatina, encontrada nos músculos. Os níveis de creatinina são usados para avaliar o funcionamento dos rins. Se houver diminuição da função dos rins, os níveis de creatinina no sangue e na urina aumentam. De acordo com a tabela, qual é a concentração de creatinina na urina de uma pessoa com rins cujas funções estão prejudicadas?

5. Uma pessoa pode ter vida normal com apenas 50% de sua função renal, ou seja, é possível viver com apenas um dos rins. No entanto, quando a função renal está muito abaixo de 50%, todo o funcionamento do organismo pode ficar comprometido. Sobre isso, assinale a alternativa **incorreta**. Depois, justifique sua resposta.
    a) Com o funcionamento comprometido dos rins, os gases obtidos durante a respiração não chegarão aos pulmões.
    b) O sistema excretor contribui com a regulação da concentração de substâncias que circulam no sangue.
    c) Nosso organismo não sobrevive apenas com alimentos e oxigênio, mas também com a eliminação de substâncias em excesso ou tóxicas.
    d) O mau funcionamento renal leva à desidratação do organismo.

APLICAR

6. Todo dia, cerca de 180 litros de plasma sanguíneo passam da corrente sanguínea para o interior dos néfrons. Desse volume, aproximadamente 99% são reabsorvidos nos túbulos renais, e o restante forma a urina.
    - Com base nessas informações, calcule o volume de urina que o corpo humano produz diariamente.

7. Sabe-se que o cigarro contém nicotina, uma substância tóxica que não sofre modificações no organismo. Pacientes fumantes têm grandes chances de desenvolver câncer na bexiga urinária.
    - Pesquise sobre o câncer de bexiga urinária e formule uma hipótese para explicar a incidência dessa doença em pacientes fumantes. Lembre-se de relacioná-la às substâncias tóxicas do cigarro, como a nicotina.

Doação de órgãos

O transplante de órgãos é o procedimento cirúrgico indicado quando um órgão não é mais capaz de realizar corretamente suas funções e precisa ser substituído por outro saudável, a fim de garantir a sobrevivência do paciente.

O que impede o Brasil de melhorar ainda mais seu índice de doação de órgãos

O primeiro semestre de 2017 apresentou um aumento significativo no número de doadores de órgãos no Brasil. O período teve 15,7% mais doadores se comparado ao mesmo período de 2016.

O crescimento segue duas tendências opostas verificadas na última década. Uma, que as doações estão subindo. A segunda, que a recusa dos familiares dos possíveis doadores continua sendo o principal entrave para que esse crescimento seja ainda maior.

A fila de pacientes ativos que esperam por um órgão, por sua vez, diminuiu na primeira metade de 2017. Em dezembro do ano anterior, 34 592 pessoas estavam na lista de espera, segundo a Associação Brasileira de Transplantes de Órgãos. No fim de junho, o número já era de 32 956 — queda de 1 636 pessoas. O número de crianças na fila também caiu no mesmo período, de 916 para 887.

[...]

Apesar da melhora nos indicadores, milhares de brasileiros ainda morrem enquanto esperam por um órgão no país. No primeiro semestre de 2017, 1 158 pessoas morreram na fila.

Campanha de doação de órgãos. Ministério da Saúde, 2015.

O Brasil poderia, mesmo com leis mais rígidas, estar próximo dos países que mais efetivam doações de órgãos em seus sistemas de saúde, como a Espanha, por exemplo. O país europeu é, há mais de uma década, o líder mundial no assunto – em 2016, havia 43,4 doadores de órgãos para cada 1 milhão de habitantes que efetivamente tiveram seus órgãos transplantados para outras pessoas.

Por aqui, os hospitais identificaram 36,6 possíveis doadores para cada 1 milhão de pessoas, mas o número de pacientes que realmente tiveram seus órgãos doados foi de 16,2 a cada 1 milhão de pessoas.

Fatores impeditivos para doações

[Contraindicação] médica, parada cardíaca ou a não confirmação da morte encefálica são alguns dos motivos que impedem a doação de órgãos de pacientes identificados pelos médicos e enfermeiros como elegíveis por terem tido a chamada morte cerebral, que é a cessão de toda atividade cerebral de uma pessoa. Todos esses casos juntos, somados a outros menos recorrentes, representam 43% do total de causas para a não concretização da doação.

Esta é a mesma porcentagem de casos em que a família do paciente com morte encefálica não permite a doação.

[...]

Até 1997, a lei federal estabelecia que todos os brasileiros eram, automaticamente, doadores de órgãos. Cabia, portanto, apenas à equipe médica o poder de definir se o paciente teria a possibilidade de doar seus órgãos depois de morto ou não. Em 2001 as regras mudaram, e a decisão passou para as mãos das famílias.

Para Maria Cristina Massarolo, professora do Departamento de Orientação Profissional da Escola de Enfermagem da Universidade de São Paulo em entrevista de 2013 à revista da USP *Espaço Aberto*, a alteração nas leis teve um motivo legítimo, uma vez que o assunto é pouco conhecido pela população e a doação sem o consentimento familiar poderia gerar conflitos.

[...]

O governo federal foi responsável por pagar 95% de todos os transplantes de órgãos em 2015 por meio do Sistema Único de Saúde, o SUS. Coração, pulmões, fígado, pâncreas, intestino, rins, córneas, veias, ossos e tendões podem ser doados. Em alguns casos o doador pode ser vivo, mas precisa ser familiar do receptor ou contar com uma permissão judicial para fazer a doação.

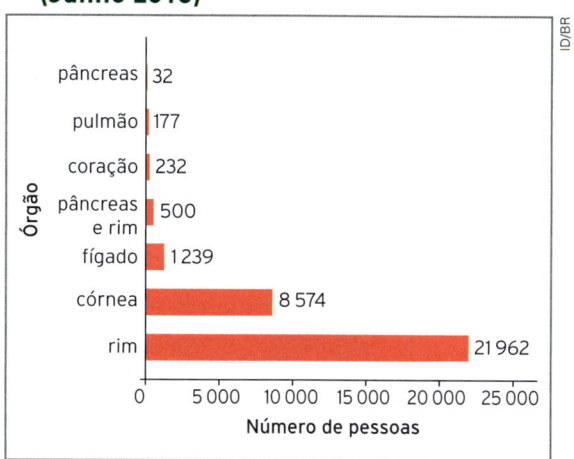

Fila de espera por órgãos no Brasil (Junho 2018)

- pâncreas: 32
- pulmão: 177
- coração: 232
- pâncreas e rim: 500
- fígado: 1239
- córnea: 8 574
- rim: 21 962

Fonte de pesquisa: Associação Brasileira de Transplante de Órgãos (ABTO). jun. 2018. Disponível em: <http://www.abto.org.br/abtov03/Upload/file/RBT/2018/rbt2018-1-populacao.pdf>. Acesso em: 28 ago. 2018.

Rafael Iandoli. O que impede o Brasil de melhorar ainda mais seu índice de doação de órgãos. *Nexo*, 30 out. 2017. Disponível em: <https://www.nexojornal.com.br/expresso/2017/10/30/O-que-impede-o-Brasil-de-melhorar-ainda-mais-seu-%C3%ADndice-de-doa%C3%A7%C3%A3o-de-%C3%B3rg%C3%A3os>. Acesso em: 2 ago. 2018.

Procedimento para a doação de órgãos

Diagnóstico

A morte encefálica é detectada. Na maioria dos casos, por traumatismo craniano ou AVC (derrame cerebral). O paciente falecido é submetido a uma série de exames para confirmar a parada das funções cerebrais. A circulação sanguínea é mantida artificialmente para os órgãos continuarem funcionando.

Decisão da família

Os médicos informam e orientam a família do paciente. Os parentes têm a palavra final sobre a doação ou não de seus órgãos, mesmo que, quando vivo, o falecido tenha deixado por escrito seu desejo de se tornar doador.

Entrevista e testes

Caso os familiares concordem com a doação, respondem [a] uma série de perguntas sobre os hábitos do doador que possam inviabilizar o aproveitamento de algum de seus órgãos. Mesmo assim, a equipe médica realiza testes. Só então os órgãos são retirados e transportados para o paciente de destino.

Rafael Iandoli. O que impede o Brasil de melhorar ainda mais seu índice de doação de órgãos. *Nexo*, 30 out. 2017. Disponível em: <https://www.nexojornal.com.br/expresso/2017/10/30/O-que-impede-o-Brasil-de-melhorar-ainda-mais-seu-%C3%ADndice-de-doa%C3%A7%C3%A3o-de-%C3%B3rg%C3%A3os>. Acesso em: 2 ago. 2018.

Para refletir

1. Com base no texto, qual é o principal motivo de não ocorrer aumento no número de transplantes no Brasil?

2. Você identifica a solidariedade nas famílias que optam pela doação de órgãos?

VERIFICAR

Veja **doação de órgãos** e reflita sobre essa atitude.

RETOMAR E COMPREENDER

1. No caderno, complete o esquema com as palavras a seguir, dispondo-as na ordem correspondente ao percurso do ar no sistema respiratório humano.

> alvéolo bronquíolo cavidade nasal
> laringe brônquio faringe traqueia

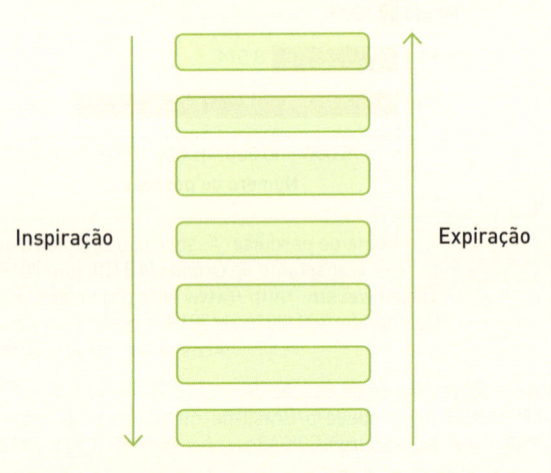

Inspiração — Expiração

2. Explique por que o gás carbônico atmosférico não é absorvido nos pulmões.

3. Escreva um parágrafo relacionando o sistema urinário aos sistemas circulatório e digestório.

4. Se as atividades metabólicas de um organismo se intensificam, a produção de excretas nitrogenadas e de gás carbônico tende a aumentar ou diminuir? Explique sua resposta.

5. Juliana foi andar de bicicleta e caiu, ralando o joelho. O machucado sangrou um pouco, mas o sangramento logo parou, e ela continuou brincando. Ao chegar em casa, ela pediu ajuda ao pai para limpar o machucado. A primeira coisa que ele removeu foi uma crosta de sangue que estava por cima do machucado.
   - Que células são responsáveis pela formação dessa crosta e qual é a sua função?

6. Durante a evolução dos vertebrados, os pulmões tornaram-se mais especializados, apresentando, em aves e mamíferos, uma grande quantidade de alvéolos.
   - Explique por que a grande quantidade de alvéolos dos pulmões favorece as trocas gasosas.

7. Analise a tabela abaixo e responda às questões.

Quantidade de proteína ingerida na dieta	Gramas de ureia por litro de sangue
Pouca	0,05 a 0,10
Equilibrada	0,11 a 0,30
Muita	0,31 a 0,40

a) Como se explica a relação entre a quantidade de proteína ingerida e a quantidade de ureia no sangue?

b) Uma dieta com excesso de proteínas pode prejudicar os rins?

8. Leia o texto a seguir e responda às questões.

Faz alguns séculos que as transfusões sanguíneas são realizadas entre as pessoas, e, assim, o sangue deixou de ser um líquido que circula dentro do corpo de um único indivíduo para tornar-se propriedade "social".

Antigamente, porém, quase sempre as transfusões eram malsucedidas. Muitas pessoas que corriam risco de vida, por exemplo, em decorrência de hemorragias, recebiam sangue de parentes ou amigos, passavam mal e às vezes chegavam até a morrer do "remédio".

O problema era que, como não se sabia da existência de sangues diferentes, injetava-se em quem precisava o sangue de pacientes ou de quem estivesse mais à mão – e este nem sempre era do tipo adequado. O resultado era a formação de "bolotas", ou grumos, constituídas por uma infinidade de hemácias aderidas umas às outras.

Esse fato, além de reduzir em maior ou menor grau o número de hemácias disponíveis para carregar oxigênio no sangue, podia, às vezes, entupir vasos sanguíneos importantes e causar a morte. O que não se entendia bem nessa época era por que em algumas transfusões isso acontecia e em outras tudo corria normalmente. Mais misterioso ainda era que às vezes uma pessoa chamada João, por exemplo, doava sangue para outra chamada José e tudo corria bem. Mas, quando José doava seu sangue a João, o resultado podia ser um desastre.

Hoje podemos entender tudo isso. [...]

Rogério G. Nigro. *Pelos caminhos do sangue*. São Paulo: Atual, 2010.

a) No primeiro parágrafo do texto, o autor afirma que o sangue se tornou propriedade "social". Como você interpreta essa afirmação e o que pensa sobre isso?

b) O texto traz um exemplo de como o pensamento científico se modifica ao longo do tempo. Que exemplo é esse?

APLICAR

9. Você aprendeu que a área da superfície de todos os alvéolos somados pode variar de 90 m^2 a 130 m^2. Agora, faça o que se pede.

a) Usando uma trena, você e os colegas, com o auxílio do professor, vão medir uma área de 130 m^2 no pátio ou na quadra da escola. Levem giz e desenhem o contorno dessa área.

b) Redijam um texto sobre a importância dessa área dos pulmões para o corpo humano.

10. Observe na tabela abaixo as principais vias por meio das quais nosso corpo perde água diariamente para o ambiente.

Tabela de perda de água diária do organismo humano (em mililitros)		
Via	Em repouso	Em exercício físico prolongado
Pele	350	350
Pulmões	350	650
Urina	1 400	500
Transpiração	100	5 000
Fezes	100	100
Total	2 300	6 600

Fonte de pesquisa: Arthur C. Guyton; John E. Hall. *Textbook of Medical Physiology* (tradução nossa: Tratado de fisiologia médica). 11. ed. Philadelphia: Elsevier, 2006.

a) Por qual via perdemos a maior quantidade de água quando estamos em repouso? E quando fazemos exercício físico prolongado?

b) Como você explica que a quantidade de água que uma pessoa em repouso perde pela urina seja maior que a quantidade perdida em exercício físico prolongado?

c) Observe a quantidade total de água perdida diariamente pelo nosso organismo em repouso e relembre a quantidade diária de água que devemos ingerir. Há relação entre esses valores?

ANALISAR E VERIFICAR

11. Leia o texto e, depois, responda às questões.

Muitas pessoas fazem treinamentos de primeiros socorros e de afogados. Neste último, inicialmente, procura-se retirar a água do interior dos pulmões da pessoa afogada. Em seguida, inicia-se o processo de respiração artificial, que consiste em usar os dedos da mão para apertar as narinas da vítima, enquanto se sopra o ar na boca dessa pessoa para inflar seus pulmões. Caso haja parada cardíaca, esse movimento deve ser alternado com o de massagem cardíaca, no qual o socorrista usa as mãos para pressionar ritmadamente o tórax da vítima. O objetivo da massagem cardíaca é simular a sístole cardíaca.

a) Por que é necessário remover a água do interior dos pulmões do afogado?

b) Ao assoprar na boca da pessoa afogada, eliminamos ar expirado. Por que esse ar ainda é capaz de reavivar a pessoa?

c) Por que é necessária a massagem cardíaca?

CRIAR

12. O sistema digestório é responsável por digerir os alimentos e absorver seus nutrientes. Por meio do sistema respiratório, o gás oxigênio do ambiente é inalado e absorvido. O sistema urinário é responsável, entre outras funções, por filtrar o sangue e retirar substâncias tóxicas em excesso no organismo. Esses três sistemas também eliminam resíduos.

• Escreva um parágrafo explicando que resíduos são esses e como são eliminados do corpo.

13. Nesta unidade, você viu a importância da doação de sangue, plaquetas, órgãos e tecidos para salvar vidas. Porém, existem outras formas de ajudar quem está com uma doença grave e hospitalizado.

a) Discuta com os colegas formas de ajudar crianças e jovens hospitalizados.

b) Pesquise sobre a atuação de voluntários em hospitais. Que tipos de trabalho eles desenvolvem com crianças e jovens?

Capítulo 1 – Sistema respiratório

- Diferencio e relaciono os processos de respiração pulmonar e respiração celular?
- Identifico os órgãos do sistema respiratório?
- Descrevo e esquematizo o processo de difusão dos gases nos alvéolos pulmonares e entre as hemácias e os tecidos?
- Relaciono o transporte de gases ao sistema circulatório?

Capítulo 2 – Sistema digestório

- Identifico os órgãos do sistema digestório e os associo às suas funções?
- Descrevo e esquematizo o processo de digestão?
- Relaciono os nutrientes obtidos por meio da alimentação ao processo de digestão?

Capítulo 3 – Sistema circulatório

- Relaciono o sistema circulatório ao transporte de substâncias no organismo?
- Identifico os órgãos do sistema circulatório e os associo às suas funções?
- Relaciono os componentes do sangue às suas funções?
- Descrevo e esquematizo o fluxo sanguíneo no coração?
- Compreendo a relação entre medir o pulso e determinar a frequência cardíaca?

Capítulo 4 – Sistema urinário

- Identifico os órgãos do sistema urinário e os associo às suas funções?
- Descrevo e esquematizo o processo de formação da urina?
- Analiso e interpreto dados de um exame de urina?
- Reconheço a doação de sangue, plaquetas, tecidos e órgãos como uma forma de solidariedade?
- Elaboro modelos e desenhos esquemáticos dos sistemas estudados nesta unidade?
- Relaciono a integração entre os sistemas estudados nesta unidade à manutenção do equilíbrio do organismo?

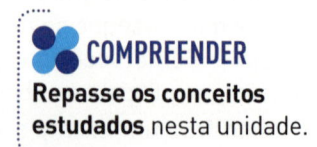

COMPREENDER

Repasse os conceitos estudados nesta unidade.

CRIAR

Construa uma **rede de ideias** com o que você aprendeu nesta unidade.

Nelson Provazi/ID/BR

SAÚDE INDIVIDUAL E COLETIVA

Manter uma vida saudável, muitas vezes, não depende apenas de escolhas individuais. Há diversos fatores que podem aumentar ou diminuir as chances de se contrair doenças.

Nesta unidade, você vai conhecer um pouco da diversidade de organismos capazes de causar doenças no ser humano, de como nosso corpo se defende delas e dos fatores ambientais que podem deixar as populações mais ou menos vulneráveis às doenças.

CAPÍTULO 1
Diversidade de organismos e saúde

CAPÍTULO 2
Sistemas de defesa do corpo humano

CAPÍTULO 3
Ações para a saúde coletiva

PRIMEIRAS IDEIAS

1. Que sintomas costumam aparecer em uma pessoa gripada? Você sabe o que causa a gripe ou o resfriado?

2. Quando adquirimos determinadas doenças, é comum, depois de certo tempo, que os sintomas causados por elas comecem a desaparecer, e a pessoa doente fique curada. Como você acha que o nosso corpo consegue combater uma doença?

3. Você já ouviu falar de alguma doença contraída por meio da água ou de alimentos contaminados? Converse sobre isso com a turma.

4. **RETOMAR** **Recorde conceitos importantes** para o estudo da unidade.

LEITURA DA IMAGEM

1. Você já viu alguma cena como essa? Em que situação?

2. Você sabe dizer qual é a importância das duas gotinhas que a criança está recebendo?

3. Há pessoas no mundo que não têm acesso a gotinhas como as da foto. Reflita sobre os prejuízos que a falta de acesso a serviços de saúde pode causar na vida das pessoas.

   • O que você considera essencial para todas as pessoas no que diz respeito à saúde?

4. **VERIFICAR** Veja **saúde pública** e responda qual a importância de realizar campanhas de vacinação de maneira global.

Criança recebe dose da
vacina oral antipólio.
Sudão do Sul, 2001.

DIVERSIDADE DE ORGANISMOS E SAÚDE

Vivemos em constante contato com outros organismos. Muitos, inclusive, vivem no interior de nosso corpo. Você acha que isso é bom ou ruim para a nossa saúde?

↓ O ambiente que nos rodeia, ou seja, o ar, a água e o solo, está repleto de uma enorme diversidade de seres vivos. A grande maioria deles é inofensiva e essencial para o equilíbrio do ambiente. Crianças da etnia Yawalapiti, Gaúcha do Norte (MT), 2013.

INTERAÇÃO COM OUTROS SERES VIVOS

Os seres humanos, assim como os demais seres vivos, estão continuamente interagindo com outros organismos. Nos alimentamos de animais e plantas, convivemos com animais domesticados, somos picados por insetos, entre outras interações.

No entanto, a maior parte das interações entre o nosso corpo e outros seres vivos acontece em escala microscópica. Bilhões de **microrganismos** estão por todo o ambiente, em nossa pele e no interior do nosso corpo. A maioria deles é inofensiva e muitos são essenciais à nossa sobrevivência.

É comum, no entanto, as pessoas associarem a presença de microrganismos a doenças ou sujeira. De fato, muitos microrganismos e animais macroscópicos são capazes de causar doenças nos seres humanos. Você vai estudar alguns deles neste capítulo.

Renato Soares/Pulsar Imagens

VÍRUS

Os **vírus** são estruturas compostas, basicamente, de material genético envolto por uma capa de proteínas. Eles não têm as estruturas básicas de uma célula, como membrana, citoplasma e organelas, e não apresentam metabolismo.

A única forma de um vírus se multiplicar é usando a maquinaria celular de uma célula hospedeira. Por essa razão, os vírus são chamados de **parasitas obrigatórios**.

COMPREENDER

Veja **o que sabemos sobre a dengue**. Cite exemplos de ações para evitar as doenças causadas pelo *Aedes aegypti*.

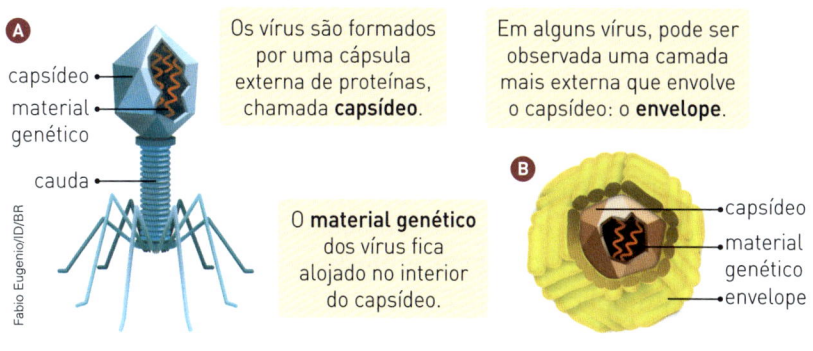

A

capsídeo
material genético
cauda

Os vírus são formados por uma cápsula externa de proteínas, chamada **capsídeo**.

O **material genético** dos vírus fica alojado no interior do capsídeo.

Em alguns vírus, pode ser observada uma camada mais externa que envolve o capsídeo: o **envelope**.

B

capsídeo
material genético
envelope

Fabio Eugenio/ID/BR

← Esquema que mostra as partes do vírus bacteriófago (**A**), sem envelope, e do vírus da dengue (**B**), com envelope. (Representação sem proporção de tamanho; cores-fantasia.)

Fonte de pesquisa: Viralzone. Instituto Suíço de Bioinformática. Disponível em: <http://viralzone.expasy.org/24>. Acesso em: 9 out. 2018.

REPLICAÇÃO

No interior da célula, o maquinário celular passa a atuar na replicação do material genético do vírus e na produção de materiais para sua estrutura, como as proteínas do capsídeo.

DOENÇAS CAUSADAS POR VÍRUS

As doenças causadas por vírus ocorrem quando estes infectam células e tecidos do corpo. Conheça algumas delas.

A **gripe** é causada pelo vírus *influenza*. A transmissão ocorre por meio da saliva contendo vírus. Por isso, algumas medidas eficientes na prevenção da gripe é colocar a mão na frente da boca ao espirrar e lavar sempre as mãos, além de evitar colocar as mãos sujas na boca ou nos olhos.

Os vírus causadores da **dengue**, da **febre amarela**, do **zika** e da **chikungunya** são transmitidos por fêmeas de mosquitos. Quando um mosquito infectado pica uma pessoa, o vírus passa da saliva desse inseto à corrente sanguínea da pessoa. Um mosquito não infectado pode adquirir o vírus ao picar uma pessoa infectada e, assim, contaminar outra pessoa que ele picar.

A **aids** é causada pelo vírus HIV, que se reproduz em certas células de defesa do corpo humano, tornando o organismo deficiente em seu sistema de defesa. A transmissão desse vírus se dá, principalmente, pelo contato com secreções corporais durante o ato sexual e pelo contato com sangue contaminado.

↓ Esquema de reprodução viral. Neste caso, o vírus introduz o material genético na célula. As células que foram invadidas pelo vírus são chamadas de hospedeiras. (Representação sem proporção de tamanho; cores-fantasia.)

Fonte de pesquisa: Jane B. Reece e outros. *Biologia de Campbell*. 10. ed. Porto Alegre: Artmed, 2015. p. 395.

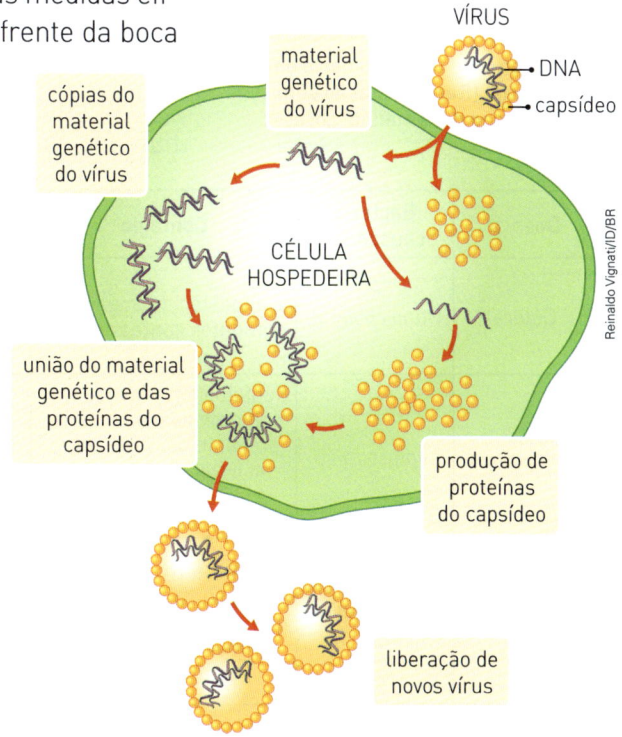

VÍRUS
DNA
capsídeo
material genético do vírus
cópias do material genético do vírus
CÉLULA HOSPEDEIRA
união do material genético e das proteínas do capsídeo
produção de proteínas do capsídeo
liberação de novos vírus

Reinaldo Vignati/ID/BR

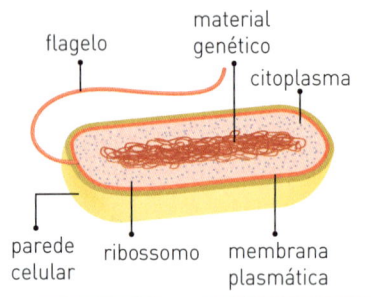

A estrutura de locomoção de alguns tipos de bactéria é chamada de **flagelo**.

O **material genético** bacteriano é circular e encontra-se no citoplasma, em uma região conhecida como nucleoide.

flagelo

material genético

citoplasma

parede celular

ribossomo

membrana plasmática

Os **ribossomos** participam da produção de proteínas.

Os **plasmídeos** são pequenas porções isoladas de material genético dispersas no citoplasma.

↑ Esquema das estruturas de uma bactéria. (Representação sem proporção de tamanho; cores-fantasia.)

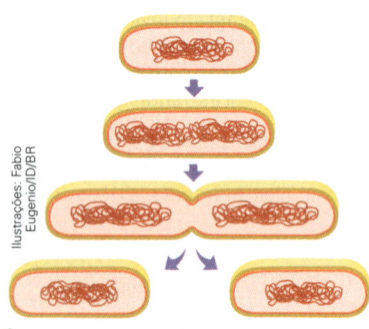

Ilustrações: Fabio Eugenio/ID/BR

↑ Esquema de divisão binária em bactéria. (Representação sem proporção de tamanho; cores-fantasia.)

BACTÉRIAS

As **bactérias** são organismos unicelulares procariontes muito importantes para o planeta. Nos ecossistemas, há: bactérias capazes de fazer fotossíntese; bactérias decompositoras, que impedem que restos de matéria orgânica se acumulem e disponibilizam sais minerais para a nutrição das plantas; bactérias que vivem em raízes de plantas e possibilitam que os vegetais absorvam o nitrogênio presente no solo; e bactérias parasitas, que se nutrem do corpo de outros organismos.

Em geral, as células bacterianas possuem um envoltório protetor que recobre a membrana plasmática, denominado **parede celular** ou **parede bacteriana**. Veja mais detalhes sobre a estrutura de uma bactéria no esquema ao lado.

As bactérias se reproduzem por **divisão binária**, em que uma célula se divide em duas. Em condições ambientais favoráveis, como temperatura adequada e oferta de alimento, as células podem se multiplicar rapidamente.

BACTÉRIAS E SAÚDE HUMANA

Muitas bactérias são benéficas para a saúde humana, como as que vivem no intestino humano e compõem a **microbiota intestinal**. Elas ajudam na absorção de nutrientes e na produção de vitaminas e inibem o estabelecimento de bactérias nocivas no organismo.

Algumas bactérias produzem substâncias – chamadas de **antibióticos** – capazes de impedir o crescimento de outras bactérias, sendo usadas como base para medicamentos contra certos tipos de infecção. Algumas bactérias também são manipuladas geneticamente para produzirem certas proteínas e enzimas, como a insulina humana, utilizada por diabéticos.

No entanto, existem bactérias que causam doenças no ser humano. Veja algumas dessas doenças no quadro a seguir.

Doença	Bactéria causadora	Contágio	Sintomas	Prevenção/tratamento	Observações
Cólera	*Vibrio cholerae*	Ingestão de água ou alimentos contaminados.	Diarreia e desidratação.	Saneamento básico e hábitos de higiene.	A pessoa portadora elimina o vibrião ao defecar. Pode levar à morte.
Leptospirose	*Leptospira* sp.	Contato com urina de rato contaminada: a bactéria, presente na urina, entra no organismo humano pelas mucosas e por cortes na pele.	Dores de cabeça e musculares; febre e vômito.	Evitar o contato com água contaminada.	Nas enchentes, aumenta o risco de contato com água contaminada pela urina de rato. Pode levar à morte.
Tuberculose	*Mycobacterium tuberculosis* (bacilo de Koch)	Contato com gotículas de saliva ou com secreções, que ocorre sobretudo em ambientes fechados e sem ventilação.	Cansaço e falta de apetite; tosse seca ou com secreção sanguinolenta; sudorese noturna e dificuldade de respirar.	Vacina BCG.	A Organização Mundial da Saúde (OMS) calcula que um terço da população mundial seja portadora do bacilo de Koch.

FUNGOS

Todos os **fungos** são seres eucariontes, mas há fungos unicelulares e fungos pluricelulares. Apesar de serem muito variados, todos os fungos são **heterótrofos**, ou seja, obtêm o alimento do ambiente. Eles digerem o alimento fora do corpo e se alimentam por absorção. Esse aspecto da biologia dos fungos faz com que esse grupo tenha um importante papel ecológico na decomposição da matéria orgânica. Há também fungos que se instalam em organismos vivos, vivendo como parasitas. Veja alguns tipos de fungos no esquema a seguir.

PASSAPORTE DIGITAL

CurtaMicro

O *site* CurtaMicro divulga informações científicas sobre os microrganismos, mostrando a enorme importância desses seres.
Disponível em: <http://linkte.me/l0si7>. Acesso em: 2 jul. 2018.

ALGUNS TIPOS DE FUNGOS

↑ Seres unicelulares que, em geral, realizam respiração anaeróbia, ou seja, retiram energia do alimento por meio de um processo chamado fermentação. Foto ao microscópio eletrônico, imagem colorizada, aumento de cerca de 3 800 vezes.

diâmetro: 10 cm

↑ Seres pluricelulares formados por **hifas** – filamentos muito finos que se ramificam no substrato (o solo ou um tronco de árvore, por exemplo). Em certas condições, as hifas se agrupam e emergem, formando estruturas reprodutivas, como os cogumelos e as orelhas-de-pau.

diâmetro: 5 cm

↑ Seres unicelulares ou pluricelulares, com hifas filamentosas. Podem formar colônias que cobrem a superfície do substrato, apresentando, muitas vezes, aspecto aveludado ou esfiapado, ou, ainda, manchas de cores variadas.

FUNGOS E SAÚDE HUMANA

Fungos microscópicos podem se instalar na pele, nas mucosas ou nas unhas, se alimentar e proliferar nesses tecidos. Conforme se desenvolvem, os fungos podem produzir esporos, pelos quais se reproduzem. Os esporos liberados podem se espalhar no ambiente e infectar outras pessoas.

A **candidíase**, por exemplo, é causada pela proliferação acima do normal de leveduras que fazem parte da microbiota da pele, do trato digestivo e do trato geniturinário, causando na pele manchas brancas, coceira e vermelhidão localizadas, entre outros sintomas. A prevenção a esses fungos baseia-se em cuidados com a higiene, e no uso de roupas de algodão.

Além de causar doenças, os fungos têm importância na **produção de medicamentos**. O primeiro antibiótico fabricado em laboratório foi a **penicilina**, em 1941. Ela foi obtida do fungo *Penicillium notatum*, que é um bolor, pelo médico escocês Alexander Fleming (1881-1955). Depois da penicilina, outros antibióticos, como as cefalosporinas, também foram obtidos de fungos.

↑ A descoberta da ação antibiótica dos fungos é atribuída a um acidente. Após duas semanas de férias, o pesquisador britânico Alexander Fleming (foto) encontrou uma placa de bactérias contaminada por uma espécie de bolor. Ele teria jogado o material fora se não tivesse reparado em um anel em volta do fungo, no qual as bactérias não conseguiam se proliferar. Com base nisso, começou a estudar os efeitos antibióticos dos fungos. Foto de 1951.

Investigando a presença de microrganismos

Se não enxergamos os microrganismos, como podemos saber onde eles estão? Para investigar a presença de microrganismos em diferentes locais, você vai fazer um **experimento**.

Material

- 3 recipientes de vidro transparente com tampa
- 1 pacote de gelatina sem sabor
- 2 cotonetes
- 1 tablete de caldo de carne
- etiquetas ou fita adesiva
- caneta

Como fazer

Leandro Lassmar/ID/BR

meio de cultura: preparação com substância rica em nutrientes e que permite a reprodução e o desenvolvimento de microrganismos.

❶ Formem grupos. Etiquetem cada recipiente de vidro com as seguintes informações: **controle**, **local 1** e **local 2**. O controle serve para comparar uma amostra, em que foi aplicado certo tratamento, com outra na qual não foi aplicado tratamento.

❷ Com o auxílio do professor, dissolvam o caldo de carne em um pouco de água quente e preparem a gelatina sem sabor de acordo com as instruções da embalagem. Juntem o caldo de carne à gelatina ainda líquida. Cuidadosamente, distribuam essa preparação em quantidades iguais nos três recipientes. Tampem os recipientes e aguardem o preparo endurecer.

❸ Escolham dois locais para testar a presença de microrganismos. Pode ser alguma parte da escola, como o chão, um objeto (a carteira, por exemplo) ou uma parte do corpo de algum aluno (a boca ou as mãos, por exemplo).

❹ Passem uma das pontas do cotonete no primeiro local escolhido pelo grupo e esfreguem-na com muito cuidado sobre o meio de cultura **local 1**. Repitam o procedimento para o segundo local escolhido, usando o outro cotonete e o meio de cultura **local 2**. Tampem os recipientes. Mantenham o recipiente **controle** sempre fechado, para evitar contaminação.

❺ Deixem os recipientes em um local fresco e arejado e os observem diariamente ao longo de uma semana. Caso existam agrupamentos visíveis de microrganismos, contem quantos são e registrem os dados no caderno.

Para concluir

1. Compare os resultados obtidos pelo seu grupo com os dos demais grupos. A quantidade aparente de microrganismos nos meios de cultura variou conforme os locais testados? O que isso pode significar?

2. Você acha que microrganismos causadores de doenças podem estar presentes em locais como os testados? Como se prevenir de doenças nesses casos?

PROTOZOÁRIOS

Os **protozoários** são seres unicelulares eucariontes, que habitam ambientes aquáticos e terrestres úmidos. Muitos protozoários são de vida livre.

PROTOZOÁRIOS E SAÚDE HUMANA

Embora a maioria dos protozoários presentes no ambiente seja inofensiva, há algumas espécies parasitas do ser humano, responsáveis por doenças graves.

A **amebíase** e a **giardíase**, por exemplo, são doenças causadas, em geral, pelo consumo de água ou alimento contaminados com certos protozoários nocivos. Elas causam dores abdominais e diarreia. O material fecal das pessoas contaminadas contém milhares de protozoários, que podem se espalhar pelo ambiente se não forem adotadas medidas de higiene e tratamento adequado de esgoto.

Outras doenças causadas por protozoários dependem de um inseto transmissor, denominado **vetor**. Uma delas é a **doença de Chagas** (ou mal de Chagas), causada pelo *Trypanosoma cruzi* e transmitida pelo inseto popularmente conhecido como barbeiro ou chupança. Veja no esquema abaixo uma das formas de transmissão.

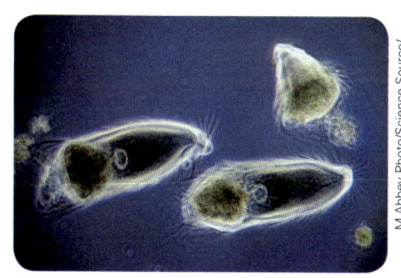

↑ O protozoário *Tryconynpha* vive em uma associação positiva no intestino de cupins, permitindo a digestão da madeira. Foto ao microscópio de luz, aumento de 102 vezes.

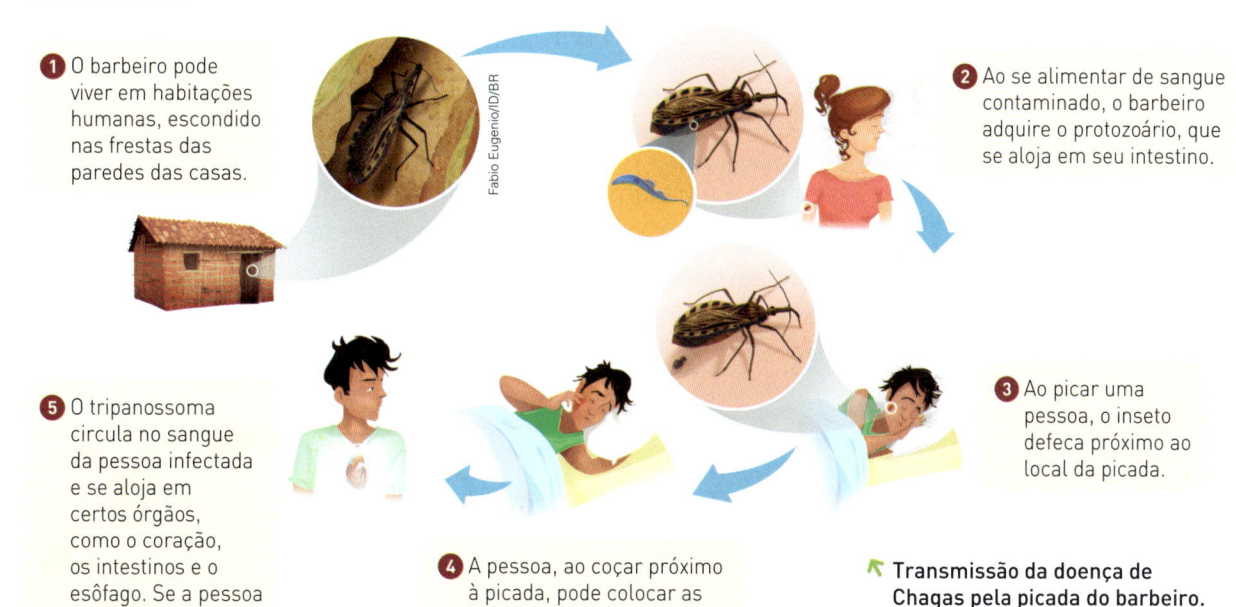

1 O barbeiro pode viver em habitações humanas, escondido nas frestas das paredes das casas.

2 Ao se alimentar de sangue contaminado, o barbeiro adquire o protozoário, que se aloja em seu intestino.

3 Ao picar uma pessoa, o inseto defeca próximo ao local da picada.

4 A pessoa, ao coçar próximo à picada, pode colocar as fezes contaminadas do barbeiro em contato com o seu sangue.

5 O tripanossoma circula no sangue da pessoa infectada e se aloja em certos órgãos, como o coração, os intestinos e o esôfago. Se a pessoa não for tratada pode ter lesões graves nesses órgãos.

↖ Transmissão da doença de Chagas pela picada do barbeiro. São conhecidas outras formas de contágio, sem a participação direta do barbeiro, como a transmissão de mãe para filho durante a gestação ou por meio da transfusão de sangue contaminado. (Representação esquemática sem proporção de tamanho; cores-fantasia.)

Fonte de pesquisa: David. P. Neves e outros. *Parasitologia humana*. 10. ed. São Paulo: Atheneu, 2003. p. 91.

Há também a **leishmaniose**, causada pelo protozoário do gênero *Leishmania* e transmitida pelos mosquitos do tipo flebótomo, e a **malária**, causada pelo plasmódio e transmitida pela fêmea do mosquito anófele.

O controle dos vetores ainda é a forma mais divulgada de combater essas doenças.

VERMES E VERMINOSES

O termo **verme** é utilizado popularmente para designar um numeroso e diverso grupo de animais invertebrados de corpo mole e alongado, como os platelmintos e os nematódeos.

Doenças humanas provocadas por vermes parasitas são popularmente chamadas de **verminoses** e constituem um problema de saúde pública que afeta milhões de pessoas no mundo. A seguir veremos alguns exemplos dessas doenças.

DOENÇAS CAUSADAS POR PLATELMINTOS

Os **platelmintos** são animais de corpo mole e achatado. A maioria deles possui vida livre, como as planárias, e pode ser encontrada em ambientes aquáticos, marinhos ou de água doce, ou em ambientes terrestres úmidos.

Esquistossomose

A **esquistossomose** é causada pelo **esquistossomo** (do gênero *Schistossoma*). Em geral, a esquistossomose é contraída quando o indivíduo entra em contato com a água de lagoas ou açudes que contêm caramujos, nos quais se desenvolvem as larvas de esquistossomos.

Os principais sintomas da esquistossomose são diarreia, vômitos, cansaço, anemia e aumento do volume do fígado e do baço. Geralmente, os doentes apresentam aumento da região abdominal, por isso a doença é popularmente conhecida como barriga-d'água.

Para a prevenção da esquistossomose, é essencial haver a coleta e o tratamento de esgoto, além do combate aos caramujos hospedeiros intermediários. Deve-se também evitar entrar em lagos e açudes que tenham caramujos.

1 Os esquistossomos se reproduzem sexuadamente no corpo humano, produzindo ovos, que são eliminados com as fezes do indivíduo doente.

2 Sem tratamento adequado de esgoto, os ovos podem atingir lagos e lagoas, onde eclodem e liberam os miracídios, larvas com cerca de 0,2 mm de comprimento.

3 Os miracídios invadem o corpo de determinados caramujos e neles se reproduzem assexuadamente, produzindo as cercárias.

4 A larva cercária, que mede aproximadamente 0,3 mm de comprimento, deixa o caramujo e penetra ativamente na pele humana, provocando coceira no local.

5 As larvas alcançam a corrente sanguínea, desenvolvendo-se em adultos e instalando-se em vasos sanguíneos que conectam o estômago, o pâncreas, o baço e o intestino ao fígado.

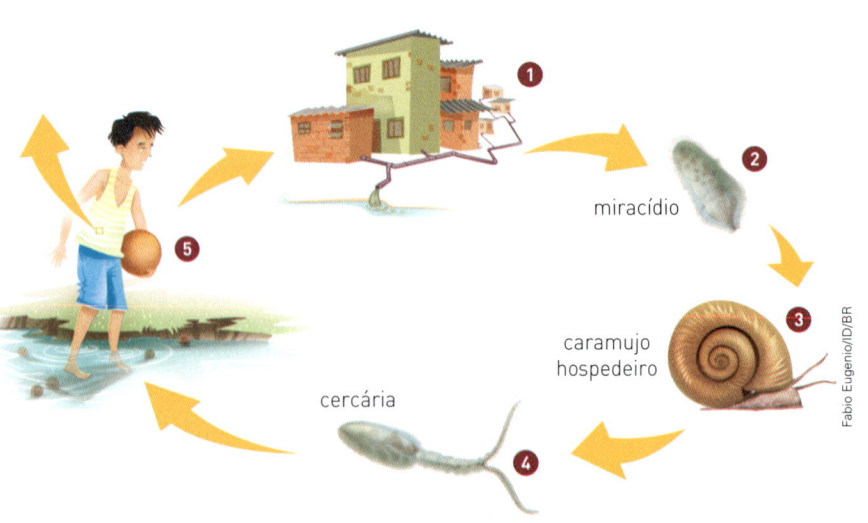

miracídio

caramujo hospedeiro

cercária

Fabio Eugenio/ID/BR

↑ Ciclo de contágio da esquistossomose. (Representação esquemática sem proporção de tamanho; cores-fantasia.)

Fonte de pesquisa: Jane B. Reece e outros. *Biologia de Campbell*. 10. ed. Porto Alegre: Artmed, 2015. p. 690.

Teníase

As **tênias** são platelmintos que causam a **teníase**. Elas são popularmente chamadas de solitárias, pois geralmente há apenas um indivíduo adulto por hospedeiro.

Há duas espécies de tênias que parasitam os seres humanos: a *Taenia solium* e a *Taenia saginata*. No ciclo reprodutivo das tênias, o hospedeiro definitivo, isto é, o que abriga a forma adulta do verme, é o ser humano. Os hospedeiros intermediários, ou seja, os que abrigam as formas larvais, são o porco (*Taenia solium*) e o boi (*Taenia saginata*).

A teníase é contraída por meio da ingestão de larvas da tênia, chamadas de **cisticercos**. Os cisticercos, popularmente conhecidos como "canjiquinhas" em razão de seu aspecto, que lembra grãos de canjica, ficam incrustados nas carnes de porco ou de boi contaminadas e morrem se submetidos a altas temperaturas. Por isso, é muito importante cozinhar bem a carne antes de consumi-la.

Os principais sintomas da teníase são: diarreia, vômito, alterações no apetite, dores abdominais e desnutrição. Para a prevenção dessa doença, é essencial a coleta e o tratamento de esgoto, além de evitar o consumo de carnes de porco e de boi cruas ou malpassadas.

Power and Syred/SPL/Fotoarena

↑ Tênia (*Taenia solium*). Note a presença dos segmentos corporais, chamados de proglótides, que podem conter milhares de ovos. Foto ao microscópio eletrônico, imagem colorizada, aumento de 12 vezes.

CISTICERCOSE

A **cisticercose** ocorre quando uma pessoa ingere água ou alimento com ovos de tênia. Em caso de contaminação, o ser humano acaba ocupando a posição de hospedeiro intermediário.

Os ovos liberam as larvas no organismo humano, que podem se alojar em diversos órgãos, até mesmo no cérebro, dando origem aos cisticercos.

Os sintomas variam conforme o local em que os cisticercos se alojam. Cisticercos no cérebro, por exemplo, podem causar fortes dores de cabeça, convulsões e até a morte.

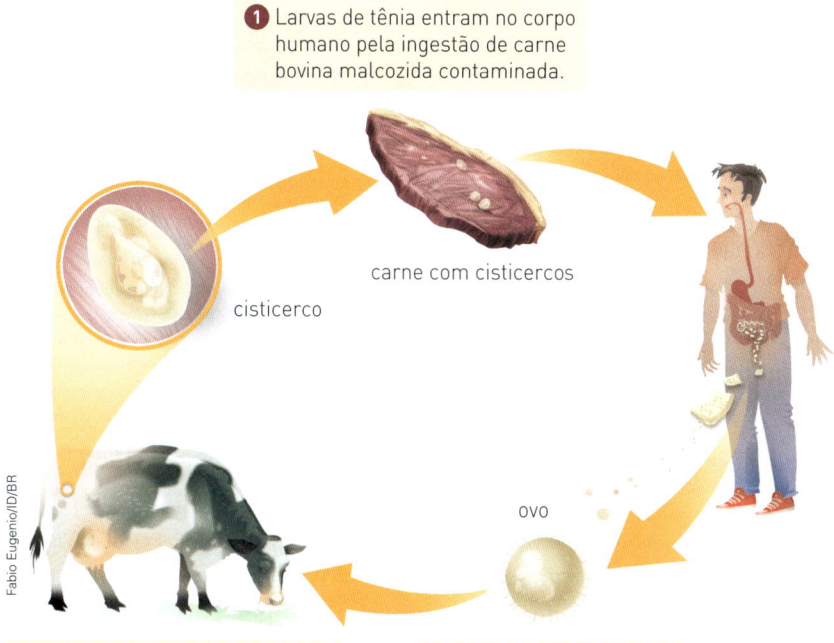

1 Larvas de tênia entram no corpo humano pela ingestão de carne bovina malcozida contaminada.

cisticerco

carne com cisticercos

ovo

Fábio Eugenio/ID/BR

2 No intestino, a larva origina um adulto, cujo corpo é dividido em segmentos chamados proglótides. Cada proglótide contém sistema reprodutor masculino e feminino. A fecundação nas proglótides gera ovos, que são liberados com as fezes do indivíduo contaminado.

4 No boi, os ovos liberam as larvas, como os cisticercos, que se alojam na musculatura.

3 Os ovos podem contaminar o ambiente e ser ingeridos pelo boi.

↑ Ciclo de vida da *Taenia saginata*. O ciclo da *Taenia solium* é semelhante, mas apresenta o porco como hospedeiro intermediário. (**Representação sem proporção de tamanho; cores-fantasia.**)

Fonte de pesquisa: Edward E. Ruppert; Robert D. Barnes. *Zoologia dos invertebrados*. 6. ed. São Paulo: Roca, 1996. p. 248.

DOENÇAS CAUSADAS POR NEMATÓDEOS

Os nematódeos também são responsáveis por verminoses que afetam o ser humano. Vamos conhecer duas delas.

Ascaridíase

O nematódeo parasita *Ascaris lumbricoides*, popularmente conhecido como **lombriga**, instala-se no intestino humano causando a **ascaridíase**.

Ele pode entrar no corpo humano por meio da ingestão de água ou alimentos contaminados com os ovos do animal. Os principais sintomas são: tosse, vômitos, diarreia, dores abdominais e cansaço.

O tratamento do esgoto e a adoção de medidas de higiene, como lavar bem as mãos e os alimentos e consumir apenas água tratada ou fervida, são importantes meios de prevenção da ascaridíase.

① Ingestão de ovos de lombriga.

② Os ovos chegam ao intestino e liberam larvas, que perfuram a parede intestinal e migram pela corrente sanguínea até os pulmões.

③ As larvas passam pela traqueia (o que causa tosse), vão para a faringe, são engolidas e atingem de novo o intestino.

④ No intestino, as larvas tornam-se adultas e se reproduzem, formando ovos que são liberados com as fezes.

⑤ Se não houver tratamento de esgoto, os ovos eliminados nas fezes podem contaminar a água, o solo e os alimentos.

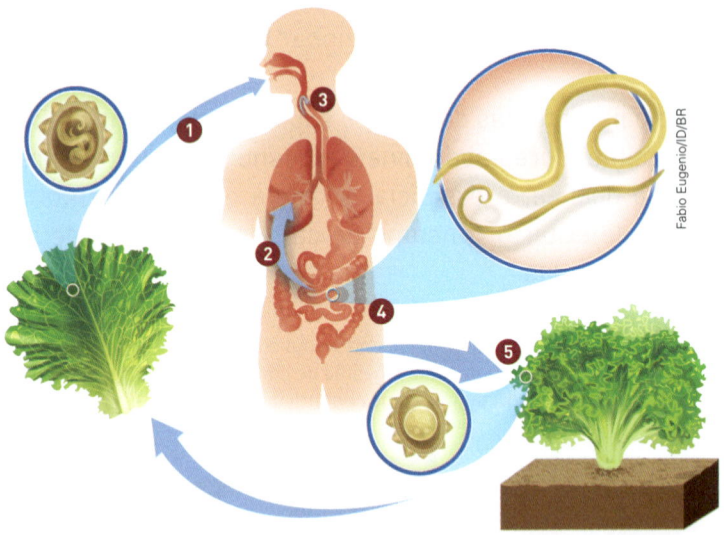

↑ Ciclo de vida da lombriga. (Representação esquemática sem proporção de tamanho; cores-fantasia.)

Fonte de pesquisa: Centro de Prevenção e Controle de Doenças. Disponível em: <https://www.cdc.gov/parasites/ascariasis/biology.html>. Acesso em: 24 set. 2018.

Ancilostomose

A **ancilostomose** é provocada pelas espécies *Ancylostoma duodenale* e *Necator americanus*. Larvas desses nematódeos que possam estar presentes no solo penetram na pele e, no interior do organismo, fixam-se no intestino, desenvolvendo-se em indivíduos adultos e se alimentando do sangue do hospedeiro. Por isso, alguns dos sintomas dessa doença são: anemia, cansaço e palidez. A coloração alterada da pele, em função da anemia, deu origem ao nome popular da doença, amarelão.

As fezes da pessoa infectada contêm os ovos do parasita e podem contaminar o ambiente caso não haja tratamento adequado do esgoto. A prevenção é feita com o tratamento adequado do esgoto e o uso de calçados, o que evita que as larvas do solo penetrem pela pele dos pés.

↑ Parte anterior do corpo do *Ancylostoma*. As estruturas cortantes na boca permitem a fixação desse animal no intestino humano. Foto ao microscópio eletrônico, imagem colorizada, aumento de 122 vezes.

ATIVIDADES

RETOMAR E COMPREENDER

1. No caderno, faça um quadro comparativo evidenciando as semelhanças e as diferenças entre bactérias, fungos e protozoários.
   - Depois, junte-se a um ou dois colegas e comparem os quadros feitos por vocês. Complementem ou corrijam as informações se necessário.

2. A figura abaixo representa o ciclo de vida de um parasita de seres humanos. Com base nessas informações, uma equipe de estudantes elaborou propostas para tentar combater a epidemia desse parasita em sua cidade. Assinale a proposta que poderia ser mais efetiva.

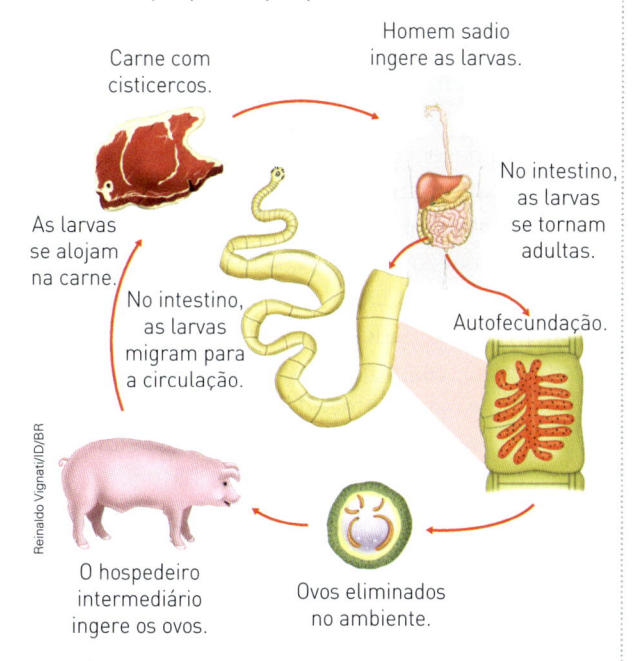

Carne com cisticercos.

Homem sadio ingere as larvas.

As larvas se alojam na carne.

No intestino, as larvas se tornam adultas.

No intestino, as larvas migram para a circulação.

Autofecundação.

O hospedeiro intermediário ingere os ovos.

Ovos eliminados no ambiente.

Reinaldo Vignati/ID/BR

a) Aplicação de inseticidas nos vasos e nas caixas-d'água da cidade com o objetivo de matar os ovos do parasita, presentes nesses ambientes.

b) Construção de redes de coleta de esgoto para impedir que fezes com o parasita contaminem o ambiente e, consequentemente, os alimentos que são consumidos por animais, como porcos.

c) Distribuição gratuita de repelente para que as pessoas evitem as picadas do mosquito transmissor do parasita.

d) Campanha de vacinação contra a doença causada pelo parasita, destinada a homens com idade entre 13 e 21 anos.

3. As micoses são comumente transmitidas em ambientes como praias e piscinas. Associe esse fato aos ambientes ocupados pelos fungos.

APLICAR

4. Leia a tira a seguir e responda às questões.

Fernando Gonsales/Acervo do artista

a) A tira diz que os restos de comida servem de alimento para fungos e bactérias. De que forma esses organismos se alimentam de restos de comida?

b) Com base na tira, o que acontece com os restos de alimento com o passar do tempo?

c) A louça suja da tira se parece, de alguma maneira, com o resultado que você observou na atividade prática proposta neste capítulo? Justifique.

5. Embora alguns microrganismos causem doenças, eles têm funções ecológicas muito importantes e aplicações tecnológicas relevantes para os seres humanos.
   - Escreva um pequeno texto no caderno a respeito da importância dos microrganismos para os seres humanos. Se necessário, pesquise mais informações em livros e na internet para enriquecer seu texto.

6. Você já viu alguma campanha de controle de insetos vetores de doenças? Em caso afirmativo, mencione algumas das ações divulgadas.
   - Como o controle de vetores ajuda a combater doenças causadas por protozoários?

Doenças negligenciadas

As doenças negligenciadas são aquelas causadas por agentes infecciosos ou parasitas e que ocorrem em locais com condições precárias de vida, contribuindo para manter a desigualdade social. Elas atingem 1,5 bilhões de pessoas no mundo todo e causam 1 milhão de mortes anualmente.

 **ANALISAR**

Veja **doenças negligenciadas** e discuta qual o papel do governo no controle, no tratamento e na prevenção dessas doenças.

Doenças negligenciadas

[…] Doença de Chagas, doença do sono, leishmanioses, malária, filarioses, esquistossomose, hanseníase, tuberculose, dengue, febre amarela são exemplos de doenças negligenciadas. A OMS [Organização Mundial da Saúde] mantém uma lista com 17 doenças consideradas negligenciadas que afetam mais de 149 países.

[…]

De acordo com a diretora médica da organização […] DNDi – (em português, Iniciativa Medicamentos para Doenças Negligenciadas), Carolina Batista, apesar de afetarem ao redor de 1 bilhão de pessoas em todo mundo, elas recebem apenas 10% do investimento global em pesquisa para desenvolvimento de remédios, fazendo parte do chamado "desequilíbrio fatal". "Isso acontece porque essas doenças não são consideradas 'rentáveis', uma vez que afetam pessoas sem visibilidade ou alto poder de compra, que vivem, em sua maioria, em zonas rurais, sem acesso adequado a serviços de saúde", afirma. "As doenças negligenciadas se desenvolvem em um cenário de pobreza, mas, ao mesmo tempo, acabam por perpetuá-la, formando um círculo vicioso e cruel", ressalta a diretora da DNDi para América Latina. […]

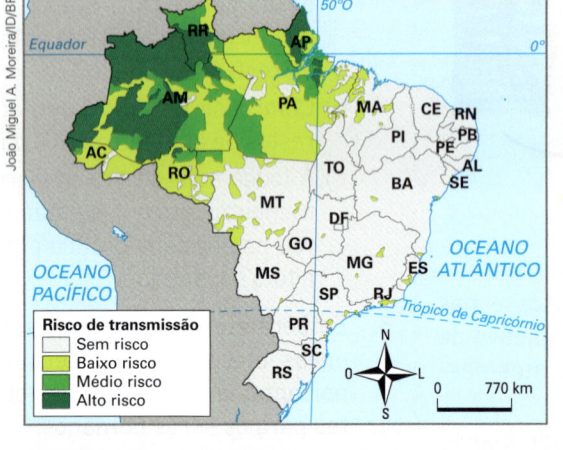

Brasil: Mapa de risco de malária (2017)

Risco de transmissão: Sem risco, Baixo risco, Médio risco, Alto risco

← A doença de Chagas, a leishmaniose, a malária e a dengue são algumas das doenças negligenciadas que ocorrem no Brasil.

Fonte de pesquisa: Ministério da Saúde. Disponível em: <http://portalarquivos2.saude.gov.br/images/pdf/2018/abril/16/Mapa-de-risco-mal--ria-2017.pdf>. Acesso em: 9 out. 2018.

Mariana Alves Castro. Doenças negligenciadas: o desequilíbrio fatal. *Revista Pré-Univesp*, 11 nov. 2015. Disponível em: <http://pre.univesp.br/doencas-negligenciadas>. Acesso em: 3 jul. 2018.

Para refletir

1. Por que a diretora da DNDi para a América Latina ressalta, ao final do texto, que as doenças negligenciadas perpetuam o cenário de pobreza, em um "círculo vicioso e cruel"?

2. Você acha que o posicionamento da indústria farmacêutica (ou de outro setor envolvido) garante o acesso à saúde para todas as pessoas? Explique sua resposta.

SISTEMAS DE DEFESA DO CORPO HUMANO

DEFESA DO ORGANISMO

A imunidade é a capacidade do organismo de evitar danos e doenças utilizando seu sistema de defesa. O sistema de defesa do organismo é organizado em: imunidade inata e imunidade adquirida.

A imunidade inata corresponde ao conjunto de mecanismos de defesa que estão presentes desde o nosso nascimento. Eles são formados por barreiras naturais, como a pele e as mucosas, e por respostas rápidas e inespecíficas contra agentes infecciosos, como a fagocitose, o aumento da temperatura corporal (febre) e a inflamação.

A imunidade adquirida é o conjunto de respostas específicas ao organismo invasor, e seu principal mecanismo é a produção de anticorpos pelos linfócitos.

O corpo humano está sujeito a ser invadido por diversos organismos que se encontram no ambiente e podem causar doenças. No entanto, as pessoas não ficam doentes o tempo todo. Por que isso acontece?

⬇ No corpo humano, circulam células responsáveis pela defesa do organismo contra agentes infecciosos e toxinas. Foto ao microscópio eletrônico, imagem colorizada, aumento de cerca de 5 100 vezes.

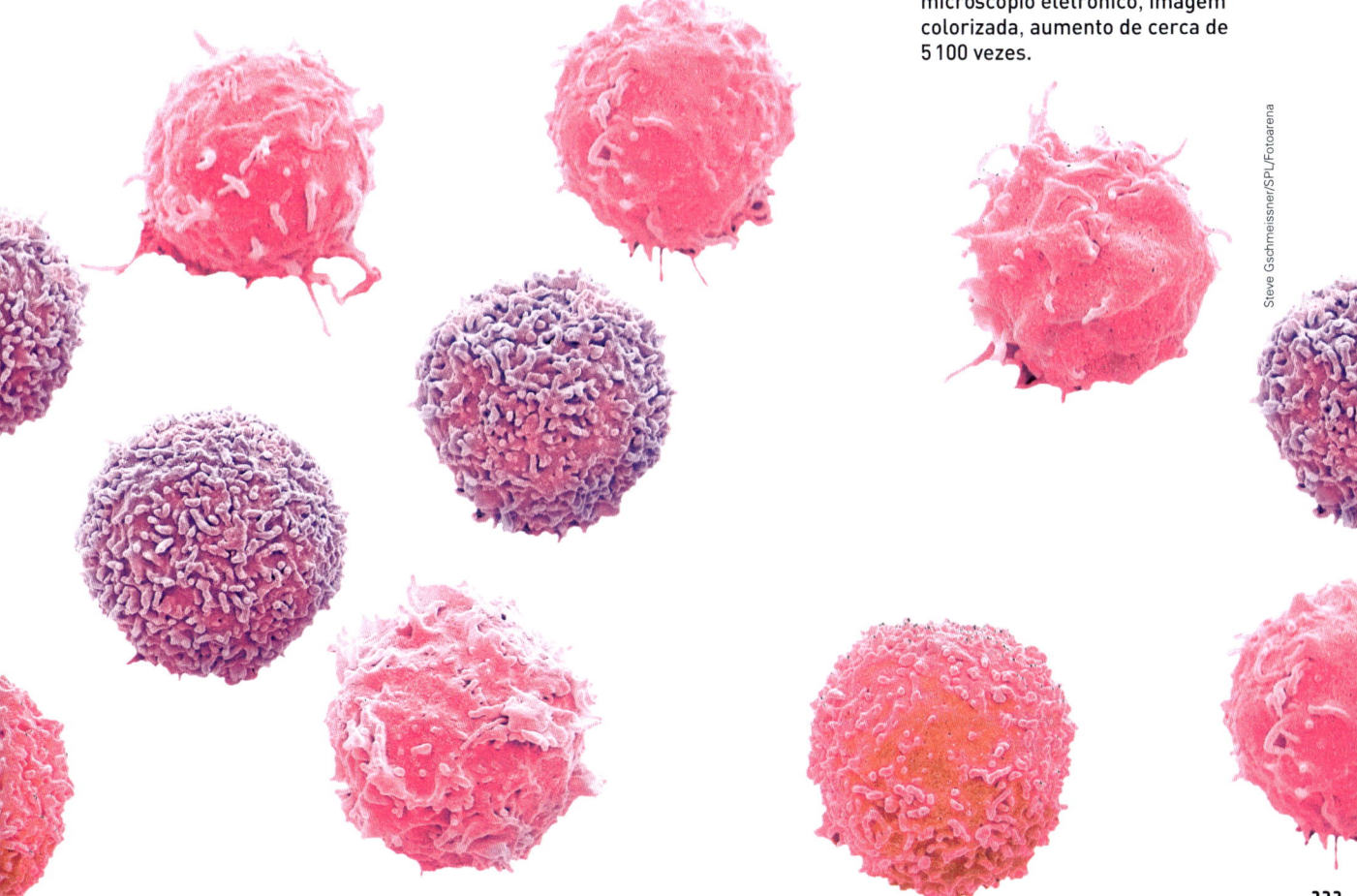

Steve Gschmeissner/SPL/Fotoarena

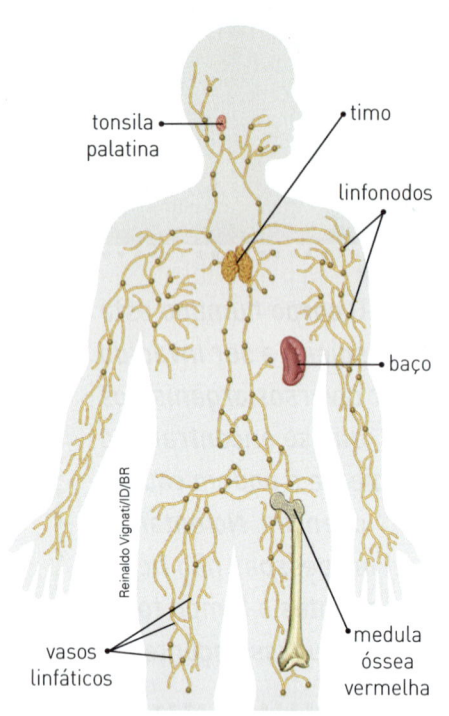

tonsila palatina
timo
linfonodos
baço
vasos linfáticos
medula óssea vermelha

Reinaldo Vignati/ID/BR

↑ **Representação do sistema linfático humano. (Representação sem proporção de tamanho; cores-fantasia.)**

Fonte de pesquisa: Gerard J. Tortora; Bryan Derrickson. *Corpo humano*: fundamentos de anatomia e fisiologia. 8. ed. Porto Alegre: Artmed, 2012. p. 434.

lipossolúvel: substância solúvel em gorduras.

ÓRGÃOS DOS SISTEMAS LINFÁTICO E IMUNITÁRIO

Os sistemas linfático e imunitário são formados pelos vasos linfáticos, os linfonodos, os órgãos linfáticos (baço e timo), a linfa e a medula óssea.

O **sistema linfático** apresenta três funções inter-relacionadas:

- drenar o excesso de líquido que extravasa dos capilares sanguíneos para o espaço entre as células, reconduzindo-o para a circulação;
- absorver e transportar os lipídios e as vitaminas lipossolúveis absorvidos no intestino delgado;
- produzir e transportar as células responsáveis pela defesa do corpo.

A LINFA

A **linfa** é o líquido que circula nos vasos linfáticos. Sua composição é semelhante à do sangue: cerca de 95% é água e o restante são proteínas, células de defesa, nutrientes, sais e gases dissolvidos. No entanto, a linfa não contém hemácias, por isso, sua cor é esbranquiçada.

OS VASOS LINFÁTICOS

A circulação da linfa é unidirecional, e todos os **vasos linfáticos** possuem válvulas, pequenas dobras no interior dos vasos, que impedem seu refluxo. À medida que os músculos esqueléticos se contraem, eles comprimem os vasos linfáticos e promovem a movimentação da linfa.

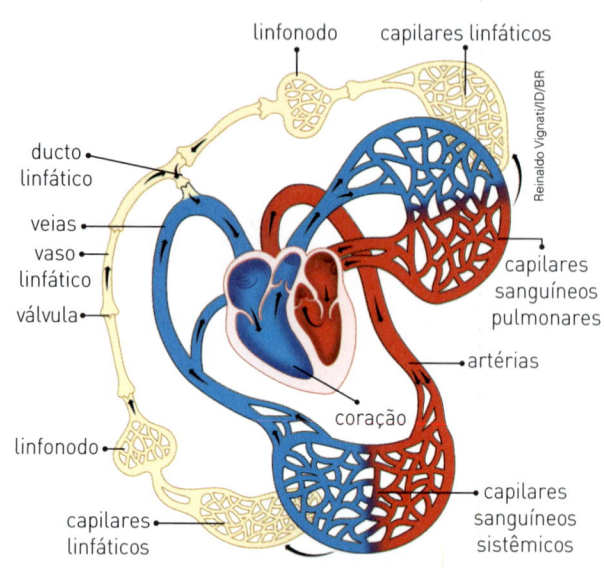

linfonodo
capilares linfáticos
ducto linfático
veias
vaso linfático
válvula
linfonodo
capilares linfáticos
capilares sanguíneos pulmonares
artérias
coração
capilares sanguíneos sistêmicos

Reinaldo Vignati/ID/BR

↑ **As setas indicam a direção da circulação da linfa e do sangue (Representação esquemática sem proporção de tamanho; cores-fantasia.)**

Fonte de pesquisa: Gerard J. Tortora; Bryan Derrickson. *Corpo humano*: fundamentos de anatomia e fisiologia. 8. ed. Porto Alegre: Artmed, 2012. p. 435.

OS LINFONODOS

Os **linfonodos** estão localizados por todo o corpo; sua principal função é filtrar a linfa. Eles contêm uma grande quantidade de células de defesa.

Em caso de infecção por microrganismos, essas células presentes nos linfonodos reconhecem o invasor e passam a se multiplicar, provocando um aumento no tamanho dos linfonodos e formando inchaços doloridos chamados de ínguas.

O BAÇO

O **baço** é o maior órgão linfático do corpo e contém uma grande quantidade de células que atuam na defesa do corpo. Além disso, o baço armazena e destrói células sanguíneas, como as hemácias, e plaquetas.

AS CÉLULAS DE DEFESA

Os principais responsáveis pela defesa do corpo humano contra microrganismos, parasitas e toxinas são os **leucócitos**. Essas células, juntamente com os órgãos nos quais elas são formadas, amadurecem e multiplicam-se, constituem o **sistema imunitário**.

Os leucócitos são produzidos na medula óssea e amadurecem na medula óssea e no timo. Eles são capazes de atravessar as paredes dos vasos sanguíneos, circular pelo sistema linfático e atuar de duas maneiras principais para conter os invasores: por meio da fagocitose ou por meio da produção de anticorpos.

A **fagocitose** é o processo no qual os leucócitos englobam e digerem células mortas, resíduos celulares e também microrganismos, como bactérias e vírus.

Os **anticorpos** são proteínas que reconhecem e se ligam a moléculas específicas dos patógenos, os **antígenos**. Agem neutralizando toxinas, imobilizando e marcando microrganismos para que sejam fagocitados pelos leucócitos.

A produção de anticorpos é feita por um grupo de leucócitos chamados **linfócitos**. Se algum linfócito reconhece um organismo invasor, ele passa a se multiplicar intensamente nos gânglios linfáticos e no baço (órgãos do sistema imunitário), produzindo grande quantidade de células capazes de gerar anticorpos e defender o corpo contra esse invasor.

Existem diferentes tipos de leucócitos, que atuam de forma específica na defesa do organismo e podem ser identificados de acordo com suas características.

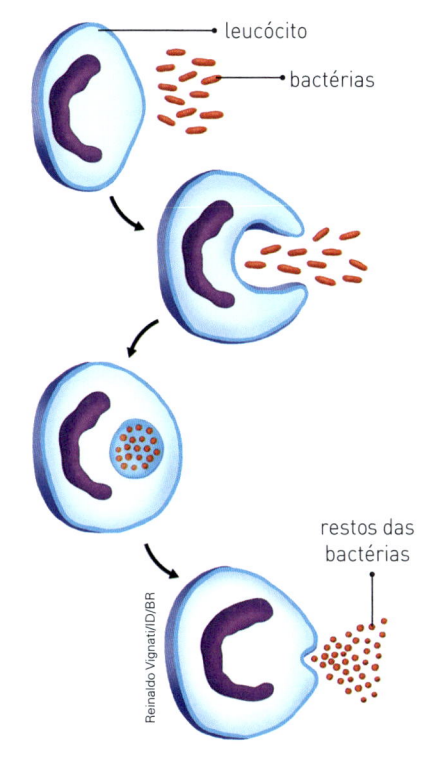

↑ **Representação da fagocitose em leucócitos. (Representação esquemática sem proporção de tamanho; cores-fantasia.)**

Fonte de pesquisa: Jane B. Reece e outros. *Biologia de Campbell*. 10. ed. Porto Alegre: Artmed, 2015. p. 948.

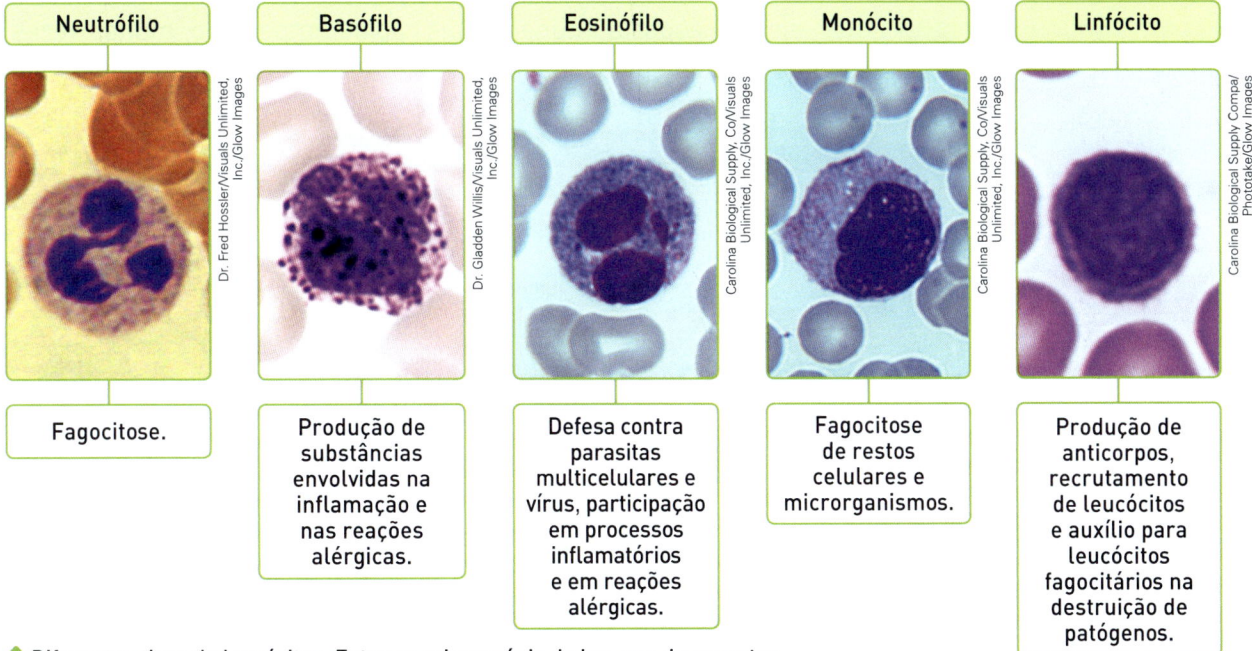

Neutrófilo	Basófilo	Eosinófilo	Monócito	Linfócito
Fagocitose.	Produção de substâncias envolvidas na inflamação e nas reações alérgicas.	Defesa contra parasitas multicelulares e vírus, participação em processos inflamatórios e em reações alérgicas.	Fagocitose de restos celulares e microrganismos.	Produção de anticorpos, recrutamento de leucócitos e auxílio para leucócitos fagocitários na destruição de patógenos.

↑ **Diferentes tipos de leucócitos. Fotos ao microscópio de luz, uso de corantes, aumentos de cerca de: 1 500 vezes (neutrófilo); 1 250 vezes (basófilo); 480 vezes (eosinófilo); 480 vezes (monócito) e 1 300 vezes (linfócito). (Imagens sem proporção de tamanho.)**

IMUNIDADE INATA

A **imunidade inata** é formada por duas linhas de defesa, a primeira linha de defesa é constituída pelas barreiras físicas do organismo, formadas pela pele, pelas mucosas e por secreções, como a lágrima e o suor, que dificultam ou impossibilitam a entrada de microrganismos invasores. Já a segunda linha de defesa envolve diversas estratégias de combate, como fagocitose por certos tipos de leucócitos, febre e inflamação. A febre e a inflamação facilitam a ação dos leucócitos e potencializam o combate aos organismos invasores.

O processo inflamatório é caracterizado por provocar calor, inchaço, vermelhidão e dor no local da lesão.

IMUNIDADE ADQUIRIDA

A **imunidade adquirida** caracteriza-se pela especificidade da resposta do organismo e pela **memória imunológica**.

A especificidade da resposta está relacionada à produção de anticorpos pelos linfócitos. Essa produção é estimulada pela entrada, no organismo, de moléculas específicas, os antígenos.

Os linfócitos são capazes de produzir anticorpos específicos para cada antígeno que entrar em contato com o organismo.

A exposição a um novo antígeno inicia o processo de produção de anticorpos. Durante esse processo, formam-se as células de memória.

As **células de memória** são linfócitos capazes de responder rapidamente a uma segunda exposição ao mesmo antígeno; assim, a resposta imune é mais rápida, impedindo, muitas vezes, que a doença se manifeste.

COMPREENDER

Assista a **como as vacinas atuam** e explique a importância de ser vacinado para evitar o desenvolvimento de uma doença.

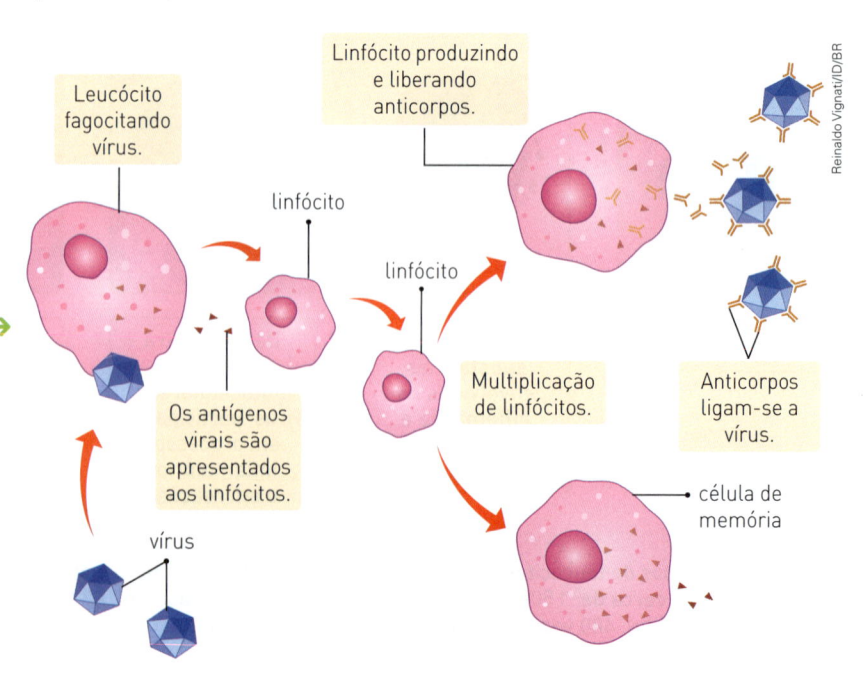

Leucócito fagocitando vírus.

Linfócito produzindo e liberando anticorpos.

linfócito

linfócito

Os antígenos virais são apresentados aos linfócitos.

Multiplicação de linfócitos.

Anticorpos ligam-se a vírus.

vírus

célula de memória

Reinaldo Vignati/ID/BR

Esquema simplificado da resposta imune adquirida. Um vírus é fagocitado por um macrófago. Antígenos presentes no vírus são apresentados a linfócitos, que se multiplicam e ativam outros linfócitos que darão origem aos linfócitos produtores de anticorpos e às células de memória. (Representação sem proporção de tamanho; cores-fantasia.)

Fonte de pesquisa: Jane B. Reece e outros. *Biologia de Campbell*. 10. ed. Porto Alegre: Artmed, 2015. p. 957.

VACINAS

As **vacinas** são constituídas de microrganismos mortos ou enfraquecidos, ou de substâncias produzidas por eles, e estimulam o sistema imunitário a produzir anticorpos, prevenindo doenças.

Os antígenos presentes nas vacinas estimulam a multiplicação de linfócitos e a produção de células de memória que atuam especificamente contra esses microrganismos. É por causa das células de memória que as vacinas nos protegem contra as doenças.

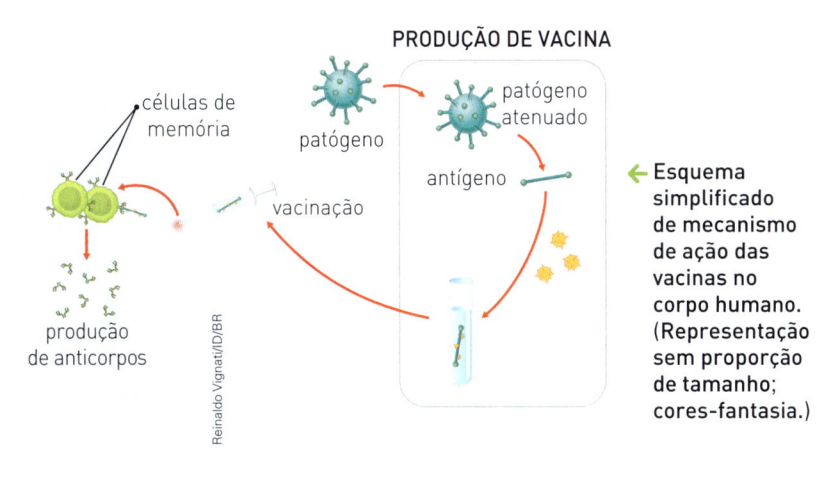

PRODUÇÃO DE VACINA

← Esquema simplificado de mecanismo de ação das vacinas no corpo humano. (Representação sem proporção de tamanho; cores-fantasia.)

Quando o corpo entra em contato com o microrganismo causador de uma doença contra a qual foi vacinado, as células de memória produzidas pela reação imunológica à vacinação reconhecem o antígeno e, rapidamente, produzem um "exército" de linfócitos para defender o organismo.

SOROS

Os **soros terapêuticos** são medicamentos que contêm anticorpos específicos e são utilizados no tratamento de intoxicações causadas por toxinas bacterianas, venenos de animais ou infecções por vírus.

Esses soros são produzidos a partir do plasma sanguíneo de cavalos imunizados com antígenos específicos.

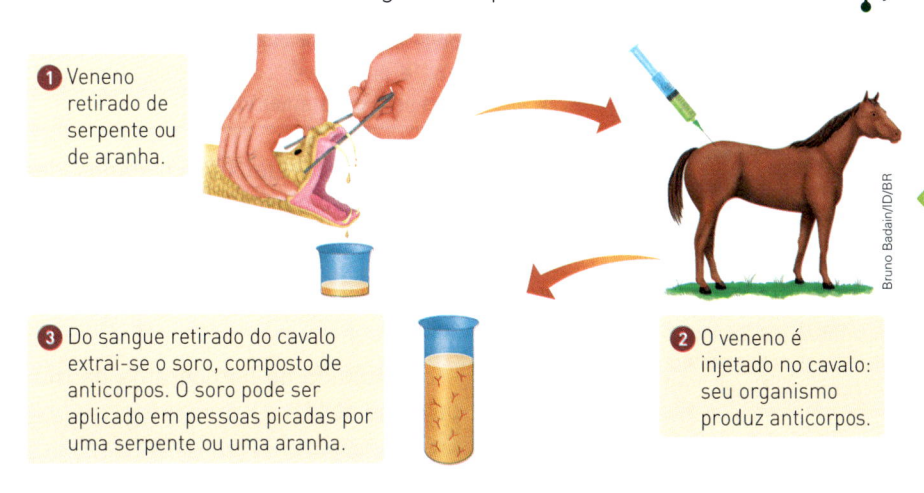

① Veneno retirado de serpente ou de aranha.

③ Do sangue retirado do cavalo extrai-se o soro, composto de anticorpos. O soro pode ser aplicado em pessoas picadas por uma serpente ou uma aranha.

② O veneno é injetado no cavalo: seu organismo produz anticorpos.

← Representação do processo de produção de soro terapêutico. (Representação sem proporção de tamanho; cores-fantasia.)

Fonte de pesquisa: Instituto Vital Brazil. Disponível em: <http://www.vitalbrazil.rj.gov.br/etapas_producao.html>. Acesso em: 18 out. 2018.

⦿ PASSAPORTE DIGITAL

Como funcionam as vacinas

Animação, em inglês com legendas em português, que mostra os diferentes tipos de vacina e como elas agem no nosso organismo.

Disponível em: <http://linkte.me/y85b5>. Acesso em: 16 out. 2018.

RETOMAR E COMPREENDER

1. Quais são as formas que o organismo possui para se proteger contra infecções?

2. Após ralar o joelho, você percebe que o local machucado fica quente, vermelho, inchado e dolorido. Que processo é responsável por esses sintomas?

3. A febre costuma ser o primeiro sinal de uma infecção e, geralmente, é vista como um sintoma da doença. Explique por que a febre, na verdade, é parte do processo de cura.

4. Uma criança que já teve catapora (doença causada por vírus) dificilmente vai ter essa doença novamente, pois adquiriu imunidade. Qual é a relação entre esse fato e as vacinas?

5. Explique por que a vacinação é chamada de imunização ativa, enquanto o soro é chamado de imunização passiva.

6. Felipe acordou se sentindo mal, com febre, dor no corpo e na garganta. No hospital, o médico verificou que Felipe estava com uma infecção, pois suas tonsilas palatinas estavam inchadas.

   a) Por que as tonsilas palatinas incham durante uma infecção?

   b) Esquematize o processo de produção de anticorpos pelos linfócitos.

APLICAR

7. Leia o texto a seguir e responda às questões.

   A partir da segunda-feira, dia 6 de agosto [de 2018], a Campanha Nacional de Vacinação contra Poliomielite e Sarampo dá sua largada no Brasil inteiro. E, sim, todas as crianças de 1 a menos de 5 anos estão convidadas a irem aos postos de saúde para receber as vacinas contra essas infecções, mesmo se já tiverem tomado suas doses anteriormente.

   Agência Brasil. Toda criança de 1 a menos de 5 anos deve se vacinar contra sarampo e pólio. *Saúde*, 3 set. 2018. Disponível em: <https://saude.abril.com.br/familia/toda-crianca-de-1-a-5-anos-deve-ser-vacinada-contra-sarampo-e-poliomielite/>. Acesso em: 24 set. 2018.

   a) Consulte o Calendário Nacional de Vacinação (disponível em: <http://linkte.me/iidc8>; acesso em: 25 set. 2018) e verifique qual é a próxima vacina que você deverá tomar.

   b) Explique por que são utilizados vírus enfraquecidos ou mortos na produção das vacinas.

8. Leia o texto e observe as tabelas.

   O hemograma é um exame feito para investigar a quantidade de hemácias, leucócitos e plaquetas no sangue. As informações são usadas no diagnóstico de algumas doenças. A primeira tabela mostra alguns valores de referência de um hemograma simplificado. Na segunda tabela, estão os valores obtidos de uma mulher de 37 anos.

Valores de referência da contagem para homens e mulheres		
Hemácias	Homem	4 320 000 a 5 720 000/μL
	Mulher	3 900 000 a 5 030 000/μL
Hemoglobina	Homem	13,5 a 17,5 g/dL
	Mulher	12,0 a 15,5 g/dL
Leucócitos	Ambos	3 500 a 10 500/mm³
Plaquetas	Ambos	150 000 a 400 000/μL
Observação: 1 000 μL = 1 mL		

	Paciente A
Hemácias	4 400 000/μL
Hemoglobina	12,9 g/dL
Leucócitos	15 500/mm³
Plaquetas	354 000/μL
Observação: 1 000 μL = 1 mL	

> **ATENÇÃO**
>
> Lembre-se de que somente um profissional da saúde pode interpretar corretamente um exame de sangue e prescrever remédios ou alimentos adequados para o tratamento.

Com base na interpretação dos dados das duas tabelas, faça o que se pede.

a) Há alguma alteração observada entre os valores de referência e os dados obtidos no hemograma da paciente? Explique sua resposta.

b) O que o resultado do hemograma da mulher pode indicar?

AÇÕES PARA A SAÚDE COLETIVA

SAÚDE COLETIVA

Os seres humanos vivem em sociedade, por isso, estamos constantemente interagindo uns com os outros, bem como com o ambiente a nossa volta.

Você já deve ter ouvido recomendações como lavar as mãos após andar em trens e ônibus lotados, ou não andar descalço em certos locais. Isso se deve ao fato de que ambientes contaminados, densidade populacional alta, entre outras condições, podem influenciar a saúde de toda uma comunidade.

O estudo da saúde coletiva está associado ao conhecimento das doenças contagiosas, ao planejamento de ações de promoção de saúde e às ciências sociais relacionadas à saúde.

Dessa forma, a saúde coletiva procura identificar as necessidades de saúde de uma sociedade, buscando compreender como essas questões acontecem e se organizando para enfrentar esses problemas.

Conhecer por que as pessoas contraem doenças e como preveni-las é o primeiro passo para refletir sobre a saúde da população em geral. De que forma o cuidado com o ambiente pode interferir na saúde das pessoas?

↓ O cuidado com as condições sanitárias nos locais em que as pessoas vivem é uma importante ação para a prevenção de doenças na população. Instalação de rede de coleta de esgoto em Teresina (PI), 2015.

Delfim Martins/Pulsar Imagens

↑ A coleta de resíduos sólidos é um dos serviços de saneamento básico dos municípios. Salvador (BA), 2015.

Fonte de pesquisa: D. Hoornweg; P. Bhada-Tata. *What a Waste*: A global Review of Solid Waste Management (tradução nossa: Que desperdício: uma revisão global do manejo de resíduos sólidos). Washington: Banco Mundial, 2012. Disponível em: <http://documents.worldbank.org/curated/pt/302341468126264791/pdf/68135-REVISED-What-a-Waste-2012-Final-updated.pdf>. Acesso em: 24 jul. 2018.

SANEAMENTO BÁSICO

O **saneamento básico** pode ser entendido como o conjunto de serviços e infraestrutura associado ao abastecimento de água, coleta e tratamento de esgoto, limpeza urbana, manejo de resíduos sólidos, drenagem de águas pluviais urbanas e controle de pragas.

Esses serviços garantem condições sanitárias adequadas à qualidade de vida de uma população. Na falta deles, a possibilidade de contaminação por parasitas é maior, uma vez que a proliferação de inúmeras doenças está relacionada ao descarte inadequado de esgoto e lixo.

RESÍDUOS SÓLIDOS

O lixo é composto de **resíduos sólidos**, que são restos de alimento, papéis, latas, garrafas, sacolas plásticas, entre outros. O destino dos resíduos sólidos é um dos grandes desafios ambientais da atualidade.

A situação se agrava à medida que se observa que as quantidades de resíduos produzidos nas cidades do mundo todo vêm aumentando ano a ano. Por isso, reduzir a produção de lixo e encontrar alternativas sustentáveis para seu destino, como a reciclagem, são atitudes igualmente importantes.

▪ Geração de lixo urbano no mundo

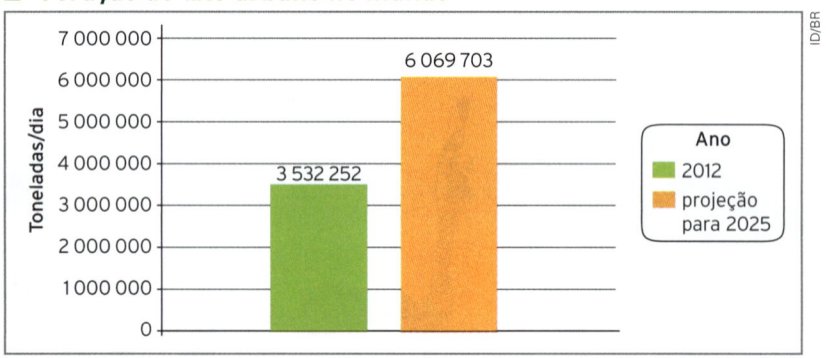

Veja a seguir os destinos mais comuns do lixo no Brasil.

PRINCIPAIS DESTINOS DO LIXO NO BRASIL

aterro sanitário (59,1%)	aterro controlado (22,9%)	lixão (18%)
Destino adequado do lixo, respeita as normas ambientais e protege o solo de contaminação.	Depósito em que o lixo é compactado e recoberto por terra. Recebe argila e lama ao atingir o limite, o que previne mau cheiro e proliferação de animais nocivos, mas não evita a contaminação do solo.	Depósito de lixo a céu aberto. Atualmente, os lixões são proibidos no Brasil. Nesses locais, os resíduos não recebem tratamento e contaminam o solo, facilitando a proliferação de doenças.

Fonte de pesquisa: Panorama dos resíduos sólidos no Brasil – 2017. Abrelpe. Disponível em: <http://abrelpe.org.br/panorama/>. Acesso em: 26 set. 2018.

Destino adequado do lixo

Os **aterros sanitários** são locais para o destino adequado do lixo. Neles, os resíduos são cobertos com camadas de terra e lonas e não ficam expostos. Além disso, o solo é impermeabilizado antes da recepção dos resíduos para evitar a contaminação das águas subterrâneas e do solo pelo <u>chorume</u>. As normas ambientais recomendam a drenagem, o armazenamento e o tratamento do chorume. Veja o esquema a seguir.

<u>chorume</u>: líquido poluente, proveniente da decomposição do lixo orgânico.

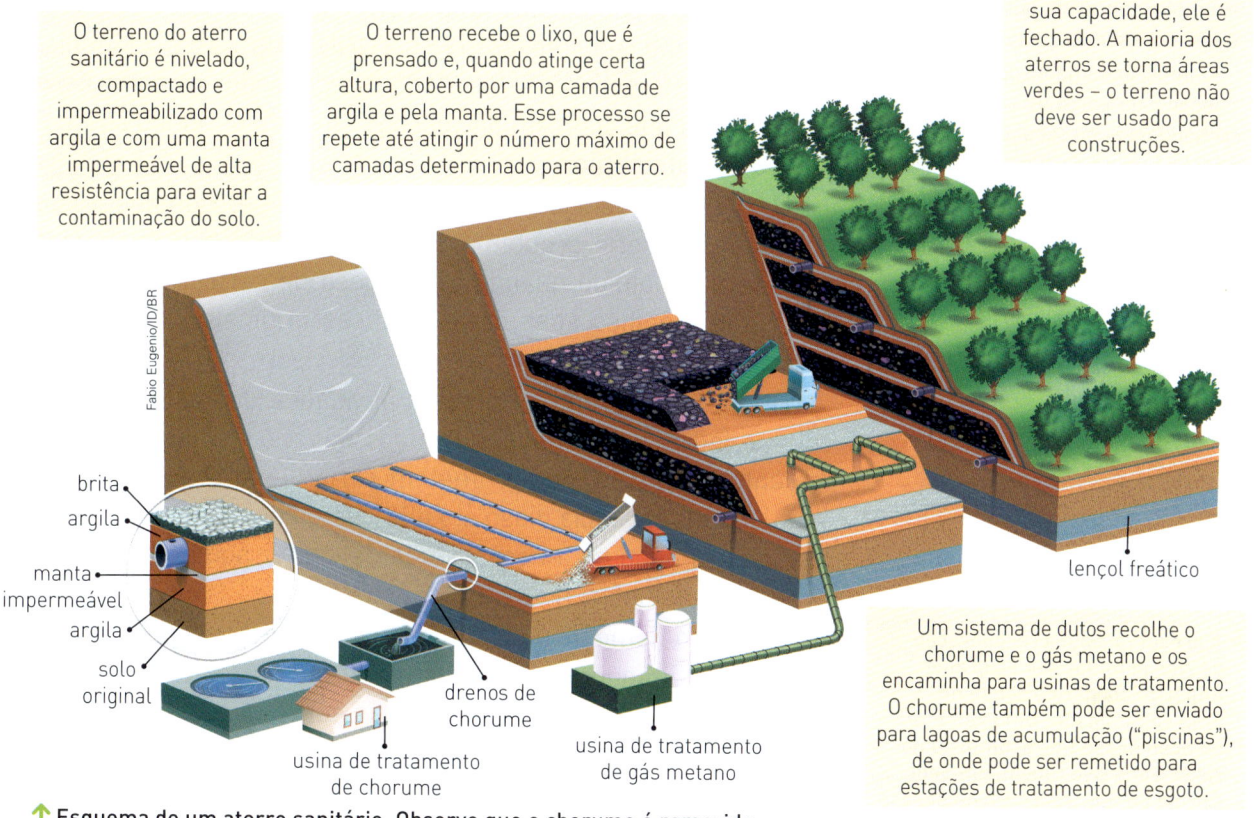

O terreno do aterro sanitário é nivelado, compactado e impermeabilizado com argila e com uma manta impermeável de alta resistência para evitar a contaminação do solo.

O terreno recebe o lixo, que é prensado e, quando atinge certa altura, coberto por uma camada de argila e pela manta. Esse processo se repete até atingir o número máximo de camadas determinado para o aterro.

Quando o aterro esgota sua capacidade, ele é fechado. A maioria dos aterros se torna áreas verdes – o terreno não deve ser usado para construções.

Fabio Eugenio/ID/BR

brita
argila
manta impermeável
argila
solo original

usina de tratamento de chorume

drenos de chorume

usina de tratamento de gás metano

lençol freático

Um sistema de dutos recolhe o chorume e o gás metano e os encaminha para usinas de tratamento. O chorume também pode ser enviado para lagoas de acumulação ("piscinas"), de onde pode ser remetido para estações de tratamento de esgoto.

↑ **Esquema de um aterro sanitário. Observe que o chorume é removido, diminuindo a chance de contaminação do solo. (Representação sem proporção de tamanho e distância; cores-fantasia.)**

Fonte de pesquisa: Portal do Governo do Estado de Rondônia. Disponível em: <http://data.portal.sistemas.ro.gov.br/2014/04/esquema-de-um-aterro.jpg>. Acesso em: 24 jul. 2018.

Como é possível observar no esquema, outro poluente produzido na decomposição do lixo é o gás metano. A queima desse gás e a remoção do chorume diminuem significativamente o impacto ambiental do aterro sanitário.

Alguns materiais não podem ir para aterros sanitários, como o lixo infectante de hospitais. Nesse caso, recomenda-se que eles sejam incinerados. A **incineração** consiste na queima de resíduos sólidos a altas temperaturas. Além de dar um destino ao lixo contaminante, esse procedimento reduz o volume de resíduos. No entanto, a incineração apresenta alto custo e, se não for realizada de forma segura, pode produzir substâncias tóxicas perigosas.

COMPOSTAGEM

A **compostagem** é o processo por meio do qual fungos e bactérias transformam restos orgânicos (como estrume, folhas e outros restos vegetais) em adubo para plantas, de maneira semelhante à que ocorre naturalmente nos solos. A compostagem pode ser feita em usinas de compostagem, em fazendas, no jardim, no quintal ou mesmo dentro de casa. Além de fertilizar o solo, o composto resultante permite a passagem de água e ar no solo, reduzindo também a quantidade de fertilizantes sintéticos utilizados em jardins e cultivos agrícolas.

QUALIDADE DA ÁGUA

A relação dos seres humanos com a água vai além de sua ingestão para a sobrevivência. Utilizamos água em muitas tarefas cotidianas, como lavar o rosto, escovar os dentes, tomar banho, preparar as refeições e limpar os utensílios.

Por causa da importância da água para a vida, a Organização das Nações Unidas (ONU), em 1992, redigiu a Declaração Universal dos Direitos da Água, documento que tem como objetivo conscientizar a população mundial em relação ao uso desse bem natural. No ano seguinte, em 1993, a ONU instituiu o Dia Mundial da Água, comemorado no dia 22 de março. Todos os anos, esse é um dia em que ocorrem discussões em todo o mundo sobre a água e sua utilização.

Uma consequência do uso da água pelo ser humano é sua poluição, um sério problema ambiental. Um corpo de água é considerado poluído quando a presença de certos materiais é tanta que modifica suas características originais, comprometendo a qualidade da água.

Os resíduos produzidos pelas atividades domésticas, agrícolas e industriais, quando lançados nos mananciais sem tratamento adequado, comprometem seriamente a qualidade da água. A consequência disso é o alto custo com tratamento para despoluir a água ou a necessidade de captar água em mananciais mais distantes.

O esgoto doméstico costuma ser a maior fonte de poluição das águas. Quando despejado diretamente nos cursos de água, pode causar a proliferação de alguns seres vivos e a morte de outros, desequilibrando os ambientes naturais.

Além disso, diversas doenças, como a amebíase, a leptospirose, a cólera e algumas verminoses, podem ser transmitidas pela água contaminada com resíduos de água de esgoto.

A ÁGUA NA ANTIGUIDADE

A preocupação com a qualidade da água remonta à Antiguidade. Em 2000 a.C., os persas, por exemplo, aplicavam punições a quem poluísse os cursos de água.

O Império Romano, que chegou a ter cerca de 1 milhão de habitantes no século II d.C., construiu mais de 400 quilômetros de aquedutos. Essas estruturas traziam água de mananciais afastados, pois o rio Tibre, que passa por Roma, estava completamente poluído pelo despejo de esgotos e lixo.

↓ A preservação e a recuperação de rios poluídos são de grande importância para a saúde de uma comunidade. Um exemplo de ação desse tipo aconteceu no rio Cheong Gye Cheon, em Seul, Coreia do Sul. Veja o rio na década de 1950 (A) e em 2016 (B), após passar por uma revitalização. Atualmente, o rio é ponto de lazer para moradores e turistas.

Microrganismos na água

Que tipos de microrganismo você imagina encontrar em uma amostra de água? Nesta atividade, você vai **construir um instrumento** que permite visualizar estruturas microscópicas.

Material

- 1 folha de alface não lavada
- 1 copo com 200 mL de água
- cadernos
- 1 seringa de 3 mL ou 5 mL, sem agulha

- caneta *laser* de luz vermelha
- 2 copos plásticos com a mesma altura (atenção: a altura dos copos deve ultrapassar o comprimento da seringa)

> **ATENÇÃO**
> Nunca aponte o *laser* para os olhos. Ele pode causar prejuízos à visão.

Como fazer

1. Pique a folha de alface com as mãos e coloque os pedaços no copo com água. Deixe o copo em um local que receba luz solar por cerca de quatro dias.

2. Após esse período, leve o copo para uma sala que tenha cortinas, porque, para visualizar os microrganismos, é preciso que o ambiente esteja escuro.

3. Insira a seringa no copo e puxe o êmbolo para coletar um pouco de água. Aperte o êmbolo bem devagar, de modo que uma gota de água fique parada na ponta da seringa, como mostra a foto **A**.

4. Com cuidado para que a gota de água não caia, coloque a seringa na posição vertical, apoiando-a nos dois copos de mesma altura, como mostra a foto **B**.

5. Utilize alguns cadernos para elevar a caneta laser, de modo que o feixe de luz da caneta passe exatamente no meio da gota de água, como na foto **C**. Atenção: o feixe deve atingir uma parede lisa e branca para que as silhuetas dos microrganismos possam ser vistas.

6. Agora, apague a luz e, com a ajuda do professor, procure ver os microrganismos se movimentando na imagem projetada na parede.

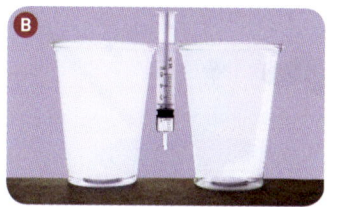

Fotografias: Alexandre Dotta/ID/BR

Para concluir

1. Por que, para realizar o experimento, foi necessário utilizar a água em que a folha de alface foi mantida?

2. Você conseguiu visualizar microrganismos? Em caso positivo, conte o que viu.

3. Com base na observação feita nesta atividade, o que você diria a alguém que deseja beber água com aparência límpida, mas de procedência desconhecida?

RETOMAR

Repasse as **etapas do tratamento de água**. Que diferenças há entre a água que sai do manancial e a água que é distribuída até as casas?

TRATAMENTO DE ÁGUA

Mesmo que um rio ou um lago não estejam poluídos, eles podem conter microrganismos prejudiciais à saúde do ser humano. Por isso, só devemos beber **água potável**, ou seja, água limpa e livre de microrganismos que possam causar doenças. As estações de tratamento de água (ETA) são uma das alternativas para tornar a água potável.

Acompanhe, no esquema a seguir, um resumo das principais etapas do tratamento de água.

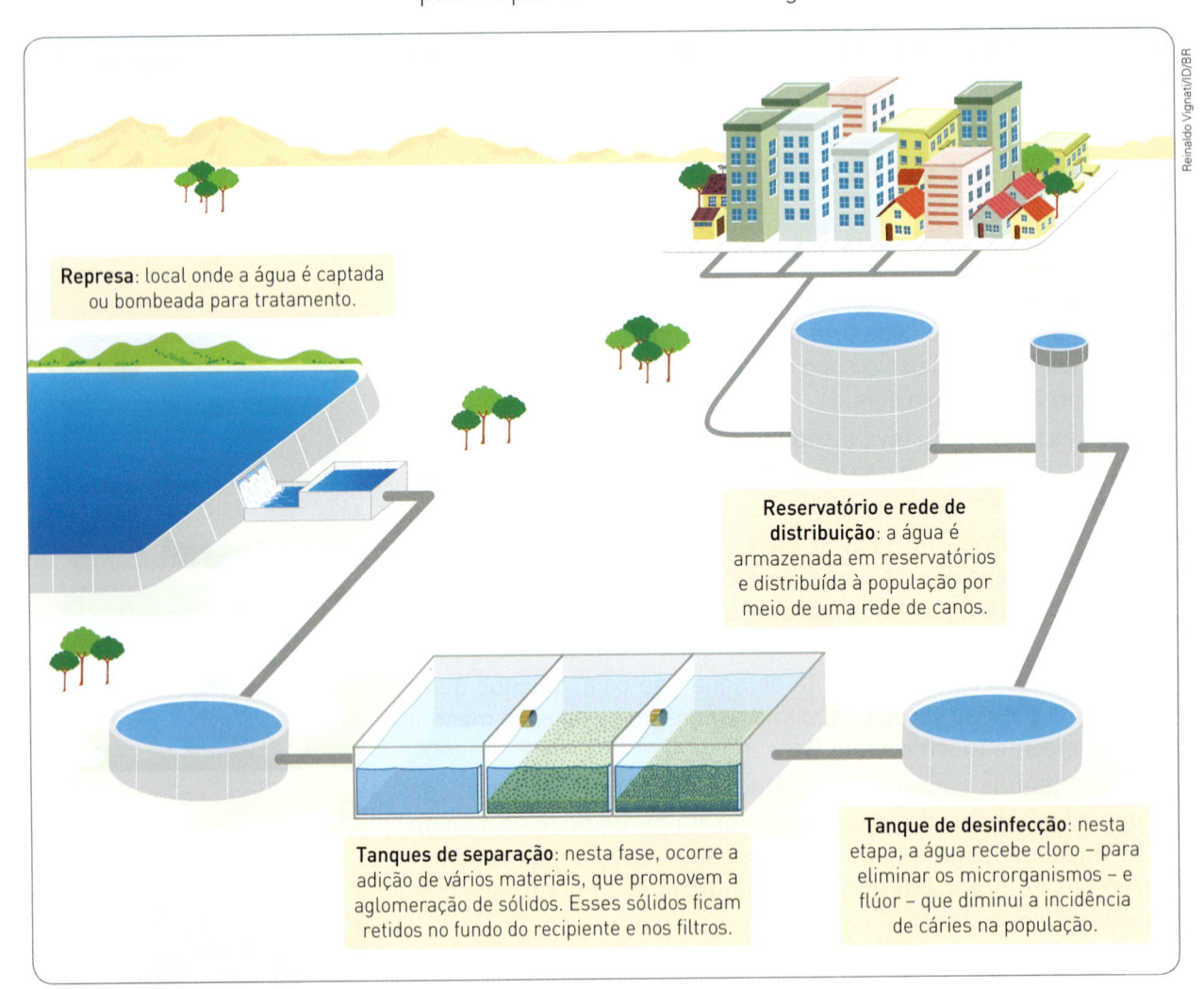

Represa: local onde a água é captada ou bombeada para tratamento.

Reservatório e rede de distribuição: a água é armazenada em reservatórios e distribuída à população por meio de uma rede de canos.

Tanques de separação: nesta fase, ocorre a adição de vários materiais, que promovem a aglomeração de sólidos. Esses sólidos ficam retidos no fundo do recipiente e nos filtros.

Tanque de desinfecção: nesta etapa, a água recebe cloro – para eliminar os microrganismos – e flúor – que diminui a incidência de cáries na população.

Reinaldo Vignati/ID/BR

↑ Representação de uma estação de tratamento de água.

Fonte de pesquisa: Tratamento de água. Companhia de Saneamento Básico do Estado de São Paulo (Sabesp). Disponível em: <http://site.sabesp.com.br/site/interna/Default.aspx?secaold=47>. Acesso em: 24 jul. 2018.

Mesmo depois de passar por tratamento, é importante que a água seja filtrada ou fervida antes de ser consumida, porque ainda pode haver sujeira e microrganismos nas caixas-d'água e na tubulação das casas. Também é recomendada a limpeza de caixas-d'água a cada seis meses, como uma forma de garantir a qualidade da água recebida pelas estações de tratamento. Após a limpeza, verifique, sempre que possível, se a caixa-d'água está tampada e sem nenhuma fresta, para evitar que a água seja contaminada por sujeiras, animais pequenos – como ratos ou morcegos – ou insetos – como o mosquito transmissor da dengue.

TRATAMENTO DE ESGOTO

Depois que a água é utilizada nas residências para as mais diversas atividades, como lavar louça, tomar banho e dar descarga, ela precisa ser tratada antes de ser despejada no mar ou em rios para não causar prejuízos ao meio ambiente. As estações de tratamento de esgoto (ETE) realizam essa tarefa.

Nas grandes estações de tratamento, o esgoto é separado em duas partes – a líquida e a sólida – e cada uma delas recebe tratamento diferenciado. Nesta coleção, optou-se por representar somente o tratamento da parte líquida do esgoto, indicado, de forma simplificada, no esquema a seguir.

COMPREENDER

Repasse as **etapas do tratamento de esgoto** e explique o papel das bactérias no tanque de aeração.

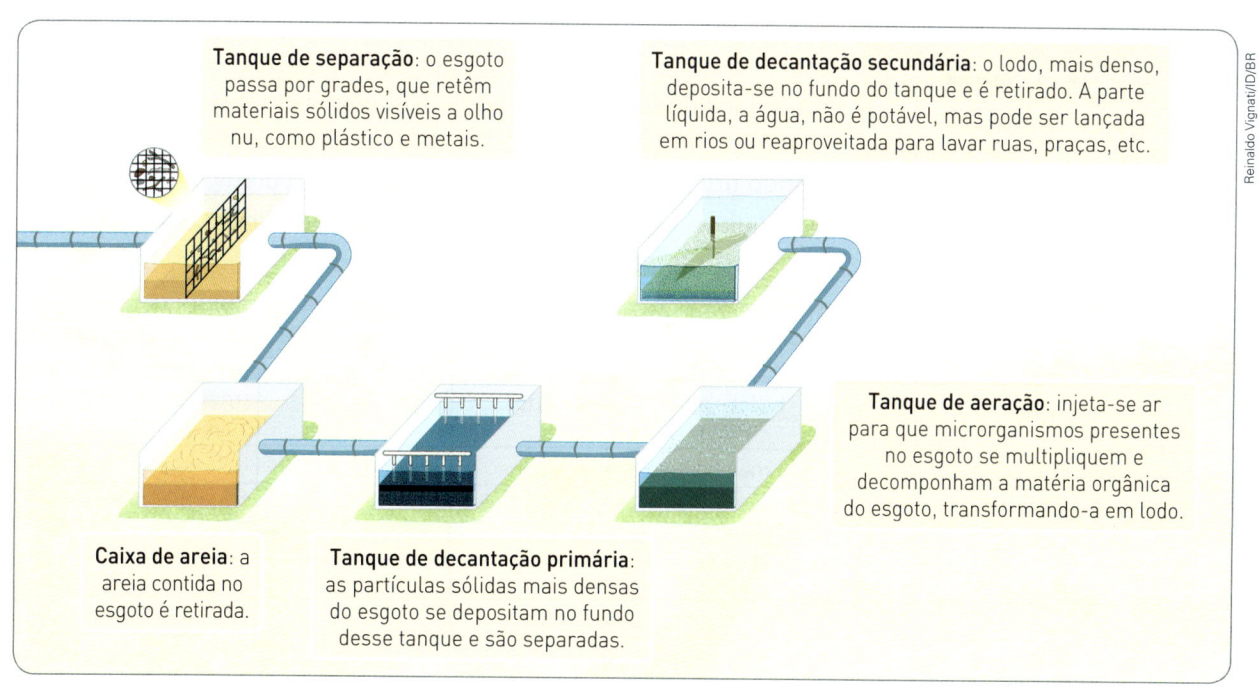

Tanque de separação: o esgoto passa por grades, que retêm materiais sólidos visíveis a olho nu, como plástico e metais.

Tanque de decantação secundária: o lodo, mais denso, deposita-se no fundo do tanque e é retirado. A parte líquida, a água, não é potável, mas pode ser lançada em rios ou reaproveitada para lavar ruas, praças, etc.

Tanque de aeração: injeta-se ar para que microrganismos presentes no esgoto se multipliquem e decomponham a matéria orgânica do esgoto, transformando-a em lodo.

Caixa de areia: a areia contida no esgoto é retirada.

Tanque de decantação primária: as partículas sólidas mais densas do esgoto se depositam no fundo desse tanque e são separadas.

↑ Representação de uma estação de tratamento de esgoto.

Fonte de pesquisa: Tratamento de esgoto. Companhia de Saneamento Básico do Estado de São Paulo (Sabesp). Disponível em: <http://site.sabesp.com.br/site/interna/Default.aspx?secaoId=49>. Acesso em: 24 jul. 2018.

ATENDIMENTO DE ÁGUA E COLETA DE ESGOTO NO BRASIL (EM %)

Dados sobre atendimento de água e esgoto no Brasil (em %):

Região	Água	Esgoto
Norte	55,4	10,5
Nordeste	73,6	26,8
Centro-Oeste	89,7	51,5
Sudeste	91,2	78,6
Sul	89,4	42,5
Brasil	83,3	51,5

↑ **Dados sobre atendimento de água e esgoto no Brasil.**

Fonte de pesquisa: *Sistema nacional de informações sobre saneamento*: diagnóstico dos serviços de água e esgotos – 2016. Brasília: SNSA/MCidades, 2018. p. 24. Disponível em: <http://www.snis.gov.br/downloads/diagnosticos/ae/2016/Diagnostico_AE2016_Retificado.zip>. Acesso em: 24 jul. 2018.

• **O que esses dados indicam sobre as condições atuais de saneamento básico no Brasil? O direito de todo cidadão brasileiro ao saneamento básico está sendo garantido em nosso país? Justifique.**

Ministério da Saúde/Governo Federal

↑ Há campanhas de vacinação específicas para atender à saúde dos idosos, que, em função do processo de envelhecimento, são mais vulneráveis a doenças infecciosas. Ministério da Saúde, 2009.

SAÚDE DE TODOS

O saneamento básico permite que a população tenha água limpa e ambientes descontaminados, fatores que ajudam a prevenir a disseminação de uma série de doenças infecciosas e parasitárias.

No entanto, a saúde coletiva envolve também a promoção da saúde por meio do incentivo à alimentação saudável e à adoção de um estilo de vida menos sedentário, mediante campanhas de prevenção e detecção de doenças e, sobretudo, campanhas de vacinação.

VACINAÇÃO

A vacinação da população garante que as pessoas se tornem imunes a certas doenças com potencial de se espalhar com facilidade. Assim, a população vacinada impede que vírus e bactérias infectocontagiosos passem de uma pessoa para outra, tendo um importante papel na prevenção coletiva das doenças.

Veja, no quadro abaixo, as vacinas destinadas a crianças e adolescentes entre 9 e 19 anos de idade.

VACINAS RECOMENDADAS PARA CRIANÇAS E ADOLESCENTES			
Vacina	Doenças evitadas	Doses	Idade
HPV	herpes precursora de certos tipos de câncer	2	meninas: 9 a 14 anos meninos: 11 e 14 anos
Meningocócica C	meningite meningocócica	1	11 e 14 anos
Hepatite B	hepatite B	3	10 a 19 anos
Febre amarela (em alguns estados)	febre amarela	1	10 a 19 anos
Dupla adulto	difteria e tétano	a cada 10 anos	10 a 19 anos
Tríplice viral	sarampo, caxumba, rubéola	2	10 a 19 anos

Fonte de pesquisa: Portal da Saúde. Ministério da Saúde. Disponível em: <http://portalms.saude.gov.br/acoes-e-programas/vacinacao/calendario-nacional-de-vacinacao/adolecentes>. Acesso em: 20 jul. 2018.

As primeiras vacinas no Brasil foram aplicadas há mais de dois séculos, sendo o primeiro registro feito em 1804. A partir dessa data, houve uma série de campanhas de vacinação com finalidades distintas, como a notória campanha de 1904 contra a varíola e a febre amarela.

O atual programa nacional de imunizações do Brasil teve início na década de 1970 e vem sendo ampliado até os dias atuais.

Entre 1968 e 1989, o Brasil registrou → 26 827 casos de poliomielite. A criação dos dias nacionais de vacinação contra a poliomielite para crianças menores de 5 anos de idade, em duas etapas anuais (junho e agosto), contribuiu para uma queda significativa no número de casos da doença. O sucesso das campanhas de vacinação levou à erradicação da doença no país, que teve seu último caso registrado em 1989.

Fonte de pesquisa: Sociedade Brasileira de Imunizações (SBIm). Disponível em: <https://familia.sbim.org.br/vacinas>. Acesso em: 24 jul. 2018.

◼ Incidência de poliomielite no Brasil de 1968 a 2016

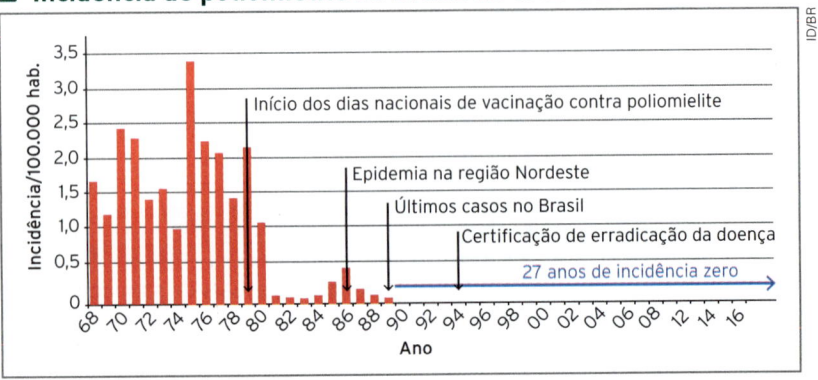

ID/BR

RETOMAR E COMPREENDER

1. Sobre os principais destinos do lixo no Brasil, copie o quadro a seguir no caderno e preencha-o corretamente.

Local onde o lixo é depositado			
O lixo fica a céu aberto?			
Há contaminação do solo?			
Adota medidas para prevenir a transmissão de doenças?			
Adota medidas para eliminar o gás metano?			

2. Por que é importante impermeabilizar o solo onde são construídos aterros sanitários?

3. Compare o processo empregado em uma estação de tratamento de água (ETA) com o empregado em uma estação de tratamento de esgoto (ETE).
- Quais são as etapas semelhantes? E quais são as etapas distintas?

4. Observe a imagem a seguir.

↑ Córrego contaminado em Osasco (SP), 2015.

- Por que as doenças transmitidas pela água são mais comuns em áreas onde não há esgoto encanado?

APLICAR

5. Leia o texto abaixo e faça o que se pede.

Vacinação

A vacinação é a maneira mais eficaz de prevenir doenças. O Brasil tem evoluído nos últimos anos nessa área, especialmente com a criação do Programa Nacional de Imuniza-ções (PNI), em 1973, que facilitou o acesso da população às vacinas.

O cidadão tem que estar atento às campanhas e ao calendário de vacinação, que corresponde ao conjunto de vacinas prioritárias para o País. Todas elas são disponibilizadas gratuitamente nos postos da rede pública. São quatro os calendários de vacinação, voltados para públicos específicos: criança, adolescente, adulto e idoso e população indígena.

Crianças, adolescentes e adultos precisam comparecer aos postos de saúde nos períodos de campanha e tomar todas as vacinas previstas. [...]

Portal Brasil. Ministério da Saúde, 29 dez. 2009. Disponível em: <http://www.brasil.gov.br/saude/2009/12/campanhas-de-vacinacao-2>. Acesso em: 24 jul. 2018.

a) Todas as pessoas que já foram vacinadas têm um cartão de vacinação. Confira em seu cartão de vacinação quais vacinas você já tomou.

b) Compare as vacinas que você tomou com o quadro de vacinas recomendadas para crianças e adolescentes, da página 246 e verifique se você está em dia com a vacinação.

c) Com base na leitura do gráfico da página anterior, elabore argumentos sobre a importância da vacinação para a população brasileira.

6. Carlos e seus amigos foram acampar nas proximidades de um lago, cuja água é transparente, límpida e sem cheiro.
- Carlos acredita que a água do lago é potável. É possível que ele esteja enganado? Justifique sua resposta.

7. Os aterros sanitários reduzem os impactos causados pelo descarte de resíduos sólidos no solo. Porém, tão importante quanto a construção de aterros é a diminuição da produção de lixo e, consequentemente, da demanda por seu tratamento. Discuta as questões a seguir com os colegas.

a) Você acha que é possível diminuir a quantidade de resíduos que você joga fora?

b) Você conhece algum projeto de reaproveitamento e reciclagem de resíduos sólidos?

Como estão as condições de saneamento básico em minha comunidade?

Para começar

O Instituto Brasileiro de Geografia e Estatístico (IBGE) realiza, de tempos em tempos, a Pesquisa Nacional de Saneamento Básico com o objetivo de investigar a oferta desses serviços junto às prefeituras municipais e às empresas contratadas para esse fim. Assim, por meio dessa pesquisa, é possível avaliar as implicações que a infraestrutura de saneamento básico pode ter nas condições ambientais, na saúde e na qualidade de vida da população de diferentes locais do Brasil.

Nesta pesquisa, você vai investigar a situação do saneamento básico da comunidade em que vive e suas implicações na saúde das pessoas.

O PROBLEMA

Que serviços de saneamento básico são ofertados na comunidade em que vivo?

O que o quadro atual do saneamento básico da comunidade em que vivo diz sobre as condições de saúde da população desse local?

A INVESTIGAÇÃO

- **Procedimento:** pesquisa bibliográfica e análise de dados.
- **Instrumento de coleta:** fontes bibliográficas.

Procedimentos

Parte I – Levantamento de dados

1. Forme um grupo com quatro alunos. Vocês vão pesquisar dados sobre a cobertura de serviços de saneamento básico no município em que vivem.

2. Procurem – em *sites* confiáveis da internet, como o do IBGE, em bibliotecas da cidade ou na prefeitura do município – pesquisas, estudos, planos e relatórios de instituições governamentais, ou de empresas especializadas, sobre a cobertura de saneamento básico no município e, mais especificamente, no bairro da escola. Procurem selecionar documentos recentes.

   3. É provável que vocês encontrem vários gráficos e tabelas. Por isso, é importante analisá-los para fazer um trabalho de seleção.

Parte II – Seleção de dados

1. Observem o título e a legenda dos gráficos e das tabelas e identifiquem o assunto que cada um deles aborda. Verifiquem os dados e como eles estão representados. Selecionem as informações que os ajudem a obter respostas para as questões principais da pesquisa que estão fazendo.

2. Verifiquem as fontes dos dados e certifiquem-se de que eles foram obtidos de uma instituição confiável.

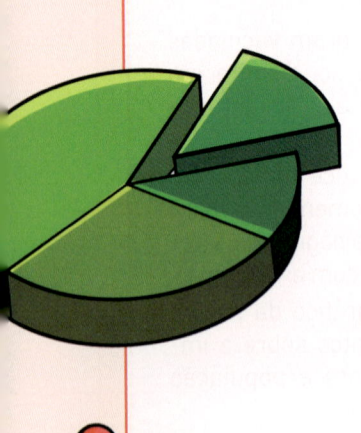

Gil Tokio/Pingado/ID/BR

Parte III – Leitura e interpretação dos dados

1 Há certas regularidades que permitem a interpretação de cada tipo de gráfico. Veja algumas delas:

- Nos gráficos de barras verticais, a altura de cada barra mostra a variação de quantidade entre as variáveis indicadas na posição horizontal. Um gráfico de setores costuma expressar uma relação de proporcionalidade entre as diferentes partes que compõem uma realidade. Gráficos de linha apresentam a sequência numérica de uma variável ao longo do tempo, mostrando a evolução de algum fenômeno em determinado período.
- Observem a escala dos dados (toneladas, quilos, por dia, por ano, por habitante, etc.).

2 Após selecionar e interpretar os dados mais relevantes para a pesquisa, redijam um texto expositivo para apresentar os dados obtidos. O texto deve apresentar e explicar a conclusão a que o grupo chegou com base nas informações coletadas.

Parte IV – Discussão e síntese

1 Leiam a conclusão produzida por seu grupo e ouçam o que os outros grupos concluíram.

2 Observem se os gráficos dos outros grupos são semelhantes aos que foram obtidos por vocês.

3 Verifiquem se as fontes de pesquisa deles são as mesmas que vocês utilizaram.

4 Avaliem e discutam a situação do saneamento básico da comunidade e conversem sobre o que vocês gostariam de mudar e quais aspectos são prioritários para que essa mudança aconteça.

Questões para discussão

1. Observem os gráficos e o texto que vocês produziram. Qual das formas de apresentação dos dados facilita a visualização e a compreensão do assunto: a forma gráfica ou a textual? Comentem a resposta.

2. A oferta de serviços de saneamento básico na comunidade, no município, no estado em que vocês vivem pode ser considerada adequada? Justifiquem sua resposta.

3. Vocês acham importante que instituições públicas e privadas invistam em pesquisas para a obtenção de dados como os que seu grupo acessou durante a investigação? Justifiquem sua resposta.

Comunicação dos resultados

Exposição dos gráficos

Em dia e local determinados pelo professor, exponham para a comunidade escolar os gráficos que vocês produziram. Disponham-nos de forma que a leitura e o entendimento das informações sejam facilitados para as pessoas que visitarem a exposição.

Procurem explicar, de maneira breve e clara, as informações que vocês obtiveram, e justificar a importância dessas informações para os moradores do município.

RETOMAR E COMPREENDER

1. Copie o esquema abaixo no caderno e preencha os espaços com as principais defesas do organismo contra infecções.

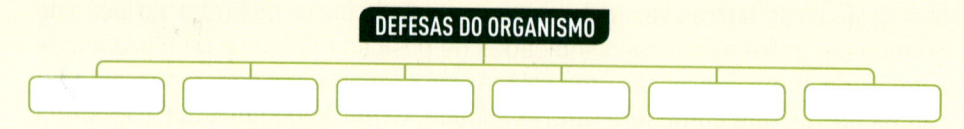

DEFESAS DO ORGANISMO

2. O morador de uma região onde não há rede de coleta de esgoto nem tratamento de água começou a apresentar sintomas como náuseas, vômitos e diarreias algum tempo depois de pisar descalço no solo. Além disso, sua pele adquiriu forte coloração amarelada.

a) Considerando esses sintomas, que tipo de doença ele provavelmente contraiu?

b) Por que as pessoas que têm essa doença ficam com a pele amarelada?

APLICAR

3. Leia a tira a seguir e, depois, responda às questões.

Fernando Gonsales/Acervo do artista

a) Considerando os efeitos causados no organismo por certas bactérias, que relação você estabelece entre "reuniões de bactérias" e "a festa vai esquentar"?

b) Que doenças causadas por bactérias você conhece?

4. A construção de fossas é uma alternativa para o destino do esgoto em locais sem sistema de coleta. As fossas são grandes recipientes, que armazenam os dejetos e evitam a contaminação do solo e das águas. A fossa séptica é constituída por um tanque enterrado que recebe o esgoto, retém a parte sólida e inicia o processo biológico de purificação da parte líquida.

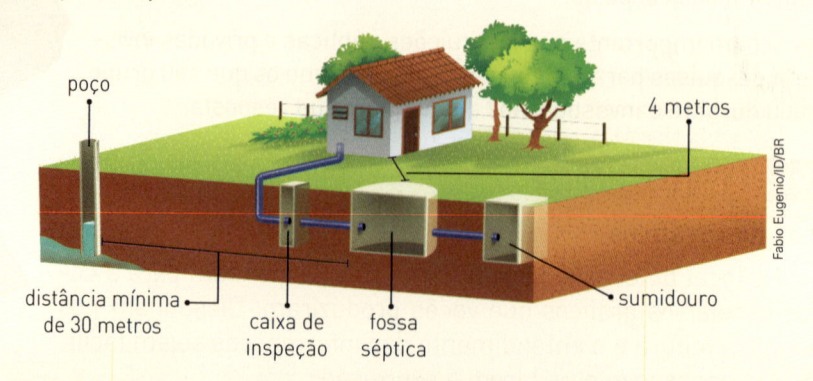

poço

4 metros

Fabio Eugenio/ID/BR

distância mínima de 30 metros

caixa de inspeção

fossa séptica

sumidouro

a) Qual é o destino do esgoto na comunidade em que você vive?

b) Por que a fossa tem de estar, no mínimo, 30 metros de distância de uma fonte de água (poço)?

5. Analise o texto e a imagem a seguir sobre um evento ocorrido no Rio de Janeiro, conhecido como a Revolta da Vacina.

Entre os dias 10 e 18 de novembro de 1904, a cidade do Rio de Janeiro viveu o que a imprensa chamou de a mais terrível das revoltas populares da República. O cenário era desolador: bondes tombados, trilhos arrancados, calçamentos destruídos, tudo feito por uma massa de 3 000 revoltosos. A causa foi a lei que tornava obrigatória a vacina contra a varíola. E o personagem principal, o jovem médico sanitarista Oswaldo Cruz.

[…]

Em nove meses, a reforma urbana derruba cerca de 600 edifícios e casas, para abrir a avenida Central (hoje, Rio Branco). A ação, conhecida como bota-abaixo, obriga parte da população mais pobre a se mudar para os morros e a periferia. A campanha de Oswaldo Cruz contra a peste bubônica correu bem. Mas o método de combate à febre amarela, que invadiu os lares, interditou, despejou e internou à força, não foi bem-sucedido. […]

↑ Oswaldo Cruz é o médico de bigode retratado no centro da charge. Capa da revista *O Malho*, de 1904.

Cássio Leite Vieira. Oswaldo Cruz e a varíola: a revolta da vacina. *Superinteressante*, São Paulo, Abril, nov. 1994. Disponível em: <http://super. abril.com.br/historia/oswaldo-cruz-e-a-variola-a-revolta-da-vacina/>. Acesso em: 20 fev. 2019.

a) Quais motivos levaram a população a se rebelar contra a vacinação obrigatória?

b) Em sua opinião, a vacinação deve ser obrigatória? Justifique sua resposta.

6. O gráfico a seguir foi obtido em uma pesquisa com crianças residentes em uma cidade no estado de Minas Gerais que apresentavam algumas parasitoses.

■ **Parasitoses intestinais das crianças participantes do projeto nadar na cidade de Montes Claros – MG (2011)**

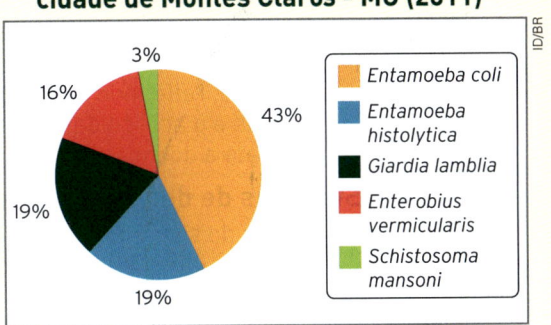

Ronilson Ferreira Freitas e outros. *EFDeportes. com*, Buenos Aires, ano 16, n. 163, dez. 2011. Disponível em: <http://www.efdeportes.com/efd163/parasitoses-intestinais-em-projeto-nadar.htm>. Acesso em: 24 jul. 2018.

Após a análise do gráfico e com base em seus conhecimentos sobre parasitas, responda às questões a seguir.

a) Qual a porcentagem de crianças que apresentaram o parasita *Entamoeba coli*?

b) Em qual dessas parasitoses o contágio ocorre ao entrar em contato com lagos ou lagoas com caramujos?

c) Em dupla, pesquisem sobre a parasitose causada pelo verme nematódeo *Enterobius vermicularis*. Elaborem um folheto de divulgação contendo a descrição do modo de contágio, os sintomas e as formas de prevenção dessa parasitose.

7. O Calendário Nacional de Vacinação informa as vacinas básicas que devem ser tomadas no Brasil. Ele está disponível em: <http://linkte.me/af60q> (acesso em: 25 jul. 2018).

• Qual é a importância das campanhas nacionais de vacinação para assegurar o direito à saúde? Em sua resposta, leve em consideração tanto a vacinação quanto a divulgação dessas campanhas.

Capítulo 1 – Diversidade de organismos e saúde

- Reconheço a diversidade de organismos capazes de causar doenças no ser humano, identificando algumas doenças e seus agentes causadores?
- Emprego técnicas experimentais para investigar a presença de microrganismos no ambiente em que vivo?
- Reconheço a importante função ecológica dos microrganismos e suas aplicações tecnológicas, sendo capaz de dar exemplos?
- Identifico as principais verminoses em humanos, e avalio formas eficazes de prevenção?
- Valorizo o direito à saúde, refletindo sobre a situação das doenças negligenciadas e o acesso das pessoas aos produtos tecnológicos de combate a doenças?

Capítulo 2 – Sistemas de defesa do corpo humano

- Identifico as estruturas do sistema imunitário e linfático?
- Reconheço os sinais da ação do sistema de defesa, como a inflamação e a febre, relacionando-os à presença de agentes patogênicos e à ação das células de defesa?
- Compreendo o funcionamento do sistema de imunidade adquirida e sua relação com o mecanismo de ação das vacinas no organismo?
- Conheço o que são soros e como são produzidos?

Capítulo 3 – Ações para a saúde coletiva

- Reconheço a importância do saneamento básico para a qualidade sanitária dos locais onde as pessoas vivem?
- Conheço as principais características de um aterro sanitário?
- Compreendo e comparo as etapas de tratamento de água e de esgoto?
- Reconheço a importância da vacinação para a saúde pública?

Investigar

- Interpreto os dados de cobertura de saneamento básico para avaliar as condições de saúde da comunidade, cidade ou estado e os resultados de políticas públicas destinadas a esse fim?

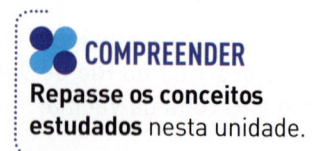

COMPREENDER
Repasse os conceitos estudados nesta unidade.

CRIAR
Construa uma **rede de ideias** com o que você aprendeu nesta unidade.

Nelson Provazi/ID/BR

TODOS PELA REDUÇÃO DE EMISSÕES DE GÁS CARBÔNICO

Você, provavelmente, já deve ter se deparado com campanhas ou alertas para reduzirmos as emissões de gás carbônico. Isso porque o mundo todo está em alerta para os riscos e consequências do aquecimento global em função do aumento da concentração de certos gases na atmosfera. Neste projeto, sua turma vai pesquisar, selecionar e implementar uma ação que tenha como objetivo o controle ou a redução das emissões de gás carbônico na comunidade.

As emissões de gás carbônico decorrentes de diversas atividades humanas estão associadas ao aquecimento global. Estima-se que cerca de 90% do CO_2 emitido em atividades humanas sejam gerados pela queima de combustíveis fósseis e nas indústrias; enquanto os outros quase 10%, pela modificação no solo, como o desmatamento.

Diversos esforços vêm sendo feitos para que populações, empresas e governos do mundo todo se comprometam em diminuir as emissões de gás carbônico. No entanto, os resultados não têm sido animadores. Em 2017, as emissões voltaram a crescer após três anos mantendo-se em um mesmo patamar. Um artigo publicado na revista científica *Environmental Research Letters* (tradução nossa: Cartas de pesquisas ambientais) alerta que, com mais de 41 gigatoneladas de CO_2 emitidas por ano no planeta, "o tempo está se esgotando" para que seja possível manter o aumento da temperatura abaixo dos dois graus no fim deste século.

Objetivos

- Conhecer as atividades humanas que mais emitem gás carbônico.
- Pesquisar iniciativas voltadas ao controle e à diminuição de emissões de gás carbônico.
- Propor ações coletivas visando à redução das emissões.
- Coletivamente, selecionar, planejar e implementar um projeto para diminuir as emissões de gás carbônico na comunidade escolar.

Planejamento

- A turma será organizada em grupos de trabalho para pesquisar as atividades que mais emitem gás carbônico.
- Os mesmos grupos deverão pesquisar ações, práticas ou iniciativas voltadas ao controle ou à redução das emissões de gás carbônico.
- Depois, com base na pesquisa, cada grupo deverá elaborar um projeto de ação que envolva a comunidade, para diminuir a emissão de gás carbônico.
- Por fim, haverá uma apresentação dos projetos, seguida de votação para decidir o projeto que será implementado e discutir as melhorias e as adaptações necessárias.

Procedimentos

Pesquisa

1. Combinem previamente as tarefas de cada integrante do grupo para a etapa de pesquisa. Vocês podem ir à biblioteca da escola, do bairro ou da cidade para consultar materiais impressos e digitais.

2. Vocês podem utilizar diferentes tipos de fontes de pesquisa, como livros paradidáticos; publicações de relatórios temáticos; revistas de divulgação científica, como *Galileu*, *Superinteressante*, *Ciência Hoje*, etc.; *sites* de instituições de pesquisa, de especialistas ou de organizações não governamentais, etc. O importante é avaliar a confiabilidade das fontes consultadas.

3. Vocês podem estimar a emissão de gás carbônico de certas atividades utilizando calculadoras de emissão de CO_2. Algumas estão disponíveis nos *sites*:

   - SOS Mata Atlântica. Disponível em: <https://www.sosma.org.br/projeto/florestas-futuro/como-participar/calculadora/>.
   - Instituto de Conservação e Desenvolvimento Sustentável da Amazônia. Disponível em: <https://idesam.org/calculadora/>.

   Acessos em: 10 set. 2018.

4. Definam o dia, o local e o horário para se encontrar e organizar o material pesquisado.

Elaboração dos projetos

1. Com base no resultado das pesquisas, pensem nas atividades realizadas na escola que têm impacto sobre as emissões de gás carbônico e como seria possível reduzi-lo. Nesta etapa, vocês podem se inspirar em iniciativas que conheceram durante a pesquisa e adequá-las à realidade local.

2. Algumas iniciativas possíveis: grupos de carona, redução do consumo de materiais industrializados, redução no consumo de carne bovina, reciclagem de materiais, plantio de árvores, entre outras. O importante é pensar a respeito do tipo de intervenção que pode ser significativa no contexto vivido por vocês.

3. Escrevam um projeto com a justificativa para a proposta e expliquem o que o grupo pretende fazer para a redução das emissões de carbono, como essa ação pode ser realizada e o que se espera atingir.

4. Além do texto do projeto, produzam uma apresentação com recursos visuais para expor a ideia do grupo à comunidade. Vocês podem usar programas de apresentação de *slides* e projetores. Lembrem-se de cuidar para que a apresentação seja clara e objetiva. O ideal é que tenha duração de até 10 minutos.

Apresentação e votação

- O professor, com a administração da escola, vai determinar uma data e um local adequados para que todos os grupos apresentem os respectivos projetos à comunidade escolar.

- Após a apresentação de cada grupo, deixem um tempo para tirar dúvidas e debater ideias. Estejam abertos a questões e sugestões levantadas pelos participantes.

- Ao final de todas as apresentações, será realizada uma votação para que a comunidade selecione o projeto que julgar mais relevante e adequado ao contexto local.

Implementação

- Uma vez decidido o projeto que será executado, é hora de toda a turma se organizar para implementá-lo. Organizem-se em grupos novamente e definam as responsabilidades de cada integrante, a forma de acompanhamento, a periodicidade de cada ação, etc.

- Registrem o andamento do projeto, avaliando as ações que estão dando certo e o que precisa ser melhorado, fazendo, sempre que necessário, reuniões para ajuste de rota.

- Ao final do ano letivo, produzam cartazes ou outros materiais de comunicação para divulgar os resultados das ações implementadas. Se possível, utilizem os cálculos de emissão de gás carbônico para apresentar dados numéricos resultantes deste projeto.

Avaliação

1. Você conseguiu encontrar as informações de que precisava, tanto na internet como em outras fontes? Sentiu falta de algum material de consulta? Em caso afirmativo, de qual material?

2. Quais foram as maiores dificuldades em relação à apresentação do projeto às pessoas? Como esses obstáculos foram resolvidos?

3. Como o trabalho em grupo se desenvolveu? Você adotou uma postura colaborativa? Conseguiu expressar suas opiniões e ouvir de forma respeitosa as sugestões dos colegas?

4. Como você avalia a iniciativa de intervenção que a turma realizou? Você acredita que a coletividade é capaz de gerar uma mudança benéfica a todos?

DE OLHO
NO ENEM

Questão 1

No atletismo, as provas disputadas na pista de atletismo podem ser, por exemplo, de 100 m, 200 m, 5 000 m e 10 000 m. Os atletas que disputam essas provas são classificados em velocistas ou fundistas. Os velocistas disputam as três provas mais curtas, e os fundistas, as duas provas mais longas em pista.

As tabelas mostram os recordes masculinos em distância sem barreiras para velocistas e fundistas:

Distância	Velocista	Tempo
100 m	Usain Bolt	9,58 s
200 m	Usain Bolt	19,19 s

Distância	Fundista	Tempo
5 000 m	Kenenisa Bekele	12 min 37,03 s
10 000 m	Kenenisa Bekele	26 min 17,05 s

A respeito da comparação entre velocistas e fundistas detentores de recordes mundiais, pode-se dizer que:

a) tanto o maior velocista quanto o maior fundista da atualidade têm seus recordes apenas nas suas provas mais curtas.

b) enquanto Usain Bolt atinge velocidade média de 10,4 m/s em sua prova mais rápida, Kenenisa Bekele atinge 6,6 m/s em sua prova mais rápida.

c) os tipos físicos dos dois atletas e a maneira de correr são idênticos.

d) Kenenisa Bekele poderia correr a prova dos 100 m e tornar-se um velocista, mas Usain Bolt não seria bom fundista na prova dos 5 000 m.

e) Usain Bolt poderia correr a prova dos 5 000 m e tornar-se um fundista, mas Kenenisa Bekele não seria bom velocista na prova dos 100 m.

Questão 2

Ao entrar em um ônibus, uma pessoa pode parecer parada, por mais que o ônibus esteja em movimento: isso vai depender de quem a observa.

O conceito de física que justifica a frase acima é:

a) a primeira lei de Newton.

b) a ideia de referencial.

c) a ideia de deslocamento.

d) a terceira lei de Newton.

e) a ideia de trajetória.

Questão 3

Acredita-se que a quantidade de dióxido de carbono da atmosfera primitiva da Terra tenha se reduzido em decorrência da existência de vida. A alteração da composição atmosférica, apesar de sofrer interferência dos seres vivos, é um processo lento que requer um longo período de adaptação dos seres vivos às novas condições ambientais.

Observe, na tabela a seguir, os dados da atmosfera de alguns planetas:

Gás	Vênus	Marte	Terra	Terra*
Gás carbônico	96,5	95	0,035	98
Gás nitrogênio	3,5	2,7	79	1,9
Gás oxigênio	traços	0,13	21	traços
Argônio	traços	1,6	1,0	0,1

*Composição provável da atmosfera primitiva, antes do aparecimento da vida no planeta.

Fonte de pesquisa: Wilson F. Jardim. A evolução da atmosfera terrestre. *Química Nova Interativa*. Disponível em: <http://qnint.sbq.org.br/novo/index.php?hash=tema.10>. Acesso em: 11 mar. 2019.

De acordo com as informações apresentadas e com seus conhecimentos sobre a composição da atmosfera terrestre, é possível deduzir que:

a) os seres vivos que habitam o planeta Terra poderiam sobreviver na atmosfera de Vênus e de Marte, pois esses planetas apresentam composição atmosférica muito semelhante à da Terra.

b) os seres vivos que habitam a Terra atualmente poderiam tê-la habitado no período da atmosfera primitiva.

c) a atmosfera terrestre sofreu poucas alterações desde sua formação até os dias atuais.

d) a composição atual da atmosfera terrestre é resultado de processos vitais, como a respiração e a fotossíntese.

e) a composição atmosférica do planeta Terra e dos demais planetas da tabela é muito semelhante.

Lua e maçãs: o que é gravidade?

[…] existe uma força atrativa entre tudo aquilo que é feito de matéria. Essa força depende apenas da massa dos objetos que se atraem e da distância entre eles. A atração da Terra sobre você é maior do que a da Lua, pois o nosso planeta tem mais massa do que seu satélite e você está muito mais próximo do centro da Terra do que da Lua. […]

[…] Isso explica por que não saímos flutuando em direção ao Sol. Pois, apesar da massa do Sol ser muito maior do que da Terra, ele está muito longe e, portanto, a gravidade terrestre supera a atração do Sol e não nos deixa flutuar em direção a ele.

Bruno Amorim. Lua e maçãs: o que é gravidade? Invivo. Fundação Oswaldo Cruz (Fiocruz). Disponível em: <http://www.invivo.fiocruz.br/cgi/cgilua.exe/sys/start.htm?infoid=1060&sid=9>. Acesso em: 22 mar. 2019.

As marés consistem no aumento ou na diminuição periódica do nível dos oceanos. Elas são causadas pelas forças gravitacionais do Sol e da Lua. Observe os esquemas a seguir:

Reinaldo Vignati/ID/BR

Com base nas informações apresentadas no texto e nas imagens acima, podemos deduzir que:

a) o Sol tem mais massa que a Lua, está mais próximo da Terra e é o astro que exerce a maior força de atração sobre os oceanos.

b) a força de atração que o Sol exerce sobre os oceanos é semelhante à da Lua, ou seja, ambos provocam a mesma variação no nível das marés.

c) a força que o Sol e a Lua exercem sobre os oceanos é um exemplo de força de contato.

d) a maré morta tem menor elevação do nível das marés que a maré viva, pois há pouca influência da força gravitacional da Lua sobre os oceanos.

e) a maré viva demonstra que, quando o Sol e a Lua estão praticamente alinhados, as forças de atração desses corpos sobre os oceanos se somam e provocam um grande aumento no nível das marés.

O que é efeito estufa?

Você já pensou porque o interior do carro com os vidros fechados se aquece tão rapidamente? O sol emite radiações em todos os comprimentos de onda, mas a maior parte está dentro da faixa da luz visível [...], que passa pelo vidro para dentro do carro. Parte dessa energia é absorvida pelos materiais no interior do carro e parte é refletida de volta.

Essa energia refletida é a radiação infravermelha [...], que por ter um grande comprimento de onda não passa pelo vidro, ficando aprisionada. Sendo assim fica fácil deduzir que haverá um armazenamento de energia dentro do carro provocando um aumento na temperatura, pois nem toda a energia que entrou sairá.

O que é efeito estufa? Disponível em: <http://www.usp.br/qambiental/tefeitoestufa.htm>. Acesso em: 24 fev. 2019.

Segundo o texto, a principal característica do efeito estufa é:

a) permitir que toda a energia do Sol absorvida pela Terra seja emitida de volta para o espaço.

b) manter a atmosfera aquecida, fazendo com que a temperatura média do planeta seja mantida em torno de 15 °C.

c) filtrar a radiação ultravioleta do Sol.

d) tornar a temperatura do planeta Terra cada vez mais quente.

e) impedir que haja circulação de ar na atmosfera.

Questão 6

Em uma cozinha, é possível encontrar exemplos de máquinas simples que facilitam a abertura de alimentos e embalagens. Veja as imagens a seguir:

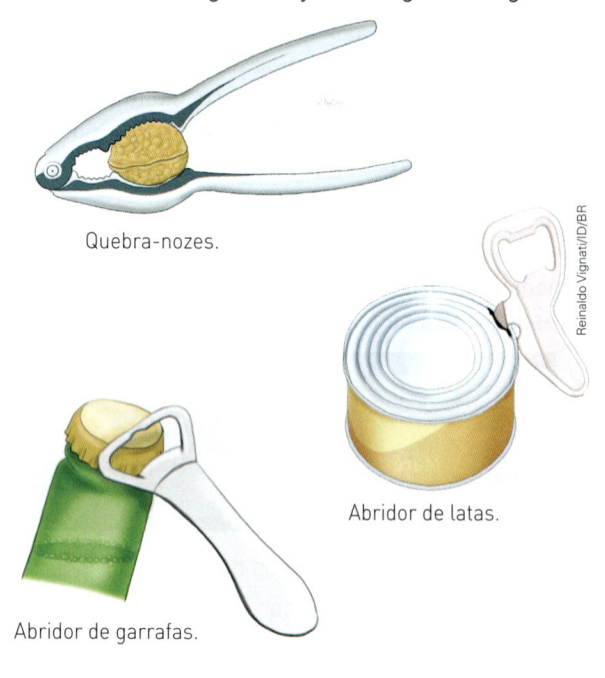

Quebra-nozes.

Abridor de latas.

Abridor de garrafas.

Reinaldo Vignati/ID/BR

Os exemplos apresentados se referem a máquinas simples do tipo:

a) cunha, uma vez que apresentam dois planos inclinados apoiados uns aos outros pela base, formando objetos pontiagudos que perfuram e abrem as embalagens e o alimento.

b) alavanca, por serem peças rígidas que giram em torno de um ponto de apoio aumentando a força aplicada em uma de suas extremidades, possibilitando, assim, abrir as embalagens e o alimento.

c) roldana, pois têm uma roda que gira em torno do próprio eixo com um canal em volta pelo qual passa um cabo. Essa estrutura amplifica a ação da força, permitindo a abertura das embalagens e do alimento.

d) engrenagem, pois apresentam uma roda dentada que transmite o movimento de um eixo a outro, permitindo a abertura das embalagens e do alimento.

e) parafuso, porque correspondem a um plano inclinado enrolado sobre si mesmo possibilitando prender ou atarraxar as embalagens e o alimento mostrado, abrindo-os.

Questão 7

[...] Atualmente os motores a vapor foram substituídos por outros movidos por combustão interna, como o de gasolina, ou por modelos elétricos. Mas, em alguns lugares, eles ainda são utilizados. Um exemplo disso é a usina termoelétrica, que é uma instalação industrial que produz energia elétrica a partir do calor gerado pela queima de combustíveis fósseis (como carvão mineral, óleo, gás, entre outros) ou por outras fontes de calor, como a fissão (quebra) nuclear do urânio, em usinas nucleares. [...]

Primeiramente aquece-se uma caldeira com água, que será transformada em vapor, cuja força irá movimentar as pás de uma turbina, que, por sua vez, movimentará um gerador.

Após o vapor ter movimentado as turbinas ele é enviado a um condensador para ser resfriado e transformado em água líquida para ser reenviado ao caldeirão novamente, para um novo ciclo. Esse vapor pode ser resfriado utilizando água de um rio, um lago ou um mar, mas causa danos ecológicos devido ao aquecimento da água e consequentemente uma diminuição do oxigênio. Outra maneira de resfriar esse vapor é utilizando água armazenada em torres, por sua vez esta água é enviada em forma de vapor à atmosfera, alterando o regime de chuvas. Ambos possuem problemas ambientais, como a liberação de gases poluentes na atmosfera e o destino de resíduos nucleares.

Uma breve história das máquinas térmicas. Disponível em: <https://social.stoa.usp.br/articles/0031/0392/Maquinas Vapor.pdf>. Acesso em: 23 fev. 2019.

Indique um benefício e um impacto ambiental, respectivamente, relacionados ao funcionamento da máquina térmica citada no texto acima.

a) Alteração do regime de chuvas; liberação de gases poluentes na atmosfera.

b) Geração de energia elétrica; aquecimento de corpos de água.

c) Uso de combustíveis fósseis; produção de resíduos nucleares.

d) Aquecimento da água de rios; liberação de gases poluentes na atmosfera.

e) Quebra nuclear do urânio; geração de energia elétrica.

Questão 8

Hoje é possível observar vários tipos de termômetros, como o meteorológico, o culinário, o clínico, entre outros.

Os termômetros clínicos mais comuns são:

Termômetro por infravermelho

- Não necessita o contato com a pessoa.
- Utiliza um sistema óptico que capta a radiação emitida pela pessoa para realizar a medição.
- Utiliza um detector que transforma a radiação captada em um sinal elétrico, que aparece em forma de temperatura no visor digital.

Termômetro de bulbo

- Deve estar em contato com a pessoa enquanto realiza a medição.
- Indica a temperatura pela dilatação ou contração do líquido contido no bulbo.
- A altura da coluna representa a temperatura em graus impressa no instrumento.

Com as informações apresentadas, indique a alternativa correta.

a) A evolução dos termômetros não possibilitou diversificar os tipos de medidas realizadas com esse instrumento.

b) O termômetro clínico mais moderno continua utilizando a dilatação de um líquido para indicar a medida de temperatura.

c) O termômetro de bulbo necessita do contato direto com a pessoa para medir sua temperatura, enquanto o termômetro por infravermelho pode fazer essa medição a pequena distância.

d) Atualmente, o termômetro de bulbo indica sua medida com a dilatação da água.

e) O termômetro por infravermelho utiliza o mercúrio líquido para medir a temperatura corpórea.

Questão 9

Para derreter um bloco de gelo, um aluno embrulhou-o num cobertor de lã. Ele conseguiu derreter o bloco de gelo?

a) Não, porque o cobertor isolou o gelo do ambiente.

b) Sim, porque o cobertor forneceu calor para o gelo.

c) Não, porque o cobertor ficou com a mesma temperatura do gelo.

d) Sim, porque o cobertor ficou molhado.

e) Não, porque o cobertor ficou molhado.

Questão 10

Os três processos de transferência de calor – irradiação, condução e convecção – estão presentes em várias situações do dia a dia e, muitas vezes, ocorrem simultaneamente. Quando isso acontece, é necessário conhecer os efeitos gerados pela transferência de calor para identificar o processo predominante na situação e associá-lo a ela. De maneira geral, a transferência de calor entre corpos com temperaturas diferentes inicialmente pode acarretar variação de temperatura, dilatação ou contração e mudança de estado físico.

Avalie cada situação de transferência de calor a seguir e identifique o principal processo em cada uma delas.

I. O aquecimento de uma colher de metal no interior de uma panela com água fervente.

II. O descongelamento de alimento no micro-ondas.

III. A sensação do calor do sol no rosto.

IV. O calor obtido ao atritar uma mão na outra.

V. A formação da brisa marítima durante o dia em uma praia.

Assinale a alternativa que apresenta a correspondência correta.

a) I-irradiação; II-condução; III-irradiação; IV-irradiação; V-irradiação.

b) I-convecção; II-condução; III-irradiação; IV-irradiação; V-convecção.

c) I-irradiação; II-irradiação; III-condução, IV-convecção; V-condução.

d) I-condução; II-irradiação; III-irradiação; IV-condução; V-convecção.

e) I-convecção; II-convecção; III-irradiação; IV-condução; V-convecção.

Questão 11

Quando um dente é afetado por uma cárie, o dentista remove a parte afetada, limpa a área e preenche a cavidade com um material específico. Esse procedimento odontológico é conhecido por restauração dentária, na qual, além de levar em consideração a qualidade e a durabilidade do material utilizado, é preciso considerar a dilatação dele, pois:

a) ao serem aquecidas durante a ingestão de alimentos, as restaurações podem se dilatar mais que o esmalte dos dentes e, assim, danificar a sua estrutura;

b) ao serem resfriadas durante a ingestão de alimentos, as restaurações podem se contrair e impedir o crescimento do dente.

c) quanto maior a dilatação térmica do material, maior a durabilidade da restauração.

d) quanto maior a contração térmica do material, maior o risco de o dente contrair novas cáries.

e) grandes variações na dilatação de uma restauração afetam a estrutura dos demais dentes.

Questão 12

Quatro tremores, que alcançaram uma magnitude 5,7, atingiram a região central da Itália nesta quarta-feira [18 jan. 2017]. O terremoto foi sentido em Roma, mas o epicentro foi localizado na região de Ascoli Piceno, 110 quilômetros nordeste da capital italiana. [...]

Terremoto sacode o centro da Itália. *El País*, 18 jan. 2017.
Disponível em: <http://brasil.elpais.com/brasil/2017/01/18/internacional/1484732483_330986.html>. Acesso em: 4 fev. 2019.

O fenômeno ao qual se refere a notícia é uma preocupação para os países localizados:

a) próximos à região de contato entre placas tectônicas.

b) no centro de uma das placas tectônicas em movimento.

c) nos arredores de uma falha no manto superior da Terra.

d) nas áreas com baixa ou nenhuma atividade vulcânica.

e) em depressões geradas por explosões internas do núcleo.

Questão 13

A imagem a seguir mostra um dos vulcões mais ativos da atualidade.

Fotos593/Shutterstock.com/ID/BR

↑ **Vulcão Tungurahua, no Equador.**

A lava expelida por um vulcão em erupção é constituída de:

a) rochas fundidas.

b) metal liquefeito.

c) água incandescente.

d) fluido do núcleo.

e) gases em chama.

Questão 14

A negociação dos créditos de carbono é uma maneira de alguns países reduzirem numericamente as emissões dos gases que estariam provocando uma intensificação do efeito estufa, como o dióxido de carbono e o gás metano, a fim de conter o aquecimento global. É como se cada país pudesse liberar determinada quantidade de gases de efeito estufa na atmosfera. Aqueles que não atingem a meta podem comercializar essa cota na forma de créditos de carbono com países que lançam grande quantidade desses gases na atmosfera.

De acordo com as informações acima, a negociação dos créditos de carbono é uma estratégia que:

a) procura estimular a emissão de gases do efeito estufa a fim de regular a temperatura do planeta.

b) não leva em consideração a emissão de gases como o gás carbônico e o gás metano de cada país.

c) utiliza os gases de efeito estufa (especialmente o CO_2) como moeda de troca e não estabelece qualquer regra para que ela seja usada.

d) permite que países altamente poluidores comprem créditos de quem polui menos ou possui áreas de floresta conservada.

e) não considera a relação entre os gases de efeito estufa e o aquecimento global.

Questão 15

Os satélites, entre outras funções, podem indicar a nossa posição no planeta Terra. Observe o esquema a seguir:

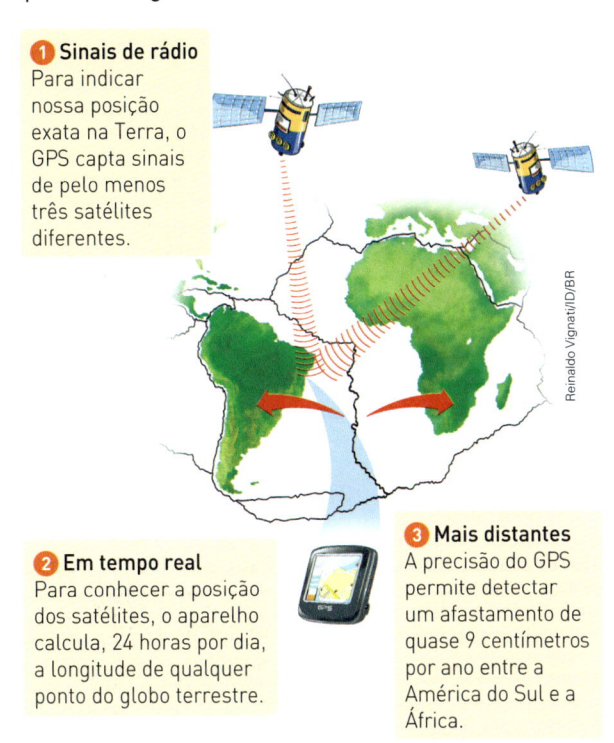

1 Sinais de rádio
Para indicar nossa posição exata na Terra, o GPS capta sinais de pelo menos três satélites diferentes.

2 Em tempo real
Para conhecer a posição dos satélites, o aparelho calcula, 24 horas por dia, a longitude de qualquer ponto do globo terrestre.

3 Mais distantes
A precisão do GPS permite detectar um afastamento de quase 9 centímetros por ano entre a América do Sul e a África.

Reinaldo Vignati/ID/BR

Rita Trevisan. Se os continentes mudam de posição continuamente, muda também a nossa posição no GPS? *Nova Escola*. Disponível em: <https://novaescola.org.br/conteudo/2346/se-os-continentes-mudam-de-posicao-continuamente-muda-tambem-a-nossa-posicao-no-gps>. Acesso em: 24 fev. 2019.

De acordo com as informações apresentadas, os dados obtidos pelo Sistema Global de Posicionamento (GPS) também permitem evidenciar:

a) que o movimento dos continentes é ocasionado pelo movimento dos satélites.

b) que o movimento dos continentes não está relacionado ao movimento das placas litosféricas.

c) a teoria da tectônica de placas, uma vez que os satélites detectaram movimentos de aproximação e de afastamento dos continentes.

d) que as placas litosféricas não se movem.

e) dados que negam a teoria da deriva continental.

Questão 16

A poluição do ar e o sistema respiratório

Apesar dos efeitos da poluição terem sido descritos desde a antiguidade, somente com o advento da revolução industrial a poluição passou a atingir a população em grandes proporções. A rápida urbanização verificada em todo o planeta trouxe um grande aumento no consumo de energia e também de emissões de poluentes provenientes da queima de combustíveis fósseis por fontes fixas, como as indústrias, e por fontes móveis, como os veículos automotores. Atualmente, aproximadamente 50% da população do planeta vive em cidades e aglomerados urbanos e está exposta a níveis progressivamente maiores de poluentes do ar. A outra metade, principalmente nos países em desenvolvimento, utiliza combustíveis sólidos derivados de biomassa (madeira, carvão vegetal, esterco animal seco e resíduos agrícolas) e combustíveis líquidos, em menor proporção, como fonte de energia para cocção, aquecimento e iluminação.

Devido à grande área de contato entre a superfície do sistema respiratório e o meio ambiente, a qualidade do ar interfere diretamente na saúde respiratória. Além disso, uma quantidade significante dos poluentes inalados atinge a circulação sistêmica através dos pulmões e pode causar efeitos deletérios em diversos órgãos e sistemas.

[...] Para o Brasil, a Organização Mundial da Saúde estima que a poluição atmosférica cause cerca de 20 mil óbitos/ano [...]

Marcos Abdo Arbex e outros. A poluição do ar e o sistema respiratório. *Jornal Brasileiro de Pneumologia*, v. 38, n. 5, São Paulo, set./out. 2012. Disponível em: <http://www.jornaldepneumologia.com.br/detalhe_artigo.asp?id=79>. Acesso em: 6 fev. 2019.

Uma maneira de diminuir o número de óbitos causados pela poluição do ar é:

a) estimular o uso de combustíveis fósseis.

b) incentivar a urbanização das áreas rurais dos países em desenvolvimento.

c) substituir o uso de petróleo pelo de carvão mineral.

d) apoiar o desenvolvimento de automóveis que rodem uma distância maior com a mesma quantidade de combustível.

e) trocar o uso de derivados de biomassa por combustíveis que são mais facilmente encontrados na natureza, como o petróleo.

Questão 17

Sequestro de carbono com plantio de florestas

Um dos grandes benefícios que agrega valor a uma árvore é sua capacidade de sequestrar CO_2 (gás carbônico ou dióxido de carbono) e armazenar carbono. [...]

O Painel Intergovernamental para Mudanças Climáticas (IPCC) possui uma metodologia para o cálculo de sequestro de carbono que não considera o crescimento da árvore linear, pois nos primeiros anos de vida seu crescimento é mais rápido e, teoricamente, a árvore captura mais carbono. Assim, o cálculo é dividido por período, para áreas vegetadas com até 20 anos de idade e depois para áreas com mais de 20 anos, o que torna os resultados mais precisos.

Essa metodologia oficial estima que em seus primeiros 20 anos de vida um hectare de floresta tropical da América do Sul pode captar quase 26 toneladas de CO_2 por ano e, depois desse período, 7,3 toneladas de CO_2 por ano. Portanto, uma árvore pode capturar cerca de 15,6 quilos de CO_2 por ano nos primeiros 20 anos e 4,4 quilos após esse período. [...]

Manoela Hernandez. Qual é o valor de uma árvore? Sebrae, 21 set. 2016. Disponível em: <http://sustentabilidade.sebrae.com.br/sites/Sustentabilidade/Acontece/Noticias/Dia-da-%C3%A1rvore>. Acesso em: 6 fev. 2019.

O efeito desempenhado pelas plantas, citado no texto, deve-se à:

a) fotossíntese, processo que usa o gás carbônico do ar como matéria para a produção de açúcares e outros materiais que formam as plantas.

b) fotossíntese, processo que usa o gás oxigênio do ar como matéria para a produção de açúcares e outros materiais que formam as plantas.

c) respiração, processo que usa o gás oxigênio do ar como matéria para a produção de açúcares e outros materiais que formam as plantas.

d) respiração, processo que usa o gás carbônico do ar como matéria para a produção de açúcares e outros materiais que formam as plantas.

e) fotossíntese, processo que libera gás carbônico no ar em decorrência da degradação dos açúcares e outros materiais que formam as plantas.

Questão 18

A cadeia montanhosa que se estende do Chile à Colômbia origina-se do choque entre a Placa Sul-Americana e a Placa de Nazca, está localizada sob o oceano Pacífico. A área de encontro dessas placas tectônicas faz parte do chamado Círculo de Fogo do Pacífico.

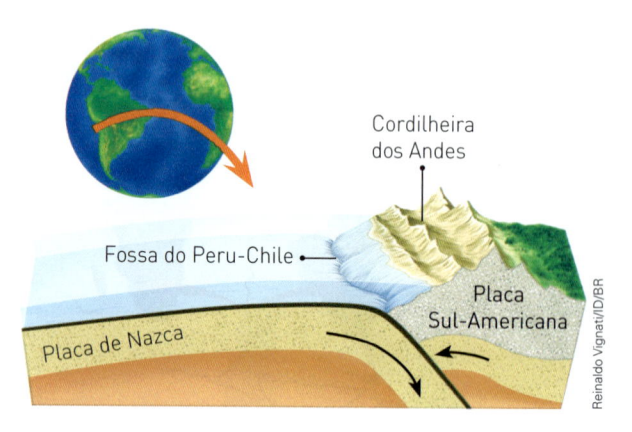

Em relação ao encontro da Placa de Nazca com a Placa Sul-Americana, é possível afirmar que:

a) o choque faz com que a Placa de Nazca, mais pesada, mergulhe sob a Placa Sul-Americana, mais leve, que se movimenta na mesma direção da primeira.

b) quando placas de limites divergentes se chocam, suas bordas podem sofrer grande compressão e se elevar, formando cadeias montanhosas, como a cordilheira dos Andes.

c) o choque entre as placas Sul-Americana e de Nazca é responsável pelos frequentes terremotos e pelas erupções vulcânicas que ocorrem no Brasil.

d) placas de limites convergentes se chocam e imediatamente se afastam, formando o magma expelido pelos vulcões da região andina.

e) o deslizamento da borda ocidental da Placa Sul-Americana resultou na estrutura da cordilheira dos Andes e é também responsável pelos frequentes terremotos e pelas erupções vulcânicas dos países andinos.

Luisa Daou; Francisco Caruso. Tirinhas de Física. Rio de Janeiro: CBPF, 2000. v. 2.

A tira acima representa uma expressão de qual lei da física?

a) Lei dos movimentos.

b) Lei da inércia.

c) Lei da ação e reação.

d) Lei da conservação de energia.

e) Lei da gravidade.

As regiões metropolitanas do Brasil, como as de São Paulo e Rio de Janeiro, estão longe de respeitar os níveis de qualidade do ar recomendados pela OMS (Organização Mundial da Saúde). Entre os poluentes que mais prejudicam a saúde, quase todas as estações medidoras passam dos limites.

É o caso do material particulado fino ($MP_{2,5}$), uma poeira que penetra fundo no trato respiratório.

Todos os 27 aparelhos paulistas e fluminenses que monitoram esse poluente registram médias anuais acima do padrão. [...]

Não é muito diferente de outras substâncias prejudiciais, como o particulado espesso (MP_{10}) e o ozônio (O_3).

Marcelo Leite. Nível de poluição do ar está acima do ideal em São Paulo e no Rio. *Folha de S.Paulo*, Cotidiano, 3 out. 2015. Disponível em: <https://www1.folha.uol.com.br/cotidiano/2015/10/1689708-nivel-de-poluicao-do-ar-esta-acima-do-ideal-em-sao-paulo-e-no-rio.shtml>. Acesso em: 6 fev. 2019.

O texto cita o ozônio como um dos poluentes que afetam a saúde dos habitantes das grandes metrópoles brasileiras. No entanto, esse mesmo gás, em outra camada da atmosfera, tem um papel importante por:

a) barrar o fenômeno do aquecimento global ao ser liberado no ar.

b) ser um dos gases do efeito estufa que mantêm a temperatura global.

c) formar uma camada que filtra grande parte dos raios ultravioletas.

d) matar microrganismos presentes no ar, o que protege a saúde humana.

e) formar a chuva ácida quando combinado com a água da atmosfera.

Questão 1

↑ Sibéria, Rússia.

↑ Região central da África.

Considerando os grandes biomas terrestres, podemos dizer que as imagens **A** e **B** correspondem, respectivamente:

a) à floresta tropical e à savana.

b) à taiga e ao deserto.

c) à tundra e aos campos.

d) à taiga e à savana.

e) à floresta temperada e à tundra.

Questão 2

[...] Jovens, adultos e especialmente pessoas mais velhas precisam estar em dia com o programa de vacinação. O tétano, por exemplo, pode acometer indivíduos em qualquer faixa etária e a vacina é uma forma de prevenir a enfermidade e deve ser repetida a cada dez anos [...].

Drauzio Varella. Vacinação de adultos. Disponível em: <https://drauziovarella.com.br/envelhecimento/vacinacao-de-adultos/>. Acesso em: 6 fev. 2019.

A vacina antitetânica deve ser repetida a cada dez anos, pois esse período:

a) corresponde ao período de vida dos vírus injetados.

b) é a duração das hemácias que combatem essa infecção.

c) equivale à duração aproximada das células de memória.

d) permite o desenvolvimento do soro antitetânico no corpo.

e) é o tempo que leva para o corpo gerar resposta imune.

Questão 3

Peixe como método natural contra *Aedes*

[...] ao invés de larvicida, os agentes de combate a endemias levam consigo uma garrafinha com um peixe de pouco mais de dois centímetros, conhecido na linguagem popular como piaba rabo de fogo ou simplesmente piabinha. É com vida, e não com morte, que a cidade de Pedra Branca venceu o *Aedes aegypti*: o município, no interior do estado do Ceará, há dez anos não registra um caso de dengue transmitido dentro de seu próprio território. [...]

[...] Os peixes, que se alimentam das larvas do mosquito transmissor de dengue, zika e chikungunya, são criados em tanques de água e distribuídos para as cerca de 12 mil residências e outros tipos de construções do município. [...]

Monica Mourão Lara Neto. Peixe como método natural contra *Aedes*. Fiocruz. Disponível em: <https://rededengue.fiocruz.br/noticias/477-pedra-branca-usa-peixe-como-metodo-natural-contra-aede>. Acesso em: 25 fev. 2019.

A relação entre o peixe piabinha e o mosquito *Aedes aegypti* pode ser classificada como:

a) comensalismo.

b) mutualismo.

c) predação.

d) competição interespecífica.

e) competição intraespecífica.

Questão 4

Junião. Disponível em: <http://www.juniao.com.br/>.
Acesso em: 12 abr. 2019.

A charge acima retrata uma atividade que pratica na Amazônia:

a) o reflorestamento de plantas amazônicas.

b) a remoção de árvores nativas no bioma.

c) a queimada de plantas de grande porte.

d) o desmatamento de eucaliptos e pinheiros.

e) o corte de araucárias e de outras árvores.

Questão 5

O Novo Código Florestal brasileiro delimita quais áreas devem ser protegidas e quais podem ser exploradas economicamente. De acordo com esse código, uma das áreas de preservação permanente é o:

[...] ecossistema litorâneo que ocorre em terrenos baixos, sujeitos à ação das marés, formado por vasas lodosas recentes ou arenosas [...] com influência fluviomarinha, típica de solos limosos de regiões estuarinas e com dispersão descontínua ao longo da costa brasileira, entre os estados do Amapá e de Santa Catarina.

Senado Federal. Novo Código Florestal. Disponível em: <http://www.acirgurgacz.com.br/imagesuploads/pdf/novocodigoflorestal.pdf>. Acesso em: 10 fev. 2017.

O ecossistema referido nesse artigo do Código Florestal é:

a) a restinga.

b) a praia.

c) o costão rochoso.

d) a zona marinha.

e) o manguezal.

Questão 6

No estado da Bahia, 165 cidades encontram-se em situação de alerta ou risco de surto de dengue, chikungunya e zika.

Os dados são do Levantamento Rápido de Índices para *Aedes aegypti* (LIRAa) de 2016, feito pelo Ministério da Saúde em conjunto com os municípios.

O ministro da Saúde, Ricardo Barros, divulgou a campanha de combate ao *Aedes aegypti*, transmissor das três doenças, que chama atenção para a importância de eliminar focos do mosquito. [...]

Portal Brasil. Disponível em: <http://www.brasil.gov.br/noticias/saude/2016/11/dengue-chikungunya-e-zika-ameacam-165-municipios-baianos>. Acesso em: 8 fev. 2019.

Sobre as doenças mencionadas, pode-se afirmar que:

a) a eliminação do *Aedes aegypti* é a única forma de combater as três doenças.

b) pesquisas para o desenvolvimento de tratamentos eficientes e vacinas são importantes, mas ainda podem demorar para ser apresentadas à sociedade.

c) o uso de antibióticos ajuda a eliminar os casos de dengue, sendo a medida mais efetiva usada atualmente.

d) a eliminação do mosquito diminuiria os casos de dengue, mas não os de zika e chikungunya.

e) um dos focos do mosquito são áreas com água suja parada.

Questão 7

Considere o seguinte estudo:

Descreve-se a estrutura e a dinâmica de uma espécie de árvore em uma área de 0,4 hectare, na qual todos os organismos jovens foram medidos em altura e diâmetro e marcados após as estações chuvosas entre os anos de 2010 e 2018. Os resultados obtidos demonstram que o número de organismos dessa espécie vem diminuindo ao longo do tempo, fato que requer novos estudos que permitam identificar as causas para essa mortalidade.

O texto acima trata do estudo:

a) de um organismo.

b) de uma população.

c) de uma comunidade.

d) de um ecossistema.

e) da biosfera.

Questão 8

"Não conheço seca pra matar um pé de umbu." Essa frase é de Sebastião de Oliveira Matos, 39 anos, pequeno agricultor. Ele mora na comunidade de Bebedouro, município de Monte Santo, Bahia, e conta por que, em plena seca, a gente observa uma árvore aqui e acolá. Trata-se do verdinho e solitário umbuzeiro, que encanta em um cenário de resistência e de vida.

[...]

Liliana Peixinho. Umbuzeiro: rei da seca. *Ciência e Cultura*: Agência de Notícias em C&T, 18 abr. 2013. Disponível em: <http://www.cienciaecultura.ufba.br/agenciadenoticias/noticias/umbuzeiro-simbolo-de-vida-e-resistencia/>. Acesso em: 6 fev. 2019.

O umbuzeiro, mencionado no texto, é uma árvore cujas raízes profundas armazenam água e nutrientes. Essa característica é sinal de adaptação às condições do(a):

a) restinga, bioma com solo arenoso, típico do semiárido brasileiro.

b) Cerrado, pois o protege das queimadas naturais que ocorrem nesse bioma.

c) Caatinga, bioma típico do semiárido brasileiro, com baixas precipitações o ano todo.

d) Pantanal, bioma com estação seca bem marcada e forte presença de cactos.

e) Caatinga, cujas plantas precisam de raízes fortes para sobreviver às cheias dos rios.

Questão 9

Existem algumas maneiras de inserir genes desejados em um ser vivo: por meio de cruzamentos selecionados, em que se força a reprodução entre organismos que tenham o gene para que ele apareça nos descendentes, ou por meio de uma modificação genética, inserindo esse gene em um embrião ou zigoto. Comparando esses processos, podemos dizer que:

a) ambos têm a mesma eficiência.

b) a modificação genética só pode ser usada em organismos de espécies diferentes.

c) os cruzamentos selecionados têm maior chance de sucesso.

d) a modificação genética é mais específica, pois manipula apenas os genes de interesse.

e) a técnica de cruzamentos selecionados é mais recente que a modificação genética.

Questão 10

O gráfico a seguir mostra a variação do número de bactérias no sangue de uma pessoa.

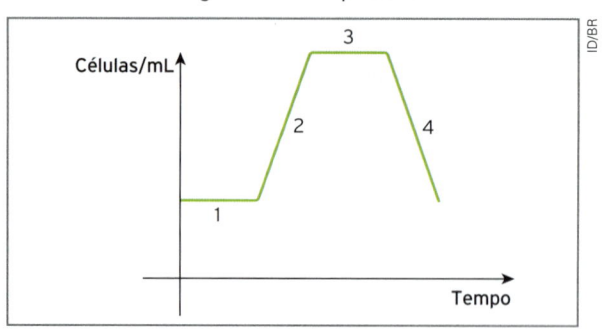

Com base no gráfico, podemos afirmar que:

a) a pessoa foi infectada pelas bactérias na fase 2.

b) o início da fase 4 pode ter sido causado pelo uso de antibióticos.

c) o crescimento observado na fase 3 se deve à abundância de alimento.

d) as bactérias não se alimentam na fase 1.

e) as bactérias poderiam continuar o crescimento observado na fase 2 se a pessoa não tivesse tomado antibiótico.

Questão 11

O mal de Chagas é causado por um protozoário e transmitido pelo barbeiro. É uma doença que apresenta tratamento quando diagnosticada precocemente, porém pode evoluir para um quadro mais grave, sem possibilidade de cura. O protozoário é encontrado no sangue de pessoas contaminadas e pode ser transmitido de forma direta durante a gravidez e nas transfusões de sangue.

Assinale a alternativa que apresenta a melhor estratégia para evitar a disseminação da doença.

a) Testar o sangue das pessoas para procurar protozoários do gênero *Plasmodium*.

b) Tratar somente as pessoas que tiverem contato com o barbeiro.

c) Verificar a presença de sintomas e exigir exames de todas as pessoas que estiveram em áreas de contágio, antes de engravidar ou doar sangue.

d) Instalar repelentes de mosquito na casa dos moradores das regiões afetadas.

e) Identificar todas as pessoas que apresentam os sintomas e tratá-las.

Questões 12 e 13

Estudo aponta contaminação de pinguins por pesticida DDT

[...]

Os pinguins de Adélia, conhecidos pelo andar cambaleante e pelo hábito de fazer ninhos em rochas, há muito apresentam traços de DDT em seus tecidos adiposos, embora não em concentrações nocivas, segundo Heidi Geisz, do Instituto de Ciência Marinha de Virginia (EUA).

Mas os pesquisadores ficaram surpresos por descobrirem que o nível de contaminação não diminuiu, embora o DDT esteja proibido desde a década de 1970 para uso externo em diversos países. [...]

A presença do DDT teve forte declínio nos últimos dez anos no Ártico, mas continua estável entre os pinguins de Adélia, segundo o estudo. A pesquisadora acrescentou que o DDT é facilmente encontrável na água de geleiras em derretimento, que é justamente o hábitat do *krill*, minúsculo crustáceo que serve de base à alimentação dos pinguins de Adélia.

[...]"

Deborah Zabarenko. Estudo aponta contaminação de pinguins por pesticida DDT. *Reuters*, 9 maio 2008.
Disponível em: <http://br.reuters.com/article/worldNews/idBRB50284820080510?sp=true>. Acesso em: 12 abr. 2019.

12. O texto aponta uma das propriedades do pesticida DDT que torna seu uso prejudicial aos seres vivos. Assinale a alternativa que identifica corretamente essa propriedade.

a) O DDT apresenta a capacidade de se acumular no tecido adiposo apenas de aves, causando intoxicação nos animais.

b) O DDT contamina as águas, causando a morte imediata de peixes.

c) O DDT não é eliminado do corpo dos organismos e se acumula ao longo da cadeia alimentar.

d) O DDT não é prejudicial às aves, visto que elas sobrevivem mesmo com altas quantidades de DDT em seu organismo.

e) O DDT se acumula, principalmente, em geleiras e chega aos seres vivos por meio das chuvas.

13. Assinale a cadeia alimentar descrita no texto.

a) fitoplâncton → *krill* → peixes → pinguins

b) fitoplâncton → *krill* → pinguins

c) *krill* → peixes → pinguins

d) fitoplâncton → zooplâncton → *krill* → peixes

e) fitoplâncton → *krill* → zooplâncton → pinguins

Questão 14

Poluição do ar mata mais de 50 mil por ano no país, diz OMS

A poluição do ar em ambientes externos provoca a morte de mais de 50 mil pessoas por ano no Brasil. Este é um dos grandes desafios na saúde pública no país, segundo novo levantamento da Organização Mundial da Saúde (OMS).

O novo relatório trata especificamente da exposição das pessoas a material particulado (MP). É uma poeira fina, com grande impacto sobre a saúde. As fontes de poluição são diversas – podem ser os escapamentos de ônibus, carros e caminhões, a queima de biomassa, a suspensão da poeira do solo, os processos industriais.

Assis Moreira e Daniela Chiaretti. Poluição do ar mata mais de 50 mil por ano no país, diz OMS. *Valor Econômico*, 2 maio 2018. Disponível em: <https://www.valor.com.br/brasil/5495347/poluicao-do-ar-mata-mais-de-50-mil-por-ano-no-pais-diz-oms>. Acesso em: 6 fev. 2019.

Os poluentes que chegam aos pulmões podem atingir outros órgãos desde que:

a) tenham tamanho para atravessar os alvéolos.

b) alcancem a circulação sanguínea.

c) tenham afinidade com a hemoglobina.

d) se acumulem no pulmão, onde causam enfisema.

e) sejam partículas arrastadas com o ar.

Questão 15

O rótulo a seguir foi retirado da embalagem de um alimento:

INFORMAÇÃO NUTRICIONAL Porção de 200 ml (1 copo)		
Quantidade por porção		% VD*
Valor energético	120 kcal = 504 kJ	6
Carboidratos	10 g	3
Proteínas	5,8 g	8
Gorduras totais	6,0 g	11
Gorduras saturadas	4,0 g	18
Gorduras *trans*	0	**
Fibra alimentar	0	0
Sódio	105 mg	4
Cálcio	240 mg	24

*% Valores diários de referência com base em uma dieta de 2.000 kcal ou 8.400 kJ. Seus valores diários podem ser maiores ou menores dependendo de suas necessidades energéticas.
**VD não estabelecido.

Após analisar os dados, podemos concluir que:

a) consumir cinco copos desse alimento diariamente satisfaz todas as necessidades nutricionais de uma pessoa em um dia.

b) o alimento é rico em açúcares e, consequentemente, tem função energética.

c) ele é uma fonte importante de gorduras, por isso faz parte do grupo dos alimentos reguladores.

d) apresenta grande quantidade de vitaminas que ajudam a regular diversas atividades metabólicas.

e) o alimento é rico em cálcio, um mineral essencial à saúde dos ossos.

Questão 16

Existem diversos estudos para o desenvolvimento de órgãos artificiais. O desenvolvimento de um estômago artificial, por exemplo, seria útil para casos avançados de alguns tipos de doenças. Alguns materiais foram testados e obtiveram os resultados mostrados na tabela a seguir. Qual deles é mais adequado para essa finalidade?

Material	Faixa de pH na qual se mantém íntegro	Capacidade de contrair/ser esticado sem se romper	Indução de resposta alérgica
a) A	7-11	alta	11
b) B	1-8	alta	2
c) C	1-10	alta	1
d) D	4-7	baixa	2
e) E	2-9	baixa	111

Questão 17

O hemograma é um exame que detecta a quantidade de elementos sanguíneos. Veja um exemplo a seguir:

Elemento	Valor encontrado	Valores de referência
Hemácias	5,2 milhões/mm^3	4,5 a 5,9 milhões/mm^3
Hemoglobina	14 g%	12 a 17,5 g%
Leucócitos	35 000/mm^3	4 500 a 11 000/mm^3
Plaquetas	250 000/mm^3	150 000 a 400 000/mm^3

Analisando o hemograma, podemos concluir que a pessoa que realizou o exame está:

a) anêmica.

b) com infecção.

c) ingerindo excesso de ferro.

d) saudável.

e) com problemas de coagulação.

Questão 18

Esse esquema representa uma estação de tratamento de:

a) esgoto, e o tanque 5 é o lugar em que os dejetos coletados são eliminados.

b) esgoto, e o tanque 6 é o lugar em que ocorre a decomposição da matéria orgânica.

c) água, e o canal 3 é onde se adiciona o flúor e o cloro, que matam os microrganismos presentes na água.

d) água, e o tanque 5 é onde ocorre a filtração das partículas de sujeira.

e) água, e o canal 7 é onde ocorre a filtração e cloração, com a retenção da sujeira.

Questão 19

A hemodiálise é um procedimento no qual uma máquina filtra o sangue, liberando do corpo os resíduos prejudiciais à saúde, como o excesso de sal e de líquidos.

A figura abaixo representa um esquema desse procedimento.

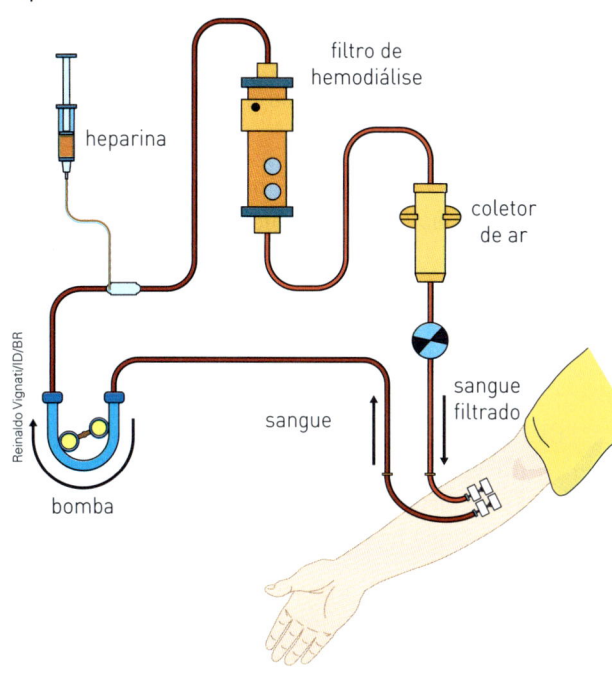

Reinaldo Vignati/ID/BR

Com base no conceito de hemodiálise e na figura, podemos afirmar que:

a) a hemodiálise faz o papel do sistema digestório, eliminando resíduos que sairiam normalmente nas fezes de pessoas saudáveis.

b) a hemodiálise faz o papel do sistema urinário, filtrando resíduos presentes no sangue de pessoas com problemas renais.

c) a hemodiálise faz o papel do sistema circulatório, bombeando o sangue para que ele circule uniformemente pelo corpo.

d) a hemodiálise faz o papel do sistema respiratório, absorvendo oxigênio e liberando gás carbônico em pessoas com problemas pulmonares.

e) a hemodiálise faz o papel do sistema digestório, filtrando resíduos presentes no sangue de pessoas que fizeram redução do estômago.

Questão 20

O trecho a seguir trata do gerenciamento dos resíduos sólidos nas cidades.

[...]

No caso dos resíduos sólidos urbanos, o gerenciamento integrado envolve diferentes órgãos da administração pública e da sociedade civil. A Prefeitura, como gestora urbana, é a principal responsável pelo gerenciamento de resíduos do município. Cabe a ela organizar o sistema de limpeza urbana e o manejo de resíduos sólidos e definir de que forma o gerenciamento vai funcionar, considerando as atividades de coleta domiciliar (regular e seletiva), transbordo, transporte, triagem para fins de reutilização ou reciclagem, tratamento (inclusive por compostagem), disposição final, varrição, capina e poda de árvores em vias e logradouros públicos, e outros eventuais serviços.

[...]

Governo do Estado de São Paulo. Resíduos sólidos. *Caderno de Educação Ambiental*, São Paulo, 2. ed., n. 6, p. 36, 2014.

Com base nesse trecho, podemos dizer que a separação do lixo reciclável nas residências é:

a) dispensável quando há um sistema de coleta, transporte, triagem e tratamento dos resíduos sólidos descartados.

b) ineficaz diante da falta de alternativas viáveis para a coleta e o transporte desses resíduos sólidos.

c) pouco eficaz se não houver uma política pública que direcione esses resíduos ao seu destino.

d) recomendada se considerarmos que o governo não é responsável pelo destino dos resíduos sólidos.

e) obrigatória quando consideramos que cada cidadão é responsável pelo lixo produzido em sua casa.

Bibliografia

AMARAL, S. E.; LEINZ, V. *Geologia geral*. 14. ed. São Paulo: Nacional, 2001.

BRASIL. Ministério da Educação. Secretaria de Educação Básica. *Base nacional comum curricular*: educação é a base. Brasília: MEC/SEB, 2017.

DIAS, G. F. *Educação ambiental*: princípios e práticas. 3. ed. São Paulo: Gaia, 2004.

FAIRCHILD, T. et al. *Decifrando a Terra*. 2. ed. São Paulo: Ibep, 2008.

FERRARO, N. G. et al. *Física*: ciência e tecnologia. São Paulo: Moderna, 2001.

GASPAR, A. *Experiências de ciências para o Ensino Fundamental*. São Paulo: Ática, 2009.

GUYTON, A. C.; HALL, J. E. *Tratado de fisiologia médica*. 9. ed. Rio de Janeiro: Guanabara Koogan, 1997.

INSTITUTO BRASILEIRO DE GEOGRAFIA E ESTATÍSTICA (IBGE). *Atlas geográfico escolar*. 6. ed. Rio de Janeiro: IBGE, 2012.

LIDE, D. R. *CRC Handbook of Chemistry and Physics*. 77. ed. Boca Raton: CRC Press/Taylor & Groups, 1997.

LOPES, A. S.; GUILHERME, L. R. G.; SILVA, C. A. P. da. *Vocação da Terra*. 2. ed. São Paulo: Associação Nacional para Difusão de Adubos (Anda), 2003.

MENDONÇA, F.; OLIVEIRA, I. M. D. *Climatologia*: noções básicas e climas do Brasil. São Paulo: Oficina de Textos, 2007.

MERGULHÃO, M. C.; VASAKI, B. N. G. *Educando para a conservação da natureza*: sugestões de atividades em educação ambiental. 2. ed. São Paulo: Educ, 2002.

PRESS, F. et al. *Para entender a Terra*. 4. ed. Porto Alegre: Bookman, 2006.

REECE, J. B. et al. *Biologia de Campbell*. 10. ed. Porto Alegre: Artmed, 2015.

RICKLEFS, R. E. *A economia da natureza*. 6. ed. Rio de Janeiro: Guanabara Koogan, 2006.

RONAN, C. A. *História ilustrada da ciência*: das origens à Grécia. 2. ed. Rio de Janeiro: Jorge Zahar, 2001.

SOBOTTA, J. *Atlas de anatomia humana*. 22. ed. Rio de Janeiro: Guanabara Koogan, 2002. 2 v.

SOCIEDADE BRASILEIRA DE ANATOMIA. *Terminologia anatômica internacional*. Barueri: Manole, 2001.

SUGUIO, K.; SUZUKI, U. *A evolução geológica da Terra*. 2. ed. São Paulo: Edgard Blucher, 2010.

TORTORA, G. J.; DERRICKSON, B. *Corpo humano*: fundamentos de anatomia e fisiologia. 8. ed. Porto Alegre: Artmed, 2012.

TOWNSEND, C. R. et al. *Fundamentos em ecologia*. 3. ed. São Paulo: Artmed, 2010.

Fontes da internet

ANIMAL DIVERSITY WEB – UNIVERSIDADE DE MICHIGAN (EUA). Disponível em: <http://animaldiversity.org/>.

CENTRO DE PREVISÃO DE TEMPO E ESTUDOS CLIMÁTICOS (CPTEC), do Instituto Nacional de Pesquisas Espaciais (Inpe). Disponível em: <http://satelite.cptec.inpe.br/uv/>.

DEPARTAMENTO DE GEOLOGIA APLICADA DA UNIVERSIDADE ESTADUAL PAULISTA JÚLIO DE MESQUITA FILHO. Disponível em: <http://igce.rc.unesp.br/#!/departamentos/geologia-aplicada/>.

INSTITUTO BRASILEIRO DE GEOGRAFIA E ESTATÍSTICA (IBGE). Disponível em: <http://www.ibge.gov.br>.

INSTITUTO BRASILEIRO DO MEIO AMBIENTE E DOS RECURSOS NATURAIS RENOVÁVEIS (Ibama). Disponível em: <http://www.ibama.gov.br>.

INSTITUTO DE BIOCIÊNCIAS DA UNIVERSIDADE DE SÃO PAULO. Disponível em: <http://www.ib.usp.br>.

MINISTÉRIO DO MEIO AMBIENTE (MMA). Disponível em: <http://www.mma.gov.br>.

NAÇÕES UNIDAS NO BRASIL (ONUBR). Disponível em: <http://www.onu.org.br>.

PORTAL DA SAÚDE – MINISTÉRIO DA SAÚDE. Disponível em: <http://portalsaude.saude.gov.br>.

Acessos em: 17 out. 2018.